KB168117

선비、

사무라이
사회를
관찰하다

선비, 사무라이 사회를 관찰하다

초판 1쇄 발행 / 2018년 10월 1일
초판 3쇄 발행 / 2018년 11월 12일

지은이 / 박상휘
펴낸이 / 강일우
책임편집 / 정편집실·이하림·김유경
조판 / 박지현
펴낸곳 / (주)창비
등록 / 1986년 8월 5일 제85호
주소 / 10881 경기도 파주시 회동길 184
전화 / 031-955-3333
팩시밀리 / 영업 031-955-3399 편집 031-955-3400
홈페이지 / www.changbi.com
전자우편 / human@changbi.com

ⓒ 박상휘 2018
ISBN 978-89-364-8286-2 93900

선비、 사무라이 사회를 관찰하다

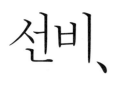

○ 박상휘 지음

창비

책머리에

일본을 어떻게 볼 것인가? 이 문제는 자아를 어떻게 볼 것인가와 연결된다. 일본에 파견된 통신사를 조선의 선진 유교문명을 가르쳐준 유교의 전파자로만 보는 것은 일면적이다. 칼을 허리에 찬 무인들이 지배하는 사회를 목격했을 때 조선 문인들의 내면에는 큰 심리적 파문이 일었다. 그런데 조선 선비의 눈에 무인사회는 부정적으로만 비친 것은 아니었다. 그들에게 일본은 호감과 반감이 섞인 양가적 감정을 불러일으키는 거대한 이질적 공간이었다. 이 낯설고 특이한 나라를 관찰한 경험의 축적이 무엇을 낳았는지를 밝혀내는 것이 이 책의 주제이다.

집필에 있어서 필자가 가장 중점을 둔 것은 일본과 접촉했을 때 조선 문인들의 내면에 오간 복잡한 감정이다. 일본인과 얼굴을 맞대고 필담을 나누며 그들의 눈빛, 표정, 몸짓, 태도를 직접 마주했을 때도 사절들은 큰 감정적 동요를 겪었다. 양국 문인들의 만남은 결코 의례적이고 냉정한 것이 아니었다. 그렇다고 화목하고 우호적인 교류만 이루어진 것도 아니었다. 그들은 때로는 진정한 마음으로 회포를 나누었고 때로는 의견대립 때문에 갈등을 일으키기도 하였다. 교류의 장에서도 상반되는 감정이 오간 것이다. 그러나 일본 문인들과의 다정한 교류는 그들에 대한 감정적 유대의식을 낳았다. 화합과 충돌이 교차하는 가운데서도 인간적 교류를 쌓아나가는 것이 평화적 공존을 위해서 제일 소중하다는 사실을 이 책을 통해 전하고자 한다.

이 책은 필자가 2015년 서울대에 제출한 박사논문 및 그때까지 발표한 논문, 그리고 새로 쓴 글을 합쳐 수정, 보완한 것이다. 집필을 진행하면서 상당히 많은 시행착오를 겪었다. 조선시대 후기에 기록된 사행록과 일본 관련 자료를 모아서 자료집을 만들었으나, 몇번을 읽어봐도 사행록 전체를 관통하는 핵심이 무엇인지 갈피를 잡을 수 없었다. 암중모색하던 필자에게 길잡이가 되어준 것이 강항(姜沆)의 『간양록(看羊錄)』이었다. 왜 이렇게 자세히 일본의 정치제도와 사회구조를 기록했을까? 이 물음에서부터 논문 집필이 시작되었다. 『간양록』을 읽고 나서 다시 일본 사행록을 통시적으로 검토하면서 두가지 사실을 알게 되었다. 하나는 토꾸가와 시대에 일본을 다녀온 조선 문인들 역시 일본의 제도에 큰 관심을 가졌다는 사실이고, 또 하나는 상당히 많은 사절들이 『간양록』을 참조하면서 사행록을 썼다는 사실이다. 『간양록』은 조선 사절들의 기본 인식틀을 만든 텍스트로, 그 내용은 병농분리 사회의 구조와 실상에 큰 비중을 두고 있다. 조선 사절들이 일본을 다니며 특히 주시한 것은 문학이 아닌 '사회'였다. 일본의 문학가들이 어떠한 책을 읽고 어떠한 글을 쓰는지는 조선 사절들에게 그리 큰 관심사가 아니었다. 사절들이 가장 궁금해한 것은 무사가 지배하는 사회가 어떻게 돌아가고 있는가 하는 것이었다. 필자가 『간양록』을 가장 중요시하는 이유는 강항이 무사사회의 현실뿐 아니라 그 현실을 구축한 시스템을 주시했기 때문이다. 그들이 어떻게 생존하고 있는지를 넘어 그들이 어떠한 시스템에 포섭되어 생존하고 있는지를 관찰한 것이다. 이렇게 일본사회에 뿌리내린 제도와 규범을 탐지하려는 서술방식은 『간양록』을 기점으로 원중거(元重擧)의 『화국지(和國志)』까지 이어진다. 제도나 규범은 눈으로 직접 확인할 수 없다. 이 눈에 안 보이는 사회의 작동원리를 의식적으로 관찰함으로써 일본에서 느낀 이질감의 근원을 찾으려는 강항의 자세에서 필자는 큰 영감을 얻었다.

이 책의 출발점을 만들어준 사람이 강항이라면, 종착점으로의 길을 만들어준 사람은 타끼 카꾸다이(瀧鶴臺)였다. 사행록, 필담집, 기타 일본 관련 자료 중에서 일본 문인이 어떻게 묘사되어 있는지를 한명씩 조사해보았더니 '타끼 카꾸다이'라는 이름이 떠올랐다. 그때까지 필자는 타끼 카꾸다이를 조선 사절들과 논쟁한 인물로만 알고 있었다. 논쟁을 벌인 일본 문인을 왜 이렇게 긍정적으로 묘사했을까? 이 물음이 이 책 후반부의 주제가 되었다. 필자는 타끼 카꾸다이라는 이름이 원중거를 통해 조선 국내에 전파되어가는 과정을 보면서 큰 감명을 받았다. 타끼 카꾸다이가 어떠한 인물인지 알아보는 것이 향후의 과제이다.

제1장부터 제10장까지 이 책에서 다루는 분야는 상당히 다양하다. 전공영역과 상관없이 여러 분야를 살핀 필자의 연구방식에 대해 비판적인 의견도 있었다. 그러나 나무만 보고 숲을 보지 않는 학문은 언젠가 독아론(獨我論)에 빠진다. 오랫동안 전쟁을 반복해온 나라인 만큼 일본의 위정자들은 사회구성원을 하나의 집단으로 묶고 동원하는 통치술에 능한 사람들이었다. 조선 사절들은 통제기술이 고도로 발달한 사무라이 사회에 큰 인상을 받은 것이지 일본의 문학이나 학술에 크게 경탄한 것은 아니었다. 조감도를 그릴 수 있어야 세부사항도 분명해진다. 검토 대상을 문학에만 한정한다면 한일관계의 본질은 보이지 않을 것이다.

이 책을 집필하는 과정에서 많은 분의 도움을 받았다. 우선 책의 전체 구성에 대해 조언해주신 창비 인문사회출판부의 윤동희 씨, 그리고 아직 어색한 표현이 많은 필자의 글을 교정해주신 정편집실에 감사드린다. 박사논문을 교정해준 고은임, 유정열, 김영연 동학에게 고마운 마음

6

을 전한다. 논문 전체의 교정뿐 아니라 내용 전반에 대해 중요한 조언과 지적을 해주고 책을 편집할 때도 도움을 준 박희수 동학에게는 특히 감사하고 싶다. 심사위원 선생님들의 비판과 지적을 받아 고민을 거듭하면서 부족한 점을 수정해가는 과정은 필자의 인생에서 가장 농밀한 시간이었다. 임형택 선생님께서는 논문의 제목과 전체적인 내용에 대해 소중한 의견을 주셨다. 덕분에 보다 일관성 있게 논리를 전개할 수 있었다. 필담집을 적극 활용할 것을 일러주신 하우봉 선생님의 조언 덕분에 논문의 내용이 상당히 풍부해졌다. '호생오사(好生惡死)'라는 말에 출처가 있다는 이종묵 선생님의 지적은 결정적인 영감을 주었으며, 이 책의 근간을 이루는 제1장에 결실할 수 있었다. 당초 부정적인 의견이 많았던 논문을 긍정적으로 평가해주신 김시덕 선생님의 격려는 고립감에 빠져 있던 필자에게 큰 용기를 주었다.

무엇보다, 지도교수인 박희병 선생님과 만나지 않았더라면 이 책은 존재하지 않았을 것이다. 선생님 어깨너머로 필자가 우선 배운 것은 몰입하는 자세이다. 한가지 일에 몰두하는 것이 궁극적으로 큰 가치를 낳는다는 사실을 선생님은 몸소 가르쳐주셨다. 어둠 속을 더듬어가는 상태에서 시작해 차례 구성, 논문 집필을 거쳐 출판까지 할 수 있게 된 것은 오직 박희병 선생님의 도움이 있었기 때문이다. 조용히 앉아서 독서와 글쓰기에 힘쓰는 것이야말로 선생님께 드리는 가장 큰 보답이라고 생각한다. 앞으로는 나 자신 독립된 연구자로서 추구해야 할 과제에 임하고자 한다.

끝으로, 예전에 필자에게 한국문학의 번역을 가르쳐주신 김순희 선생님께 이 책을 바친다.

2018년 9월
박상휘

서
론

1. 이 책의 과제

1617년에 통신사로 일본에 다녀온 박재(朴梓)는 일본의 풍속을 다음
과 같이 묘사했다.

　일본의 풍속은 강한 자를 존대하고 약한 자를 능욕하며, 늙은 자를
천하게 여기고 젊은 자를 귀하게 여긴다. 싸우다 죽는 것을 영예로 여
기고 병들어 죽는 것을 치욕으로 여긴다.[1]

지금부터 약 400년 전에 기록된 이 글은 당시 조선 문인의 전형적 일
본인식을 보여준다. '약육강식의 사회 속에서 호전적인 사람들이 서로
싸우며 생존하는 나라'라는 것이 그 시대의 일반적인 일본상(日本像)이
었다. 실제로 일본은 당시까지 계속 전쟁을 일삼았다. 박재가 방문하기
2, 3년 전인 1614~15년에 오오사까(大阪)에서 큰 전쟁이 있었고, 이전에
도 토요또미 히데요시(豊臣秀吉, 1536~98) 사후의 패권다툼으로 치열한
전투가 벌어졌다. 또한 1592년부터 6년간은 조선에 대해 군사를 일으켰
다. 조선을 침공하기 이전의 일본에서는 무사들이 무기를 들고 서로 싸

우는 시대가 수백년간 이어졌다. 에도(江戶)시대의 천문학자 니시까와 조껜(西川如見)이 "일본은 무용(武勇)을 본(本)으로 하고 문필(文筆)을 말(末)로 하는, 백세토록 바뀌지 않는 요해(要害)의 나라로서 세계에서 으뜸이다"라고 말했듯이[2] '무용'이야말로 가장 자랑할 만한 미덕으로 간주되었다. '문필'에 신명을 바치는 조선 사대부에게 '무용'을 지상가치로 여기는 일본인의 모습은 이질적이었다.

조선시대에 이 '무용'의 나라를 직접 견문한 문인들이 있었다. 임진왜란 때 일본에 연행되어 억류생활을 한 문인들과 사절로 일본에 파견된 사람들은 일본을 다니면서 직접 목격한 바를 기록으로 남겼다. 그 기록에는 일본에서 보고 들은 것, 일본인과 나눈 필담, 일본에서 지은 시, 그리고 일본에서 얻은 정보를 항목별로 정리한 내용 등이 담겨 있다.

이 책의 목적은 조선 사절들이 남긴 기록을 검토하여 그들이 일본을 어떻게 관찰했으며, 일본 문인들과의 교류를 통해 무엇을 감지했는지를 탐구하는 것이다. 무사가 지배하는 사회는 근본 가치관뿐만 아니라 사회구조, 생활환경, 풍속, 습관까지 모든 면에서 사대부가 지배하는 조선과 전혀 달랐다. 조선 사대부에게 의심 없이 받아들여진 상식과 통념이 그들에게는 통하지 않았고, 조선에서 자명하게 여겨지던 것이 일본에서는 자명하지 않았다. 조선 문인들이 남긴 일본 견문기에는 일본에서 보고 들은 바에 대해 이질감 내지 위화감을 드러내는 대목이 도처에 보이며, 때로는 혐오감을 토로한 대목도 있다. 낯선 세계에 발을 들여놓았을 때 조선 사절들의 내면에서는 어떠한 심리적 충돌이 일어났으며, 그 충돌을 그들은 어떻게 표현했을까? 이 책의 첫번째 과제는 일본을 견문한 조선 문인들이 구체적으로 일본의 어느 부분에 위화감을 느꼈으며, 그 위화감이 어디에서 유래하는지를 밝히는 것이다. 유교 경전을 습득하고 유교문화가 자리 잡은 환경에서 생활하던 조선 문인들은

14

당연히 유교적 관점에 입각하여 일본을 관찰했다. 유교라는 렌즈를 통해 봤을 때 무사사회는 어떻게 비쳤는가를 해명함으로써 조선과 일본의 근원적 차이가 무엇인지를 고찰하고자 한다.[3]

그런데 한편으로 조선 문인들이 일본사회에 동질감 내지 친근감을 느낀 경우도 있었다. 일본에 파견된 사절들이 쓴 사행록을 보면 일본을 매우 긍정적으로 묘사하는 대목이 더러 발견된다. 그들은 결코 일본사회에 이질성만을 느낀 것이 아니었다. 조선 사절들이 일본의 어떠한 점에 긍정적 인식을 보였는지를 살핌으로써 무사사회의 가치관과 유교사회의 가치관이 일치하는 경우도 있었음을 보여주는 것이 두번째 과제이다.

이질성과 동질성 다음으로 살필 것은 실용성이다. 일본을 다니며 조선에 없는 신기한 것들을 목격한 경험은 조선 문인들에게 그때까지 간과하고 있던 문제를 일깨우는 계기가 되었다. 이를테면, 정교하고 치밀하게 만들어진 일본의 기계도구를 본 경험은 이용후생(利用厚生)을 주장하던 지식인들에게 기술력 향상에 대한 관심을 불러일으켰다. 일본에서 겪은 새로운 경험은 일본에서 무언가를 배워야 한다는 발상을 낳았고, 이 발상은 일본에서 보고 들은 바를 조선에 적용하자는 시도로 이어졌다. 조선 문인들이 일본에서 배우고 실용화할 만한 것으로 느낀 대상은 구체적으로 무엇이었으며, 그것이 조선 후기에 사회개혁을 주장한 지식인들의 담론에 어떻게 반영되었는지를 탐구하는 것이 세번째 과제이다.

일본인은 한자를 사용했다. 특히 에도시대 일본 지식인들은 상당히 높은 수준의 한문구사력을 가지고 있었다. 이 때문에 양국의 문인들은 한자를 교환하는 것만으로도 서로 의사소통이 가능했다. 또 조선 문인들은 한문으로 된 일본인의 저작을 읽을 수 있었기 때문에 일본의 역사,

학문, 문학에 대한 지식을 얻을 수 있었다. 그런데 한자·한문을 매개로 한 교류의 장에서도 조선 문인들은 문자 사용법, 한문 읽는 방법, 학문관 등에서 일본 문인들에게 큰 거리감을 느꼈다. 학문관의 차이 때문에 논쟁이 일어나기도 했다. 일본인들과 교류하는 자리에서 조선 문인들은 어떠한 위화감을 느꼈는지, 그리고 양국 문인들 사이에서 어떠한 갈등이 생겼는지를 살피는 것이 네번째 과제이다.

사상의 차이 때문에 논쟁할 때도 있었으나 사절들의 숙소에 찾아와서 공손한 태도로 시문을 수창(酬唱)하거나 사절들을 정성스럽게 대접하는 일본인의 모습은 조선 문인들을 크게 감동시켰다. 또 학문에 힘쓰는 일본인의 모습은 조선 문인들에게 그들과 동일한 가치관을 공유할 수 있다는 큰 기대감을 품게 했고, 서로 얼굴을 맞대고 시문을 교환하며 화목하게 교류한 경험은 일본 문인에 대한 정신적 유대의식을 낳았다. 문자를 통한 인간적 교류가 조선 문인들의 정신세계에 어떠한 변화를 일으켰는지를 살피는 것이 다섯번째 과제이다.

2. 이 책의 내용과 구성

이 책에서 다루는 주요 자료는 [표1]과 같다.[4]

조선 초기에 기록된 사행록으로 이름 높은 것은 1443년에 일본을 방문한 신숙주(申叔舟, 1417~75)의 『해동제국기(海東諸國記)』이다. 이 사행록을 비롯해 조선시대에 수많은 일본 체험기가 저술되었다. 이 책이 주된 검토대상으로 삼을 일본 견문기는 1590년부터 1764년 사이에 저술된 35종의 자료다.[5] 사행록 중에는 일본의 지리, 물산, 풍속, 학문, 관습, 관직제도 등을 항목별로 정리한 문견총록(聞見總錄)도 있다.[6] 문견총록

[표1] 이 책의 주요 자료

연대	서명	저자	직책	수록자료·소장처	비고(문견총록 유무)
1590	『해사록』	김성일	부사	『해행총재』 I	없음
1596	『일본왕환일기』	황신	정사	『해행총재』 VIII	해당하는 글(12월 9일)[7]
1597	『해상록』	정희득	피로	『해행총재』 VIII	부일본총도, 풍토기
	『간양록』	강항	피로	『해행총재』 II	적중문견록
1607	『해사록』	경섬	부사	『해행총재』 II	해당하는 글(7월 17일)
1617	『동사상일록』	오윤겸	정사	『해행총재』 II	없음
	『동사일기』	박재	부사	규장각	해당하는 글(11월 16일)
	『부상록』	이경직	종사관	『해행총재』 III	해당하는 글(10월 18일)
1624	『동사록』	강홍중	부사	『해행총재』 III	문견총록
1636	『병자일본일기』	임광	정사	『해행총재』 III	없음
	『해사록』·『사상록』	김세렴	부사	『해행총재』 IV	문견잡록(해사록)
	『동사록』	황호	종사관	『해행총재』 IV	문견총록
1643	『동사록』	조경	부사	『해행총재』 V	없음
	『해사록』	신유	종사관	『해행총재』 V	없음
	『계미동사일기』	미상	종사관	『해행총재』 V	없음
1655	『부상록』	남용익	정사	『해행총재』 V·VI	문견별록
	『부상일기』	조형	역관	『대계통신사』 제3권[8]	없음
1682	『동사록』	홍우재	역관	『해행총재』 VI	없음
	『동사일록』	김지남	부사	『해행총재』 VI	없음
1711	『동사일기』	임수간	압물통사	『해행총재』 IX	문견록·해외기문
	『동사록』	김현문	정사	쿄오또대(京都大)	없음
1719	『동사록』	홍치중	제술관	쿄오또대	없음
	『해유록』	신유한	막비	『해행총재』 I·II	문견잡록
	『동사록』	정후교	군관	쿄오또대	없음
	『부상록』	김흡	종사관	雨森芳洲と玄德潤[9]	없음
1748	『봉사일본시문견록』	조명채	군관	『해행총재』 X	문견총록
	『수사일록』	홍경해	정사	규장각	없음
1763	『해사일기』	조엄	정사	『해행총재』 VII	해당하는 글(6월 18일)
	『명사록』	오대령	역관	국립중앙도서관	추록
	『일동장유가』	김인겸	서기	서울대 중앙도서관	없음
	『일본록』	성대중	서기	고려대	지방별로 풍속을 기술
	『사상기』	성대중	서기	고려대	없음
	『일관기』	남옥	제술관	국사편찬위원회	총기
	『승사록』	원중거	서기	고려대	없음
	『화국지』	원중거	서기	오차노미즈대 (御茶ノ水大)	국지

을 보면 사절들이 일본 특유의 제도와 문화를 객관적으로 관찰하려는 태도를 보였음이 드러난다. 한편 일기와 한시에는 사절들이 일본에서 보고 듣고 느끼고 생각한 것들이 비교적 자유롭게 표출되어 있다. 문견총록과 달리 일기의 서술방식은 단편적이지만 오히려 사절들이 일본에서 어떠한 심리적 저항감이나 거리감을 느꼈는지가 고스란히 기록되어 있다. 이 책에서는 170여년 사이에 기록된 사행록 전체를 10개 주제에 따라 분류하여 각 장마다 통시적으로 살펴볼 것이다.

일본 견문기 중에서 특히 중요한 것은 강항(姜沆, 1567~1618)이 일본에 억류되었을 때 남긴 『간양록(看羊錄)』과 1763년의 사행에 참여한 원중거(元重擧, 1719~90)가 쓴 『화국지(和國志)』이다. 『간양록』에는 대륙 진출을 위해 조선에 군대를 보내고 전투태세를 갖추고 있던 토요또미정권 시대의 일본이 생생히 묘사되어 있다. 이 책은 후대의 사행록에 자주 인용되었으며, 조선 지식인들 사이에서도 널리 읽혔다. 『화국지』는 전쟁이 끝난 지 오래인 토꾸가와(德川)정권 시대 일본의 지리, 사회제도, 풍속, 학문 등을 항목별로 정리한 책이다. 강항은 전쟁상태에 놓여 있던 시기의 일본을 목격했고, 원중거는 평화가 정착된 일본을 견문했다. 1590년부터 17세기 전반까지의 사행록에는 전쟁의 긴장상태가 이어지는 살벌한 분위기의 일본이 기록되어 있다. 그런데 평화로운 세상이 이어지자 일본의 분위기는 점차 달라졌다. 그에 따라 이질성만을 찾으려 했던 사절들의 자세도 변화했으며, 시대가 내려갈수록 일본을 보는 사절들의 시각은 심화되었다. 『간양록』을 비롯해 임진왜란 때 기록된 일본 견문기부터 계미년(1763)의 사절들이 남긴 사행록까지의 자료를 생명관, 정치제도, 문자생활 등 주제별로 나누어 시대순으로 배열해보면 한장의 파노라마를 만들 수 있다. 그 파노라마에는 큰 위화감을 느끼면서도 자신이 견문한 이질적이고 신기한 것들을 이해하고 파악하고 평가하는 사절들의 모습이 찍혀 있다. 이 책에서 시도하려는 작업은 이 파노라마를 더듬어가면서 일본을 견문한 경험이 조선 문인에게 어떠한 내적 성찰을 야기했는지를 밝히는 일이다.

제1장은 조선과 일본의 결정적 차이라고 볼 수 있는 생명관을 둘러 싼 충돌을 다룬다. 제2장에서는 임진왜란 때 심어진 일본에 대한 조선 의 원한을 토요또미 히데요시에 대한 일본인의 인식과 대조하면서 살 핀다. 제3장과 제4장은 주로 정치제도 및 정치상황을 축으로 일본의 독 특한 국가운영 방식에 대해 사절들이 어떠한 이질감을 드러냈으며, 토 꾸가와 시대의 평화를 어떻게 인식하고 있었는지를 검토한다. 사절들 은 정치뿐 아니라 일본의 경제구조와 경제생활 및 해외무역에 대해서 도 상당히 예리하게 관찰하고 있었다. 이 문제에 대해서는 제5장에서 살핀다. 제6장에서는 사절들이 칭찬을 아끼지 않았던 일본의 기술에 대 한 인식을 다룬다. 제7장에서는 문자, 즉 한자·한문에 관한 사항을 다룬 다. 조선과는 다른 한자 사용법, 일본인의 문자의식과 한문학습법에 대 해 조선 사절들이 느낀 이질감을 살펴보고자 한다. 제8장과 제9장의 주 제는 문학이다. 제8장은 양국 문인들 사이에서 벌어진 논쟁과 충돌을 검토하고, 제9장에서는 양국 문인들의 교류가 어떻게 이루어졌는지를 살핀다. 제10장에서는 신도(神道)와 불교를 비롯한 일본의 고유문화에 사절들이 어떻게 반응했는지, 점차 유교를 수용해가던 토꾸가와 시대 의 일본은 사절들의 눈에 어떻게 비쳤는지를 검토한다.

3. 선행연구의 문제점과 이 책의 특징

지금까지 통신사를 연도별로 개관한 개설서는 많이 있었다. 또 사행록과 관련해서도 상당히 많은 연구성과가 축적되었으나,[10] 대부분의 사행록 연구는 전체 내용을 개괄하거나 각기 한편의 사행록만을 연구하는 데 그쳤다.

선행연구 가운데 사행록 전반을 통시적인 시각으로 검토한 대표적 연구로는 한태문과 이혜순의 연구가 있다.[11] 한태문은 통신사행의 임무와 목적, 사행록의 형식 및 서술방식, 사행길에서 벌어진 외교의례상의 대립과 충돌, 사행록에 수록된 시와 글의 구체적 내용 등을 통시적으로 검토했다. 이혜순은 1607년부터 1811년까지 기록된 자료를 대상으로 사행에 참여한 인물들과 사행록의 구성을 자세히 살폈고, 사행록에 기록된 시와 글에 나타난 문학적 특징과 일본인식을 통시적으로 분석했다. 동시에 필담창화집(筆談唱和集)을 이용해 한일 문인들 사이에서 오간 필담·문답의 내용과 창화시(唱和詩)의 문예성을 자세히 살폈다.

2000년대에 들어서면서 통시적 시각에서 사행록을 검토하는 시도가 점차 늘어났다. 정영문은 『해행총재(海行摠載)』에 수록된 사행록의 내용을 검토했다.[12] 정훈식은 사행록에 수록된 문견총록을 검토하여 일본 관련 지식의 전개양상을 살폈다.[13] 그는 기존 연구가 사행록의 문학적 성격을 밝히는 데에 치중했음을 지적하고, 그 대신 지식 생성의 차원에서 문견총록을 연구해야 한다고 주장하며 문견총록의 서술대상, 서술방식, 체재를 검토했다. 또한 일본에 대한 지식이 어떤 목적하에 추구되었으며 어떻게 구성되었고, 그 사상적 기반이 무엇인지를 연구했다.[14] 정은영은 사행록에 보이는 견문의 기술방식, 지식의 입수경로, 지식의 구체화 과정, 문견총록과 일기의 관련성 등을 탐구했고, 더 나아가 17, 18세기에 저술된 사행록을 검토자료로 삼아 정치·외교, 문학·학술 등 항목별로 일본에 대한 담론이 형성되는 과정을 살폈다.[15] 이처럼 사행록에 수록된 시문을 문학적으로 분석하여 그 문예적 의미를 밝히는 방

식에서 사행록에 수록된 지식의 내용을 분석하는 방식으로 연구방법이 변화하기 시작했다.[16]

한편으로 일본에 가보지 않았던 조선 지식인의 일본인식 및 일본 사행이 조선 국내에 끼친 사상적 영향을 탐구하는 작업도 이뤄졌다. 조선 지식인의 일본인식에 대해서는 하우봉의 연구가 있다.[17] 그는 17세기부터 19세기까지의 실학자들이 일본에 큰 관심을 보였다는 사실에 주목하고 그들이 일본에 관해 남긴 글을 통시적으로 검토했다.

일본에 대한 지식이 조선 학계에 어떤 반향을 일으켰는지를 살핀 연구는 대개 1763년의 계미통신사(癸未通信使)에 관심을 두었다. 임형택은 계미통신사 사행원들이 남긴 사행록의 내용을 살폈고, 연암일파 및 성호학파의 대일외교론과 정약용(丁若鏞, 1762~1836)의 「일본론(日本論)」을 검토하면서 일본 사행원들이 가져온 정보가 실학자들에게 영향을 끼친 양상을 살폈다.[18] 박희병은 『해동제국기』부터 출발해 문견총록에 수록된 '학지(學知)'가 반복되거나 새로 추가되고 심화되면서 축적되어가는 과정을 살폈다. 특히 이덕무(李德懋, 1741~93)의 『청령국지(蜻蛉國志)』가 『화국지』를 계승하면서도 한편으로 다른 면모를 가지고 있음을 입증하고 그 당시까지 축적되어온 일본에 대한 학지가 체계성을 갖춘 '일본학'이라는 하나의 학문 영역으로 수렴되었음을 논했다.[19]

이상과 같이 선행연구를 검토했는데, 그 문제점을 몇가지 들면 다음과 같다.

첫째, 검토대상이 대체로 사행록에 수록된 문견총록에 한정되어 있다.

둘째, 검토대상에서 중요한 텍스트가 빠져 있다. 특히 강항의 『간양록』은 조선시대의 한일관계를 탐구할 때 우선적으로 검토해야 할 자료다.

셋째, 선행연구는 일본 관련 지식이 어떤 경로를 거쳐 입수되었고 어떤 방식으로 구성되었는지에 치중할 뿐, 구체적인 대상을 선택해 지식의 축적과정이나 인식의 변화를 상세히 추적하는 작업은 수행하지 않았다.

선행연구의 문제점을 극복하기 위해서 이 책에서는 주로 세가지 사항에 유의했다.

첫째, 논술의 중심을 지식이나 정보가 아니라 감정 내지 감각에 두었다. 정보나 지식을 중심으로 사행록을 검토하면 일본에 다녀온 사절들이 현지에서 몸소 피부로 경험한 감각을 간과하게 된다. 일본에서 목격한 것을 이성적으로 파악하려는 자세의 근저에는 체험을 통해 느낀 심리적 위화감이 깔려 있었다. 사절들은 '그들은 우리와 뭔가 다르다'는 의식에서 출발하여 시야에 들어온 신기하고 특이한 사물이나 현상을 이해하려 했던 것이다. 그런 의미에서, 낯설고 본 적 없는 사물이나 현상에 직면했을 때 사절들의 내면에 생긴 심리적 갈등이야말로 일본인식의 원천이라고 할 수 있다. 이 책에서는 문견총록뿐 아니라 일기, 한시, 필담, 귀국 후에 열린 국왕과의 대화 등 폭넓은 자료를 활용하여 사절들이 무엇에 신기함을 느꼈는지를 조명한다.

둘째, 임진왜란을 출발점으로 삼았다. 이 책에서는 임진왜란과 조선 통신사를 단절시키는 대신 양자를 연속적인 것으로 본다. 1592년부터 6년 동안 조선에서 일어난 일은 일본인식의 원형을 형성했고, 이 이미지는 수백년 동안 유지되었다. 이 시기 일본에 억류되었던 강항이 남긴 『간양록』에는 조선 사대부가 무사의 나라에 대해 느낀 이질감이 응축되어 있다. 『간양록』을 기점으로 토꾸가와 시대에 기록된 일본 사행록을 읽음으로써 지금까지 간과되어온 일본인식의 면모를 조명하고자 한다.

셋째, 검토할 분야를 한정하지 않았다. 사절들이 이질감을 느낀 대상은 문학뿐 아니라 정치, 경제, 문화, 언어 등 다양한 분야에 걸친다. 총체로서의 일본 경험을 탐구하기 위해서는 연구대상을 좁히기보다 넓히는 것이 적절하다고 생각된다. 단일한 학문분야의 틀을 사절들의 일본 인식에 적용하는 것보다 사절들의 인식틀에 맞춰 검토대상을 확대하는 것이 학술적으로도 바람직한 태도일 것이다.

제
1
장

삶과 죽음

정유재란 때 포로가 되어 1597년부터 1600년까지 일본에서 억류생활을 하던 강항은 일본의 무사들에게 다음과 같은 질문을 던졌다.

'삶을 좋아하고 죽음을 싫어하는 것(好生惡死)'은 사람이나 물(物)이나 마음이 같은 법인데, 일본 사람들이 유독 '죽음을 즐기고 삶을 싫어하는 것(樂死惡生)'은 어쩐 일이냐?[1]

'호생오사(好生惡死)'와 '낙사오생(樂死惡生)'이라는 말은 조선 문인이 일본 무사에게 느낀 이질감을 드러내는 상징적인 표현이다. 강항뿐만 아니라 조선 문인들은 일본인을 자신들과 전혀 다른 생명관을 가진 존재로 보고 있었다. '낙사오생'과 비슷한 말은 조선 문인들이 남긴 일본 견문기에 자주 보인다. 임진왜란을 직접 경험하고 일본에서 포로로 생활하던 강항의 눈에는 인간으로서 당연히 가져야 할 삶을 긍정하려는 의지를 일본 무사들에게서 찾아볼 수 없었던 것이다.

조선 문인들에게 칼을 허리에 차고 다니는 일본 무사는 그야말로 '낙사오생'의 정신을 상징하는 존재였다. 강항은 "왜장(倭將)으로부터 왜졸(倭卒)에 이르기까지 반드시 장검과 단검 두 자루를 차는데, 앉아 있을 때나 누워 있을 때나 손에서 놓지 않으니, 대개 하나의 전국(戰國)이다"라고 썼고,[2] 1607년에 부사(副使)로 일본에 다녀온 경섬(慶暹, 1562~1620)은 "남자는 항상 대·중·소의 칼 셋을 차고 다닌다. 큰 것은 남을 죽이는 데에 쓰고 중간 것은 남을 막는 데에 쓰고 작은 것은 자살하는 데에 쓴다"라고 썼다.[3] 조선 문인들은 남의 생명을 빼앗기 위한 칼과 자신의 생명을 끊기 위한 칼을 항상 손에서 놓지 않는 무사들의 모습에 큰 거부감을 느낀 것이다.

강항은 "관동장군(關東將軍) 미나모또노 요리또모(源賴朝, 재위 1192~99)가 전쟁을 일삼은 이래로는 마침내 하나의 전국을 이루었다"라고 했는데,[4] 미나모또노 요리또모가 정이대장군(征夷大將軍)에 오른 것이 1192년이다. 그가 카마꾸라(鎌倉)막부를 세우면서 일본에 무가정권(武家政權)이 탄생했다. 강항이 말한 대로 이때부터 일본은 무사가 권력을 장악하여 사회를 지배하는 '전국(戰國)'이 되었다. 특히 1467년 오닌(應仁)의 난 이후 일본 각지에서 세력다툼이 격화되었다. 이와 달리 조선왕조는 군인이 아닌 문인이 사회를 지배했다. 유교적 교양을 쌓아 과거시험을 통과한 지식인들은 유교 이념에 입각해 국가를 운영했다. 각지에서 군사적 충돌을 반복했던 일본과 대조적으로 조선에서는 소규모 반란을 제외하고는 평화로운 사회가 유지되었다.

임진왜란이 일어난 것은 미나모또노 요리또모가 무가정권을 세운 지 약 400년이 지났을 때이자 이성계가 조선왕조를 세운 지 200년이 지났을 때였다. 왜란을 경험한 그 당시 사람들도 200년이라는 숫자를 강하게 의식하고 있었다. 김육(金堉)이 지은 신도비(神道碑)에는 "국가가 200년간 태평을 이룩하여 백성들은 전쟁을 몰랐다"라는 말이 보이고[5] 권율(權慄)이 쓴 격문에는 "200년간 의관과 문물을 유지해온 나라가 하루아침에 피비린내 나는 오랑캐의 도륙으로 인해 참혹하게 더럽혀졌다"라는 말이 보인다.[6] 당시 조선 문사들은 임진왜란을 200년 동안 유지해오던 평온한 유교사회가 순식간에 유린당한 사건으로 보고 있었던 것이다.

200년간 평화로운 사회에서 평온하게 살아온 나라의 문인들은 400년 이상 서로 죽고 죽이는 전쟁을 계속해온 나라의 군인들을 목격하면서 큰 충돌을 겪었다. 그 충돌은 군사적 충돌만을 의미하지 않았다. 일종의 인간관의 충돌이었다. 즉 인간의 생명에 대한 인식 차원에서 큰 충돌이 일어난 것이다. 이 장의 첫머리에 제시한 강항이 일본 무사들에게 던진 질문은 그러한 충돌을 보여준다. 다음에서는 조선과 일본 사이에서 어떠한 생명관의 충돌이 일어났는지를 검토하겠다.

1. '호생오사'와 '낙사오생'

강항이 언급한 "삶을 좋아하고 죽음을 싫어한다"라는 구절은 주희(朱熹)의 말을 의식한 것이다. 『맹자집주(孟子集註)』에 "삶을 좋아하고 죽음을 싫어하는 것은 인심(人心)의 같은 바이다. 그러므로 임금이 사람 죽이기를 좋아하지 않으면 천하가 기뻐하며 그에게 귀순할 것이다"라는 말이 보이고,[7] 『주자어류(朱子語類)』에 "삶을 좋아하고 죽음을 싫어하며 이익을 추구하고 해로운 일을 피하는 것은 사람이나 사물이나 모두 같다"라는 말이 보인다.[8] 말하자면 주희는 '삶을 좋아하고 죽음을 싫어하는 것'을 인간의 마음에 내재된 자연적 심성으로 본 것이다. 조선 사대부들이 즐겨 사용한 이 '호생오사'라는 말은 인간이 선천적으로 지니는 본성으로 간주되었다. 강항은 주자학에서 당연한 것으로 여겨진 '호생오사'의 심성이 일본 무사들에게는 존재하지 않는다고 본 것이다.

강항이 일본 무사들을 가리켜 한 "죽음을 즐기고 삶을 싫어한다"라는 말은 무경칠서(武經七書)에 보인다. 무경칠서 중 『육도(六韜)』에는 "모든 사람은 죽음을 싫어하고 삶을 즐기며(惡死而樂生), 덕을 좋아하고 이로운 데로 돌아간다"라는 말이 보인다.[9] 『울료자(尉繚子)』에는 "백성들이 죽음을 즐기고 삶을 싫어해서(樂死而惡生)가 아니라, 호령(號令)이 분명하고 법제가 치밀하기 때문에 그들로 하여금 나아가게 할 수 있는 것이다"라는 말이 보인다.[10] 무경칠서는 중국에서 저술된 병법서를 모아 엮은 책이다. 무경칠서의 저자들도 인간의 본성은 '낙사오생'이 아닌 '오사낙생(惡死樂生)'으로 본 것이다.

인간의 본성을 '호생오사'로 보는 주희의 생명관은 조선 문인들에게서도 공통적으로 발견된다. 이를테면 김시습(金時習)은 "『역(易)』에 '천지의 큰 덕은 생(生)이다'라는 말이 있다. 그 생생(生生)이란 천지의 큰 덕이요, 삶을 바라는 것은 만물의 본성이다"라고 하여[11] '삶을 바라는 것(欲生)'을 보편적인 본성으로 보았다. 그는 신유학에서 강조한 '호생지덕'(好生之德, 생명을 살리는 덕성)을 특히 중요시했다.[12] '호생지덕'이란 『서경(書經)』 「대우모(大禹謨)」에 나오는 말로, 임금이 사람의 생명을 아끼는 덕성을 백성들에게 베풀어줌을 말한다. '호생지덕'도 조선 사대부들이 자주 사용하던 말이다. 이렇듯 살고자 하는 인간의 심성을 그대로 긍정하는 주자학의 생명관에 입각해 볼 때, 사람을 죽이기 위한 흉기를 허리에 차고 다니는 무사들의 모습은 이질적으로 비칠 수밖에 없었다.

조선 문인들이 일본인을 묘사할 때 가장 많이 사용한 말이 '경생(輕生)'이다. 고려 말기에 사신으로 일본에 가는 정몽주(鄭夢周)에게 보낸 이색(李穡)의 시에 "그 삶을 가볍게 여기고 죽음에 과감한 것이/북궁유(北宮黝)로도 비기지 못할 것이다"라는 말이 보인다.[13] 북궁유는 모욕을 당하면 상대가 누구든 상관없이 반드시 보복할 만큼 혈기 왕성했던 인물이다.[14] 이색은 일본 무사를 전국시대의 북궁유에 비겨 "삶을 가볍게 여기고 죽음에 과감하다(輕生敢死)"라고 표현한 것이다. 왜란 이전에 기록된『조선왕조실록』의 기사에도 "왜노(倭奴)들은 삶을 잊고 죽음을 가볍게 여긴다"라든가[15] "왜인들은 성질이 조급하고 생명을 가볍게 여긴다"라는 말이 보인다.[16] 왜란이 일어나기 2년 전인 1590년 일본에 다녀온 김성일(金誠一, 1538~93)이 지은 시에도 "삶을 가볍게 여기고 싸우기를 좋아한다(輕生好鬪)"라는 구절이 발견된다.[17] 조선 문사들은 전쟁을 일삼던 일본인을 '호생오사'를 공유하지 않는 이질적인 존재로 보고 있었던 것이다.

사실 '경생감사' '경생호투(輕生好鬪)' '망생경사(忘生輕死)' 등의 표현은 무사의 본질을 정확히 드러낸 것이라 할 수 있다. 전국시대 일본에서 '삶을 가볍게 여기는 것'은 무사의 정체성이었다. 무사들이 서로 싸우는 모습을 기록한 일본의 군기소설(軍記小說)이나 무사 집안의 가훈에는 '삶을 가볍게 여긴다'는 말이 도처에 보인다. 일본의 군기소설『태평기(太平記)』는 무사들끼리 싸우는 모습을 "관군(官軍)도 무사들도 모두 의(義)에 의거하여 목숨을 가볍게 여기고 이름을 소중히 여겨 죽도록 싸웠다"라고 묘사했다.[18] 다른 대목에는 "무사의 도는 죽음을 가볍게 여기고 이름을 중시하는 것을 의로 삼는다"라는 말도 보인다.[19] 병법학자 오가사와라 사꾸운(小笠原昨雲)이 쓴『군법시용집(軍法侍用集)』에는 "죽음은 가볍고 쉽다. 이름은 무겁고 두텁다. 누가 이 도(道)를 바라지 않겠느냐"라는 말이나[20] "하급무사는 우선 목숨을 가볍게 여기는 것에 전념해야 한다"라는 말이 보인다.[21] 무사사회에서는 자신의 목숨보다 무사로서의 명예가 더 중요시되었으며, '의'를 위해 삶을 가볍게 여겨 적과 싸우는 것이야말로 무사의 사명으로 생각되었다.[22]

이 때문에 무사는 평상시에도 '죽음'에 신경을 집중해야 했다. 전국시대의 무장으로 임진왜란과 정유재란에도 참여했던 쿠로다 나가마사(黑田長政)가 남긴 유언에는 "대저 무사는 매일 죽음을 궁구하지 않으면 일마다 실수를 저지를 수 있다. 매일 아침저녁으로 칼을 스스로 닦아야 하며, 오늘 하루를 무사히 지낼 수 있는지는 이 두 자루의 칼에 달려 있음을 삼가 잊지 않는 것이 중요하다"라는 말이 보인다.[23] 언제 죽을지 모르는 이상 자신의 생명을 지키는 칼을 닦으면서 "죽음을 궁구하"는 것이 중요하다는 것이다. 다이도오지 유우잔(大道寺友山)의 『무도초심집(武道初心集)』에는 "무사라는 것은 정월 초하루 아침에 떡국을 먹고 축하하고자 젓가락을 집었을 때부터 그해 섣달그믐날 저녁까지 밤낮으로 항상 마음속에서 죽음을 의식하는 것을 제일의 본의(本意)로 삼는다"라는 말이 발견된다.[24] 일년 내내 자신이 죽을 것을 상정하여 엄숙하게 나날을 지내는 것이 무사의 책무로 간주된 것이다. 무사의 마음가짐을 기술한 야마모또 조오초오(山本常朝)의 『하가꾸레(葉隱)』에서는 "무사도(武士道)란 죽음을 깨닫는 것이다. 생과 사 둘 중 하나를 선택해야 한다면 죽음을 선택하면 된다"라고 하여[25] 무사에게는 삶보다 죽음이 더 가치가 있음을 강조했고, "자나 깨나 죽음을 염두에 두고 언제나 죽을 몸이 되어 있을 때 무사도의 각오가 몸에 배어 일생 동안 큰 탈 없이 무사로서의 책무를 다하게 되는 것이다"라고 하여[26] 자신이 어떻게 죽어야 하는지를 언제나 염두에 두며 살아야 한다고 주장했다.[27]

무사는 죽음에 대한 공포심을 극복하기 위해 평소부터 생존에 대한 욕망을 억제하는 마음을 함양해야 한다는 가르침을 받았다. '삶을 가볍게 여기는' 정신이야말로 무사가 가져야 하는 마음가짐이었다. 말하자면 사회적으로 무사들에게는 '호생오사'와 배치되는 행위를 수행하는 것이 요구되었던 것이다.

임진왜란 때 조선 민중의 눈앞에 나타난 것은 400년 이상 계속된 전

조선에 침략한 일본군을 묘사한 토요또미 시대의 역사화.

란의 시대를 통해 조성된 '경생'의 문화 속에서 성장한 전투집단이었
다. 칼을 손에 들고 사람의 생명을 앗아가는 일본 무사들의 모습은 조선
민중의 기억 속에 각인되었으며, 이를 계기로 '경생'이라는 말은 일본
인을 묘사할 때 상투적 형용사가 되었다. 1596년에 명나라 사절들과 일
본을 방문한 황신(黃愼, 1562~1617)의 사행록에는 "삶을 가볍게 여기고
협기(俠氣)를 마음대로 부리며, 병들어 죽는 것을 치욕으로 생각하고
싸우다 죽는 것을 영예로 여긴다"라는 말이 보인다.[28] 강항과 마찬가지
로 일본에서 포로생활을 하던 노인(魯認)도 일본인을 "삶을 가볍게 여
기고 강포하며 독하여 싸우다 죽는 것을 영예로 여긴다"라고 표현한 바
있다.[29]

생명을 경시하는 일본인들에게 이질감을 느낀 것은 조선 문인만이 아니었다. 원군을 이끌고 조선에 들어온 명나라 문인 제갈원성(諸葛元聲)이 쓴『양조평양록(兩朝平壤錄)』에도 "그 사람들은 흉악하고 교활하여 신의가 없으며, 성질이 탐욕스럽고 간사하여 '삶을 가볍게 여기고 사람 죽이기를 좋아한다(輕生好殺)'"라는 말이 보인다.[30]

황신과 노인의 기록에 보이는 '전사위영'(戰死爲榮, 싸우다 죽는 것을 영예로 여긴다)도 무사의 본질을 잘 포착한 말이라 할 수 있다.『태평기』의 "용사(勇士)가 전쟁터에서 목숨을 버리는 것은 오직 자손들의 후영(後榮)을 바라기 때문이다"라는 말에서 보듯이[31] 무사들이 "싸우다 죽는 것을 영예로" 여기는 것은 용감하게 싸우다 명예로운 죽음을 맞이하는 것이 남겨진 자손들의 사회적 명예에 크게 도움이 되었기 때문이다.『양조평양록』에 보이는 '경생호살(輕生好殺)'이라는 말도 적을 죽일수록 더 큰 보답을 받는 무사들의 경향을 잘 표현하고 있다. 임진왜란 때 형성된 '잔인하고 흉악한 왜인'이라는 이미지는 그후 수백년간 사라지지 않았다.

이들 일본 무사의 살육행위를 주자학적 생명관의 입장에서 강하게 비판한 사람이 조헌(趙憲, 1544~92)이다. 그는 임진왜란 이전부터 계속 일본의 동향을 주시하면서 일본에서 국서가 도착할 때마다 조정에 소(疏)를 올려 적극적으로 자신의 의견을 개진했다. 토요또미 히데요시가 명나라를 침범하겠다는 의사를 담은 국서를 보내왔을 때는 일본 사신의 목을 베기를 청하기도 했다.[32] 일본군이 들어오자 그는 스스로 앞장서서 의병운동을 전개했다.[33] 일본의 군사행동에 크게 분노한 조헌은 조선에 쳐들어온 일본 무사들의 모습을 예리하게 관찰하고 있었다. 그가 일본 군사들을 탄핵하여 쓴 글의 첫부분은 다음과 같다.

하늘이 만물을 낳음에 있어 호생(好生)이 아닌 것이 없다. 그러나 너희 나라의 적(賊)은 살육만을 즐기고 있다. 너희가 비록 편방(偏邦)의 태생이라 하더라도 오히려 사람의 모습을 가졌고 천지의 형상을 닮았는데 천지가 만물을 낳는 마음을 배반할 수 있겠는가?[34]

조헌은 하늘의 의지인 '호생'에 상반되는 행위를 저지른 일본 무사들을 철저히 비판했다. "천지가 만물을 낳는 마음(天地生物之心)"이란 주자학에서 자주 사용된 말이다. 주희는 이 마음과 접촉해야 인간이 이 세상에 태어날 수 있다고 보았다.[35] 삶을 긍정하는 주자학적 생명관으로 볼 때 사람의 생명을 빼앗는 무사들의 행위는 '천지생물지심'에 어긋나는 행위로 비친 것이다. 이어서 조헌은 다음과 같이 말했다.

너희 나라도 먼 옛날에는 사람들이 살육을 좋아하지 않았다. 그러므로 편안하게 오래 살고 복과 녹을 오래 누렸다. 겐지(源氏)와 헤이시(平氏)가 서로 싸운 이후로부터는 살육을 좋아하는 사람들이 많아졌고 화(禍)를 초래하는 것이 더욱 심해졌다.[36]

헤이안(平安)시대 일본에서는 '겐지'로 불리는 미나모또 일족과 '헤이시'로 불리는 타이라(平) 일족이 세력다툼을 벌였다. 두 세력이 충돌을 거듭하면서 일본의 정치권력은 귀족에서 무사로 옮겨갔다. 이 세력다툼에 승리하고 카마꾸라막부를 세운 것이 앞서 강항이 언급한 미나모또노 요리또모였다. 조헌은 역사적 관점에서 살육을 좋아하지 않았던 일본인들이 전쟁을 반복하면서 살육을 좋아하는 존재로 변화했음을 지적한 것이다. 또한 "하루아침의 분노 때문에 삶을 가볍게 여기기에 이르렀다고 해도 너희 부모가 너희를 품에 안았을 때에 어찌 너희가 단명하기를 바랐겠는가?"라고 하여[37] 전쟁을 반복하면서 생겨난 '경생'의 풍조는 부모가 아이에게 품는 보편적 감정에 어긋남을 강조했다. 이어서 그는 "그 이욕(利慾)의 마음으로 양심을 해쳤기 때문에 사람 죽이기에 기탄이 없어서 마침내는 멸족을 당하기에 이르렀던 것이다"라고 하여[38] 일본 무사들이 군사적 공적을 쌓으려는 욕심 때문에 사람을 죽이는 것에 아무런 감정도 가지지 못하게 되었다고 지적했다.

또한 조헌은 "하늘이 우리 백성을 낳았는데 너희가 모두 죽였으며 하늘이 우리 백성을 길러주었는데 너희가 모두 불태워버렸으니 너희가 하는 짓은 실로 하늘의 마음에 패역(悖逆)한 것이다"라고 통렬하게 비판했다.[39] 인간의 생명을 박탈하는 일본 무사들의 모습이 조헌의 눈에는 만물에 생명을 부여한 하늘의 의지에도 반하는 행위로 비친 것이다.

이어서 그는 『맹자』를 인용하여 한 사람을 살해하는 것이 무엇을 의미하는지를 기술하면서 일본 군사들을 다음과 같이 규탄했다.

맹자께서는 "다른 사람의 아버지를 죽이면 다른 사람도 곧 나의 아버지를 죽일 것이며, 다른 사람의 형을 죽이면 다른 사람도 곧 나의 형을 죽일 것이다"라고 말씀하셨다. 너희는 우리나라에서 늙은이와 어린아이를 헤아릴 수 없이 죽였으니, 그 부자와 형제들은 절치부심하며 모두가 그 어버이의 원수를 갚으려고 너희가 돌아가는 길의 험한 요새에서 날카로운 무기를 가지고 늘어서 있다.[40]

조헌이 언급한 『맹자』의 말은 「진심(盡心) 하(下)」에 보이는데, 맹자는 "나는 이제야 다른 사람의 어버이를 죽이는 일의 심중함을 알았다"라고 하면서[41] 한 가족의 일원을 죽이는 일이 나의 가족을 죽이는 일로 이어짐을 지적했다. 조헌은 한 사람을 살해하는 것이 많은 사람의 증오를 연쇄적으로 낳음을 지적하면서 죽임을 당한 사람들 가족의 원한이 일본 군사들에게 집중되어 있음을 경고했다. 말하자면 조헌은 남의 가족의 생명을 가볍게 여기는 일이 결국 나의 가족의 생명을 가볍게 여기는 일로 이어짐을 주장한 것이다.

『예기(禮記)』에 "사람의 신체는 부모가 남겨주신 몸이다"라는 말이 있고,[42] 이이(李珥)의 『격몽요결(擊蒙要訣)』에 "사람이 자식으로서 태어날 적에 성명(性命)과 혈육(血肉)은 모두 어버이가 남겨주신 것이다. 숨을 쉬어 호흡하면 기(氣)와 맥(脈)이 서로 통하니, 이 몸은 내 사사로운 것이 아니고 바로 부모가 남겨주신 기이다"라는 말이 있다.[43] 또 강항도 일본 무사가 저지른 살육 장면을 "칼 아래 동강나는 것은 다 나를 돌보고 나를 길러주신 부모님이 남겨주신 몸이었다"라고 표현했다.[44] 이러한 표현에는 개인의 생명을 개인만의 생명으로 생각지 않고 부모에게 물려받은 것으로 보는 유교적인 관점이 드러난다.[45]

나와 가족 사이에 존재하는 유대를 강하게 의식하는 유교사회에서 살아온 사람의 눈으로 볼 때 무사사회의 가족관계는 상당히 이질적인 것이었다. 1596년에 일본을 방문한 황신은 일본인들이 "집안 처자를 사랑하지 않고, 부자나 형제 사이에도 그다지 서로 친애하지 않았다"라고 하여[46] 일본에서는 가족간의 유대의식이 희박하다고 보았다. 강항은 임진왜란 때 조선에 항복해온 일본 무사들의 모습을 다음과 같이 묘사했다.

그들은 겨우 포대기를 벗어나게 되면 바로 장관(將官)의 집에 기식하며 평생 부모와 형제를 보지도 못하고 향당(鄕黨)과 이웃 마을에 들어가지도 못한 채, 사방으로 전쟁에 종사한다. 출동만 하면 열흘이나 한달이 걸리기 때문에 비록 처자가 있어도 그 얼굴을 거의 볼 수 없다. 그러므로 장관이나 농민에게는 처자가 있으나 그 나머지는 태

반이 처자가 없어 향토나 부모나 처자를 그리워하는 정이 조금도 없었다.[47]

최전선에서 싸워야 하는 하급무사들은 어려서부터 장관의 집에 붙어서 밥을 얻어먹기 때문에 부모와 떨어져 살아야 하고, 전쟁이 일어나면 오랫동안 원정지에서 생활해야 하며 결혼도 하지 않았기 때문에 가족이나 고향에 대한 정을 모른다는 것이다. 강항의 눈으로 볼 때 일본 무사들은 가족간의 유대를 중시하는 유교사회와 전혀 다른 환경에서 생존하고 있었던 것이다. 이러한 환경에서는 자신의 생명이 부모나 형제 내지 다른 사람의 생명과 연결되어 있다는 의식을 가지기 어렵다. 강항이 생명을 경시하는 무사들에 대해 느낀 이질감과 가족의 애정을 모르는 무사들에 대해 느낀 이질감은 상통하는 부분이 있다. 그리고 강항의 이질감은 한 사람의 생명이 그 가족의 생명과 연결되어 있음을 『맹자』를 통해 강조한 조헌의 논리와 상통한다. 말하자면 가족에 대한 유대의식의 결여가 삶에 대한 집착의 결여로 이어지는 측면이 없지 않다는 것이다.

조헌은 "삶을 가볍게 여기는" 무사를 세가지 관점에서 비판했다. 첫째로 부모가 사람을 낳고 키운 뜻은 자식이 이 세상에 살아가기를 원해서이지 결코 삶을 가볍게 여기도록 한 것이 아니라는 점, 둘째로 '경생'은 하늘의 의지인 '천지생물지심'에 위배된다는 점, 셋째로 다른 사람의 생명을 가볍게 빼앗는 것은 살해된 자의 가족에게 깊은 원한을 심어 결과적으로 복수의 연쇄를 초래한다는 점이다. 인간의 생명을 경시하는 일본 무사들을 거침없이 규탄한 조헌은 의병을 모아 일본군과 싸우다가 낙명(落命)했다.

2. 죽음이 일상화된 사회

인간의 생명을 경시하는 풍조는 무사에만 한정된 것이 아니었다. 전국시대 일본에서는 과감하게 죽는 것을 칭송하는 분위기가 사회 전체를 지배하고 있었다. 강항은 당시 일본사회의 분위기를 다음과 같이 묘사했다.

격분하여 분쟁이 일어나 결투하게 되는 경우 그 구적(仇敵)을 찔러 죽이고 나서 또 자신도 곧 목을 찌르거나 배를 가르거나 합니다. 그러면 사람들은 "참다운 대장부다"라고 감탄하며 애석히 여기지 않는 이가 없고, 그 자손에게 "너는 곧 과감하게 죽은 사람의 후손이다"라고 하여 지위 높은 사람과 혼인할 수 있습니다.[48]

이는 예부터 무사사회에 존재하던 '아다우찌(仇討)'를 말하는 것으로 보인다. '아다우찌'는 곧 복수 행위를 말한다. 복수를 수행하여 원수를 죽이고서 자신도 자결하면 그 자손들이 큰 명예를 얻는 모습을 묘사한 것이다.

이러한 사회 분위기는 에도시대에 들어서도 강하게 남아 있었다. 토요또미 히데요시가 죽은 뒤 토꾸가와 이에야스(德川家康, 1543~1616)가 1603년에 에도막부를 열었다. 그러나 수백년간 계속되어온 전국시대의 유풍은 쉽게 사라지지 않았다. 토꾸가와 시대에 일본을 방문한 조선 사절들 또한 '경생'이라는 말로 잔혹한 일본의 풍속을 묘사했다.

1607년 회답겸쇄환사(回答兼刷還使)로 일본에 다녀온 경섬은 단오에 행해지는 일본의 독특한 행사에 크게 놀랐다. 경섬에 의하면 일본에서는 단오에 칼과 창을 가진 수천명의 남자들이 한곳에 모여 두 조로 나누어 서로 싸우기도 하고 평소 원한이 있는 사람에게 복수하기도 하는데, 이날은 사람을 죽여도 죄가 되지 않으며 상당히 많은 사상자가 나왔다고 한다.[49] 경섬은 단오를 맞아 서로 칼로 상대를 죽이는 일본 남자들의 모습을 묘사하고서 다음과 같이 기록했다.

대개 일본의 국속(國俗)은 사람을 잘 죽이는 자를 대담하고 용감하다고 생각한다. 그러므로 살인을 많이 하는 자는 비록 시정의 미천한 사람일지라도 성가(聲價)가 곧 배로 오르고, 두려워서 도망가는 자는 비록 권문귀족의 자제일지라도 온 나라에서 버림을 받으며 사람들에게 용납되지 못한다. 그 삶을 가볍게 여기고 죽음을 즐기는 풍속이 이와 같다.[50]

"삶을 가볍게 여기고 죽음을 즐긴다(輕生樂死)"라는 경섬의 말은 앞서 인용한 조헌의 말과 일치한다. 경섬 또한 타인의 생명을 빼앗는 것에 아무런 거부감도 느끼지 않을 뿐 아니라 오히려 남을 죽일수록 사회적으로 평가받고 싸움을 피하는 자는 겁쟁이로 불리며 사회에서 배제되는 무사사회의 가치관에 큰 이질감을 느낀 것이다. 그는 일본인의 성격에 대해서는 다음과 같이 썼다.

사람들이 협기를 숭상하여 삶을 가볍게 여기고 죽음을 잊어버린다. 그래서 조금만 불평이 있어도 바로 칼을 뽑아 서로 죽이기를 조금도 거리낌 없이 하며, 잠깐 작은 혐의만 있어도 스스로 제 배를 갈라 죽어도 후회하지 않는다.[51]

'삶을 가볍게 여기고 죽음을 잊어버리는' 심성이 일시적인 분노를 자제할 줄 모르며 자신의 생명을 끊는 것도 주저하지 않는 일본인의 행동규범에 그대로 드러나 있다고 본 것이다. 경섬은 이러한 일본 무사들의 성격이 개인과 개인의 관계에도 깊이 반영되어 있다고 보았다. 이어지는 글에서 그는 다음과 같이 썼다.

> 남과 서로 접촉할 때에는 서로 시의(猜疑)하고, 부부가 방 안에 있는데도 잠자리를 같이하지 않고, 부자가 서로 대하는데도 칼을 풀지 않는다. 혹은 공을 탐내고 이익을 다툴 경우에는 부자가 서로 모해하고 형제가 서로 해치므로, 자식이 생겨 열살만 되면 다른 사람의 양자로 주고 함께 살지 않는다. 술에 취하면 술주정을 부리다 서로 칼을 뽑기 때문에 감히 마음대로 실컷 마시지 않는다. 손님을 접대할 때에는 반드시 밥을 먼저 대접하고, 밥을 먹은 뒤에 술을 올리는데 석잔을 넘지 않게 한다. 비록 경사스러운 명절일지라도 모여 마시거나 잔치하는 일이 없다.[52]

경섬은 집에 있을 때도 가족에 대해 경계심을 풀 수 없고 술을 마실 때도 마음 놓고 손님을 대접할 수 없는 살벌한 분위기에 위화감을 느낀 것이다. 부모에 대한 자식의 효도를 중시하는 유자(儒者)에게 살상도구인 칼을 허리에 차고서 부자가 대면한다는 것 자체가 받아들이기 어려운 모습이었다. 더 나아가 가족 사이에서도 서로 시기하고 의심하며 부자, 형제끼리 공적이나 이익을 두고 서로 해치는 모습 또한 가족간의 화목을 당연시하는 유자의 눈에는 불쾌하게 비쳤다. 말하자면 개인과 개인이 서로 적대의식을 가지고 있으며 자신의 가족에 대해서도 그 적대의식을 풀지 못한다고 본 것이다. 실제로 『군법시용집』에는 "부자형제가 승부를 내는 일에 있어서는 전쟁터에서의 승부는 말할 것도 없고 평소부터 부자형제가 서로 이기려고 하는 것이 무사의 습성이다"라는 말이 보인다.[53] 무사사회에서는 실제로 부자간, 형제간에 이해를 두고 대립하거나 군사를 이끌고 충돌하는 일이 흔히 있었다. 그러니 부자·형제가 어느정도 서로에게 경계심을 갖는 것은 결코 이상한 일이 아니었던 것이다.

1617년에 일본에 다녀온 이경직(李景稷, 1577~1640)도 "눈 한번 흘긴 것도 반드시 보복하고, 말 한마디에도 시기를 부려 사람 죽이는 것을 능사로 삼고, 굽히지 않는 것을 장기로 여긴다"라고 무사들의 모습을 묘사했다.[54] "눈 한번 흘긴 것도 반드시 보복한다(睚眦必報)"라는 말은 『사기(史記)』에 보이는바[55] 아무리 작은 원한이라도 꼭 보복할 만큼 도량이 좁은 것을 비유한 것이다. 이 말 또한 일본의 풍속을 묘사할 때 자주 사용되었다.[56]

이러한 살벌한 사회 분위기는 당시 조선사회의 분위기와 상당히 달랐다. 이이는 일찍이 『격몽요결』에서 사람과 접촉할 때 가져야 할 마음가짐에 대해 "항상 온화하고 공손하며 자애로써 남을 은혜롭게 하고 남을 구제하려는 마음을 가져야 한다. 남을 침해하고 사람을 해치는 일은 조금이라도 마음속에 두어서는 안된다"라고 훈계했다.[57] 개인과 개인 사이에 온화하고 유순하고 서로 돕는 관계를 구축하고 다른 사람에게 해를 끼치려는 마음을 스스로 억제해야 한다는 이이의 생각은 당시 사행원들도 공통적으로 가지고 있었을 것이다. 또 김성일은 "우리나라 사람의 성질은 겸손하고 공손하며 자상하고 화평하다. 이 때문에 집에 들어오면 어버이를 섬기고 형을 공경하는 도리를 닦고 나가서는 임금께 충성하고 어른을 위해 목숨을 바치는 의리를 다한다"라고 하고서,[58] "종족(宗族)들과 화목하고 이웃 사람들을 보살피며, 길사(吉事)와 흉사(凶

事)에 서로 도와주고 환난이 생기면 서로 구해준다"라고 하여[59] 사회 전반에 상호부조의 정신이 퍼져 있다고 말했다. 김성일은 도덕성을 갖춘 개인이 가족간에 온화한 관계를 만들고 그 온화한 관계가 사회 전체에 확산해 있다고 본 것이다. 수백년간 평화를 유지해온 만큼 당시 조선은 개인의 심성도 사회적 관계도 일본과 비교하면 상당히 온화했을 것으로 생각된다.

이 때문에 항상 남에게 시의심을 가지고 가족에게도 경계심을 풀지 않으며 모욕을 당하지 않도록 항상 상대의 언동에 신경을 곤두세워 눈을 번득이는 무사들의 모습은 조선에서 온 사람의 눈에는 이질적으로 비쳤을 것이다. 사행원들은 조선사회에서 이상으로 여기던 온화한 인간관계와 정반대인 무사사회의 기풍에 큰 거부감을 느꼈다.

일본에 다녀온 조선 문사들이 가장 큰 혐오감을 느낀 대상은 타메시기리(試し斬り)와 할복이다. 타메시기리란 칼이 잘 드는지를 확인하기 위해서 시체를 실험대상으로 삼아 베어보는 일을 말한다. 사행원들은 타메시기리를 '시검(試劍)'이라 불렀는데, 사행록을 보면 이 '시검'에 대한 기록이 도처에 보인다. 정유재란 때 일본에서 포로생활을 하던 정희득(鄭希得, 1573~1623)은 타메시기리를 목격했을 때의 일을 자세히 기록했다. 그는 함께 포로로 끌려온 최덕양이 병으로 죽었을 때 일기에 다음과 같이 썼다.

이날 최덕양이 병으로 죽었는데, 왜도(倭徒)들이 앞을 다투어 칼을 시험한다며 시체를 갈라놓았다. 애사(哀辭)를 지어 포로들에게 두루 유시(諭示)하고서 거두어 강 언덕에 묻고 제물을 바치고 곡하였다.[60]

포로 가운데 한 사람이 병으로 죽자 무사들이 몰려와 그 시체를 칼로 베었다고 하는데, 이것이 바로 타메시기리이다. 최덕양의 시체가 타메시기리의 희생이 된 것이다. 그동안 고통스러운 생활을 함께했던 동포의 시체를 칼로 가르는 무사들의 모습은 정희득에게는 상당히 큰 충격이었을 것이며, 무사들의 칼에 맞아 토막이 난 최덕양의 시체를 거두어 매장한 것도 말할 수 없이 비통한 경험이었을 것이다. 최덕양이 죽은 지약 1년이 지났을 때의 일기에 정희득은 "밤에 꿈에서 최덕양을 만났다. 깨고 나니 비감스러운 회포를 걷잡을 수 없다"라고 썼다.[61] 최덕양의 죽음은 정희득의 마음에 깊은 상처를 남긴 것이다.

에도시대에도 타메시기리는 일상적으로 행해졌다. 1607년에 사행을 다녀온 경섬이 단오에 일본인들이 서로 칼과 창을 가지고 싸우는 모습을 묘사한 글을 앞서 언급했다. 그 글 중에서 경섬은 "칼을 맞아 죽은 자의 몸이 땅에 떨어지지 않으면 여러 사람이 칼을 번갈아 쳐서 조각조각으로 찢어 갈랐는데, 이를 시검이라 한다"라고 썼다.[62] 경섬 또한 '시검' 즉 타메시기리를 하는 무사들의 모습을 목격한 것이다. 이 타메시기리의 관습은 18세기에도 존재했다. 1748년 종사관으로 일본에 간 조명채(曺命采, 1700~64)는 일본에서 죄인을 처형하는 장면을 다음과 같이 묘사했다.

참형을 받을 죄수가 있으면 여러 왜인이 앞을 다투어 칼을 시험하여 만두처럼 마구 찍는데, 조금도 측은지심이 없다. 또 어린아이들이 와서 보게 하여 버릇을 들여 겁내지 않게 한다.[63]

1763~64년에 걸쳐 일본에 다녀온 남옥(南玉, 1722~70)도 일본에서 죄인을 처형하는 모습을 자세히 기술하면서 "칼로 사람을 베어야 호걸스럽다는 칭찬을 받으므로 그 칼날을 시험해보고자 하는 자가 많다"라고

썼다.[64] 이처럼 처형장에 모여들어 시체를 베면서 칼이 잘 드는지 확인하는 일본 무사들의 모습은 사행록 도처에 기록되어 있다. 조명채는 그 모습을 보면서 "조금도 측은지심(惻隱之心)이 없다"라고 썼는데,『맹자』에 "측은지심이 없으면 사람이 아니다"라는 말이 있듯이[65] 유교사회에서 '측은지심'이란 사람으로서 가져야 할 최소한의 조건이었다. 일본 무사들은 시체를 보면 자신의 칼을 시험할 절호의 기회로 여겨 일종의 의식으로 타메시기리를 행했다. 그러나 유해를 화장하는 것마저도 혐오했던 조선 사대부의 입장에서 타메시기리의 관습은 그야말로 비인간적인 행위였다. 더 나아가 조명채는 죽음을 두려워하지 않도록 처형장에 어린아이를 데려가 사람이 죽는 모습을 보게 하는 일본인의 모습을 묘사했는데, 이것도 조선 사대부로서는 믿기지 않는 광경이었을 것이다.

타메시기리와 마찬가지로 할복을 보고서도 사행원들은 큰 충격을 받았다. 1617년에 사행을 다녀온 이경직은 일본에서 죄인을 처형할 때 사형수 중에는 참수(斬首)를 거부하고 스스로 할복을 선택하는 사람도 있음을 지적하면서 다음과 같이 기술했다.

죽음을 당하는 사람도 또한 그다지 두려워하지 않고 자결하기를 원한다. 목욕하고 이발한 다음 눈을 감고 염불한다. 스스로 배를 가르고 손으로 오장(五臟)을 끄집어내어 죽으면, 보는 사람들이 좋은 사람이라 칭찬하고 그 자손도 또한 세상에 이름이 높아진다.[66]

배를 가른 다음 손으로 내장을 끄집어낸다는 기록은 후대의 사행록에도 자주 인용되었는데,[67] 일본에서 실제로 이와 같이 할복자살한 사람이 있었던 것으로 보인다.『태평기』에는 나까하라 도오준(中原道準)이라는 무사가 할복했을 때의 대목에 "왼쪽 겨드랑이에 칼을 세워 오른

Examining the edge of a sword on the corpse of a criminal as soon as the capital punishment had finished. This was made as a punishment even the latter, finally cut into pieces.

에도의 텐마쪼오(傳馬町)에 세워진 2,600평이나 되는 광대한 감옥에서는 죄인의 수감 뿐 아니라 고문과 처형도 이뤄졌다(위). 사형 집행시에는 칼을 시험하기 위해 시체의 손발을 양쪽으로 당겨서 몸통을 잘랐다(아래).

쪽 옆구리까지 길게 갈라 찢어서 장을 손으로 끄집어내고서 도오준은 앞으로 쓰러졌다"라고 기록되어 있다.[68] 에도시대에 저술된 『자인록(自刃錄)』에는 "무라까미 요시미쯔(村上義光)는 왼쪽 겨드랑이부터 오른쪽 옆구리까지 한일자로 갈라 찢어서 장을 잡아 나무판자를 향해 던지고 큰 칼을 입에 넣고 엎드러 쓰러졌다"라는 말이 보인다.[69] 이경직은 이렇게 처절하게 죽은 사람이 실제로 있다는 이야기를 사행길에 들었던 것으로 보인다. 이어서 그는 할복과 타메시기리의 관습을 언급하고서 일본의 풍속을 "죽음에 용감한 것을 영예로 여기고 죽음을 겁내는 것을 치욕으로 여긴다(勇死爲榮, 怵死爲恥)"라고 표현한 다음,[70] 살벌하고 잔인한 무사들의 습성을 두고 "사납고 모진 성질은 참으로 일종의 승냥이나 독사 같은 무리이다"라고 썼다.[71] 사람들끼리 서로 무기를 들고 싸우는 시대가 오랫동안 이어진 일본사회에서는 어떻게 죽었는지가 그 사람에 대한 평가를 결정했고, 더 나아가 그 죽음 뒤에 남겨진 가족의 삶에도 큰 영향을 끼쳤다. 이 때문에 사형장에서 목이 베이기를 기다리기보다 자기 손으로 생명을 끊는 사람이 용감한 사람으로 칭찬받았고, 반대로 죽기를 주저하고 죽음에 대한 공포심을 다른 사람들 앞에서 노골적으로 드러내는 것은 망신으로 여겨졌다. 그런데 이처럼 절명(絶命)의 순간에 용감한 모습을 보이려는 무사사회의 가치관은 '호생오사'를 인간의 본성으로 보는 조선 사대부들의 눈에는 "승냥이나 독사"가 하는 일로 비쳤던 것이다.

조선 사대부들은 기본적으로 살고 싶다는 원망(願望) 내지 죽음을 피하려는 심성을 인간의 타고난 본성으로 본다. 그러나 수백년간 전쟁상태에 놓여 있던 나라의 사람들에게는 이 상식이 통하지 않았다. 개인의 기질, 인간관계, 집단적 의식이 모두 전쟁에 적응하도록 형성되었으며, 인간의 본성과 역행하는 행위를 굳이 행하는 것이 오히려 미덕으로 칭송되었다. 조선 문인들이 흔히 사용한 '낙사오생' '경생망사' '용사위영(勇死爲榮)' '겁사위치(怯死爲恥)' 등의 표현은 '호생오사'와 정반대의 가치관 속에서 생존하는 일본인에게 느낀 조선 사대부들의 이질감을 집약적으로 보여준다.

3. '경생'에서 '호생'으로

삶을 가볍게 여기고 죽음을 두려워하지 않는다는 일본인의 이미지는 고려시대부터 존재했고, 임진왜란을 겪으면서 고정관념으로 자리 잡았다. 에도시대 초기에 기록된 일본 사행록에도 '경생'이라는 말은 도처에 등장한다. 그런데 이러한 살생을 좋아하는 문화를 수백년 동안 유지해온 일본이 점차 '평화'로 나아가기 시작했다. 이에 따라 일본인에 대한 조선 사절들의 인식도 달라졌다.

무사사회에서 살아가는 일본인에 대한 인식이 변화하기 시작한 것은 1719년 일본을 다녀온 정후교(鄭后僑, 1675~1755)의 사행록을 통해 확인된다. 당시 일본은 전쟁이 없는 상태가 100년 이상 유지되고 있었다.

오랫동안 크게 서로 죽이는 일이 없어서 백성의 재물이 번성하고 다투어 이익을 추구하여 더럽고 간사함을 낳으니, 원래 풍속이 이렇다. 그러나 어떤 사람은 염직(廉直)을 지켜 봉공(奉公)하여 속이지 않고, 어떤 사람은 의를 보고 삶을 버리며, 윗사람을 친애하고 어른을 위해 목숨을 바치니, 이는 또한 얕잡아볼 수 없는 점이다.[72]

전쟁이 사라진 지 오랜 시간이 지나서 경제적으로 발전하면서 사치스러운 생활을 하는 일본인들도 있지만, 한편으로 청렴하고 봉공에 힘써 윗사람에게 충의를 다하는 사람도 있다고 정후교는 지적했다. 이는 유교의 관점에서 일본인의 행동양식을 긍정적으로 인식한 말이라는 점에서 주목할 만하다. "의를 보고 삶을 버리며(見義而舍生)"라는 말은『맹자』「고자(告子)」에 보이는 "삶도 내가 바라는 것이고 의도 내가 바라는 것인데, 둘 다 함께 얻을 수 없다면 삶을 버리고 의를 취할 것이다"라는 구절에서 가져온 것이고,[73] "윗사람을 친애하고 어른을 위해 목숨을 바치니(親上而死長)"라는 말 또한『맹자』에 보인다.[74]

정후교의 말은 그가 이른바 '사생취의(捨生取義)' 내지 '친상사장(親上死長)'의 관점에서 무사사회에서 요구되는 행동양식을 긍정적으로 파악했음을 보여준다. 주희는 '사생취의'라는 말에 대해 "삶을 바라고 죽음을 싫어하는 것은 비록 모든 사람의 이해(利害)의 상정(常情)"이긴 하지만, 인간에게는 삶과 죽음보다 소중한 "상도(常道)를 지키고 의리를 따르는 양심(秉彝義理之良心)"이 있음을 지적했다.[75] 즉 사람은 '의'를 위해 자신의 생명을 바쳐야 할 때도 있다는 말이다.

무사사회에서 주군에게 목숨을 바치는 것을 '의'를 위해 생명을 던지는 것으로 보아 미덕으로 여겼던 것처럼, 조선사회에도 주군에게 충의를 다하여 자신의 목숨까지 바치는 것을 미덕으로 여기는 가치관이 존재했다. 이를테면『삼강행실도(三綱行實圖)』의 「충신(忠信)」편에는 국가나 주군을 위해 목숨을 바친 사람들을 칭송하는 글이 많이 보인다. 자신의 목숨보다 소중한 것이 인간의 내면에 존재한다는 사고방식을 가지고 있었다는 점에서 유교적 가치관과 무사적 가치관은 상통할 여지가 있었던 것이다. 정후교가 '사생취의'의 관점에서 일본인의 봉공정신을 긍정적으로 파악한 것은 큰 인식의 전환이라 할 수 있다.[76]

무사에 대한 인식이 결정적으로 변화한 것은 1763~64년에 걸쳐 일본에 다녀온 계미통신사 때이다.[77] 당시 일본에서는 평화로운 사회가 약 150년 동안 이어지고 있었다. 물론 이때에도 무사들의 허리에는 칼이 있었다. 서기로 일본 사행에 참여한 원중거는 "나라 사람들은 검술에 가장 능하다. 어릴 때부터 나무칼을 가지고 치고 찌르는 법을 배워 익힌다. 칼을 주조하는 법이 또한 지극히 정밀하다"라고 썼다.[78] 평화로운 시대가 100년 이상 이어져도 무사들이 어릴 때부터 검술을 배우고 사람을 찌르는 훈련을 하며 예리하게 간 칼을 휴대하는 것은 마찬가지였던 것이다. 그러나 공적인 자리에서 칼을 칼집에서 뽑는 것은 금지되어 있었다. 원중거는 쓰시마(對馬)에 도착했을 때의 일기에 다음과 같이 썼다.

남자는 여덟살 이상이면 모두 칼을 찼는데 칼날은 굳게 숨겨두었으니, 법에 사람을 대하고서 칼집에서 칼을 뽑지 못하도록 하기 때문이었다. 사고파는 경우 외에 만약 보여달라고 하는 사람이 있어 부득이하면 반드시 숨어서 문을 잠그고 나서야 사사로이 꺼내 본다.[79]

이처럼 당시 무사들은 일상생활에서는 칼을 뽑을 기회가 없었던 것이다. 앞서 살펴보았듯이 1607년의 사행원 경섬은 조금이라도 불만이 있으면 칼을 뽑아 사람을 죽여버리고 서로 시의심을 가지며 술자리에서도 경계심을 풀지 않는 무사들의 모습을 부정적으로 기술한 바 있다. 그리고 그로부터 약 160년 후에 일본을 방문한 원중거는 무기 사용이 금지된 무사들의 모습을 본 것이다. 그는 또한 일본사회의 풍토가 변화하고 있음을 다음과 같이 기술했다.

대개 이 나라에서 전쟁을 꺼린 것이 이미 200년이 되었으므로, 각 주에서는 감히 사사로이 군사를 조련하지 않는다. 조총(鳥銃)에 이르러서는, 관청에서 기술을 시험하는 것 외에 개인적으로 총을 쏘는 자는 칼을 뽑아드는 것과 같은 죄로 취급한다. 그러므로 우리 행차가 일본에 들어가서 말에 오르고 내릴 때 대포를 쏘았는데 구경하는 자들이 모두 귀를 막고 두려워서 자리를 피하였다.[80]

원중거가 본 일본은 토요또미 시대 말기부터 토꾸가와 시대 초기까지의 살기가 감돌던 일본과 사뭇 달랐다. 무기 사용은 일절 금지되었으며, 일반인들은 총소리에 귀를 막고 두려워했다. 죽음이 일상화되어 있던 상황에서 평화가 정착되어 무기도 멋대로 사용할 수 없는 상황으로 변화한 것이다. 이에 따라 사행원들의 일본인식도 변화했다. 원중거는 조선 문사들의 뇌리에 고정관념으로 자리 잡고 있던 '삶을 가볍게 여긴다'는 일본인에 대한 인식을 다음과 같이 비판했다.

전에는 왜인을 논할 때 몹시 독하고 몹시 교활하며 살인에 과감하고 자살을 가볍게 여긴다고 하였다. 이는 임진왜란이 일어난 지 얼마 되지 않아 우리에게 의심하고 두려워하는 마음이 쌓여 있었기 때문이다.[81]

원중거는 "살인에 과감하고 자살을 가볍게 여긴다"라는 임진왜란 때 각인된 이미지가 160년이 지나도 사라지지 않고 강하게 남아 있음을 지적하고서 이제 그 고착된 이미지를 수정해야 한다고 완곡하게 말한 것이다. 앞서 밝혔듯이 조헌도 원래 일본인은 온후했는데 겐지와 헤이시의 군사적 충돌이 거듭되면서 일본에 잔인한 풍속이 생겨났음을 지적했다. 원중거는 전쟁이 없는 시대가 이어져 일본이 점차 '경생'의 문화에서 벗어나기 시작했음을 포착한 것이다.

또한 원중거는 조선에서 널리 유통되던 일본인에 대한 이미지는 실질적으로 쓰시마 사람에게 해당하는 것이라 밝히면서 "내국(內國)의 사람들은 타고난 기가 유약하고 그 풍속은 조심스럽고 신중하다"라고 평가했다.[82] 그때까지 일본인이라고 하면 "싸우다 죽는 것을 영예로 여긴다"라든가 "눈 한번 흘긴 것도 반드시 보복한다"라고 표현되었다. 그러한 상투적 형용사 대신 원중거는 '유약'이라는 수식어를 사용했다. 이 말은 결코 부정적인 말이 아니다.『중용장구(中庸章句)』에서 주희는 '북방의 풍기(風氣)'가 '강경(剛勁)'임에 비해 '남방의 풍기'는 '유약'하다고 하며 유약한 남방의 풍기가 '군자의 도'라고 평가했다.[83] 원중거는 사람 죽이기를 좋아하고 과감하게 죽는 것을 영광으로 여긴다는 종래의 일본인상(日本人像)을 전환하여 '유약'이라고 표현함으로써 새로운 일본인상을 제시한 것이다.

조선과 일본이 확연히 다른 점은 평화와 전쟁에 있다. 조선이 200년 동안 평화를 유지한 것에 비해 일본은 400년 이상 전쟁을 반복했다. 이러한 사회적 환경의 차이가 사생관의 충돌로 나타났다. 강항, 조헌, 그리고 에도시대 초기에 일본을 다녀온 사행원들은 전쟁상태에 놓여 있던 일본인을 보면서 '경생'이라는 표현을 썼다. 이에 대해 평화상태에 놓여 있던 일본을 방문한 원중거는 '경생'에서 벗어나려는 일본인의 모습을 목격했다. 원중거는 전쟁상태에서 벗어나 평화를 구가하는 일본인에게서 '호생오사'의 본성을 공유할 단서를 찾아낸 것이다.

제
2
장

원
한

이순신(李舜臣)은 일본군의 잔학행위에 대해 "흉악한 일을 저지른 것이 한이 없으니, 나라의 신하와 백성의 고통이 골수에 사무쳐 이 도적들과 같은 하늘 아래 살지 않겠다고 맹세하였다"라고 했다.[1] 조선 백성들이 받은 '골수'에 스며든 고통은 일본에 대한 집단적 적개심을 낳았으며, 국토를 유린당한 이래 조선인에게 일본은 증오와 복수의 대상이 되었다. 그가 사용한 "같은 하늘 아래 살 수 없다"라는 말은 일본을 언급할 때 자주 사용되어왔다. 김구(金九)의 『백범일지』에는 일본을 "같은 하늘 아래 살 수 없는 원수(不共戴天之讐)"라고 쓴 자신의 글을 본 청나라 무관이 일본이 어째서 원수인지를 묻자, "일본은 임진년부터 대대로 내려오는 국가의 원수일 뿐 아니라 지난달에는 우리 국모를 불살라 죽였기 때문이오"라고 대답하는 대목이 나온다.[2] 임진년에 생겨난 일본에 대한 집단적 원한은 수백년이 지나도 사라지지 않았다.

특히 자신들을 유린한 원흉 토요또미 히데요시에 대한 원한은 매우 깊었다. 임진왜란이 일어난 지 약 170년 후인 1763년에 계미통신사를 따라 제술관으로 사행에 참여한 남옥은 카메이 난메이(龜井南冥, 1743~1814)라는 일본 문인과 교류할 때 있었던 일을 다음과 같이 기술했다.

카메이의 「동유시(東遊詩)」에 '평궁(平宮)' '평승상(平丞相)'이라는 말이 있었다. 내가 "히데요시는 우리나라 만세의 원수이고 일본에 있어서도 또한 수괴(首魁)이자 역수(逆豎)요. 다시는 이런 문자를 쓰지 마시오"라 하고 드디어 서문을 써서 주었다.[3]

'평궁'과 '평승상'의 '평(平)'자는 토요또미 히데요시를 가리킨다. 남옥은 카메이 난메이의 시집에 토요또미 히데요시를 높여서 칭하는 말이 있는 것을 발견하고 분개한 것이다. 남옥의 입장에서는 히데요시를 칭송하는 말이 있는 시집을 조선 사절에게 보이면서 서문을 써달라고 요청하는 행위 자체가 무례하게 여겨졌을 것이다. 그런데 남옥의 이 발언에서 주목할 것은 히데요시가 "일본에 있어서도 또한 수괴이자 역수"라는 대목이다. '역수'란 '반역자'라는 뜻이다. 일본인들이 해외침략을 강행한 히데요시에게 상당히 큰 반감을 가지고 있다는 사실은 임진왜란 때부터 조선에 알려져 있었고, 토꾸가와 시대에 일본을 방문한 조선 사절들도 히데요시를 증오하고 과거의 전쟁을 후회하는 그들의 모습을 포착하고 있었다.

이 때문에 조선 지식인도 토꾸가와 시대 일본의 군사적 위협에 대해서는 낙관적으로 보고 있었다. 일찍이 정약용은 「일본론」에서 일본의 재침략 가능성은 없다고 주장했는데, 그 첫째 이유를 다음과 같이 말했다.

타이라 히데요시(平秀吉)가 백만대군을 동원하고 10주(州)의 재력을 다 기울여 두번이나 큰 전쟁을 일으켰으나 화살 한개도 돌아가지 못했던데다 나라도 따라서 멸망했다. 그래서 백성들이 지금까지 그를 원망하고 있으니, 그들이 다시 전철을 밟지 않을 것이 분명하다. 이것이 일본에 대해 걱정할 것이 없는 첫째 이유이다.[4]

정약용은 무모한 전쟁을 일으켜 나라를 멸망시킨 히데요시에 대한 원망이 일본인의 의식에 남아 있는 한 같은 잘못을 다시 반복하지 않을 것으로 보았다. 히데요시에 대한 일본인의 '원망'이 전철을 밟아 다시 전란의 세상으로 돌아가는 것을 막고 있다는 것이다. 실제로 토꾸가와 시대의 일본은 토요또미정권의 대외정책을 답습하지 않았다. 토요또미 일본의 전철을 밟고 대륙침략의 길에 나서기 시작한 것은 토꾸가와막부가 붕괴하고 메이지정부가 정권을 장악한 이후이다.

자신들이 증오하는 전쟁주모자를 일본인 또한 미워하고 있다는 사실은 조선 지식인들이 일본인을 재인식하는 큰 계기가 되었다. 임진년부터 조선 후기까지 히데요시에게 큰 증오심을 갖고 있는 일본인들을 목격한 경험이 어떻게 축적되었으며, 조선 문인들이 뿌리 깊이 박혀 있던 일본에 대한 한(恨)과 어떻게 대면했는지를 살피는 것이 제2장의 과제다.

1. 토요또미 히데요시를 원망하는 일본인

토요또미 히데요시가 일본에서 상당히 평판이 나쁘다는 사실은 임진왜란 당시부터 조선에 알려져 있었다. 이순신은 일본에 포로로 잡혔다가 귀국한 제만춘(諸萬春)에게 들은 이야기를 다음과 같이 기록했다.

히데요시는 성질이 흉포하고 오만해서 일본 사람들은 히데요시가 어느 때나 망할 것인가 하며 탄식하고 있습니다. 왜인들은 모두 "무릇 사람으로서 부형이나 처자가 없는 사람이 어디 있겠는가? 여러 해를 다른 나라에서 지내며 오랫동안 고국에 돌아올 수 없으니 이는 모두 히데요시 때문이다. 히데요시는 지금 63세로 죽을 날이 임박하였으니, 만약 죽으면 어찌 조선 사람만이 기뻐하겠는가? 우리도 근심이 없어질 것이다"라고 하였습니다.[5]

실제로 당시 일본인에게 바다를 건너 종군해야 한다는 것은 큰 부담이었다. 강항의 『간양록』에는 다음과 같은 기록이 보인다.

정유년(1597) 가을부터 무술년(1598) 봄여름에 이르기까지 천병(天兵)과 교전하여 사상자가 상당히 많았습니다. 이 때문에 독령(督令)을 내려 징집하면 눈물을 흘리며 떠났습니다. 간간이 집을 버리고 도망가는 자가 있을 경우 그 어미와 아내를 잡아가두고서 위협하여 보내기도 했습니다.[6]

군사 징용의 명령을 피해 도망가는 사람이 있으면 그 남자의 어머니와 아내를 구속, 협박하여 남자들을 강제로 전쟁터로 보냈다는 내용이다. 명나라의 참전으로 전황이 나빠지자 군사를 동원하기 위해서 상당히 강압적인 징용이 행해졌던 것이다.

이러한 상황은 일본측 자료를 통해서도 알 수 있다. 첫번째 조선침략이 실패하고 다시 조선에 군사를 일으키려 했을 때 아사노 나가마사(淺野長政)는 히데요시에게 직접 반대의견을 개진하면서 "애당초 아무 명분 없이 군사를 일으키셨는데, 조선 팔도는 물론 일본 60여주에 전쟁으로 어버이와 형제를 잃고 남편과 떨어지고 아들을 여의어 슬퍼서 탄식하는 이들이 허다합니다"라고 했다.[7] 해외원정 때문에 가족을 전쟁터로 보내야 하는 것에 대한 불만이 일본 백성들 사이에 쌓여 있으며, 히데요시가 빨리 죽기를 간절히 바라는 일본인들이 많다는 제만춘의 증언은 결코 과장이 아니었다고 볼 수 있다.

1596년에 중국의 화친사절들과 함께 일본을 방문한 황신은 코니시 유끼나가(小西行長)의 신하 요시라(要時羅)가 했던 말을 다음과 같이 기록했다.

관백(關白, 토요또미 히데요시)이 횡포하여 인심을 잃었고 나쁜 짓을 해도 고치지 않으니, 3년이나 5년이 못되어 그 형세를 보전하기가 필시 어려울 것입니다. (…) 일본의 대소(大小) 사람들이 모두 원한이 골수에 박혔으니 그는 결코 천수를 다하지 못할 것입니다. 그 역시 그 사실을 알고 있기 때문에 항상 "내가 친조카를 아들로 삼아 부유하고 귀하게 만들었는데도 도리어 나를 해치려고 한다. 나는 본디부터 온 나라 대소의 사람들이 모두 나를 죽이려 하는 것을 알고 있으니, 내가 살아서 재앙을 당하기보다 차라리 멋대로 위세를 부리다가 죽겠다"라고 하였습니다.[8]

요시라의 이 말도 토요또미 히데요시가 일본에서 얼마나 원망을 사고 있었는지를 여실히 보여준다. 비록 히데요시가 전국을 통일했다고 해도 적대세력은 여전히 존재했으며, 히데요시에게 골수에 사무치도록 깊은 원망을 가진 일본인들이 많았던 것이다. "내가 친조카를 아들로 삼아 부유하고 귀하게 만들었는데도 도리어 나를 해치려고 한다"라는 히데요시의 말은 토요또미 히데쯔구(豊臣秀次)를 가리키는 것으로 보인다. 토요또미 히데쯔구는 히데요시의 친누나의 아들로 히데요시의 양자가 되었다가 모반 혐의를 받아 처형되었다. 요시라는 히데요시가 자신의 친족에 대해서도 마음을 놓을 수 없으며 민심을 완전히 잃어버렸음을 전한 것이다.

조헌도 일본인이 전쟁의 수괴인 히데요시를 원망하고 있다는 사실을
지적했다. 그는 임진왜란이 일어나기 직전인 1591년에 대일외교에 대
한 의견을 진술한 상소문, 중국을 비롯해 각국에 보낼 격문, 일본 사신
을 규탄한 글, 비왜(備倭, 왜를 방비해 평화를 수호함)에 관한 글 등을 조정에
제출했다.[9] 조헌이 제출한 글에는 히데요시를 원망하는 일본인에 대한
기록이 도처에 보인다.

신이 항간에 떠도는 말을 들으니, 쓰시마에서 황윤길(黃允吉)이 머
물렀던 곳에서 주왜(主倭)가 말하기를, 일본의 대소 인민들은 히데요
시가 사람 죽이기를 좋아해 그치지 않는 것을 무서워하여 모두들 숨
을 죽이고 극도의 공포에 질려 있으며, 하루도 보전하기가 어렵다고
합니다. 만약 이런 상태가 지속된다면 반드시 장차 그 부하들에게 죽
임을 당할 것입니다.[10]

황윤길은 1590년에 통신사로 일본에 다녀온 사람이다. 조헌은 일본
에 다녀온 사절들의 이야기를 통해 히데요시에 관한 정보를 입수하고
있었던 것이다. 그는 명나라에 보내려고 한 편지 중에서 유구(琉球, 류우
뀨우)를 비롯한 주변국에 히데요시의 죄를 성토하는 격문을 명에 보낼
것을 제안했다.[11] 말하자면 조헌은 주변 제국(諸國)과 연합하여 일본에
맞서고자 했는데, 주목할 것은 그가 일본 본국에까지 격문을 보내기를
제안한 점이다. 조헌이 명나라로 보내려 한 글에는 다음과 같은 대목이
보인다.

더구나 들은 바에 의하면 히데요시의 사람됨은 포악하기가 비할
데 없어서 오로지 살육으로 위세를 부리며 제도(諸島)의 추호(酋豪)들

을 모조리 섬멸했을 뿐 아니라 평민들이 작은 잘못을 저질러도 하나하나 베어 죽여버리니, 그 아랫사람들은 두려워서 잠시 굽히고 있을 뿐 충애(忠愛)의 뜻은 하나도 없으며, 모두 원망과 억울함을 품고 다투어 반란을 일으키고자 한다고 합니다. 만약 여러 장수와 여러 나라로 하여금 격문을 써서 맹세하도록 하고 그 무리를 선도하여 유인하게 하면 반란의 화는 저절로 오랑캐의 나라에서 일어날 것입니다.[12]

폭정으로 나라를 통치하기 때문에 히데요시는 평민들로부터 전혀 신뢰받지 못하고 있으며, 일본인들은 히데요시에 대해 "원망과 억울함을 품고 다투어 반란을 일으키고자" 하기 때문에, 그에 대한 일본인의 증오심을 이용하면 일본 국내의 반란에 의해 토요또미정권은 자멸할 것이라고 본 것이다.

뒷날 조헌의 유문(遺文)을 모아 『항의신편(抗議新編)』을 엮은 안방준(安邦俊)은 조헌이 제출한 일곱편의 글을 해설하면서 일찍이 자신이 들은 이야기를 다음과 같이 썼다.

정유재란 때 우리나라의 한 선비가 포로로 잡혀 일본에 들어가 민간에서 밥을 빌어먹었는데, 깊은 산속에 들어갔다가 한 늙은 중을 만났다. 그 중이 "히데요시는 조선에는 일시의 적(一時之賊)이지만 일본에 있어서는 만세의 적(萬世之賊)이다. 그때 만약 한두명의 의사(義士)가 격문을 보내 의병을 일으켰더라면 히데요시의 화는 반드시 이처럼 심한 지경에 이르지 않았을 것이다"라고 했다고 한다. 선생님께서 쓰신 일곱편의 글이 바로 이 말과 부합하니, 선생님께서 적을 잘 헤아리셨던 것을 여기에서 알 수 있다.[13]

안방준도 히데요시를 일본의 '만세의 적'으로 비난하면서 일찍이 의병을 일으키지 않은 것을 후회하는 일본인이 있다는 이야기를 뒷날에 들었던 것이다. 이에 그는 정유재란 5년 전에 이미 일본의 상황을 인지하고 일본에 격문을 보낼 것을 제안한 조헌의 혜안을 칭송한 것이다.

2. 과거를 뉘우치는 일본인

1598년에 토요또미 히데요시가 죽자 조선에 머물던 일본군은 철수했다. 그후 토꾸가와 이에야스가 주도한 동군(東軍)과 이시다 미쯔나리(石田三成)가 주도한 서군(西軍) 사이에 큰 전쟁이 일어났다. 1600년에 벌어진 이 세끼가하라(關ヶ原)전투에서는 토꾸가와 이에야스가 승리했다. 히데요시 사후에 권력을 장악하여 1603년에 에도막부를 개창한 토꾸가와 이에야스는 조선과의 외교관계를 재개하기 위해서 국서를 보냈다. 그 국서에는 다음과 같은 말이 있었다.

임진년의 일은 제가 관동(關東)에 있었기에 미리 알지 못하였습니다. 하물며 지금은 모두 평적(平賊)이 저지른 악(惡)을 뒤엎어 고쳤으니, 실로 원수가 아닙니다. 서로 화호(和好)를 통하기를 바랍니다.[14]

'평적'이란 히데요시를 얕잡아서 하는 말이다. 국서에서는 임진왜란 때 자신이 통괄하는 영지는 군대를 보내지 않았다는 이유로 토꾸가와 씨와 조선은 서로 적대관계가 아니라고 강조하고 있는 것이다. 실제로 토요또미 시대 및 메이지 시대와 달리 토꾸가와 일본은 조선의 '원수'가 될 만한 행동은 하지 않았다. 국서 위조나 외교문서의 형식을 둘러싼 충돌은 있었지만 조선 민중의 분노를 살 만한 대외행동을 조선을 향해 전개하지 않았다는 점에서 토꾸가와 시대는 이례적이다.

조선과 국교를 재개한 이후 이에야스는 1614년과 1615년 두번에 걸쳐 히데요시의 아들 토요또미 히데요리(豊臣秀賴)가 있던 오오사까성을 공격했다. 이 오오사까전투로 히데요리가 죽고 토요또미씨는 멸망했다. 세끼가하라전투와 오오사까전투 이후 일본에는 큰 전쟁이 일어나지 않았으며 평화로운 시대가 오랫동안 계속되었다. 평화를 구가하던 일본인들은 일찍이 전국시대의 일본을 통일하여 조선에 대해 전쟁을 일으킨 과거의 위정자를 어떻게 기억하고 있었는가?

1711년에 토꾸가와 이에노부(德川家宣)의 즉위를 축하하기 위해 조선에서 통신사가 파견되었다. 일본군이 조선에서 철수한 지 이미 100년 이상 지났을 때다. 부사로 사행에 참여한 임수간(任守幹, 1665~1721)은 일본에서 구입한 역사서를 참조하면서 다음과 같이 기록했다.

수백년 전에는 국내가 분열되고 전쟁이 잇따라 서로 영지를 빼앗으러 했고, 우리나라와 중국의 절강(浙江) 등지까지 그들의 침략으로 괴로워하였다. 급기야 히데요시가 득세하여서는 온 국력을 기울여 침입하니, 우리나라는 물론 큰 피해를 입었거니와 일본도 피폐해져 가까스로 지탱하고 있을 따름이었다. 히데요시가 망하자 왜인들도 이를 지극한 훈계로 삼아 그 뿌리박힌 독한 풍속이 점차 변화하였다. 지금에 이르도록 히데요시를 꾸짖어 '풍적(豐賊)'이라 부르며, 전쟁을 그만두고 점차 문교(文敎)를 숭상하게 되니 여항(閭巷) 사이에 고학(苦學)하는 선비들이 매우 많다. 이것도 운수(氣數)가 그렇게 되게 한 것이라 할까?[15]

임수간은 서로 군사적 충돌을 반복하고 해외침략까지 강행한 결과 국토가 폐허가 되었던 과거의 경험을 교훈으로 삼아 "뿌리박힌 독한 풍속"을 스스로 변화시키려 노력하고 있는 일본인의 모습에 감명을 받은 것이다. 일찍이 백성들을 전쟁터에 몰아넣고 권세를 휘두른 히데요시를 '풍적'이라 불러 매도하는 모습은 그의 죽음을 기원했던 토요또미 시대의 일본인의 모습과 큰 차이가 없다. 이런 의미에서 토꾸가와 시대의 일본인들은 과거 자신들의 모습을 선명하게 기억하고 있었다고 할 수 있다.

그 8년 후인 1719년에 정사(正使)로 일본에 다녀온 홍치중(洪致中, 1667~1732)은 귀국 후 숙종을 알현한 자리에서 히데요시를 미워하는 일본인에 대해 언급했다.

임진년의 일은 일본이 지금까지 뉘우치고 있으며, 타이라 히데요시를 '평적'이라 부르기까지 하였습니다. 인심이 이와 같고 그 나라 안의 위아래가 서로 합력하여 또한 변란이 없으니, 우선은 우려할 만한 일이 없을 것입니다.[16]

"우선은 우려할 만한 일이 없을 것입니다"라는 말은 일본이 재침략할 우려가 없다는 뜻이다. 통신사가 일본에서 귀국하면 정사는 국왕에게 일본의 재침략 가능성에 대해 의견을 말하는 것이 관례였다. 과거의 해외침략을 후회하고 전쟁의 수괴를 미워하는 일본인의 모습은 조선 사절들에게 일종의 안도감을 준 것이다. 조선 사절들은 전쟁을 후회하는 일본인의 모습을 통해 일본사회에 평화가 정착하고 있음을 확인하였다.

물론 당시의 일본인 모두가 히데요시를 부정적으로만 보았던 것은 아

니다. 1748년에 종사관으로 일본을 방문한 조명채의 사행록에는 토요
또미 히데요시의 공적을 칭송하는 일본인의 이야기가 기록되어 있다.

　수적(秀賊, 토요또미 히데요시)이 성을 고쳐 토요또미라 칭하였는데,
그가 죽은 뒤에도 그 나라 사람들은 오히려 그의 포악함이 남아 있을
까 두려워하여 '토요꾸니 대명신(豊國大明神)'이라 하며 모든 문자에
도 토요또미씨라 칭한다. 어떤 왜인이 우리나라 사람에게 말하기를,
"토요또미의 임진년 거사는 비록 조선에 원한을 맺기는 하였으나 또
한 막대한 은혜가 있었다. 만약 토요또미가 여러 섬을 통합하지 않았
더라면 조선이 어떻게 연해(沿海) 왜인들의 침략을 견뎌냈겠는가?"
라고 하였다고 한다. 대개 히데요시 이전에는 각 섬의 소소한 왜인이
통일되지 않아 저들끼리 단결하여 수시로 출몰하여 우리나라 연해의
근심거리가 되었는데, 히데요시가 소소한 여러 섬을 통합한 뒤부터
섬 왜인이 모두 열주(列州, 일본 본도)에 귀속되고 몰래 침구(侵寇)하는
근심이 없어졌다는 것이다. 왜인으로서는 이런 말을 하는 것이 괴이
할 것이 없다.[17]

　만약 히데요시가 일본을 통일하지 않았더라면 조선 해안에 출몰하던
왜구의 활동도 진압되지 못했을 것이며, 이런 점에서 보면 조선이 히데
요시의 은혜를 입은 측면도 있다는 주장이다. 이를 통해 당시 일본인들
이 히데요시를 어느정도 평가하고 있었음을 알 수 있다. 조명채는 쿄오
또(京都)를 지나면서 일본인들이 '토요꾸니 대명신'이라 신호를 부여하
여 히데요시를 모시고 있음도 알게 되었다.
　그런데 한편 조명채는 히데요시를 미워하는 일본인의 모습도 기록
했다.

공사(公私)가 모두 부유하고 국내가 안일하여 백성이 전쟁을 모른다. 그러므로 수적의 임술(壬戌) 거병을 징창(懲創)하고 문자로 남겨놓고, 지금도 그 일을 말할 적에는 원수처럼 여긴다.[18]

후술하겠지만 '징창'이라는 말은 원중거도 사용했는데, 과거의 잘못을 뉘우치고 교훈으로 삼는다는 뜻이다. 즉 일본인들은 히데요시가 조선으로 군사를 일으킨 것을 실책으로 여겨 후회하고 있었다. 경제적 번영과 평화를 구가하는 에도시대의 일본에서 히데요시는 일찍이 전쟁을 일삼아 민중을 괴롭힌 폭군으로 기억되고 있었다. 토꾸가와 시대에 일본에 다녀온 사절들은 이렇듯 자신들이 '원수'로 여기는 인물을 일본인 또한 '원수'로 여기고 있다는 사실을 목격한 것이다.

조명채와 더불어 군관으로 사행에 참여한 홍경해(洪景海, 1725~59)는 에쯔 슈우(越絹)라는 문인과 히데요시에 대해 다음과 같은 대화를 나눈 바 있다.

홍경해 그 적(賊)은 우리나라 백세의 원수입니다. 원씨(源氏, 토꾸가와 이에야스)는 그 적을 멸한 다음 우리나라의 왕릉을 파헤친 사람을 처형하였고 또 그때 전쟁에 나선 장수들을 죽였습니다. 그리하여 우리나라는 끝내 그와 화의를 맺었으니, 화목한 기운이 양국 사이에 가득 찼습니다. 그런데 만약 수적이 근거지로 삼은 곳을 지나가면 나도 모르게 머리털이 곤두서고 마음이 오싹합니다. 혹시 그들의 후손이 있습니까?

에쯔 슈우 원씨의 세상에서 어찌 수적의 자손이 있겠습니까? 전쟁을 일삼아 무력을 남용하여 죄 없는 이를 많이 죽였기 때문에 하늘의 도

가 매우 밝아서 지금 후손은 없습니다.[19]

"전쟁을 일삼아 무력을 남용하여 죄 없는 이를 많이 죽였"다는 일본 문사의 말은 당시 일본에서 일반적인 히데요시 인식이었다고 볼 수 있다.

에도시대 일본 지식인도 히데요시의 조선침략을 비판적으로 보고 있었다. 물론 야마가 소꼬오(山鹿素行)처럼 긍정적으로 평가하는 경우도 있었으나[20] 에도시대의 지식인들은 대체로 히데요시의 조선침략을 정당한 행동으로 보지 않았다.

카이바라 에끼껜(貝原益軒)이라는 유학자는 『징비록(懲毖錄)』 서문에서 조선을 침략한 히데요시를 비판하면서 "그는 전쟁을 좋아하였다고 할 수 있으니, 이는 천도(天道)가 미워하는 바이다. 그의 집안이 망한 것은 당연한 일이었다"라면서[21] 아무런 명분 없이 전쟁을 일으킨 것이 토요또미 일가의 멸망으로 이어졌다고 했다.

무로 큐우소오(室鳩巢)는 압정과 전쟁으로 백성들을 착취한 히데요시를 다음과 같은 말로 비판했다.

날쌔고 교활한 도적 같은 사람으로 예악(禮樂)과 자애(慈愛)는 꿈에도 모를 정도이며, 만년에 명분이 없는 군사를 일으켜 조선을 정벌하여 오랫동안 병사들로 하여금 노숙하게 하고 많은 백성을 괴롭혔기 때문에 천하의 인심이 떠나서 배반하였다.[22]

코오자이 시게스께(香西成資)라는 병법학자는 임진왜란의 경과를 자세히 기술하면서 히데요시에 대해 다음과 같이 썼다.[23]

오호라, 슬프도다. 히데요시공(公)은 일찍이 치국안민(治國安民)의

토요또미 히데요시가 죽은 후 쿄오또에 토요꾸니신사(豊國神社, 위)가 세워졌다. 그 근처에 조선에서 가져온 조선인의 귀를 매장한 미미즈까(耳塚, 아래)가 있었다.

도리를 몰랐고 오로지 공격을 좋아하여 무익한 군사를 발동하여 멀리 조선까지 정벌하고 죄 없는 사람들을 죽여 아주 먼 땅에서 군사를 혹사시켰다. 우리나라 군사들을 괴롭혀 천리 길에 군량을 운반시켰다. 우리 생민들을 지치게 하여 우리 신명(神明)의 나라가 치욕을 받았다. 그러므로 히데요시공이 죽은 후 3년도 지나지 않아 우리나라는 크게 혼란하여 아들인 히데요리공은 그 뒤를 보전하지 못하고 드디어 겐나(元和)의 전쟁(오오사까전투)에서 죽었다.[24]

코오자이 시게스께도 히데요시를 전쟁만 일삼는 포악한 군주로 보고 있었다. 명분 없이 조선을 침략하여 전쟁을 반복했기 때문에 결국 토요또미 일가 전체가 멸망했다는 것은 당시 일본 지식인들의 일반적인 인식이었다고 할 수 있다.

'천도'에 어긋난다든지 '예악과 자애'를 모른다든지 '치국안민'의 방법을 모른다는 등의 히데요시를 비판하는 논리는 모두 유교의 관점에 입각한 것이다. 이를 보면 일본인이 토요또미 시대를 반성하고 '문교'에 힘쓰고 있다는 조선 사절들의 기록은 결코 과장이 아니었다고 할 수 있다. 토꾸가와 시대에 일본에 다녀온 사절들은 히데요시를 미워하는 일본인의 모습에서 히데요시와는 정반대 사회를 지향하는 의지를 포착한 것이다.

3. '구세복수'와 '와신상담'

이처럼 전쟁을 반복했던 과거를 뉘우치는 일본인의 모습은 조선 문인의 일본인식에 큰 변화를 일으켰다. 앞서 언급한 코오자이 시게스께의 글은 '격조선론(擊朝鮮論)'이라는 제목으로 조선 국내에서 읽혔다.[25] 코오자이 시게스께가 히데요시를 비판한 대목은 성호(星湖) 이익(李瀷, 1681~1763)이 「일본지세변급격조선론(日本地勢辨及擊朝鮮論)」이라는 글에서 인용한 바 있다. 이익 또한 일본인들이 히데요시의 군사행동에 대해 비판적이라는 사실을 알고 있었던 것이다. 이익은 일본에 대한 조선인의 복수심과 관련해 흥미로운 글을 쓴 바 있는데,[26] 일본에 대한 원한과 명나라의 은혜를 두고 다음과 같이 지적했다.

임진왜란 때 두 왕릉이 변을 만난 일은 반드시 갚아야 할 원수이고 만력(萬曆) 연간에 군사를 보내 구원해준 은혜는 만세까지 잊기 어려운 덕이지만, 원수는 이미 흔적이 없고 은혜는 갚을 길이 없다.[27]

"두 왕릉이 변을 만난 일"이란 임진왜란 때 일본군이 조선 국왕의 무덤을 도굴한 일을 말한다. 이익은 당시 조선을 유린한 히데요시도 조선을 구원해준 명나라도 이제는 사라졌기 때문에 원수도 은혜도 갚을 수 없다고 말한 것이다. 이익의 이 글은 과거의 사건으로 발생한 감정을 지속적으로 간직하는 것이 현실과의 괴리를 낳고 있음을 지적한 것으로 주목할 만하다.

그는 이 글에서 일본에 대한 원한과 관련해 "수괴의 머리를 이미 베었고 그 잔당은 허물을 고쳤고 세월이 오래 지났으니, 무기를 풀고 백성을 쉬게 할 수도 있을 것이다"라고 하여[28] 토요또미씨가 멸망하고 뒤를 이은 토꾸가와씨가 그 잘못을 고쳤기 때문에 평화로운 관계를 오래 유지할 수 있다고 전망했다.

이어서 그는 '구세복수(九世復讐)'에 대한 의견을 개진했다. '구세복수'란 춘추시대에 제(齊)나라 양공(襄公)이 9세조인 애공(哀公)의 원수를 갚았다는 고사에서 비롯된 말로, 오랜 세월이 지나도 일찍이 조상이 받은 치욕에 보복한다는 뜻이다. 한(漢)나라 무제(武帝)가 『춘추』에서 이 고사가 중요시되었음을 근거로 흉노를 정벌했다는 말이 『한서(漢書)』 「흉노전(匈奴傳)」에 보인다.

이익은 일찍이 구세복수설을 비판한 주희의 주장에 의거해 '구세복수'는 한 무제가 전쟁을 정당화하기 위해 만든 말에 불과하다고 주장했다.[29] 이어서 그는 다음과 같이 말했다.

만약 나라의 강약을 헤아리지 않고 함부로 강한 적과 부닥쳐 백성들이 도탄에 빠지고 국가가 멸망에까지 이른다면 이것이 어찌 이치라 할 수 있겠는가? 지금 우리가 밥을 먹고 살게 된 것도 왜와 화친을 맺은 공(功)과 무관하다고는 못할 것이다.[30]

이익이 주희의 구세복수설 비판을 원용하면서 말하고 싶었던 것은 이제 일본에 대한 복수심을 극복해야 한다는 것이었다. 그는 "내 아버지나 내 할아버지를 직접 죽인 원수는 반드시 내가 보복해야 하지만, 만약 원수의 아들이나 손자에게 보복하려 한다면 무슨 의미가 있겠는가?"라는 주희의 말을 인용했다.[31] 이익은 9대에 걸쳐 원수를 갚는다는 것은 주희도 인정하지 않았던바, 일찍이 우리가 당했던 잔학행위에 대한 복수를 몇세대 내려온 오늘날의 일본인에게 행하는 것은 도리에 맞지 않는데다 복수를 실행에 옮긴다면 오히려 우리나라에 큰 피해를 초래할 것이라고 본 것이다. 이러한 주장의 근저에는 현재 토꾸가와정권이 전쟁을 종식시켜 평화로운 사회를 유지하는데다 보복의 대상이 이미 사라진 이상 일본과의 평화적 관계를 이대로 이어가는 것이 현명하다는 현실정치에 대한 통찰이 깔려 있다. 이익의 이 글은 복수하고 싶다는 충동과 복수는 이제 무의미하다는 현실인식 사이에서 갈등하던 당시의 상황을 보여준다.

일본에서 '구세복수' 문제에 직면한 이들이 1763~64년의 계미통신사 사행원들이다. 서기로 사행에 참여한 원중거는 "저 나라 사람들은 항상 조선인이 구세필보(九世必報)의 뜻을 품었다고 의심하고 있다"라고 하여[32] 조선의 보복행위에 대한 우려가 일본에 존재함을 지적했다. '구세필보'란 9대가 지나서도 반드시 원수를 갚겠다는 의미로 '구세복수'와 동일한 말이다. 제술관인 남옥은 오규우 소라이(荻生徂徠, 1666~1728)의 말을 인용하면서 다음과 같이 기술했다.

물쌍백(物雙栢, 오규우 소라이)의 글 중에 「책국지론(策國之論)」이 있다. 거기에 이르기를 "조선은 구세필보의 뜻을 가지고 있으나 인삼은 국내 백성들의 목숨이 달려 있는 것이니 화친을 끊을 수가 없다. 쓰시마 태수가 두 나라 사이를 중개하니 또한 잘 대우하지 않을 수 없다"라고 했다. 여기에서 우리를 두려워하고 쓰시마를 기미(羈縻)하려는 뜻을 엿볼 수 있다.[33]

소라이에 의하면, 조선은 일본에 복수심을 가지고 있지만 조선에서 수입하는 인삼은 일본 백성들에게 필수품이기 때문에 쓰시마를 잘 이용하면서 조선과의 관계를 유지해야 한다는 것이다. 남옥은 소라이의 이 말을 언급하면서 쓰시마를 매개로 한 일본의 대(對)조선정책의 특징을 전한 것이다. 「책국지론」이라는 소라이의 글은 지금 찾을 수 없으나, 소라이가 쓰시마의 관리 아메노모리 호오슈우(雨森芳洲, 1668~1755)에게 보낸 편지 중에 "(조선과 일본 사이에) 만일 틈이 벌어진다면 제양구세지지(齊襄九世之志)가 없지 않을 것이다"라는 말이 보인다.[34] 소라이는 제나라 양공이 가졌던 구세복수의 뜻을 조선인들이 일본에 대해 가지고 있는지 의심하고 있었던 것이다. 실제로 이러한 조선의 보복행위에 대한 불안감은 당시 일본인의 심리에도 존재했다.

히노 타쯔오(日野龍夫)에 의하면 계미년의 사절들이 일본에 도착한 1763년 일본에서는 「텐지꾸 토꾸베에 사또노스가따미(天竺德兵衛鄕鏡)」라는 조오루리(淨瑠璃, 반주에 맞춰 행하는 이야기 낭송 형식의 공연)가 상연되었는데, 이는 보복을 목적으로 일본에 건너온 조선인 아들이 아버지의 유지(遺志)를 받들어 일본에서 반란을 일으킨다는 내용이다. 히노 타쯔오는 이 작품에 주목하면서 당시 일본 민중에게는 히데요시에 대한 부정적 인식과 더불어 "조선국이 보복을 도모하는 것은 당연하다"라는 의식이 어느정도 퍼져 있었다고 지적한 바 있다.[35]

이러한 분위기가 감돌던 일본에 다녀온 원중거는 임진왜란에 관해 많은 글을 남겼다. 그는 군사를 일으킨 히데요시와 그 신하들에 대해 "병권을 훔쳐 우리 땅을 노략질하려 하였으나 마침 동무(東武, 토꾸가와 이에야스)의 세력이 커지게 되어 차례로 죽임을 당하였다"라고[36] 조선침략을 주도한 주모자들이 모두 토꾸가와 이에야스에 의해 살해되었음을 지적하고서 다음과 같이 기술했다.

이는 비록 하늘의 뜻이지만 만약 이에야스 관백이 없었다면 어찌 남의 손을 빌려 원수를 갚았겠는가? 그러므로 이에야스의 흥기는 비단 일본의 행운만이 아니라 또한 조선의 행운인 것이다.[37]

"어찌 남의 손을 빌려 원수를 갚았겠는가?"라는 말에서 알 수 있듯이 원중거는 토꾸가와 이에야스가 정권을 장악한 뒤 토요또미 일가를 멸망시킨 것을 두고 이에야스가 대신해 조선의 원수를 갚아주었다고 보왔다. 이 점에서 이에야스가 나타나 일본을 통치한 것은 일본뿐 아니라 조선에도 정치적 이익을 가져왔다는 것이다.

원중거는 조선의 일본에 대한 원한을 둘러싸고 일본 문인들과 자주 논의했는데, 그때마다 "손을 빌려(假手)"라는 표현을 사용했다. 그는 일본에서 교류한 나와 로도오(那波魯堂, 1727~89)라는 문사와 '구세복수'에 대해 다음과 같은 대화를 나누었다.

나와 로도오가 말하기를, "히데요시가 나라의 정권을 잡은 것은 저희 나라가 개국한 이래의 대란(大亂)으로, 본국(일본)에 해를 끼침이 귀국(조선)에 끼침보다 더 심했으니 어찌 귀국의 원수에 그칠 뿐이겠습니까? 다만 저희 나라는 귀국에 구세필보의 뜻이 있을까 항상 의심합니다. 쓰시마인들이 때로 그것을 의심하여 나라 안에서 아직 마음을 놓지 못합니다"라고 하였다.

이에 내가 "이미 동무의 손을 빌려 원수를 진멸하여 남은 일족도 없고 그후 200년 동안 통신(通信)하여 서로 축하와 위로를 보내는 일이 이어지니 동무에게 은혜는 있고 원망은 없습니다. 오직 서로 신의를 다하지 못할까 저어됩니다. 어찌 다른 뜻이 있겠습니까?"라고 말하였다.

그랬더니 나와 로도오가 손으로 '손을 빌려'라는 글자를 가리키며 말하기를, "이 말씀이 참으로 명확합니다. 쓰시마 사람들이 비록 천가지로 난리가 날까 의심한다고 하더라도 저희 나라는 마땅히 걱정하는 마음을 영원히 없앨 것입니다"라고 하였다.[38]

정말로 '구세필보'의 뜻을 가지고 있느냐는 질문에 원중거는 '유은무원'(有恩無怨, 은혜는 있고 원망은 없다)이라고 답했다. 토꾸가와막부의

'손을 빌려' 원수를 갚은 이상 조선은 토꾸가와막부에 원한보다 오히려 보답할 은혜가 있다는 것이다. 히데요시가 권력을 장악한 것은 일본에 있어서도 '대란'이었으며 조선보다 오히려 일본에 해악을 초래했다는 나와 로도오의 말은 안방준이 일찍이 조선의 포로에게서 들었던 일본 승려의 말 "히데요시는 조선에는 일시의 적이지만 일본에 있어서는 만세의 적이다"와 상통한다. 나와 로도오 또한 히데요시를 부정적으로 보고 있었던 것이다.

원중거는 승려 지꾸조오 다이뗀(竺常大典, 1719~1801)과 나눈 대화에서도 다음과 같이 말했다.

> 그(지꾸조오 다이뗀)가 "쓰시마인들이 일찍이 말하기를 귀국은 반드시 타이라 히데요시의 원수를 갚고자 하는 뜻을 지니고 있다던데 이 말은 무엇을 이른 것입니까?"라고 물었다.
>
> 이에 내가 웃으면서 "잘못입니다. 이미 동무의 손을 빌려 적 히데요시를 씻어 제거하고 그 나머지 추악한 이들과 남은 무리를 다 없앴습니다. 100여년 동안 사신 행차가 왕래하며 하례하고 조문하는 일이 이어지니 동무에게는 은혜는 있으나 미움은 없습니다" 하였다.[39]

원중거는 지꾸조오 다이뗀에게도 토꾸가와막부의 "손을 빌려" 원수 히데요시를 물리치고 조선과 평화로운 관계를 유지했기 때문에 막부에 대해 '유은무오'(有恩無惡, 은혜는 있으나 미움은 없다)라고 답했다. 보복할 의지가 있는지 의심하는 일본 문인에게 거듭 없다고 다짐한 것이다.

그러면 원중거에게 '일본은 임진년부터 대대로 내려오는 국가의 원수'라는 의식이 없었는가? 그렇지 않다. 원중거는 '와신상담(臥薪嘗膽)'을 거듭 강조하면서 임진왜란의 역사와 토요또미 히데요시에 관한 사항을 철저히 살폈다.[40] 그는 『화국지』에 수록된 「수적본말(秀賊本末)」에서 미천한 신분의 히데요시가 어떻게 출세했는지, 어떠한 방법으로 일본 전국을 통일했는지, 그리고 그가 조선에 군사를 일으키고 병으로 죽을 때까지의 과정과 죽은 후 토요또미씨가 어떻게 멸망했는지를 자세히 기록했다. 그는 히데요시의 생애를 기술하고서 다음과 같이 자신의 속내를 드러냈다.

아! 히데요시의 악은 아직도 차마 붓을 적셔 적을 수가 없구나. 하늘과 땅은 장구하며 동해는 망망하고 유유하도다. 200년 동안 아직도 한치의 무기를 가져가 후시미(伏見)를 짓이기지 못하고 히데요시로 하여금 뼈를 태워 아무 탈 없이 티끌이 되게 하였구나. 와신상담의 의(義)는 잠시 아픔을 참고 원통함을 품는 것을 따르고 아픔을 참고 원통함을 품는 뜻은 또한 하찮은 것으로 변하여, 세월이 흐르며 끝내 수치를 잊는 데로 귀결됨을 면치 못한다.[41]

"한치의 무기를 가져가 후시미를 짓이기지 못하"였다는 것은 히데요시가 만년에 본거지로 삼은 후시미성을 한번도 공격할 수 없었음을 말한다. 원중거 역시 히데요시에 대한 복수심을 가지고 있었기에 이전에 존재하던 "와신상담의 의"가 세월이 지남에 따라 점차 기억에서 사라져 결국 "수치를 잊는 데(忘羞)"로 귀착됨을 개탄한 것이다.

원중거는 '망수(忘羞)'에 저항하듯 일본에서 임진왜란에 관한 자료를 섭렵하면서 당시 무슨 일이 있었는지를 상술했다. 그는 "임진년의 일은 패관(稗官)과 외사(外史)에 모두 실어서 자세히 써놓은 것이 없지 않다. 그러나 기사가 흩어져 있어 본말을 모두 알기가 어렵다"라며[42] 임진왜란의 경과를 기술하기 위해서는 종래 조선에 남아 있던 자료만으로는 부족함을 지적하고서, "마침 저들의 소기(小記) 두세권을 얻었기에 저들 사이에서 들은 바를 참고하여 엮어 글을 짓는다"라고 하여[43] 일본에서 새로 얻은 지식을 토대로 임진년에 벌어진 일의 경과를 기술했음을 밝혔다. 또한 그는 왜란 이후의 일에 대해서도 일본에서 얻은 자료에 기초하여 기록했음을 밝히고서 "나중에 이것을 보는 사람들로 하여금 와신상담을 잊어서는 안된다는 것을 진실로 알게 하고자 하는 것이다"라고 끝을 맺었다.[44] 이처럼 원중거는 일본에서 임진왜란에 관한 일본측 자료를 모아서 역사를 재정리했는데, 그가 이렇게 과거의 침략전쟁을 둘러싼 기억의 발굴작업을 수행한 목적은 '와신상담'을 잊지 않기 위해서였다.

또 그는 『화국지』에 수록된 「임진입구시적정(壬辰入寇時賊情)」에서 일본군의 부대 편성, 전쟁에 참여한 장수의 이름과 직책 및 병력, 각 부대가 언제 조선에 상륙하여 어떻게 진군하고 어디서 몇명의 조선인을 살육했는지 등 세부 사항에 이르기까지 자세하게 기술하고서 다음과 같이 썼다.

아! 내가 반드시 이것을 기록하려고 한 이유는 곧 그것을 잊지 않고자 한 것이다. 이는 와신상담을 잊지 않는 마음에서 나온 것이니 보는 자는 마땅히 그것을 살펴야 할 것이다.[45]

일본에서 일본인이 쓴 역사서를 보고 전혀 알지 못했던 사실을 알게 된 원중거는 종래와 다른 시각에서 일본군이 조선으로 침입하는 과정을 기록했다. 그는 이 기록이 과거 경험을 '잊지 않고자' 한 것이며 '와신상담'의 기개에 촉발된 것임을 밝혔다. 아프고 원통한 과거의 역사를 상기하는 작업을 하면서 새삼 '와신상담'의 기개가 솟아오름을 느낀 것이다.

원중거는 '구세복수'의 의사가 있느냐는 일본 문사의 질문에 복수할 생각은 없고 토꾸가와정권에 대해서는 '유은무원' 내지 '유은무오'라고 답했다. 그런 한편 그는 임진왜란의 역사를 쓰면서 '와신상담'을 잊어서는 안된다고 주장했다. '구세복수'를 실행할 의지는 없지만 '와신상담'의 기개는 있는 것이다. 다시 말해 토꾸가와 시대의 일본에 보복할 뜻은 없지만 토요또미 시대의 일본에 당했던 치욕에 복수하고 싶다는 마음은 잊을 수 없는 것이다. 이처럼 원중거의 의식 속에는 일찍이 조선을 침략한 히데요시에 대한 원한과 그 일가를 멸망시키고 조선과 화해한 토꾸가와막부에 대한 은혜가 공존하고 있다. 이러한 원한과 은혜의 공존이 '와신상담'을 상기하면서 '구세복수'를 부정하는 원중거의 언동에 투영되어 있다.

'와신상담'이란 '와신'(臥薪, 섶 위에 누워 자다)하고 '상담'(嘗膽, 쓸개를 맛보다)하면서 과거에 받은 치욕에 대한 복수심과 원한을 의식적으로 각인하여 유지하는 것을 말한다. 원중거가 '잊지 않기 위해서'라거나 '잊어는 안된다'고 강조했듯이 '와신상담'이란 망각을 거부함을 의미한다. 치밀어오르는 토요또미 일본에 대한 복수심과 원수를 물리치고 평화외교를 전개한 토꾸가와 일본에 대한 은의(恩義) 사이에서 갈등을 겪은 끝에 원중거가 도달한 지점이 '와신상담'이었던 것이 아닐까 생각된다. 즉 보복행위를 단념하는 대신 '망수'에는 철저히 저항한다는 자세를 취한 것이다.

그리고 원중거는 히데요시의 시대를 뉘우치는 일본인의 모습을 통해 일본과의 평화적 관계 유지가 가능하다고 생각했다. 그는 "지금 그 국속을 보니 신도에 빠지고 불교에 빠지며 전쟁으로 어지러워졌는데, 어지러움이 히데요시 시대에 극에 달하여 사람들은 모두 염고징창(厭苦

懲創)의 뜻이 있었다. 이에야스는 인정(人情)을 따라서 그들을 안정시켰다"라고 했다.[46] '염고징창'의 '염고'는 싫어하고 괴롭게 여긴다는 뜻이고 '징창'은 앞서 언급했듯이 뉘우치고 교훈으로 삼는다는 뜻이다. 원중거는 이에야스가 가혹했던 히데요시 시대를 혐오하는 국민의 정서를 헤아려 전쟁을 그만두고 유교를 장려하여 평온한 사회를 만들었다고 본 것이다.

히데요시를 원망하는 일본인과 접촉한 경험을 통해 조선 문인들이 감지한 것은 토요또미 시대에 겪은 고통스러운 경험이 100년 이상 지나서도 일본인의 기억에 새겨져 있다는 사실이었다. 그리고 조선 문인들은 전란의 시대를 망각하지 않고 기억하는 일본인의 모습에서 다시는 토요또미 시대로 돌아가지 않겠다는 의지를 발견했던 것이다. 물론 조선인과 일본인의 히데요시에 대한 원한은 동질적인 것이 아니다. 아라이 하꾸세끼(新井白石, 1657~1725)가 히데요시를 두고 "이 사람은 필부(匹夫)에서 일어나 천하를 수중에 넣었기 때문에 세상 사람들이 그를 칭송한다"라고 말했듯이,[47] 미천한 신분에서 출세를 거듭해 일본 전국을 통일한 히데요시는 한편으로 일본인에게 어느정도 존경을 받고 있었다. 또 히데요시를 비판하는 유학자들의 의견에 반감을 가진 일본 지식인들도 존재했다.[48] 그러나 적어도 1763~64년 일본을 다녀온 사절들은 토꾸가와 사회가 다시 토요또미 시대로 돌아갈 가능성은 없다고 보았다. 그들은 히데요시에 대한 일본인의 원한이 토꾸가와의 평화를 유지하는 데 정신적 토대가 되고 있음을 직접 확인한 것이다.

제
도

일찍이 일본의 역사학자 쓰다 소오끼찌(津田左右吉)는 토꾸가와막부의 정치제도에 대해 "관리는 모두 무사이며 제도는 전쟁을 목적으로 만들어져 있다"라고 하여 일본에서는 군인이 정치실무를 담당하여 전쟁을 상정한 사회가 운영되고 있었음을 밝혔다. 또한 "행정조직 전체가 그대로 야전진영(野戰陣營)의 조직"이라는 점에서 토꾸가와막부의 제도는 '전국시대'에 형성된 것임을 지적했다.[1] 1603년에 개창한 토꾸가와막부는 1867년까지 약 260년이라는 상당히 오랜 기간 정권을 유지했는데, 토꾸가와 시대 이전은 용맹한 무사들이 세력다툼을 벌이던 전쟁국가였다. 쓰다 소오끼찌는 "토꾸가와씨의 정치조직은 대체로 전국시대의 풍습과 정신을 그대로 계승함과 동시에 그것을 적용하여 전국적(戰國的) 분란을 방지하도록 한 정교한 구조로 되어 있었다"라고 토꾸가와 사회의 특징을 설명했다.[2] 또한 "사회 전체가 전국시대의 유풍을 그대로 계승한 무사 중심의 조직인 이상 그 무사의 기강을 세우고 사회 전체의 풍상(風尙)을 유지하기 위해서는 무사도(武士道)에 의거할 수밖에 없었다"라고 하면서 전통적 도덕규범에 의거하여 사회를 만들 수밖에 없었다는 "바로 여기에 토꾸가와 세상의 근본적 자가모순(自家矛盾)이 있었다"라고 지적했다.[3] 전쟁을 목적으로 만들어진 조직체계하에

'전국시대의 유풍'을 토대로 평화로운 사회를 유지해야 했다는 점에서 에도시대의 일본사회는 모순을 내포할 수밖에 없었다는 것이다.

외국인의 눈으로 봐도 토꾸가와 시대의 일본은 특이하게 비쳤다. 루스 베네딕트(Ruth F. Benedict)는 『국화와 칼(The Chrysanthemum and the Sword)』에서 "봉건영주 즉 다이묘오(大名)는 각기 무장한 신하 '사무라이(侍)'를 거느리고 있었다. 이들 무사는 주군이 명령한 대로 칼을 휘둘렀다"라고 무력을 가진 자들이 오랫동안 일본사회를 지배했음을 지적하고서 "여러 점에서 이 오랜 토꾸가와 시대는 역사상 제일 주목할 만한 시대 중 하나이다. 이 시대는 그 마지막 시기에 이르기까지 일본에 무장평화를 유지했다"라고 썼다.[4] '무장평화'(armed peace)란[5] 항상 무기를 휴대한 무사가 지배하는 사회에서 오랫동안 평화가 계속된 상태를 의미한다.

마루야마 마사오(丸山眞男)도 "막번체제의 행정조직이 그대로 군사조직을 겸한다는 것, 비상시에는 전자가 후자로 즉각 전환될 수 있는 구조로 의식적으로 편성되어 있었던 점"에 토꾸가와 사회의 특징이 있었다고 지적했다.[6]

조선 문인들이 남긴 일본 견문기에서 가장 큰 비중을 차지하는 것은 일본의 정치제도 및 사회구조에 대한 기록이다. '무사가 지배하는 사회란 도대체 어떠한 사회인가?' 이것이 일본을 다녀온 조선 문인들의 주요 관심사였다. 문치에 의한 국가운영을 당연시하는 조선 사대부의 입장에서 보면 '삶을 가볍게 여기는' 무사가 지배하는 나라에서 사람들이 집단생활을 운영하고 있다는 사실 자체가 흥미로운 것이었다. 조선 문인들은 무사가 지배하는 사회를 어떻게 인식했는가? 전쟁을 상정하고 만들어진 정치기구하에서 평화롭고 안정된 사회가 유지되는 상황은 조선 사절들의 눈에 어떻게 비쳤는가? 이 장에서는 이러한 문제의식을 바탕으로 조선 문인들은 일본의 정치제도 및 사회구조에 어떠한 이질감을 드러냈으며 그 이질감은 어떠한 사회관의 차이에서 비롯되었는지, 일본의 정치상황에 대한 인식은 어떻게 변화했는지를 검토한다.

1. 병농분리 사회를 관찰하다

강항이 일본에 억류되었을 때 기록한 글을 모은 『간양록』에는 「적중봉소(賊中封疏)」라는 상소문이 수록되어 있다. 강항은 이 상소문에서 일본의 지리, 정세, 정치제도 등을 상술하면서 수많은 조선 개혁안을 제시했다. 특히 일본의 사회구조를 자세히 기록하면서 조선의 군정개혁에 대한 의견을 적극 개진했다. 강항은 이 상소문을 일본에 있을 때 기술하여 조선으로 보냈다.[7] 살아서 귀국할 수 있을지 알 수 없는 상황에서 이 상소문만이라도 후세에 남길 필요성을 느꼈던 것이다. 이 상소문은 조정에서 널리 읽혔다. 유성룡(柳成龍)은 강항의 상소문의 내용을 다음과 같이 요약한 바 있다.

왜국에서는 병(兵)과 농(農)이 둘로 나뉘어 있다. 무릇 백성 중에서 기력이 조금이라도 있는 사람은 모두 병사로 편입시키며, 그중에 우둔하고 능력이 없는 사람은 백성으로 삼는다. 군량은 모두 백성들로부터 수취하니 백성들은 일년 내내 힘써 지은 농작물을 모두 관으로 실어보내고 자신은 겨(糠)와 쭉정이나 초목의 뿌리만 먹을 뿐이다. 장수가 된 사람에게는 토지를 나누어주기를 중국 조정에서 식읍(食邑)을 봉한 예와 같이 하며, 항상 관할하는 병사가 있기 때문에 그 토지에서 거두는 수입을 군량으로 한다. 비록 전쟁이 없을 때도 군사의

조련을 하루도 빠지지 않으며, 전쟁이 일어났을 때는 아침에 명령을 내리면 저녁에는 출동한다.[8]

"왜국에서는 병과 농이 둘로 나뉘어 있다"라는 유성룡의 말은 조선사회와 일본사회의 근본적 차이점을 보여준다. 조선시대에는 양인(良人) 신분에 속한 남자들에게 군역이 부과되었으며, 전쟁이 일어나면 농민들이 전쟁에 참여하도록 되어 있었다. 이에 반해 일본에는 농민에서 분리된 군인집단(무사)이 존재했다. 일본에서는 "기력이 조금이라도 있는 사람"은 병사가 되고 "우둔하고 능력이 없는 사람"은 농민이 되었으며, 병사들은 군사훈련에만 종사하는 한편 농민들은 농사에만 전념했다. 유성룡은 일본의 사회구조가 자세히 기록된 강항의 상소문을 보면서 '병'과 '농'의 역할이 분명히 나누어진 점에 큰 인상을 받은 것이다.

전통적으로 조선 사대부들은 병농분리제(兵農分離制)보다 병농일치제(兵農一致制)를 선호했다. 정도전(鄭道傳)은 『조선경국전(朝鮮經國典)』에서 "주(周)나라 제도에서는 병과 농이 일치하였다"라고 전시와 평시에 따라 군역과 농사를 겸무시키는 주나라 시대의 제도를 설명한 다음, "양병(養兵)의 비용이나 징병(徵兵)의 어지러움이 없는데다 위급할 때 쉽게 대처할 수 있었으니, 이것이 주나라 제도의 장점이었다"라고 했다.[9] 국가가 전업군인을 양성하는 것보다 평소 농민들에게 군사훈련을 시켜 언제나 출동 가능한 상태를 유지하는 제도가 비용 측면에서도 합리적이라고 간주한 것이다.

이이도 『성학집요(聖學輯要)』에서 "옛날에는 병과 농을 나누지 않았습니다"라고 하여[10] 옛시대 사람들은 농업에 종사하기도 하고 군대에 복무하기도 했음을 지적하고서 다음과 같이 말했다.

우리나라 선왕(先王)들은 백성들을 선발하여 군사로 삼았고 병을 농에 맡겼습니다. 식량이 넉넉해지면 군에 복무하게 하였고 번갈아 휴식하게 하였으니, 나라에는 군량을 공급하기 위한 낭비가 없었고 군사도 홀로 고생하는 염려가 없어서 그 법이 아주 아름다웠습니다.[11]

이이 또한 재정적인 관점에서도 군무를 농민에게 맡기는 제도가 가장 효율적이라고 인식했다. 주나라 제도를 이상으로 생각한 유학자들은 병농일치가 가장 바람직한 제도라고 보았던 것이다.[12] 유형원(柳馨遠)은 "병과 농을 나누는 것은 더할 수 없는 큰 해악이다. 병사를 양성한 것이 적으면 유용하지 못하고, 많으면 백성들이 먼저 병들어 나라가 따라서 무너질 것이다"라고[13] 병농분리제에 상당히 부정적인 인식을 보였다.

강항 또한 병농일치제가 당연한 제도라고 생각하고 있었을 터이다. 그런데 그가 억류되었을 당시의 일본은 토요또미 히데요시가 병농분리·카따나가리(刀狩, 무사 이외의 신분에 속한 사람들의 무기 소유를 금지하는 것) 등의 정책을 단행한 직후였다. 병농분리의 시행을 계기로 일본에서 무사들은 성 주변의 성하정(城下町)에 거주하면서 군사에만 종사하게 되었고, 농민은 마을에 살면서 농사에 종사했다. 강항이 목격한 무사사회는 조선 사대부가 이상적 제도로 본 병농일치제와 정반대 방식으로 운영되고 있었다. 게다가 조선에서 부정적으로 인식되던 병농분리제하에서 막강한 군사국가를 구축하고 있었던 것이다. 농민이 병사 역할을 겸하는 사회에 익숙한 강항의 눈에 병사와 농민의 신분이 명확히 나뉘어 있는 일본사회는 특이했다. 사람들이 전투에 종사하는 집단과 식량 생산에 종사하는 집단으로 분리되어 있다는 사실은 그가 일본사회에서 느낀 가장 큰 이질감이었다. 그가 남긴 『간양록』에는 병농분리가 시행된 지 얼마 안된 시기의 무사사회에서 사람들이 어떻게 생존하고 있으며 사회 전체가 어떻게 구축되어 있는지가 자세히 기록되어 있다.

우선 강항은 일본의 사회원리를 다음과 같이 묘사했다.

전투에 공이 있는 사람에게는 곧 토지로 상을 주어, 식읍이 혹은 여덟아홉 주에 걸쳐 있는 사람도 있고 혹은 몇주에 걸쳐 있는 사람도 있으며, 그다음은 한 주를 독차지하고 또 그다음은 두어 성(城)을 독차지하며 또 그다음은 한 성을 독차지하고, 가장 적은 사람이 고향 마을을 떼어받습니다. 더러 편비(編裨)였다가 갑자기 주(州)·군(郡)을 얻으며, 공이 없는 사람은 토지를 폄삭(貶削)당하여 사람 축에 끼이지 못합니다. 그러므로 싸움에 이기지 못할 경우에는 주륙(誅戮)의 벌을 기다리지 않고 칼로 자결하고 말며, 싸우다 죽은 장사(將士)는 그 자제가 그 직을 이어받습니다.[14]

군사적 공적이 무엇보다 우선시된다는 점, 군사적 공적을 세운 사람에게는 포상으로 토지를 부여한다는 점, 정치적 성공 여부가 자신의 생명과 직결되어 있다는 점, 장수가 전사한 경우 그 자제가 직을 계승한다는 점 등을 지적했는데, 이는 모두 무가사회의 기본원리에 해당한다. 강항은 조선에 없는 '식읍', 즉 주군이 분배하는 영지가 일본에 존재하며, 이 식읍의 크기가 권력자들의 세력을 나타내는 기준이 됨을 지적했다. 일찍이 유형원이 『간양록』을 읽으면서 "일본은 그 신하가 공을 세우면 땅을 부여하는 것이 봉건의 사례와 같다"라고 했듯이[15] 일본은 조선과 달리 군현제가 아니라 봉건제로 운영되고 있었던 것이다.

이어서 강항은 중앙정부에서 토지를 받은 신하들이 자신의 영지를 어떻게 통치하는지를 다음과 같이 설명했다.

식읍을 가진 사람이 또한 그 토지를 나누어 부곡(部曲)의 공 있는 사람에게 지급하면, 부곡은 또 그 토지의 소출을 가지고 정예(精銳)를 모아 양성합니다. 용감하고 힘이 있는 자, 칼쓰기를 배운 자, 포를 잘 쏘는 자, 활을 잘 쏘는 자, 수영을 잘하는 자, 군법을 잘 아는 자, 달리기를 잘하는 자 등 조금이라도 한가지 기예가 있는 사람이면 모두 망라하여 받아들이므로, 큰 주의 수비병은 그 수효가 몇만명이나 되고 작은 주의 수비병은 몇천명을 헤아립니다. 한번 전투가 벌어지면 적괴(賊魁, 토요또미 히데요시)는 여러 장수에게 명령하고 여러 장수는 부곡에게 명령하고 부곡은 가정(家丁)에게 명령하므로, 편성된 부대는 정병(精兵)과 건졸(健卒)을 좌우에서 취해도 남습니다.[16]

인용문에 보이는 '부곡'이란 곧 가신(家臣)을 말한다.[17] 강항은 가신단(家臣團), 즉 다이묘오까(大名家)들에게 고용되어 주군을 섬기는 무사들의 존재에 주목하여 지방 영주, 즉 다이묘오들이 각기 사병(私兵)을 소유하고 병사의 관리와 훈련도 국가가 아니라 각 지방 다이묘오가 담당함을 지적한 것이다. 강항이 기록한 대로 가신들 밑에는 또 부하들이 있고 그 부하들은 활·창·철포 등을 다루는 전문부대에 분속(分屬)되었으며, 이들은 서열관계를 형성하고 있었다.[18] 강항은 상의하달(上意下達)식의 지휘계통에 따라 군대를 편성하여 개개인을 각 소부대에 포섭함으로써 강력한 군대를 형성하는 전국 일본의 통치방식을 기술한 것이다.

강항은 이처럼 무사집단이 어떻게 조직되어 있는지를 자세하게 묘사하고서 "그 농민은 일년 내내 농사에 전념하여 군량을 보급합니다"라고 하여[19] 농민들은 농사에만 힘써 군사들의 식량을 확보한다고 전했다. 이어서 그는 "한 장수의 부하는 그 장수만의 사졸(士卒)이 되기 때문에 갑작스럽게 징발될 노고가 없고, 한 주의 창고는 그 주만의 군량을 공급하기 때문에 군량이 결핍될 염려가 없습니다"라고 했다.[20] 즉 군인과 농민의 역할분담이 명확한데다 주군과 부하의 관계가 일정하고 각기 독립적인 형태로 영지 내의 식량을 공급하기 때문에 규칙적이고 혼란이 일어나지 않는다는 것이다. 마지막으로 강항은 "이는 비록 이적(夷狄) 부락의 상태(常態)이지만 그 부대 편성이 일정하고 평소부터 훈련되어 있기 때문에 움직이기만 하면 공을 세웁니다"라고[21] 훈련된 군대가 상시 출동 가능한 상태로 유지되고 있음을 지적했다.

강항이 일본의 사회구조에 이처럼 주목한 이유는 그가 임진왜란을 겪으면서 조선의 군사제도를 개혁할 필요성을 강하게 느꼈기 때문이다. 그는 "임진년 이래 농민을 몰아세워 전쟁에 나가게 하므로 조금 재주가 있거나 항산(恒産)이 있는 사람은 뇌물을 써서 기피하고 가난한 백성 중에서 의지할 데 없는 사람들만이 유독 국경 경비에 고생할 뿐입니다"라며[22] 농민들을 전쟁터로 보내기 때문에 병역을 기피하는 자들이 많음을 지적했다. 또 "한 고을의 백성들 중에서 절반은 순찰사에게 속하고 절반은 절도사에게 속하며, 한 군졸은 아침에 순찰사에게 속하고 저녁에는 도원수에게 속합니다"라고[23] 백성과 군인에 대한 행정적 관리가 체계성을 갖추지 못한 상황을 문제시하였다.

무사사회를 관찰한 경험을 통해 강항이 절감한 것은 전투요원의 확보 방식에서 조선과 일본은 큰 차이가 있다는 사실이었다. 일본에서는 나라가 일괄하여 군대를 관리하는 것이 아니라 영지의 주인들이 각각 부하를 거느려 독립적으로 군대를 양성하고 있었으며, 주군에 고용된 병사들은 농사에 종사하지 않고 전문 소부대에 배속되어 군사훈련을 받고 있었다. 다이묘오들 또한 수직적인 명령계통에 포섭되어 있어 한번 출동명령이 내려지면 일본 각지에서 훈련받은 전업군인이 집결하도록 되어 있었다. 강항은 전투요원을 확보하는 수단이 제도적으로 마련되어 있는 일본사회의 구조를 참조하면서 조선의 군정개혁을 주장한 것이다.

이상의 내용은 모두 강항이 조정에 보낸 상소문 「적중봉소」에 수록되어 있다. 유성룡은 이 글을 보고 일본에서는 병사와 농민이 분리되어 있음을 지적한 것이다. 그런데 한편 강항은 이런 정교한 지배질서 속에서 '병'과 '농'으로 나뉜 사람들이 어떻게 삶을 영위하고 있는지도 자세히 관찰하였다. 『간양록』에 수록된 「적중문견록(賊中聞見錄)」에는 강항이 일본의 장수·장졸, 즉 무사들과 나눈 문답이 기록되어 있다. 이때 강항이 던진 질문이 이 책 제1장에서 언급한 "삶을 좋아하고 죽음을 싫어하는 것은 사람이나 물(物)이나 마음이 같은 법인데, 일본 사람들이 유독 죽음을 즐기고 삶을 싫어하는 것은 어쩐 일이냐?"였다.[24] 무사들은 다음과 같이 대답했다.

일본에서는 장관이 백성들의 이권을 장악하고 털끝 하나라도 백성에게 맡기지 않기 때문에, 장관의 집에 기식하지 않으면 의식(衣食)이 나올 길이 없으며, 이미 장관의 집에 기식하면 이 몸이 내 몸이 아닙니다. 한번 담력이 부족하다고 소문나면 가는 곳마다 용납되지 못하고, 허리에 찬 칼이 날카롭지 않으면 사람 축에 끼이지 못합니다. 칼에 찔린 흔적이 얼굴에 있으면 용맹한 사나이라 지칭되어 중한 녹(祿)을 얻고, 칼자국이 귀 뒤에 있으면 달아나기를 잘하는 자라 여겨져 배척을 당합니다. 그러므로 의식(衣食)이 없어서 죽을 바에는 적의 진중에 뛰어들어 싸우다 죽는 것만 같지 못합니다. 힘껏 싸우는 것은 실로 자신을 위해서 도모하는 것이요, 주장(主將)을 위해서 계책한 것이 아닙니다.[25]

"장관의 집에 기식하면 이 몸이 내 몸이 아닙니다"라는 말에서 장관과 주종관계를 맺은 이상 부하는 목숨까지 장관에게 바쳐 봉공(奉公)해야 했던 상황이 읽힌다. 무사가 되지 못하면 먹고살기 힘들기 때문에 필사적으로 장관에게 기식하여 무사가 되려 하지만, 막상 무사가 되면 주군에게 절대복종을 해야 하는데다 사회에서 요구되는 '무사다운 행동양식'에 따라 살아야 했던 것이다. '무사다운 행동양식'이란 담력이 부족하다고 소문나지 않게 용맹한 사람으로서 행동하는 것이고, 강항의 말을 빌리자면 "죽음을 즐기고 삶을 싫어하는" 행동양식을 몸에 익혀 살아가는 것이다. 칼자국이 얼굴에 있으면 칭찬받고 칼자국이 귀 뒤에 있으면 겁쟁이라고 사회에서 배척당한다는 말은 일본인의 사나운 성격을 말할 때 후대의 사행록에서 자주 인용되던 상투적인 문구다. 얼굴에 있는 칼자국을 일본어로 '무꼬오끼즈(向疵)'라 하고 뒤통수에 있는 칼자국을 '우시로끼즈(後疵)'라 부르는데, 무사들은 '무꼬오끼즈'를 자랑스럽게 생각하고 '우시로끼즈'를 부끄러운 흉터로 여겼다.[26] 강항은 이와 같이 '무사답게' 행동하는 것도 자기보신을 위해서이지 주군에게 봉공하기 위해서가 아니라는 일본 무사들의 말을 기록했다. 말하자면 강항은 "죽음을 즐기고 삶을 싫어하는" 일본인의 행동양식도 그들의 천성이 아니라 전국시대를 통해 형성된 사회규범에 따른 결과에 불과하다는 것을 지적한 것이다.

이러한 가혹한 현실 속에서 무사의 소임을 맡아 필사적으로 살아가야 하는 일본인들의 모습은 강항의 인식에 일정하게 영향을 끼쳤다. 앞의 인용문에 이어서 강항은 다음과 같이 서술했다.

대개 그 사훼(蛇虺)의 독과 호랑(虎狼)의 탐욕과 무력을 믿고 잔인을 즐기며 떠들썩하게 싸우기를 좋아하는 마음은 오직 천성에서 나오고 이목에 익혀져서 생긴 것일 뿐만 아니라, 법령 또한 그들을 속박하고 상벌(賞罰)도 그들을 몰아붙이는 것입니다. 그러므로 그 장수가 태반은 노둔한데도 사력을 다하는 사람들을 얻을 수 있고, 그 군사가 태반은 연약한데도 다 능히 적과 맞서서 죽음을 다투게 할 수 있으니, 만명만 되면 대적할 수 없다는 것이 이 왜노를 두고 한 말입니다.[27]

왜란을 겪고 일본인들의 잔학행위를 직접 목격한 사람으로서 일본 무사를 "사훼의 독과 호랑의 탐욕"을 가진 자로 보는 것은 일반적인 인식이라 할 수 있다. 그런데 강항의 경우 그것을 '천성'으로만 본 것이 아니라 거기에는 '법령'과 '상벌'이라는 사회적 요인도 작용하고 있다고 보았다. 목숨 걸고 적을 죽이는 일본인의 잔인성은 군사적 공적이 상벌을 결정하는 유일한 기준이 되는 전국시대의 사회규범에서 비롯했으니, 무력을 지상가치로 삼는 외적 환경에 적응한 결과 형성된 것으로 본 것이다. 무사를 정점으로 한 엄격한 신분질서에 대한 지식, 그리고 그 질서 속에서 '법령'과 '상벌'에 얽매여 필사적으로 살아야 하는 일본 무사들의 실상을 목격한 경험을 바탕으로 이러한 인식에 도달한 것이다.

강항이 일본에 연행될 때부터 조선에 귀국할 때까지의 과정을 기술한 「섭란사적(涉亂事迹)」에도 일본인에게서 인간의 본성을 읽어내려는 자세를 보여주는 에피소드가 기록되어 있다. 강항이 일본에 도착해 처자를 데리고 걸어가는데, 그때 그와 가족은 굶주림으로 일어설 수 없을 정도로 지쳐 있었다. 그 모습을 본 한 일본인이 울면서 히데요시의 소행을 탄식하며 강항 일가에게 밥을 주어 강항은 의식이 돌아왔다.[28] 이러한 경험을 기술하면서 강항은 "왜노 가운데도 이와 같이 착한 사람이 있었다. 그들이 죽음을 좋아하고 사람 죽이기를 즐기는 것은 단지 법령이 몰아넣은 것이다"라고 했다.[29] 일본인들이 "죽음을 좋아하고 사람 죽이기를 즐기는 것(好死喜殺)"도 천성이 아니라 법령, 즉 외적 환경에 기인한 것으로 본 것이다. 말하자면 무사라는 가면을 벗기면 일본인들도 우리와 같은 인간이라는 것이 그의 주장이었다.

그는 일본에서 후지와라 세이까(藤原惺窩, 1561~1619)의 부탁을 받아 사서(四書)의 훈점본(訓點本) 제작을 도왔는데, 그 발문에서 "한결같이 성현의 참된 가르침을 따르도록 하면 부상일역(扶桑一域, 일본)도 동주(東周)로 바꿀 수 있다"라고 썼다. 이러한 발언의 근저에는 인간의 천성을 선량한 것으로 보는 주자학적인 사상이 깔려 있다.[30] 앞에서 보았듯이 조헌과 원중거도 일본인의 '경생'의 특성은 전란이 이어진 가운데 역사적으로 형성된 것으로 보았다. 조선 문인들은 자국에서 잔학행위를 반복한 인간에 대해서도 타고난 선량함이 존재한다고 믿었던 것이다.

한편으로 강항은 무사뿐 아니라 농민의 삶에도 큰 관심을 보였다. 우선 그는 「적중봉소」에서 "적괴가 노부나가(織田信長, 1534~82)를 대신하면서부터 가혹한 징수가 극도에 달하였습니다. 흉년에도 정해진 양을 받고 지푸라기조차도 백성에게 넘겨주지 않기 때문에, 왜장은 부유하여 히데요시와 견줄 만하고, 농민은 가난하여 곡식이 조금도 없었습니다"라고[31] 병농분리 정책의 폐해를 지적하고서 농민들의 궁상(窮狀)을 다음과 같이 묘사했다.

밭에 거름을 주어도 소출이 부족하면 남에게 빌려서라도 정해진 양을 내게 합니다. 그래도 부족하면 그 자녀를 바치게 하여 하인으로 만들고, 그래도 부족하면 감옥에 가두고 극심하게 수탈하여 정해진 양을 채우게 한 다음 풀어줍니다. 그러므로 그 백성들은 풍년을 만나도 오직 겨와 쭉정이만 먹으며 산에 올라 고사리 뿌리나 칡뿌리를 캐어 하루를 견딥니다. 또 차례로 숙직도 하고 나무도 하고 물도 길어서 바쳐야 하니, 왜인 중에서 가장 불쌍한 것은 오직 소민(小民)입니다.[32]

강항은 농민에 대한 착취와 수탈이 상당히 심하다고 하면서 군사 우선의 제도를 유지하기 위한 사회적 부담이 모두 농민에게 몰려 있음을 지적한 것이다. 가혹한 징수 때문에 충분히 먹지도 못하는 농민들의 힘겨운 생활을 묘사한 그는 일본의 "백성을 대우하는 도리(待其民之道)"를 본받아서는 안된다고 주장했다.[33] 말하자면 강항은 병농분리제는 농민들에게 큰 부담을 가한다는 조선 사대부들이 가지고 있던 통념을 일본 농민의 모습을 통해 실제로 확인한 것이다.

임진왜란을 겪고 직접 일본의 사회제도를 목격하면서 강항은 국방업무를 농민들에게 맡기는 조선의 현행 제도에는 한계가 있음을 절감했다. 병농일치제야말로 언제나 군대 출동이 가능한 상태를 만들 수 있는 합리적이고 바람직한 제도라는 것이 조선 사대부들의 통념이었고, 강항도 이러한 인식을 공유하고 있었을 터이다. 강항에게 일본은 그때까지 자명한 것으로 생각하고 있던 병농일치제에 대해 재고할 계기를 준 나라였다. 일본에는 조선 사대부가 부정적으로 보던 병농분리제에 의거하여 명령 하나로 군대 발동이 가능한 체제가 마련되어 있었다. 강항은 기존 통념과는 이질적인 방법으로 운영되는 무사사회의 통치방식에 오히려 배울 점이 있음을 감지한 것이다. 그렇지만 한편으로 그는 병농분리 사회가 얼마나 백성들의 삶을 고통스럽게 만드는지 또한 포착하고 있었다. 일본 농민들은 과중한 징세 때문에 거의 기아상태에 가까웠고, 무사들에게는 주군에 대한 절대복종과 '낙사오생'의 기개가 요구되었다. 말하자면 병사와 농민을 막론하고 개인의 삶이 완전히 국가권력에 침식되어 있었던 것이다. 일본사회 전체가 치밀하게 조직되어 그 나름의 효율적인 방식으로 운영되고 있는 것은 인정하지만, 이 사회는 결코 건전하지 않다는 것이 강항의 기본 입장이었다.

2. 양민과 양병

토꾸가와막부가 개창한 지 4년이 지난 1607년에 사절로 일본에 다녀온 경섬은 일본에 '식읍'이 있음을 지적하고서 "무릇 식읍 안에서는 생사여탈권을 마음대로 장악하며 식읍을 가진 자는 또한 그 토지를 편장(偏將)과 비장(裨將)들에게 나누어주기를 식읍처럼 한다"라고 하여[34] 영지 내의 행정은 다이묘오가 맡아서 하며 다이묘오들 또한 자신의 가신들에게 토지를 부여한다고 했다. 군사조직에 대해서는 "각각 그 장수들로 하여금 각기 기르는 군사를 거느리고 훈련을 맡겨 조용(調用)을 기다리게 한다. 전쟁이 일어나면 비록 백만의 군사라도 아침에 명령하면 저녁에 출동하며 조금도 뒤섞이거나 지체되는 폐단이 없다"라고 하여[35] 질서정연한 통치구조가 마련되어 있으며 언제나 군대 출동이 가능한 상태가 유지됨을 기술했다. 무사에 대해서는 "얼굴에 무기의 상처가 있는 자는 상을 받고, 등에 칼자국이 있는 자는 죄를 받는다"라고 하여[36] 용맹한 남자로서 목숨을 걸고 적과 싸우는 것이 사회적으로 요구됨을 지적했다. 그리고 "농민들은 가을철과 겨울철에는 겨를 거둬 쌓아두고 풀과 열매와 섞어서 먹고, 봄철과 여름철에는 농량(農糧) 약간을 지급받으니, 농민의 괴로움은 천하에 견줄 데 없다"라고[37] 농민의 생활이 아주 어려움을 기술하고서 "다만 병과(兵戈)와 전쟁의 일에는 참여하지 않아서 나라에 싸움이 벌어져 10년이나 오랜 세월을 끌지라도 예전대로 편안히 농업에 종사한다"라고[38] 농민들에게는 군역의 의무가 부과되지 않음을 전했다. 일본에는 식읍이 있고 병사와 농민이 명확히 분리되어 있다는 등 일본사회를 기술하는 경섬의 기본틀은 강항의 『간양록』을 계승한 것이다.

토꾸가와 시대의 일본을 방문한 조선 사절들이 무사사회에 대해 느낀 이질감도 강항과 비슷했다. 1617년 종사관으로 일본에 다녀온 이경직은 "그 녹을 분등해주는 제도는 실은 양병하는 규식(規式)이다"라고 하여[39] 봉록을 분배하는 제도가 병사를 양성하는 방식에서 비롯되었다고 서술했다. 이경직이 사용한 "양병하는 규식"이라는 말은[40] 후대의 사행록 도처에 보인다. 말하자면 중앙정부인 토꾸가와막부가 각지의 다이묘오들에게 토지를 부여하고 그 영지 내의 정치를 위임하는 방식을 '양병'을 위한 제도로 본 것이다.

『서경』「대우모」에 "오직 덕으로써만 좋은 정치를 할 수 있고, 정치란 양민(養民)하는 데에 있다"라는 말이 있듯이 전통적으로 유학자들은 '백성을 키우는 것(養民)'을 좋은 정치의 조건으로 간주했다. 이이는 선조에게 올린 「육조계(六條啓)」에서 "양병은 양민을 근본으로 삼기 때문에 양민을 하지 않고 양병을 할 수 있었다는 것은 예부터 지금까지 들어본 적이 없습니다"라고 했고,[41] 이수광(李晬光)도 "나라는 백성을 근본으로 삼고 군주는 백성을 하늘로 삼는다. 하늘이 군주를 세우는 것은 양민을 위해서이지 백성을 괴롭혀 자신에게 봉사하기를 원해서가 아니다"라고 했다.[42] 국가의 근간이 백성에게 있는 이상 국가운영의 목적은 '양민'에 있다는 것이 조선 사대부들의 기본적 정치관이다. '양병'을 목적으로 만들어진 일본의 사회구조는 조선 사대부의 정치이념에 위배되는 것이었다.

토꾸가와 초기에 기록된 사행록에서 특징적인 것은 이러한 양병제도하에서 중앙정부(토꾸가와막부)와 각지의 영주(다이묘오)들이 서로 경계

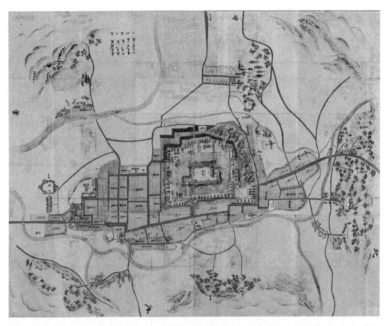

'양병'의 제도는 도시구조에도 반영되어 병농분리가 시행되면서 병사와 농민의 거주 구역도 엄격히 구분되었다. 무사는 마을을 떠나 성 주변에 만들어진 조오까마찌(城下町)에서 살았다. 그림과 같이 성 주위에 적의 침입을 막기 위해 해자를 파고 그 주변에 무사들이 생활하는 사무라이 야시끼(侍屋敷)를 세웠다. 도시 전체가 적과의 싸움을 상정하여 만들어졌던 것이다.

심을 품고 상황을 엿보는 모습이 상세히 묘사되어 있다는 점이다. 17세기 전반 일본의 정치상황은 아직 불안정했다. 토꾸가와 이에야스는 1616년에 죽었고 아들 히데따다(德川秀忠)가 뒤를 이었다. 히데따다의 습직(襲職)을 축하하기 위해 1617년에 파견된 이경직은 당시의 상황을 다음과 같이 묘사했다.

히데따다가 히데요리를 멸망시킨 후 여러 장수들이 그의 위세를 두려워하여 감히 움직이지 못했는데, 히데따다는 인심을 얻지 못해 스스로 의심하고 두려워하는 마음이 생겨 여러 장수를 바꾸어 배치하여 친근한 사람으로 소원한 자와 바꾸었으며 그들의 처자를 인질로 삼아 에도에 옮겨다두었기에, 여러 장수들 중에 불안해하는 사람들도 제법 있었다.[43]

이경직은 서로 신뢰관계를 구축할 수 없는 토꾸가와막부와 다이묘오들의 모습을 포착한 것이다. 아직 '인심'을 얻을 수 없었던 제2대 쇼오군 히데따다는 각 지방 다이묘오들에게 의구심을 품고서 그들의 움직임을 경계하고 있었다. "여러 장수를 바꾸어 배치하여 친근한 사람으로 소원한 자와 바꾸었으며"라는 말은 히데따다정권이 토꾸가와 일족과 적대적인 다이묘오들을 먼 지방으로 옮기고 우호적인 다이묘오들을 중요한 지역에 이동시킴으로써 자신의 권력기반을 강화하고 있다는 뜻이다. "처자를 인질로 삼아 에도에 옮겨"둔다는 말은 곧 '참근교대(參勤交代)'로, 막부가 각지의 다이묘오들을 감시하기 위해 그들을 에도에 거주하게 한 제도이다. 다이묘오들은 원칙적으로 일정 기간 에도에 머물면서 막부에서 부과하는 각종 부역을 담당했고, 에도를 떠날 때는 자신의 처자를 인질로 에도에 남겨야 했다. "여러 장수들 중에 불안해하는 사람들도 제법 있었다"라는 말은 영지 변경의 대상이 되거나 참근교대로 정치적 불이익을 받지 않을까 불안감을 가진 다이묘오들이 있었다는 뜻이다. 이경직은 막부도 다이묘오들도 상대방의 동향을 엿보는 모습에 깊은 인상을 받았던 것이다.

이러한 살벌한 상황에서 조선통신사는 특별한 의미를 가졌다. 이어지는 글에서 이경직은 다음과 같이 기록했다.

[표2] 역대 토꾸가와 쇼오군과 통신사의 파견시기

	역대 토꾸가와 쇼오군	생몰년	재위기간	파견 통신사의 정사
1	토꾸가와 이에야스(德川家康)	1542~1616	1603~05	
2	토꾸가와 히데따다(德川秀忠)	1579~1632	1605~23	1607 여우길(呂祐吉) 1617 오윤겸(吳允謙)
3	토꾸가와 이에미쯔(德川家光)	1604~51	1623~51	1624 정립(鄭岦) 1636 임광(任絖) 1643 윤순지(尹順之)
4	토꾸가와 이에쓰나(德川家綱)	1641~80	1651~80	1655 조형(趙珩)
5	토꾸가와 쓰나요시(德川綱吉)	1646~1709	1680~1709	1682 윤지완(尹趾完)
6	토꾸가와 이에노부(德川家宣)	1662~1712	1709~12	1711 조태억(趙泰億)
7	토꾸가와 이에쯔구(德川家繼)	1709~16	1712~16	
8	토꾸가와 요시무네(德川吉宗)	1684~1751	1716~45	1719 홍치중(洪致中)
9	토꾸가와 이에시게(德川家重)	1711~61	1745~60	1748 홍계희(洪啓禧)
10	토꾸가와 이에하루(德川家治)	1737~86	1760~86	1763 조엄(趙曮)
11	토꾸가와 이에나리(德川家齊)	1773~1841	1786~1837	1811 김이교(金履喬)
12	토꾸가와 이에요시(德川家慶)	1793~1853	1837~53	
13	토꾸가와 이에사다(德川家定)	1825~58	1853~58	
14	토꾸가와 이에모찌(德川家茂)	1846~66	1858~66	
15	토꾸가와 요시노부(德川慶喜)	1837~1913	1866~67	

6월 26일에 왜경(倭京)에 도착했고 66주의 장수가 모두 군사를 이끌고 모였는데, 사신의 행차가 이때에 알맞게 왔으므로 히데따다가 제 위세를 자랑하는 데에 도움이 된다고 여겨 매우 기뻐하는 기색이었다고 한다.[44]

권력기반이 취약했던 토꾸가와막부로서는 조선의 외교사절 방문이 토꾸가와정권의 위세를 보여주는 좋은 기회였던 것이다. 실제로 토꾸가와정권은 조선통신사를 '조공사절'로 위장하면서 일본 전국에 막부의 권위를 과시했다.[45]

이경직은 일본에서 견문한 바를 정리한 글에서도 "인민이 번성하나 군병이 대부분으로, 큰 칼 작은 칼 두개를 찼으며 삶을 가볍게 여기고 죽음을 좋아한다. 평상시에도 싸움터에 임해 적과 마주한 사람들 같았다"라고[46] 살벌한 기풍이 만연한 모습을 묘사하고서 다음과 같이 서술했다.

가는 곳마다 성·보루·기계가 또한 조석간에 대진(對陣)하려는 듯한 태세였고, 백성의 힘을 다해 군량을 저축하여 군량이 쌓여 있으며, 배와 돛을 수리하여 해안에 가득히 정박해놓았으니, 서로서로 시기하고 의심하여 항상 전투하려는 마음이 있었다.[47]

이경직이 일본을 방문한 것은 토꾸가와정권이 토요또미 일가를 멸망시킨 전쟁이 끝난 지 3년밖에 지나지 않은 시기였다. 서로가 '시의(猜疑)'하면서 "전투하려는 마음(戰鬪之心)"을 가져야 할 정도로 당시의 막부와 번주(藩主) 관계는 아직 안정적이지 못했던 것이다.

그 7년 후인 1624년, 부사로 사행에 참여한 강홍중(姜弘重, 1577~1642)은 제3대 쇼오군 토꾸가와 이에미쯔(德川家光)가 즉위했을 때의 일본을 다음과 같이 기록했다.

이에미쯔가 비록 권병(權柄)을 손아귀에 쥐고 중임을 맡았으나, 일본의 풍속이 공적을 세워 창업한 자에게는 복종하고 계승하여 승습(承襲)한 자에게는 복종하지 않으므로, 서로 시기하여 군중의 마음이 불만을 품고 있었다. 이러므로 이에미쯔가 비록 부조(父祖)의 업을 이어받았으나 항상 의심을 품어 여러 고을의 장관으로 하여금 서울을 번갈아 지키게 하고 그 처자를 볼모로 삼았으며, 주·군을 수탐하여

기미책(羈縻策)으로 삼았다. 그리고 온 나라에 영을 내려 방포(放砲)
하는 것을 금하였다.[48]

강홍중은 당시 일본에서는 세습에 의한 토꾸가와 정치가 아직 정착
되지 않았다고 인식하고 있었다. "주·군을 수탐하여 기미책으로 삼았
다"라는 말은 막부가 관리를 파견하여 각지의 다이묘오들을 엄격히 감
시했다는 뜻이다. 서로 의심을 갖고 있었기 때문에 막부는 체제를 유지
하기 위해 각지 다이묘오들의 동향을 파악할 필요가 있었던 것이다.

1636년에 일본을 방문한 황호(黃㦿, 1604~56)도 이에미쯔와 다이묘오
들의 관계를 두고 "지금 관백은 공도 덕도 없는 사람으로서 한갓 세습
으로 자리에 올랐다"라며[49] 아무런 정치적 공적도 없는 자가 쇼오군의
지위를 차지했음을 지적하고서 "겉으로 은혜를 베풀면서 속으로는 의
심하고 시기한다"라고 하여[50] 표면적으로는 평화로운 관계를 유지하면
서도 내심 상대의 의중을 살피는 모습을 비판적으로 묘사했다.

토꾸가와막부와 다이묘오의 관계, 즉 막번관계(幕藩關係)를 표현할
때 사행원들이 빈번하게 쓴 '의구(疑懼)' '시의' '의기(疑忌)'라는 말에
는 당시 일본의 정치상황에 대한 인식이 반영되어 있다. 그들은 일본의
주군과 신하 사이에는 신뢰관계가 구축되지 않았다고 본 것이다. 제1장
에서 언급했듯이 경섬은 무사사회에서는 사람들이 서로 적개심을 가
지고 있으며 가족에게도 경계심을 풀지 못한다고 보았고, 이경직은 "눈
한번 흘긴 것도 반드시 보복하고, 말 한마디에도 시기를 부려 사람 죽
이는 것을 능사로 삼고, 굽히지 않는 것을 장기로 여긴다"라고[51] 무사들
의 습성을 묘사했다. 이렇듯 혈기 왕성하고 적개심 충만한 매서운 무사
들을 수하로 거느린 다이묘오들을 통합하고 정권을 유지해나가는 것이
토꾸가와막부의 과제였다. 군사적 충돌을 피하면서 상대가 어떻게 나

올지 서로 속마음을 떠보는 토꾸가와막부와 다이묘오들의 모습은 조선 사절들의 눈에는 이상하기 그지없었다. "겉으로 은혜를 베풀면서 속으로는 의심하고 시기한다"라는 황호의 말은 무사사회의 살벌한 정치상황에 대해 느낀 사절들의 위화감을 상징적으로 보여준다.

3. 신분제에 대한 인식

17세기 후반부터 일본의 정치는 변화하기 시작했다. 전쟁이 없는 상태가 오랫동안 이어지자 평화로운 세상과 부합하는 문치주의(文治主義)에 기초한 정치가 시행되었다. 18세기에는 막부도 안정적인 권력기반을 구축한 상태였다. 이러한 평화로운 시대의 일본을 자세하게 기록한 사람은 1719년 사행에 제술관으로 참여한 신유한(申維翰, 1681~?)이다. 전국시대의 일본을 깊이있게 관찰한 사람이 강항이라면, 신유한은 평화가 정착된 시기 일본의 정치상황을 누구보다 자세히 묘사한 인물이라 할 수 있다. 전환점에 이른 일본을 기록했다는 점에서 그의 『해유록(海遊錄)』은 획기적인 사행록이다.

신유한도 다른 사행원들과 마찬가지로 토꾸가와정권의 정치제도를 군사기구로 보았다. "관백이 제신(諸臣)으로 하여금 읍을 맡아 늠료(廩料)를 받아먹게 한 것도 치병(治兵)의 제도에서 나온 것이다"라고 했고,[52] "군제(軍制)는 가장 치밀하고 강하다. 각 주의 태수는 다 무관인데 받아들이는 전세(田稅)는 다 양병을 위해 쓴다"라고도 했다.[53]

군사가 가장 우선시되는 만큼 그 제도 안에서 살아가야 하는 일반 백성은 매우 힘들었다. 신유한은 백성에 대한 착취가 매우 심하다고 하면서 다음과 같이 서술했다.

평민의 기름과 피가 날로 고갈되어 군사가 되지 않고는 의식이 나올 데가 없다. 그러므로 백성이 모두 힘을 다해 청탁하여 장관의 부하로 들어가려 한다. 이미 군사가 되고 나면 제 몸을 제 마음대로 못하고, 죽고 살고 배고프고 배부른 것이 모두 장관의 손에 달려 있다. 한 번 담력이 부족하다고 소문나면 가는 곳마다 용납되지 못하고 칼솜씨가 뒤떨어지면 사람 축에 끼지 못한다. 칼에 찔린 흔적이 얼굴에 있으면 용맹한 사나이라 지칭되어 중한 녹을 얻고, 칼자국이 귀 뒤에 있으면 달아나기를 잘하는 자라 여겨져 배척당한다. 대개 그 법령이 사람을 몰아넣기를 이와 같이 한다. 의식이 나올 다른 길이 없으므로, 그들이 삶을 가볍게 여기고 죽음을 두려워하지 않는 것이 처음부터 주군을 위해 의(義)를 사모해서 그런 것도 아니요 또 타고난 성질이 그런 것도 아니며, 실은 스스로 제 몸을 위해 그러한 것이다.[54]

병가(兵家)에 들어가지 않으면 먹고살 길이 없으며, 한번 무사가 되면 주군에게 절대 복종해야 하고 겁쟁이로 지목되지 않도록 용감하고 위엄 있는 무사의 가면을 쓰고 살아가야 한다는 것인데, 이 언급은 조금 바뀌긴 했으나 대부분 강항의 『간양록』에서 가져온 말이다. 일본의 정치제도가 군인을 정점으로 삼고 있다는 점, 무사사회에서 살아가야 하는 일본인들은 매우 힘들다는 점, "삶을 가볍게 여기고 죽음을 두려워하지 않는 것"도 주군을 위해서가 아닌 자기보신을 위한 것이라는 언급 등도 그대로 강항의 인식을 따른 것이다. 강항의 기술을 거의 그대로 가져와 일본 무사의 삶을 묘사했기 때문에 당시 무사의 실태를 반영한 글로는 보기 어렵다. 달리 말하면 강항의 『간양록』이 그만큼 후대의 사행록에 큰 영향을 끼쳤다고도 할 수 있다.

일본의 정치제도에 대해 신유한이 제공한 새로운 식견은 신분제에 관한 것이다. 일본의 신분제에 대해서는 신유한 이전의 사행록에서도 언급했으나 신유한은 기존 기록과 전혀 다른 견해를 제시했다. 역대 사행록 중에서 일본의 신분제에 대한 기록을 몇가지 뽑아서 연대순으로 나열하면 다음과 같다.

그 백성은 병(兵)·농(農)·공(工)·상(商)·승(僧)이 있는데, 오직 중과 공족(公族, 천황에 출사하는 귀족)에만 문자를 해득하는 자가 있고 그 나머지는 비록 장관의 무리라도 역시 한 글자도 알지 못했다.(황신『일본왕환일기(日本往還日記)』, 1596년 사행)[55]

그 백성은 다섯가지가 있다. 병·농·공·상·승인데, 오직 승만이 글을 읽어 문자를 알므로 관백 이하가 사(士)로 대우하여 서열이 장관의 위에 있다.(이경직『부상록(扶桑錄)』, 1617년 사행)[56]

나라에 사민(四民)이 있으니, 병·농·공·상이다. 선비(士)는 그중에 속하지 않는다.(신유한『해유록』, 1719년 사행)[57]

이렇게 보면 일본의 신분제를 보는 인식이 시대에 따라 점차 달라졌음을 확인할 수 있다. 황신과 이경직이 일본의 신분 구별을 '병농공상승' 다섯가지로 본 반면 신유한은 '병농공상' 네가지로 보았는데, 이러한 차이는 결국 지식층에 대한 파악방식의 차이에서 온 것이다.[58] 황신과 이경직은 '병농공상' 외에 '승'이 있다고 하면서 '승'이 실질적으로 '사', 즉 지식인의 역할을 맡는다고 보았다. 이에 비해 신유한은 '선비', 즉 지식인은 신분제에 속하지 않는다고 지적했다. 그러면 일본에서 선비는 어떤 위치에 있었는가? 신유한은 지식인의 처지를 다음과 같이 설명했다.

대개 사민(四民) 외에 따로 유학(儒學)과 승도(僧徒)와 의학(醫學)이 있다. 그러나 국속에 의학은 사람을 살리는 공이 있기 때문에 의학이 상(上)이 되고, 승도가 다음이 되고, 유(儒)는 말등이 된다. 소위 유라는 것은 시문을 짓기를 배우나 과거에 올라 벼슬할 길이 없으므로, 명예를 얻어서 각 주의 기실(記室)이 되면 능히 수백석(石)의 봉급을 받으면서 평생을 마치고, 자리를 얻지 못하면 병가에 들기를 구하거나 또 의학에 의탁해서 산다. 내가 지나가는 역로(驛路)·참(站)·관(館)에 자기가 지은 글을 보이며 만나기를 청한 자들이 있었는데, 아무 지방의 의관(醫官)이라고 하고, 아무 성의 무신이라 했다. 그 글이 간간이 볼만한 것이 있었다. 대개 문사로서 의관이 되거나 병사가 되어 녹을 먹는 자들이었다.[59]

이처럼 신유한은 일본에 '병농공상' 외에 유학과 승도와 의학이 있다고 보고, 지식인 즉 유학자는 공식적 신분체계 외부에 존재한다고 파악하고 있었다. 그는 지식인이 배제되어 있다는 사실에 주목하면서 군인이 지배하는 사회상황을 부각한 것이다. 그런데 신유한이 유학을 배우는 지식층이 일본에 존재한다는 사실을 발견했다는 것 자체는 큰 의미가 있다. 신유한 이전에는 '문자를 아는(解文字)' 사람이란 주로 승려를 가리켰는데, 신유한은 승려 외에 학문에 종사하는 '선비'들이 일본에 있음을 지적한 것이다. 그만큼 당시의 일본에는 승려와 별개로 '문자를 아는' 자가 점차 늘어나고 있었던 것이며, 신유한은 기록담당자로 출사하거나 병학(兵學)을 강의하거나 의사로 일하면서 학문에 힘쓰는 '문자를 아는' 자들의 집단을 목격한 것이다. 그런 의미에서 일본에서는 '선비'가 배제되어 있다는 신유한의 기술은 역설적으로 승려 이외의 학문 종사자가 등장하기 시작했음을 보여준다.

그러나 유학자가 사회에서 소외되어 있다는 것을 신유한은 도저히 받아들일 수 없었다. 그는 과거시험이 없어서 아무리 학문이 높아도 승진의 길이 없는 상황을 거침없이 비판했다.[60] 그는 "일본은 과거로 인재를 뽑는 법이 없고 벼슬은 대소에 상관없이 모두 세습이다. 이 때문에 기특한 재주와 준수한 자질을 가진 인물이라도 스스로 세상에 이름을 떨치지 못한다. 원한을 품고 죽는 자는 대개 이 무리이다"라면서[61] 세습제 때문에 아무리 능력 있는 사람이라도 태어나면서부터 정해져 있는 신분제에 할 수 없이 순종하여 비참하게 살아갈 수밖에 없다고 지적했다. 더 나아가 신유한은 일본 관리들에 대해서도 "나아가고 물러날 때 겁만 내고 말도 제대로 하지 못하였다"라면서 "일본의 관작(官爵)은 세습하기 때문에 인물을 선택하지 않는다. 그러니 괴귀(怪鬼)와 같은 무리가 어떻게 이런 직책을 감당할 수 있겠는가? 우습다"라고 했다.[62] 세습으로 자리를 잡은 사람에 대해 제대로 실무능력을 갖추지 못했다고 부정적으로 본 것이다.

신유한은 에도막부에 출사하는 무사관료들에 대해서도 부정적 인식을 드러냈다. 그는 에도성에서 열린 연회에 참석한 키이번(紀伊藩)의 번주 토꾸가와 무네나오(德川宗直)와 미또번(水戶藩)의 번주 토꾸가와 무네따까(德川宗堯)에 대해 "무네나오는 나이 겨우 약관(弱冠)이요 무네따까는 나이 겨우 14, 15세로, 다 젖냄새 나는 아이였다"라고[63] 세습제 덕분에 어린 나이로 번주가 된 사람들을 혹평했다. 이어서 그는 네명의 '집정(執政)'에 대해서 언급하였다. '집정'이란 제8대 쇼오군 토꾸가와 요시무네를 보좌하던 네명의 무사관료 '로오주우(老中)'를 사행원들이 부르던 명칭이다.[64] 신유한은 네 로오주우의 이름을 들고서 다음과 같이 기술했다.

각기 성읍을 차지하여 식봉이 많은 자는 수십만석이요 작은 자도 또한 6, 7만석 아래로 내려가지 않는다 한다. 그밖에 세습으로 권력을 잡은 자로서 이이 카몬노까미 미나모또 나오노부(井伊掃部頭源直惟)의 부류가 모두 국가의 안위를 쥐고 있으므로 앉아서 부귀를 누린다 하나, 천박하고 어리석어 흙으로 만든 인형과 같았다.[65]

이처럼 신유한은 토꾸가와 쇼오군의 측근들에 대해서도 세습제의 보호 아래 아무 노력도 하지 않고 벼슬에 오른 관료라고 부정적으로 보고 있었다. 또한 『해유록』에 수록된 「견문잡록」에서도 일본 관료들에 대해 "한 사람도 넓은 도량과 중한 인망을 지닌 자가 없다"라고[66] 신랄하게 혹평하는 등 무사관료에 대한 신유한의 인식은 상당히 비판적이었다.

신유한은 에도성에서 열린 연회의 풍경을 묘사하면서 다음과 같이 기록했다.

궁중에서 연회할 때에 좌우의 청벽(廳壁)에 발을 드리우고 보는 자가 있었고 구멍 틈으로 엿보는 자가 있었는데, 이들은 아마 관백의 희첩(姬妾)의 무리인 듯했다. 들으니, 관백도 또한 그 가운데에 있었다고 한다. 규모가 이와 같고 사람을 등용함이 이와 같고 의식과 제도가 이와 같은데도 능히 부국강병의 장구한 낙을 누리니 실로 알 수 없는 일이다.[67]

신유한이 본 일본은 17세기 초반에 사행원들이 목격한, 서로 '전투지심(戰鬪之心)'을 가진 살벌한 분위기의 일본과는 달랐다. 일본 위정자들은 100년 이상 이어진 평화로운 세상을 누리면서 주색에 빠져 있었다. 쇼오군은 첩들과 향락에 빠져 있고 측근들은 안일하게 부를 누리는 사람들이었다. 이런 사람들이 지배하는 사회가 어째서 "부국강병의 장구한 낙"을 향유하는가? 신유한은 이런 일본의 현실을 이해하기 어려웠던 것이다. 그는 안락한 생활에 젖어 있는 일본인들을 보면서 "내가 추측하건대, 인간에게 액운이 닥쳐서 히데요시나 키요마사(카또오 키요마사 加藤清正)와 같은 적이 다시 그 땅에 나지 않는다면 우리 국가 변방의 걱정은 만에 하나도 없을 것이다"라고 하기까지 했다.[68] 일본이 다시 조선을 침략할 가능성은 없다고 단언할 만큼 신유한이 목격한 일본은 평화로운 상황이었던 것이다.

신유한은 토꾸가와막부가 어떻게 이렇게 오랫동안 정권을 유지할 수 있는지에 대해 아메노모리 호오슈우와 흥미로운 대화를 나누었다. 그는 각 번주들이 독립국가를 운영하듯 영지의 내정실무를 수행하는 모습이 춘추전국시대의 정치상황과 유사하다고 지적하고서[69] 중국에서는 춘추전국시대가 끝난 데에 비해 일본에서는 어떻게 이러한 제도가 계속되었는지를 다음과 같이 분석했다.

귀국은 바다 가운데 궁벽한 곳에 떨어져 있어 이웃나라와 전쟁하는 화(禍)가 없으므로 모든 주의 대부(大夫)가 세습에 익숙해져서 상하가 모두 다른 뜻이 없습니다. 이 때문에 나라의 운수가 끊이지 않고 그 법도 변하지 않아서 지금까지 폐단이 없는 것입니다.[70]

일본이 지금까지 봉건제로 나라를 유지할 수 있었던 이유로 신유한이 제시한 것은 지리적 조건 때문에 타국과 전쟁할 필요가 없었다는 점,

그리고 세습제가 오래 유지되어 사회에 정착한 결과 사람들이 그에 반감을 가지지 않는다는 점이었다. 이러한 지리적·사회적 요인과 별도로 신유한은 정치적 관점에서 토꾸가와막부의 영속성에 대해 자신의 견해를 제시했다.

주(州)·국(國)의 세법(稅法)이 너무나 각박하여 추호도 빠뜨리지 않기 때문에, 먼 촌의 농민들은 일년 내내 경작하여도 다 관청에 바치고 풍년을 만나도 콩죽으로 끼니를 이어가기도 어려워서 제 아내와 자식을 파는 자까지 있다. 가난하고 부유함이 고르지 못한 것은 모두 국법의 폐단에서 말미암은 것이다. 다만 백성들이 한번 세를 납입하고 나면 따로 책임지거나 바치는 일이 없다. 관백 이하 각 주의 태수가 출입할 때에도 모두 인부와 말을 징발하는 일이 없고 역참에서 공억(供億)하는 비용이 없다. 통신사행 때에는 수많은 심부름꾼과 지공(支供)하는 물자가 날마다 천만을 헤아리는데 모두 관에서 돈을 주고 사서 털끝만큼도 백성을 번거롭게 하지 않으니, 백성을 보존할 수 있는 것은 이 때문이다.[71]

지방 농촌에 사는 농민들은 자신의 처자를 팔아야 할 정도로 빈궁하지만 한번 세금을 납부하면 나라에서 부과하는 국역이 없다는 것이다. 신유한은 빈부격차가 심한 상황에 대해서는 비판적이었으나 백성들에게 국역을 부과하지 않는 것이 토꾸가와막부가 "백성을 보존할(保民)" 수 있는 이유라고 보았다.

신유한과 더불어 1719년의 사행에 참여한 정후교는 더욱 긍정적으로 토꾸가와의 정치를 평가했다.

그 주·현에는 학정이 없고 정수(征戍)와 잡요(雜徭)도 없으며, 백성들은 그 생업을 즐겨 여리(閭里)에서 편안해한다. 이는 재정이 풍요로우면서도 검약함에 힘써 국력이 안정되어 있어 백성들이 곤궁하지 않아 마침내 능히 나라를 잘 다스려 오랫동안 유지하게 된 것이 아닌가?[72]

학정으로 백성을 괴롭히는 것도 아니고 농민에게 군역이나 잡역도 없는데다 치안도 아주 좋으며, 나라가 풍요로우면서도 백성들은 검약에 힘쓰고 있으니, 토꾸가와막부는 그 나름대로 나라를 잘 다스리고 있는 것이 아니냐는 말이다. 정후교의 이 말은 토꾸가와막부의 정치를 적극 평가한 것으로 주목할 만하다.

앞서 언급했듯이 조선 문인들은 병농일치제를 선호했지만, 백성들에게 군역을 부과하는 것은 사회적으로 여러 폐단을 낳았다.

지금의 군대에는 조정의 신하 및 재상의 아들, 성균관 유생을 소속시키지 않는다. 그뿐만 아니라 관청의 하인과 천민은 모두 군적에서 이름을 빼기 위해 꾀를 부리고 군대의 관리들은 군사들을 쥐어짜 제 욕심을 채우니, 백성들의 골수까지 벌써 다 사라졌다.[73]

이는 허균(許筠)의 발언인데, 군역 기피와 군대의 부패는 조선시대에 매우 뿌리 깊은 문제였다. 이익도 "우리나라 법에 군역의 의무가 있는 모든 백성은 16세에 군적에 편입했다가 60세가 되어 늙으면 군적에서 빼도록 되어 있다. 그러나 수령들이 정해진 인원수를 채우지 못하면 젖먹이까지 나이를 올려 모자란 숫자를 채운다"라고[74] 16세 이하 남자까지 군적에 등록시키는 관리들을 비판했다. 조선에서 16세부터 60세까지의 남자들에게 부과되는 이러한 군역의 의무, 그리고 그에 수반되는 사회적 폐해가 일본에는 존재하지 않았던 것이다. 앞서 인용한 "그 주·현에는 학정이 없고 정수와 잡요도 없으며, 백성들은 그 생업을 즐겨 여리에서 편안해한다"라는 정후교의 말에서 보듯, 군역이 부과되지 않고 가업에 종사하기만 하면 편안하게 살 수 있는 일본 백성들의 모습은 조선 사대부의 눈에는 매우 신선하게 비친 것이다.

한편, 농민들에게 군역이 부과되지 않는 병농분리 사회를 조선 사절이 긍정적으로 평가한 것은 일본 정치에 대한 인식이 변화했음을 보여주는 대목이지만, 무력으로 나라를 지배하는 무사사회에 대한 조선 사절들의 인식은 여전히 비판적이었다. 신유한이 일본에 다녀온 29년 후인 1748년에 군관(軍官)으로 사행에 참여한 홍경해는 당시의 정치상황을 다음과 같이 묘사했다.

사방을 제어하여 힘으로 사람들을 복종시키기 때문에 각 주에서 심복(心服)하지 않는 사람도 많이 있으나, 지세가 험하고 성지(城池)가 견고하고 군대가 강하고 식량이 풍부하고 법이 엄하고 법령이 가혹해서 누구도 감히 어찌할 수 없다. 관백 이에야스가 나라를 세운 이래 전란이 한번도 없었고, 각 주 600여명 태수들의 제택(第宅)이 도읍에 있어서 처자들을 남겨둔 채 일년마다 머문다.[75]

"힘으로 사람들을 복종시키기 때문에 각 주에서 심복하지 않는 사람도 많이 있다"라는 말은 "힘으로 사람들을 복종시키는 자는 사람들을 심복하게 하는 것이 아니다"[76]라는 『맹자』의 구절을 의식한 것이다. 홍경해는 토꾸가와막부의 정치가 덕으로 사람들을 이끌어 인정(仁政)을 행하는 왕도(王道)가 아닌 힘으로 사람들은 복종시키는 패도(霸道)에 근거함을 지적한 것이다. 『맹자』에 "천하가 심복하지 않는데 왕 노릇을 하는 사람은 없다"라는 말이 있듯이[77] 힘이 아닌 덕으로 신하와 백성을 '심복'하게 해야 나라를 통치할 수 있다는 것이 유교의 정치이념이다. 홍경해가 목격한 것은 강한 군대와 엄격한 법, 인질정책에 의해 각 지방 다이묘오들을 철저히 감시하고 통제함으로써, 즉 "힘으로 사람들을 복종"시킴으로써 '패자(覇者)'의 정치수단을 통해 유지되는 전란 없는 사회의 모습이었다. '심복하지 않는다'는 홍경해의 말은 토꾸가와 초기에 방문한 사절들이 자주 쓴 '의구' '시의' '의기'라는 말과 서로 통한다. 홍경해는 토꾸가와의 평화는 결코 사람들의 마음까지 평화롭게 만들지 못했다고 인식한 것이다.

제 4 장

통치법

병농분리제, 봉건제, 세습제, 병농공상의 신분제 등 일본의 정치제도는 조선의 그것과는 정반대였다. 제3장에서 살폈듯이 일본을 직접 다녀온 조선 지식인들은 '양병'을 목표로 한다는 점에서 일본의 국가운영 방식은 조선과 근본적으로 다르다고 보았다. 그런데 이러한 군사 우선의 나라에서 평화로운 사회가 100년 넘게 유지되고 있었다. 이에 대해 1719년에 사행으로 간 정후교는 치안이 좋고 백성들에게 군역도 부과하지 않는 토꾸가와막부의 정치를 긍정적으로 평가했고, 1748년에 사행으로 간 홍경해는 힘으로 나라를 다스리면서 다이묘오들을 통제하는 토꾸가와의 정치에 부정적 인식을 보였다. 이와 같이 토꾸가와 사회에 대한 평가가 엇갈렸다는 사실은 조선 사대부의 눈으로 보아도 토꾸가와 사회는 양면성을 가지고 있었음을 말해준다. 토꾸가와의 정치가 과연 선정(善政)인가 학정(虐政)인가를 가장 예리하게 성찰한 사람은 1763~64년에 걸쳐 일본에 다녀온 원중거이다.[1] 무사가 지배하는 사회에서 어떻게 이처럼 "부국강병의 장구한 낙"을 향유할 수 있는가 하는 신유한의 문제의식을 계승하여 이 물음에 답하려 한 사람이 원중거였다. 이 장에서는 원중거가 토꾸가와막부의 평화유지 정책을 어떻게 인식하고 있었는지를 살펴본다. 한편, 이러한 일본식 통치법은 조선에 전해져 사회개혁을 주장한 조선 문인들에게 일정한 영향을 끼쳤는데, 그 양상에 대해서도 검토해보고자 한다.

1. 어떻게 평화가 유지되는가?

우선 원중거는 『화국지』에 수록된 「관백의 시초(關白之始)」에서 미나모또노 요리또모 이후의 일본 역사를 다음과 같이 기술했다.

대개 요리또모 이후로부터 각 주에서 다투어 군대를 다스려 공격하고 전쟁하였으므로 편안한 날이 없었다. 그러나 천황은 미약하여 상벌을 내릴 수 없었다. 그러므로 각 주에서 대대로 병력을 추진하여 국내에서 으뜸인 자가 관백이 되었으며, 그를 섬기기를 춘추시대에 패주(覇主)를 섬기는 예로써 하였다. 각 주에서도 또한 모두 춘추 열국으로 자처하여 아침에는 동쪽, 저녁에는 서쪽으로 이합집산하는 것이 무상하였다. 온 나라 사람들이 모두 용력(勇力)을 서로 숭상하여 기세를 부리고 삶을 가벼이 보며 싸우다 죽는 것을 용기로 보았으며, 창과 방패, 대포와 칼 등의 도구는 극히 정교하였다. 500여년에 이르도록 불길처럼 더욱 치열해진 것이 마치 전국시대 말기에 진(秦)나라가 아니었다면 통합할 수 없었던 것과 같았다.[2]

원중거는 요리또모 이후의 일본에서 전투가 끊임없이 벌어져 전쟁에 이긴 사람이 '패주'가 되는 약육강식의 시대가 수백년간 이어졌음을 이와 같이 기술했다. 주목할 만한 것은 "삶을 가벼이 보며 싸우다 죽는 것을 용기로 보"는 일본인의 습성을 오랫동안 계속된 전란의 시대를 통해 형성된 것이라고 본 점이다. 원중거는 '생명을 경시하고 싸우다 죽는 것을 명예로 여긴다'는 상투어를 결코 토꾸가와 시대의 일본인에게 적용하지 않았다. 이 점이 다른 조선 사절들과 원중거의 큰 차이점이다. 이어서 원중거는 이러한 전쟁의 시대를 거쳐 토요또미 히데요시와 토꾸가와 이에야스가 일본 역사에 등장함을 다음과 같이 서술했다.

히데요시가 그때에 일어나 마침내 진시황의 사업을 행하였으나 군사를 믿고 교만방자하다가 결국 그 죄악이 하늘을 뒤덮었다. 그런데 이에야스가 그 폐단을 다스렸다. 이에야스는 사나움을 관대함으로 바꾸어 공손하고 겸손한 도리로써 다스렸다. 나라 사람들은 전쟁을 싫어한 지 오래되었으니, 이에야스의 법술(法術)을 편안히 여겨 100년을 삼가며 두려워하였다. 그리하여 마침내 유순한 풍속을 이루었다.[3]

히데요시가 "진시황의 사업"을 했다는 말은 그가 오랫동안 이어진 군웅할거의 전쟁상태를 종식시켜 일본을 통일했다는 뜻이다. 원중거는 수백년간 이어진 전쟁상태를 히데요시가 아주 폭력적인 수단으로 평정한 다음, 이에야스가 히데요시의 가혹한 정책을 고쳐 평화로운 사회를 구축한 과정을 서술한 것이다. 중요한 것은 원중거가 토꾸가와 이에야스에게 주목하여 그가 이룩한 정치적 공적을 정당하게 평가했다는 점이다. 앞서 언급했듯이 신유한도 막부의 정치를 깊이있게 관찰했으나 이에야스에 대해서는 자세히 살피지 않았다. 일본의 정치상황을 고찰하는 데 토꾸가와 이에야스라는 인물이 중요함을 발견한 원중거는 그가 어떠한 '법술'로 전쟁국가를 평화국가로 변모시켰는지를 철저히 해명하고자 했다.

그는 『화국지』에 수록된 「무주본말(武州本末)」에서 이에야스가 에도에 막부를 개창한 이래로 토꾸가와 일족이 일본을 통치해온 역사를 개괄했다. 그중에는 이에야스가 막부의 정책을 결정하는 과정에 대한 기록이 있어 토꾸가와 막부가 어떻게 이렇게 장기간에 걸쳐 반란 없이 평화로운 사회를 유지할 수 있었던가 하는 문제에 대한 원중거의 생각을 읽어낼 수 있다. 이 글에서 그가 강조한 것은 막부의 쇼오군이 각지의 다이묘오들을 길들이고 있으며, 이와 동시에 상당히 엄격하게 통제, 관리하고 있다는 점이다.

우선 원중거는 이에야스가 "모든 장수들의 처자를 에도에 볼모로 잡아두는 것이 국가를 태평하게 다스리는 상책입니다"라는[4] 신하의 제안에 따라 참근교대를 실행하여 에도에 큰 성을 만들고 성 주변에 신하들을 살게 했음을 지적하고서 다음과 같이 썼다.

고변(告變)의 문을 널리 열어놓으니, 모든 저부(邸府)의 태수들이 술에 골몰하고 황음무도하여 심지어 완상품과 진기한 물건을 탐하는 것은 하고 싶은 대로 다 하도록 하였으나, 만약 문무(文武)를 일삼아 자부하여 스스로 좋아하는 자가 있으면 다른 뜻을 품은 것으로 간주하여 고변을 당하였고, 고변을 당하면 허실(虛實)을 묻지 않고 모두 극형에 처하였다.[5]

'저부'란 '다이묘오 야시끼(大名屋敷)'를 가리키는데, '야시끼'란 저택을 말한다. 참근교대로 각 지방에서 에도로 올라온 다이묘오들은 에도성 주변에 세워진 다이묘오 야시끼에 머물면서 막부가 부과하는 군역에 종사했다. 원중거는 막부가 한편으로 '고변', 즉 밀고의 방식으로 다이묘오들을 서로 감시하게 하고 한편으로 다이묘오들을 사치스러운 생활에 빠지게 함으로써 모반을 사전에 차단했다고 보았다. 만약 '문무'에 매진하고 자신의 능력을 과시하면 무조건 모반의 뜻을 품었다는 혐의를 받기 때문에 다이묘오들은 눈에 띄는 행동을 삼가며 사치스러운 생활에 안주하게 된 것이다. 원중거는 "이에야스가 계책을 내어 여러 장수들을 어리석게 만든 뒤에 스스로는 검약을 행하고 뭇사람을 간략하고 너그럽게 다스렸다"라고도 했다.[6] 토꾸가와막부가 참근교대로 에도에 올라온 다이묘오들을 사치와 주색으로 일부러 우둔하게 만들었다고 본 것이다. 또한 그는 "비록 태수들을 핍박했지만 베푸는 은정은 줄이지 않아 종일토록 한가히 있으며 상하에 일이 없었다"라고 하였다.[7] 엄격한 감시와 통제에도 불구하고 영지 배분의 권력을 가진 막부가 다이묘오들에게 베푸는 은혜는 변하지 않았고, 평화가 이어져 주군도 신하도 실질적으로 할 일이 없었기 때문에 이러한 회유책이 성공적으로 이루어졌다는 것이다. 원중거는 이처럼 다이묘오들을 길들임으로써 반란의 싹을 미연에 제거하는 통치방식을 '이에야스의 법술'로 부른 것이다.

원중거가 일본 정치제도에서 주목한 또다른 대상은 신분제도다. 앞서 밝혔듯이 원중거 이전에 일본 신분제에 큰 관심을 보인 사람은 1719년에 일본에 다녀온 신유한이다. 그는 일본사회에서 선비가 배제된다는 사실을 밝히고 세습으로 직책이 계승되는 제도를 통렬하게 비판했다. 그런데 원중거의 인식은 신유한과 조금 다르다. 그는 신유한처럼 세습제에 거부감을 드러내는 대신 세습제가 일본사회에 뿌리내리고 있음을 객관적으로 서술했다.

그는 우선 일본 신분제에 대해 새로운 견해를 제시했다.[8] 종래의 인식은 '병농공상승'이었다가 신유한이 이를 '병농공상'으로 바꾸었다. 그런데 원중거는 "왜의 풍속은 지위를 가진 자를 먼저 받들고, 그다음이 상인이요, 그다음이 공인(工人)이며, 최하는 농민이다"라고 기술했다.[9] 즉 그는 일본 신분제를 '유위자(有位者)'·상인·공인·농민으로 보았다. 흥미로운 점은 제일 지위 높은 신분을 '병', 즉 무사로 보지 않고 '위(位)', 즉 벼슬을 가진 자로 본 점이다. 원중거는 『화국지』「무주내관직(武州內官職)」에서 토꾸가와막부의 관직을 자세하게 기록했는데, 그는 무사집단이 아닌 벼슬을 부여받은 자들이 일본사회를 지배하고 있다고 인식하고 있었다.

또한 그는 벼슬 가진 자들도 상·공·농에 속한 사람들도 세습제에 완전히 순응하는 모습을 기술했다. 우선 벼슬 가진 자에 대해서는 "관직에 있어서 후(侯)의 자식은 후가 되고 (…) 경(卿)의 자식은 경이 되어 대대로 적장자(嫡長子)가 대를 이어서 조금도 분수에 넘치는 일을 바라는 마음이 없다"라며[10] 상급관리부터 하급관리에 이르기까지 세습하고 자신의 분수를 지켜 서로 관직을 빼앗고 빼앗기는 일이 없다고 기록했다. "분수에 넘치는 일을 바라는 마음"의 원문은 '非分希覬之心'으로, 자신의 분수를 벗어나는 행동을 함부로 하지 않는다는 뜻이다.[11] 또 농민, 공인, 상인, 각 지방의 다이묘오와 봉행(奉行) 등도 세습이라고 하면서 "비록 세상을 뒤덮는 용기와 만고에 떨칠 재주가 있어도 또한 상업·공업·농업에 뜻을 굽히고 산다"라고 하여[12] 아무리 능력이 있어도 신분제에 묵묵히 순종하는 일본인의 모습을 기록했다. 문사에 대해서는 "문사라고 일컫는 자들은 또한 초목과 충어(蟲魚)의 사이에서 읊조리는 데서 벗어나지 않으며, 부업으로 상업이나 공업에 종사하여 생업의 보탬으로 삼는다. 그러므로 하류에 있는 자들은 실로 문인과 시인이 많다"라고 하여[13] 조선과 달리 일본에서는 문사의 사회적 지위가 아주 낮음을 지적했다.

원중거는 100년 이상이나 평화로운 세상을 유지해온 비결이 일본의 엄격한 신분제, 더 정확히 말하면 신분제에 익숙한 일본인의 내면에 있다고 보았다. 아무리 능력이 있어도 태어나기 전부터 정해진 신분의 틀을 넘으려 하지 않는 일본인의 모습에 큰 감명을 받은 것이다. 또한 그는 세습제가 이미 안정적 사회체계의 요건으로 기능하고 있어 개인의 심성 또한 그에 순응하는 측면이 있다고 보았다.

아울러 그는 『화국지』에 수록된 「풍속」조에서 일본의 관직제도와 도시구조를 기록하면서 토꾸가와정권의 특징을 날카롭게 성찰했는데, "대저 에도가 나라를 다스리는 방법은 첫째는 무력이요, 둘째는 법이요, 셋째는 지혜요, 넷째는 은혜로움이다. 인의와 예악, 문장과 정사(政事)는 전혀 존재하지 않는다"라고 지적했다.[14] 무(武)·법(法)·지(智)·은(恩), 네가지가 일본의 통치원리라는 이 말은 토꾸가와막부의 통치원리를 꿰뚫어본 발언이라 할 수 있다. '무'는 양병을 토대로 한 정치제도와 군사력에 의존하는 지배방식을, '법'은 덕이 아니라 법으로 나라를 다스리는 통치방식을, '지'는 모반을 방지하기 위해 여러 수단을 강구하여 다이묘들을 통제·감시하는 정책을, '은'은 주종관계를 맺어 신하 된 자들의 봉사(奉公)에 보답(御恩)을 아끼지 않는 정치적 관행을 말한 것으로 보인다.

앞서 밝혔듯이 1748년에 사행으로 간 홍경해는 토꾸가와막부의 통치방식이 덕으로 사람들을 심복하게 하는 것이 아니라 힘으로 복종시키는 것이라고 했다. 원중거 또한 유교적 '위정이덕'(爲政以德, 덕으로 정치를 행함)의 이념이 일본에는 전혀 존재하지 않는다고 보았다. 그는 신하들에게 '심복'받지 못한 이상 토꾸가와막부는 '무·법·지·은'이라는 무력을 위주로 한 사술(詐術)에 의존할 수밖에 없다고 본 것이다.

그런데 이어서 원중거는 이렇게 인의의 정치가 시행되지 않음에도 불구하고 나라가 잘 다스려지고 있다는 사실을 다음과 같이 기술했다.

그러나 거의 200년이나 8주가 편안하고 인물이 번성하였으며 명하면 행하고 금하면 그쳐서 위아래가 서로 안정되었다. 해내(海內)를 손바닥 위에서 놀려서 비록 치우(蚩尤)의 용기나 지백(智伯)의 지혜, 소진(蘇秦)의 변설이 있다 하더라도 또한 이름 없이 민간에서 말라 죽을 것이니 분수를 범하고 기강을 범하려는 마음이 없는 것이다. 가령 히데요시가 오늘날 다시 태어난다고 해도 또한 당연히 종노릇이나 하다가 늙어 죽고 말 것이다.[15]

원중거가 일본에서 목격한 것은 유교적 인정(仁政)이 아닌 무력과 권모술수로 운영되는 나라가 수백년간 풍요롭고 편안하고 질서 있는 사회를 유지하고 있다는 현실이었다. 이 현실은 덕으로 인한 정치야말로 국가를 오래 유지할 수 있다는 유교적 정치규범과 상충한다. 그런 의미에서 조선 지식인에게 일본은 기존의 유교적 정치관의 인식틀로는 파악하기 어려운 나라였다. 그런데 한편으로는 유교적 인식틀에서 긍정적으로 평가되는 부분도 존재했다. 그것이 신분제이다. "분수를 범하고 기강을 범하려는 마음이 없"다는 말에서 알 수 있듯이 원중거는 신분제에 묵묵히 따르는 일본인의 심성이 평온한 사회를 유지하게 한다고 보았다. "가령 히데요시가 오늘날 다시 태어난다고 해도 또한 당연히 종노릇이나 하다가 늙어 죽"을 것이라는 말은 신유한이 일찍이 한 말, "인간에게 액운이 닥쳐서 히데요시나 키요마사 같은 적이 다시 그 땅에 나지 않으면 우리 국가 변방의 걱정은 만에 하나도 없을 것이다"에[16] 비추어볼 때 흥미로운 바 있다. 일본의 재침략 가능성을 부정하면서도 아직 히데요시에 대한 경계심을 드러내는 신유한에 비해 원중거는 비록 히데요시 같은 인물이 나타나더라도 그 또한 신분제도에 순응하여 삶을 마칠 것이라 보았다. 그만큼 '유위자'를 정점으로 한 '위상공농(位商工農)'의 신분제가 일본사회에 정착했다고 인식한 것이다.

전통적으로 조선 사대부들은 신분제가 정착한 상태를 이상적인 사회 상태로 보았다. 이이는 『성학집요』에서 다음과 같은 정자(程子)의 말을 인용한 바 있다.

옛날에 공경대부 이하 모두 그 지위가 각기 그 덕에 걸맞고 종신토록 그 벼슬에 있었던 것은 자신의 분수를 얻었기 때문이다. (…) 농·공·상고(商賈)가 그 일을 부지런히 하고 향유하는 것이 한도가 있었기 때문에 모두가 정해진 뜻이 있어서 천하의 마음이 하나가 될 수 있었다.[17]

조선 사대부들도 한 사회에서 신분제가 고정되어 있다는 사실을 바람직한 것으로 여겼다. 김성일은 일찍이 조선의 풍속을 논한 글에서 조선 사람들의 성격을 두고 "농공상고도 본업을 잘 지키며 분수를 범하여 윗사람을 능멸하는 습성이 없다"라고 했다.[18] 정해진 '본업'을 지켜 '분수'를 넘어서지 않는 자국민의 성격에 자부심을 가지고 있었던 것이다. 김성일의 이 말은 "분수에 넘치는 일을 바라는 마음"이나 "분수를 범하고 기강을 범하려는 마음"이 없다는 원중거의 일본인 평가와 상통한다. 말하자면 원중거는 자기실현의 욕구나 분수를 넘어 기존 계층질서를 거스르려는 욕심을 가지지 않는 일본인의 심성이 토꾸가와체제를 밑에서 지탱하고 있다고 본 것이다.

사실 원중거는 평화시대가 유지되는 배경에는 다양한 요인이 있다고 생각하고 있었다. 그는 "이와 같은 치적을 이룬 것은 간결함, 검소함, 공손함 때문이다. 그러나 이것은 단지 이에야스의 능력만이 아니라 나라 사람들의 성품이 본래 유약한데다 독한 고통을 받은 후라 어지러움이 지극하여 편안함을 생각해서다"라고 분석했다.[19] "나라 사람들의 성품이 본래 유약"하다는 말은 전쟁보다 평화를 선호하는 경향이 일본인의 심성에 내재해 있다는 말이다. "독한 고통을 받은 후라 어지러움이 지극하여 편안함을 생각해서다"라는 말은 토꾸가와 시대 이전에 이어진 전란의 시대에 겪은 고통스러운 경험 끝에 평화로운 사회를 만들자는 전반적 합의가 이루어졌다는 뜻이다. 원중거는 전쟁을 일삼던 과거 시대를 회오(悔悟)하는 일본인의 마음이 토꾸가와 시대의 평화를 지탱하는 정신적 지주가 되어 있음을 통찰한 것이다.

이상과 같이 원중거는 평화로운 세상이 토꾸가와정권의 통치기술뿐 아니라 일본인의 유약한 국민성 및 전국시대에 겪은 고통스러운 경험에 기초한 역사적 교훈 위에서 이루어졌다고 보았다. 그는 일본 무사의 삶, 토꾸가와막부의 정치구조, 신분제도, 일본의 역사, 일본인의 심성 등을 총체적으로 고려하면서 토꾸가와 시대의 평화를 날카롭게 분석했다. 조선과는 전혀 다른 이질적 정치제도를 이토록 깊이있게 이해한 사람은 원중거가 유일한데, 일본의 개성·이질성을 객관적으로 파악하려는 이러한 태도는 높이 평가할 만하다.

그러나 원중거는 최종적으로는 토꾸가와막부의 정치를 긍정적으로 평가하지 않았다. 그는 두가지 관점에서 토꾸가와막부에 분열의 전조가 있다고 보았다. 하나는 일찍이 토요또미정권 시대에 권세를 과시했던 신하들의 존재이고, 또 하나는 '존황도막(尊皇倒幕)', 즉 천황의 직접 통치를 원하는 움직임이다. 원중거는 이에야스가 정권을 장악했을 때 토요또미가의 구신(舊臣)들을 어떻게 다루었는지를 다음과 같이 기록했다.

사쯔마(薩摩)의 시마즈씨(島津氏), 무쯔(陸奥)의 다떼씨(伊達氏), 치꾸젠(築前)의 쿠로다씨(黒田氏), 나가또(長門)의 모오리씨(毛利氏), 히젠(肥前)의 나베시마씨(鍋島氏), 이세(伊勢)의 토오도오씨(藤堂氏)는 모두 히데요시 시대의 강력한 신하로서, 여러 주와 여러 성을 장악하여 각자 호시탐탐 기회를 엿보고 있었다. 이에야스는 감히 그들의 권세를 뺏을 수 없어 양녀(養女)들을 그들에게 시집보내 그들의 마음을 굳게 결속시킴으로써 그들로 하여금 외병(外屛)이 되게 하였는데, 사실은 그들을 두려워하였다. 그들 태수 역시 몸을 굽히고 두려워하였는데, 다른 주에 비해 백배나 조심스러워했다. 그러므로 대대로 서로 평안하였으며 이후로 다시 시기하거나 두 마음을 품지 않았다. 그러나 국중(國中)에 변고가 있으면 반드시 장차 분열의 기세가 있을 것이다.[20]

원중거가 거론한 시마즈씨를 비롯한 가문들은 모두 전국시대에 큰 권력을 장악한 다이묘오들로, 대대로 토요또미 히데요시를 섬긴 가문들이다.[21] 원중거는 후계자 다툼에서 승리한 이에야스조차도 대대로 지방의 유력 다이묘오로서 큰 권력기반을 가졌던 히데요시의 옛 신하들을 제거할 수가 없었다는 점, 이 때문에 친족의 딸들을 그들과 혼인시켜 혈연관계를 맺음으로써 그들을 견제했다는 점, 토꾸가와씨와 토요또미의 옛 신하들은 표면적으로는 우호적 관계를 유지했다는 점, 그런데 나라에 변고가 생기면 분열할 위험성이 있다는 점을 지적했다. 즉, 토꾸가와정권에 심복하지 않는 토요또미의 옛 신하들이 지방에 많이 있으며, 한번 반란의 불길이 붙으면 나라 전체가 순식간에 혼란에 빠질 위험성이 있다고 파악한 것이다.

또 하나는 '존황도막'의 움직임이 있다는 사실이다.[22] 원중거는 일본 국내에 불온한 움직임이 있음을 다음과 같이 지적했다.

비록 그렇기는 하나 서경(西京, 쿄오또) 사람들은 아직도 무주(武州, 에도)를 외번(外藩)으로 보고, 그들이 오래도록 권력을 전횡하는 것을 분히 여겨 여전히 원망을 그치지 않는다. 각 주의 태수들도 의심하고 두려워하며 몸을 굽히고 감히 한 시각도 마음을 놓지 못한다.[23]

권력을 전단(專斷)하는 에도막부를 부정적으로 보는 쿄오또 사람들에 대해 언급한 것이다. 이는 천황을 받들어 막부를 타도하고 천황 중심의 정치를 실현하려는 움직임이 있었음을 뜻한다. 게다가 지방 다이묘오들도 "의심하고 두려워하며(疑懼)" 경계심을 놓지 못하는 상황이었다. 일본에 다니면서 토꾸가와막부에 불만을 가진 자들이 상당히 많고 존황도막의 움직임이 있음을 포착한 원중거는 언제든 일본에 정변(政變)이 일어날 수 있다고 본 것이다.

이어서 원중거는 "그러므로 관백 또한 근심하고 의심하여 스스로 불안해한다"라고[24] 다이묘오뿐만 아니라 토꾸가와 쇼오군 자신도 의구심을 품고 있다고 기술하고서, "밤마다 항상 장소를 바꾸어 침소로 삼는데, 비록 가까이 모시는 자라도 밤에는 그 침소를 모르며, 알아도 또한 감히 말할 수 없다"라며[25] 쇼오군이 밤마다 침소를 바꿀 정도로 불안한 나날을 보내고 있다고 했다. 다이묘오들을 통제하는 토꾸가와 쇼오군도 경계심을 풀지 못했던 것이다.

이 사실을 지적하고서 원중거는 최종적으로 다음과 같이 결론을 내렸다.

과거의 역사를 돌이켜보건대 형벌과 법률로 나라를 세운 자는 그 종말에 반드시 흙이 무너지는 형세(土崩之勢)가 있다. 내가 생각건대

무주(武州, 에도막부)의 말기에도 반드시 흙이 무너지는 형세가 있을 것이다.[26]

　그토록 일본의 정치제도를 자세히 관찰하여 평화로운 사회를 유지하는 토꾸가와의 정치를 긍정적으로 보았던 원중거가 어째서 마지막에 막부의 붕괴를 예상했는가? 이는 결국 '심복' 여부에 있다고 생각된다. 그가 일본에서 고찰한 것은 사람들에게 '심복'받지 못한 토꾸가와막부가 어떻게 체제를 유지하고 있는가 하는 문제였다. 그는 토꾸가와막부가 교묘한 '법술'로 다이묘오들을 통제하고 있다는 점, 막부의 통치술뿐 아니라 전쟁을 일삼던 과거를 반성하는 일본인의 마음과 그들의 '유약한' 민족성도 토꾸가와의 평화를 근저에서 지탱하는 데 크게 작용하고 있다는 점을 지적하고서 400년 이상 이어진 전쟁을 종결하고 평화로운 사회를 유지해온 일본을 매우 긍정적으로 인식했다. 그러나 원중거는 토꾸가와정권에 취약성이 존재함을 감지했다. 그것은 주군과 신하의 관계에서다. 토꾸가와 시대 초기에 일본을 방문한 사행원들이 막부와 다이묘오의 관계를 '의구' '시의' '의기'로 표현했던 것과 마찬가지로, 원중거도 표면적으로는 평화를 유지하는 것처럼 보이나 내부를 들여다보면 서로 의구심을 품고 상대의 동향을 엿보는 그들의 모습을 목격한 것이다. 앞서도 인용한 황호의 말을 빌리자면 "겉으로 은혜를 베풀면서 속으로는 의심하고 시기하는(外施恩而內疑忌)"[27] 막부와 다이묘오의 관계에서 원중거는 토꾸가와막부의 취약성을 찾아낸 것이다. 그런 의미에서 원중거는 "천하가 심복하지 않는데 왕 노릇을 하는 사람은 없다"(『맹자』)라는 유교적 정치관에 입각해 토꾸가와막부의 붕괴를 예측했다고 할 수 있다.

2. 세습되지 않는 관직

기본적으로 일본에 다녀온 사행원들은 군인 우선의 막부정치를 부정적으로 보고 있었다. 1763년에 정사로 사행을 다녀온 조엄(趙曮, 1719~77)은 일본의 정치제도를 논하면서 "갓과 신이 뒤바뀐 나라(冠履倒置之國)"라고 평했다.

대개 일본은 상위에 있는 자는 권세를 잡지 못하고 권병이 아래로 옮겨가니, 왜황(倭皇)은 윤위(閏位)요 관백이 실권을 행사하고, 태수는 세습이요 봉행이 전단한다. 그러므로 밑에 있는 자가 그 위에 있는 자를 가려서 막을 수 있으니, 이른바 갓과 신이 뒤바뀐 나라라고 할 수 있다.[28]

천황은 쇼오군보다 지위가 높으나 실질적으로 나라를 다스리는 것은 쇼오군이고, 영지의 행정실무는 번주가 아니라 봉행이 담당한다고 하여 일본의 정치제도를 부정적으로 보았다. 조엄은 세습제를 비판하는 시도 지었다.

후문(侯門)은 세습이라 재주가 필요 없고,　　侯門代襲不須材
정법(政法)의 위권(威權)도 마음대로 결단하네.　政法威權任自裁
이는 이에야스의 우롱하는 술책이니,　　　　此是家康愚弄術
이로써 나라에 인재가 나지 못하게 하였네.　坐敎邦內不生才[29]

세습 때문에 특별한 능력 없이도 정사를 마음대로 할 수 있는 일본의 사회제도를 '이에야스의 우롱술(愚弄術)'이라 불러 그것이 재주 있는 인재가 나오지 못하게 하는 술책이라고 보고 있다. 세습제로 인해 능력을 지닌 인재가 등용되지 못함으로써 정치권력을 마음대로 수중에 넣을 수 있는 토꾸가와정권의 실상을 묘사한 것이다.

이처럼 사행원들은 과거시험이 없는 일본의 제도에 비판적이었다. 그런데 일본 정치구조 중에서 사행원들이 높이 평가한 것이 하나 있다. 그들은 토꾸가와막부의 직책 가운데 세습되지 않는 직책이 있음을 발견하고 그 직책을 맡은 무사관료들을 칭찬했다.

앞서 언급했듯이 신유한은 "일본의 벼슬은 다 세습이다"라고 하여[30] 세습제 때문에 높은 지위에 오른 무사관료들을 부정적으로 보았다. 그런데 신유한의 이 말은 정확하지 않다. 그가 그토록 혹평한 집정, 즉 로오주우는 세습이 아니다. 로오주우를 비롯해 막부에 직속된 관직은 '후다이 다이묘오(譜代大名)'[31] 중에서 뽑았다. 로오주우 외에도 대판성대(大坂城代, 오오사까의 통치를 맡은 관료)와 경도소사대(京都所司代, 쿄오또의 통치를 맡은 관료)도 주로 후다이 다이묘오 중에서 선발되었다. 사행록에서 대판성대는 '판윤(坂尹)'으로, 경도소사대는 '경윤(京尹)' 내지 '서경윤(西京尹)'이라는 명칭으로 나온다. 신유한은 일본의 모든 벼슬이 세습직이라는 정확하지 않은 지식을 전제로 일본 정치인들을 혹평한 것이다.

일본에 비세습직이 있다는 사실에 주목한 것은 1748년 사행원들이다. 일본의 집정이 세습직이 아니라는 지식은 일본 정치관료에 대한 평가에 변화를 일으켰다. 1748년 사행원들은 에도성에 들어갔을 때 당시 경도소사대를 맡고 있던 마끼노 사다미찌(牧野貞通)를 보았다. 조명채는 그를 언급하면서 "서경윤은 본디 세습하는 직이 아니고 태수들 중에서 잘 가려 뽑는데, 직위가 집정과 같으므로 드나들 때에는 쓰시마 태수와 두 장로가 다 뜰아래에서 매우 공경히 마중하고 배웅한다고 한다"

라고 했다.[32] 이 말은 일본에 비세습직이 존재한다는 사실을 증언한 대목으로 매우 중요한 의미를 지닌다. 또한 홍경해는 사까이 타다즈미(酒井忠恭), 혼다 마사요시(本多正珍), 니시오 타다나오(西尾忠直), 아끼모또 스께또모(秋元凉朝) 등 그 당시 로오주우를 맡은 사람들에 대해 "사람됨이 모두 준수하고 비록 세습이 아니어도 충분히 부귀를 누릴 수 있다"라고[33] 매우 긍정적으로 보았다. 이 글을 통해서도 로오주우를 세습직이 아니라는 사실을 홍경해가 알고 있었음을 확인할 수 있다.

1748년 정사 홍계희(洪啓禧, 1703~71)는 귀국 후의 인견(引見)에서 "소위 집정은 어떻던가?"라는 영조의 질문에 "각 주의 태수들은 모두 세습되기 때문에 변변치 못한 사람들이 매우 많았는데, 집정은 원래 태수에서 충원하고 가려 뽑기 때문에 조금 낫습니다"라고 답했다.[34] 이처럼 일본에 세습되지 않는 직책이 있고, 그 직책을 담당한 사람은 다른 일본 고위직과 좀 다르다는 것은 1748년의 사행원들을 통해 알려졌다. 이상과 같은 이유로 세습제에 대한 지식의 확대가 실질적으로 일본의 무사 관료에 대한 평가로 이어진 측면이 있다고 보인다.

1763년의 사행원들도 일본의 관직제도에 세습으로 계승할 수 없는 직책이 있음을 명확히 지적했다. 원중거는 『화국지』에 수록된 「무주내관직」에서 일본의 관직제도를 종합적으로 정리했는데, 로오주우, 경도 소사대, 대판성대를 비롯해 토꾸가와막부 직속의 주요 관직을 거론하면서 "이들 관직은 모두 재능 있는 자를 뽑아서 처하게 하며 세습하지 않는다"라고 기록했다.[35] 또 『화국지』 「무주본말」에서도 "관직 중에서 세습하지 않는 것은 에도의 대관요직(大官要職)이다. 모두 각 주의 태수로서 능력 있는 자를 뽑아서 그 직위를 준다"라고 하고서[36] 세습하지 않는 대표적 관직으로 '어노중(御老中)' '서경윤' '대판윤(大坂尹)'을 들어 자세히 기록했다.[37]

사행원들은 비세습직의 무사관료에 대해서는 매우 긍정적으로 보았다. 제술관 남옥은 에도성에서 본 두명의 로오주우에 대해 다음과 같이 서술했다.

용모와 행동거지가 여러 오랑캐들과는 달랐다. 자못 서경윤과 비슷한데 더 준엄하고 예리했다. 들으니 집정만은 세습하지 않고 여러 주의 태수 중에서 뽑아 직위를 올려 임용한다고 한다. 관백이 어리석어서 일을 제대로 처리하지 못하므로 이들이 주관해서 수천리 지역과 수천만 사람을 다스리니 그들이 남들보다 출중한 것이 당연하다.[38]

1748년의 사행원들이 로오주우를 칭찬한 데에 이어 1763년에 다녀온 남옥도 위엄 있는 로오주우의 용모와 행동거지를 보면서 정무를 통괄하는 정치가로서의 자질을 인정한 것이다. 이 인용문을 통해서도 알 수 있듯이 사행원들은 실질적으로 일본의 정치를 움직이는 것은 쇼오군이 아니라 로오주우임을 포착하고 있었다. 조엄도 사까이 타다요리(酒井忠寄), 마쯔다이라 타께찌까(松平武元), 아끼모또 스께또모, 마쯔다이라 테루따까(松平輝高) 네명의 로오주우에 대해 "그 네 집정을 보니 모두 사람답다고 할 수 있다. 비록 오랑캐의 나라지만 그 재상이 되는 자는 보통 사람과 다름이 있었다"라고 칭찬했다.[39] 일찍이 신유한이 일본 무사관료들을 혹평한 것과는 달리 사행원들은 막부의 임명을 받아 직위에 오른 무사관료들을 높이 평가했다.

원중거는 경도소사대 아베 마사스께(阿部正右)에 대해 "서경윤은 의젓하니 재상의 풍모와 거동을 지녔다"라고 하여[40] 그 풍모를 칭찬했다. 조엄은 이 경도소사대라는 관직이 상당히 중요함을 다음과 같이 지적했다.

경윤은 일각건(一角巾)을 쓰고 긴 옷을 입었는데, 사람됨이 준걸스
럽고 행동도 의젓하고 재상다운 풍골이 있으니, 바다를 건너온 이래
저들 중에서는 처음 보는 인물이었다. 서경은 왜황이 도읍한 곳이고
또 인심이 끝내 관백에게 심복하지 않으므로, 서경윤의 자리는 세습
에 구애받지 않고 별도로 선발하여 지키게 한다.[41]

뛰어난 인재가 나오지 않도록 세습제를 취한 토꾸가와막부의 정책을
'이에야스의 우롱술'이라고 부정적으로 인식한 조엄의 입장에서 볼 때
세습직이 아닌 경도소사대는 "바다를 건너온 이래 저들 중에서는 처음
보는 인물"이었던 것이다. 그는 "인심이 끝내 관백에게 심복하지 않"기
때문에 토꾸가와막부가 천황의 움직임을 감시하기 위해 쿄오또에는 세
습이 아니라 특별히 우수한 인재를 파견하여 관할한다고 보았다. 이처
럼 사절들은 지방 다이묘오에게는 세습제를 적용하는 한편 정권의 중
추에 위치하는 관직에는 특별히 우수한 인재를 등용함으로써 정권유지
를 도모하는 토꾸가와막부의 통치방식을 예리하게 포착하고 있었던 것
이다.

3. 구임제와 세습제

군인을 양성하는 것을 목적으로 한 일본의 정치제도는 유교의 정치
관에서 보면 전혀 용납할 수 없는 것이었다. 이 때문에 사행원들과 마
찬가지로 조선 국내 지식인들도 기본적으로는 일본의 정치제도를 부정
적으로 보았다. 유수원(柳壽垣)의 『우서(迂書)』에는 다음과 같은 기술이

있다.

옛날이나 지금이나 천하에 백성을 학대하고 망하지 않는 자는 없다. 그런데 오로지 왜놈만은 백성을 독려하여 농사를 짓게 하고는 그 곡식을 다 빼앗아가서 백성들은 끝내 한알의 곡식을 얻어먹지 못한 채 단지 토란·무·쌀겨를 먹고 지냈다. 중세부터 이미 그렇게 하여서 대개 몇백년이 되었는지 알 수 없다. 고금에 없는 포학무도함인데, 옛날부터 지금까지 그 백성들이 끝내 감히 배반하지 못했다. 이는 그들의 장수 한 사람이 먹는 것이 거의 50만석이나 혹은 100만석에 가까우며, 나라의 용맹한 자를 모두 뽑아서 군사로 만들고 봉급이 아주 후하여, 강하고 사나운 자는 모두 군사가 되며 잔약한 자는 모두 농부가 되어서 농사꾼이 감히 군사와 대적하지 못하기 때문이다. 이것은 그들에게 천리(天理)가 전혀 없다는 것인데, 그대로 내려와 풍속이 되어서 마침내 깨뜨릴 수 없게 되었으니 참으로 괴이한 일이다.[42]

유수원은 사람들을 병사와 농민으로 나누어 농민에게 큰 부담을 가하는 병농분리 사회를 '포학무도한' 정치를 펴는 나라로 부정적으로 인식했다. 이 글을 통해서도 알 수 있듯이 예나 지금이나 "천하에 백성을 학대하고 망하지 않는" 나라는 없다는 조선 사대부의 기본적 정치관을 뒤집는 나라가 일본이었다. 『우서』에서 상당히 참신한 정치개혁을 주장한 유수원도 일본의 정치제도에서는 배울 점이 없다고 생각했으며, 오히려 '천리' 없는 정치를 펴는 일본에서 하나의 정권이 오랫동안 유지되고 있는 것을 신기하게 여겼다.

조선 사대부들은 기본적으로는 군인 우선의 사회를 인정하지 않았다. 그럼에도 일본의 정치제도에 대한 지식은 조선 후기에 전개된 사회개혁 주장에 미미하나마 반영되었다. 일본 정치제도 중에서 조선 지식인의 관심을 끈 제도가 '구임제'(久任制, 직책을 오래 맡기는 제도)이다.

제3장에서 살펴보았듯이 강항은 일본의 국가운영 방식을 상당히 깊이 분석했다. 그가 그토록 일본의 정치구조를 자세히 기록한 이유는 일본 통치체제의 일부를 조선에 적용하기 위해서였다. 강항이 일본에 있을 때 조선으로 보낸 상소문 「적중봉소」에서 주장한 군정개혁의 요점은 전투요원을 확보할 수 있는 제도를 마련하라는 것이었다. 그는 국가를 수호하는 군대를 키우기 위해서는 재임기간을 길게 하는 것, 즉 '구임(久任)'이 필요하다는 점을 거듭 강조했다.

연해의 적을 막는 요충지에 100리가량의 간격으로 큰 진(鎭)을 하나씩 설치하되 내지(內地)의 이웃 고을을 줄여서 보태고, 구임을 허용하고, 재량권을 부여하여 (…) 그에게 종신토록 진을 떠나지 못하게 하십시오.[43]

강항은 해안 요충지에 진영을 설치하기를 제안했는데, 그때 진영을 지키는 사람에게 오랫동안 임무를 맡기고 "종신토록(終其身)" 그 진영을 떠나지 못하게 하라고 주장했다.

또 그는 해변의 비옥한 토지를 군공을 세운 국경 경비 장수들에게 식읍으로 떼어준 다음 그 영지 내에서 군인을 양성하고 군량도 자급하도록 일임하고서, 그 땅을 통괄하는 장수들에게는 '종신토록' 맡기며 그 사람이 죽으면 자손들에게 승계시키기를 제안했다.[44] 이러한 제안에는 하나의 벼슬을 종신토록 맡기고 그 사람이 죽으면 그 자식에게 세습하게 하는 일본의 정치제도를 직접 관찰한 체험이 반영되어 있다. 말하자면 강항은 일본식 '식읍제'를 조선의 일부 해안지역에 적용함으로써 군사에만 종사하는 직업군인을 만들 것을 제안한 것이다. 강항의 이 제안은 결국 수용되지 않았다. 그러나 그가 강조한 '구임', 즉 하나의 직책을 오랫동안 맡겨야 한다는 의견은 당시 조선에서 큰 설득력을 가지고 있었다.

'구임'은 실은 조선시대 초기부터 제기되었는데, 일찍이 정도전이 재상정치를 주장하면서 재상의 직위를 종신제로 할 것을 제안하기도 했다.

> 옛날에 삼대(三代)의 재상 이윤(伊尹)·부열(傅說)·주공(周公)의 무리는 모두 종신토록 하고 바뀌지 않았으며, 소하(蕭何)는 한(漢)나라의 재상이 되어 종신토록 해도 모자라 그의 뒤를 이을 사람을 지명하였다. 그러므로 나라가 편안해졌으니, 재상의 지위는 정밀하게 가려 뽑지 않으면 안되고 오래 맡기지 않으면 안되는 것이다.[45]

하나의 관직을 오랜 기간 맡기는 것과 그 직위를 종신토록 맡기는 것은 삼대의 정치에도 시행된 것으로 긍정적으로 인식되었던 것이다.

율곡 이이도 선조에게 올린 상소문에서 "이른바 감사(監司)를 구임한다는 것은, 감사가 한 도(道)의 주인이 되어 그 직책을 오래 맡아 백성들과 서로 신뢰하는 것입니다"라고 감사를 구임할 것을 권유하고서 "그런 연후에야 왕화(王化)가 베풀어지고 호령이 행해져서 평상시에도 정사를 이룩할 수 있고 위급할 때도 변란에 대응할 수 있습니다"라고 했다.[46] 도의 행정을 관할하는 장관에게 구임제를 적용하면 백성들과의 사소통이 원활해지기 때문에 긴급시에도 신속히 대응할 수 있다는 주장이다.

유형원도 『반계수록(磻溪隨錄)』에 수록된 「사만천전(仕滿遷轉)」에서 "옛날에는 오직 재주를 헤아려 직책을 주었으며 벼슬에 임기 만료라는 것이 없었다. (⋯) 재주가 그 지위에 걸맞으면 종신토록 맡겼다"라고 하여[47] '구임'에 긍정적인 인식을 보였다. 이렇게 주장하면서 그는 일찍이 율곡 이이가 '구임'을 제안했음을 언급하는 동시에 강항의 『간양록』도 인용하였다.

> 강항의 『간양록』에 말하기를, "왜인은 공(功)이 있는 자에게 맡기기를 종신토록 하고 그 자식에게 세습하기를 허락하므로 평소에 강기(綱紀)가 갖춰져 있고 부오(部伍)가 항상 정해져 있어 승리합니다."[48]

일본에서는 조선처럼 수년마다 관리를 바꾸지 않고 '종신토록' 임무를 맡기고 세습을 허락하기 때문에 오히려 질서가 있고 군대가 잘 준비되어 있다는 강항의 말을 참고한 것이다. 유형원의 『반계수록』에 일본에 대한 다른 언급은 잘 보이지 않으나, 인용한 대목은 일본의 세습제에 주목한 글로서 의미가 있다.

조선 후기에 정치개혁을 주장한 문인들은 대부분 '구임'이 필요하다고 역설했다. 유수원의 『우서』에는 어떤 사람이 유수원에게 다음과 같이 질문한 대목이 나온다.

> 그대가 논한 것을 들어보건대 대체로 구임하여 공을 이룰 것을 요구하는 계책이었다. 관원을 자주 바꾸는 것은 과연 고질적인 폐단이어서 구임의 의논이 행해진 지 벌써 오랜데도 끝내 그 효험이 없으니, 어떻게 하면 이 폐단을 없앨 수 있겠는가?[49]

유수원은 이 질문에 답하면서 '구임'이 얼마나 중요한지를 역설했다. 또 구완(具梡)의 『죽수폐언(竹樹弊言)』에도 "지방관을 구임하지 않으니 아전들이 간사한 꾀를 부리고, 대간(臺諫)들이 자주 바뀌니 전관(銓官)이 문무관의 인사에 고생하게 된다"라는 말이 보인다.[50] 유수원과 구완은 모두 '구임'을 주장할 때 일본에 대해 일절 언급하지 않았으나, 그 당시 강항과 유형원이 일본의 세습제에 주목한 배경에는 조선의 관직 재임기간이 짧은 데에서 기인하는 사회적 폐단이 있었던 것으로 생각된다. 이처럼 일본의 세습제에 대한 지식은 '구임'을 주장하는 조선 지식인들에게 미미하긴 하지만 하나의 시사점을 주었다고 할 수 있다.

이익도 "율곡이 정사의 폐단을 논하면서 '감사를 구임함이 마땅하다'라고 했으니, 그 말이 원래 당연하다. 정사의 실적이 나타나지 않는 것은 관원을 자주 체임(遞任)하는 데 원인이 있는 것이다"라고[51] 일찍이 '구임'을 주장한 율곡 이이에게 동조했다. 또 그는 일본으로 표류했다가 돌아온 제주도민의 이야기를 기록한 『탐라문견록(耽羅聞見錄)』을 언급하면서 그 책에 실려 있는 일본 통사(通事)의 말을 인용했다.

조선은 진실로 낙국(樂國)이다. 그러나 사람들이 탐욕이 많다. 큰 주발에 놋수저로 밥을 다져서 배부르게 먹으니 탐욕을 부리지 않고서 어떻게 견디겠는가? 더구나 일본의 법은 도주(島主)가 자손에게 자리를 넘겨 재용(財用)이 넉넉하기 때문에 다시 착취를 하지 않지만, 조선은 외관(外官)이 3년 만에 한번씩 교체되어, 가난한 집에서 다행히 수재(守宰)를 얻게 되면 살림 모으기에만 뜻을 두고 과외(科外)의 징수를 하니, 백성이 어찌 쇠잔하지 않겠는가? 이는 법이 잘못되어 있기 때문이다.[52]

이익은 세습제에 의해 어느정도 가산(家産)이 확보되는 일본 관리와 달리 조선에서는 가난한 집안에서 벼슬하는 이가 나오면 재산 확보를 위한 징수에 급급하다고 하면서 그 폐해를 지적한 것이다. 이익은 이 말을 인용한 다음, "이 설에 대해 다시 한번 생각해보아야 마땅하다. 외관을 세전(世傳)으로 하는 것은 비록 시행 못한다 할지라도, 만약 구임하는 법을 만들어놓는다면 어찌 지금같이 백성을 수탈하는 일이 있겠는가?"라고 서술했다.[53]

홍대용(洪大容, 1731~83)도 『임하경륜(林下經綸)』에서 정치·경제·행정·교육 등에 대한 정책을 제안했는데[54] 그 또한 관직을 종신제로 할 것을 촉구했다. 그는 "도(道)에는 백(伯) 한명을 둔다"라고 한 다음,[55] 그 밑에 작은 글자로 "직위는 정2품으로 하고 병(兵)과 민(民)을 겸하여 관리하도록 하며 3년마다 실적을 살핀다. 직책에 맞도록 잘하였으면 종신토록 그 직위에 그대로 둔다. 목사(牧使)와 군수 이하도 이와 같이 한다"라고 하여[56] 하나의 관직을 맡긴 다음 업적이 좋으면 그 직책을 종신토록 담당시킬 것을 제안했다. "3년마다 실적을 살핀다"라는 말은 『서경』「순전(舜典)」에 보이는 것으로, 3년마다 한번 직무의 업적을 점검해 벼슬의 승진과 강등을 결정하는 것이 전통적으로 바람직한 통치방식으로 여겨졌다.[57]

이처럼 조선시대에 정치개혁을 주장한 지식인들은 대부분 구임제 내지 종신제를 주장했다. 이 때문에 재임기간이 긴 일본의 정치제도는 조선 지식인들에게는 긍정적으로 인식되었다. 앞서 살펴보았듯이 일본에 다녀온 사행원들은 로오주우, 경도소사대, 대판성대를 맡은 정치관료들을 칭찬했는데, 그들은 인물뿐 아니라 임용체제에 대해서도 긍정적인 인식을 보였다. 원중거는 『화국지』에서 다음과 같이 말했다.

서경윤은 여러 태수 중에서 어질고 능력 있는 사람을 가려 뽑는다. 5, 6년 동안 서경윤으로 시험해보고 능력과 업적이 현저하면 에도에 불러 집정 내지 집사(執事)로 삼는다. 대판윤은 반드시 문무를 모두 갖춘 인재를 배치하므로 예부터 적임자를 찾기 어렵다. 이미 인재를 뽑고 임명하면 종신토록 맡기며 큰 죄가 없는 한 바꾸지 않는다. 서경윤과 대판윤 또한 종신토록 부귀를 누리며 부족함이 없으므로 내직(內職)으로 옮기기를 구하지 않는다. 이것이 나라를 다스리는 대략이다.[58]

이와 같이 말한 다음 원중거는 "그 맥락과 분포를 보건대 조리가 있고 정연하다. 또한 대대로 덕을 잃지 않고 공손함과 검소함으로 스스로를 지켰다. 그러므로 국내가 편안하여 200년을 내려오도록 전쟁이 일어나지 않았다"라고 합리적 인재등용 정책으로 전쟁 없는 세상을 오랫동안 유지해왔음을 인정했다.[59] 경도소사대에게 쿄오또의 통치와 관리를 담당시킨 다음 업적이 좋으면 에도에 불러 로오주우로 승격시켜 국정을 맡기는 에도막부의 행정정책을 긍정적으로 평가한 것이다. 이와 같은 방식은 '3년마다 실적을 살피는' 통치방식과 상응하는 측면도 있었다.

조선 사대부들은 대체로 세습제에는 부정적이었지만 구임제에 대해서는 긍정적이었고, 종신제에 대해서도 어느정도 이해하고 있었다. 조선 사대부들에게도 역직을 고정화하는 것이 사회질서를 안정하는 데에 유효하다는 사고방식이 있었다. 이 가치관이 일본의 세습제 인식에도 투영되었다. 사절들은 실력도 공적도 없이 세습으로 관직을 계승한 무사관료들을 혹평했고, 우수한 사람들이 세상에 나오지 못하게 하는 일본의 제도를 비판하기도 했다. 그러나 한편으로 강항이 일본식 봉건제를 해안의 일부 요충지에 도입하기를 제안한 것에서도 알 수 있듯이, 같은 역직을 평생 맡기고 세습도 허용하는 일본의 통치법은 조선 문인에게 주목을 받기도 했다. 원중거는 세습으로 관직을 계승한 다이묘오들을 에도에 모아서 우둔하게 만드는 한편 중요한 관직에는 세습제를 적용하지 않고 우수한 인재를 선발하며, 선발한 사람들에게는 원칙적으로 종신제를 적용하는 막부의 통치법을 그 나름대로 평가하고 있었다. '힘'으로 나라를 통치하는 토꾸가와막부를 근본적으로는 인정하지 않았지만, 세습제와 종신제를 잘 가려 쓰면서 나라를 운영하는 방식은 정권의 안정화에 크게 기여하고 있다고 본 것이다.

제5장

사치와 번영

일본의 경제상황에 대한 사행원들의 인식을 한마디로 요약하자면 '나라는 풍요롭지만 생활은 검소하다'는 것이다. 사행원들은 오오사까의 재래시장, 쿄오또의 사찰, 에도의 '부께 야시끼'(武家屋敷, 무사들이 거주하는 저택)를 직접 구경하면서 일본이 상당한 경제발전을 이룩한 것을 목격했다. 특히 사찰과 저택의 장대함에 경탄을 숨기지 않았다. 사절들은 서로 이익을 다투고 사치스러운 생활에 젖은 일본인들의 모습을 부정적으로 보면서도, 일본의 경제발전이 어떻게 가능했는지, 일본의 부는 어떻게 형성되었는지를 냉정하게 관찰하고 있었다. 한편 그들은 사회 전체가 풍요로운 반면 백성들의 생활양식은 아주 검소하다고 보았으며, 소박한 옷차림과 간소한 식사로 규칙적으로 생활하는 일본 백성들의 모습에 큰 감명을 받았다. 이 장에서는 조선 사절들의 눈에 사치와 검소가 공존한 일본의 경제상황이 어떻게 비쳤는지를 검토한다.

아울러 나가사끼(長崎)에 대한 조선 사절들의 인식을 살핀다. 에도시대 일본은 나가사끼를 통해 무역을 행했다. 통신사의 사행길에 포함되지 않았기 때문에 사절들은 직접 나가사끼를 보지는 못했으나, 네덜란드와 중국의 상선(商船)이 왕래하는 무역도시가 일본에 있으며 일본이 해외무역으로 막대한 경제적 이익을 얻고 있음을 포착하고 있었다. 그리하여 조선시대에 해외통상론이 제기되었을 때 나가사끼가 언급되기도 했다. 여기서는 나가사끼에 대한 인식이 점차 심화되면서 조선 후기에 전개된 해외통상론에 반영되는 과정을 추적한다.

1. 풍요로운 사회

일본이 경제적으로 발전하고 있다는 기술은 사행록 도처에 보인다. 1617년에 오오사까를 방문한 이경직은 "히데요리가 패전했을 때 민가가 싹 없어져 하나도 남은 것이 없었는데, 이것은 모두 난리 후에 지은 것이라 한다. 그런데 그 번성함이 이와 같으니, 하늘이 이 무리들을 키워내서 이와 같이 번성하게 한 것은 또한 무슨 뜻일까?"라고 했다.[1] 1614, 15년에 토요또미 히데요시의 아들 토요또미 히데요리와 토꾸가와 이에야스는 오오사까에서 전투를 벌였다. 이경직은 전쟁터가 되어 민가들이 싹 파괴되었다가 얼마 지나지 않아 신속하게 재건되었다는 사실에 감탄한 것이다.

1636년의 사행원 김세렴(金世濂, 1593~1646)은 조선으로 돌아온 뒤 인조가 인견하는 자리에서 "저 나라는 본디 재이(災異)가 많다고 들었는데, 지금도 있던가?"라는 질문을 받았다. 이에 대해 김세렴은 "에도에 이르니 지진의 변이 있었습니다. 하지만 재변(災變)은 그림자이며 인사(人事)는 몸입니다. 일본은 사치가 너무 심했습니다. 예로부터 사치보다 큰 재화(災禍)가 없으니, 이는 큰 재변입니다"라고 답했고, 인조도 "그 말이 매우 옳다. 국가의 걱정은 반드시 사치에서 나온다"라고 동조했다.[2] 17세기 전반에 사행을 다녀온 사절들도 일본이 상당히 사치스러운 생활을 하고 있다고 지적한 것이다.

토꾸가와막부는 조선통신사를 초빙할 때마다 사람들을 총동원해 통신사의 사행경로 일대를 정비했다. 사행 일정이 결정되면 막부는 각지의 번주들에게 명을 내려 시설 건축, 송영선(送迎船) 확보 등을 약 1년 전부터 시행했다. 그뿐 아니라 도로와 교량의 정비, 상점 장식, 청소에 이르기까지 막대한 예산을 들여 대대적인 공사를 진행했다.[3] 사행원들은 평소보다 깨끗하고 잘 정비된 일본을 본 것이다. 이 때문에 사행원들이 묘사하는 풍요로운 일본은 과장된 부분이 있으며, 전체적으로 조선 사절들은 당시의 일본을 사치스러운 풍조에 오염된 나라로 보았다.

사행원들은 경제적으로 번성한 일본 도시를 묘사할 때 중국의 도시에 비견했다. 1682년 일본에 다녀온 김지남(金指南)은 오오사까 길거리의 번성함을 묘사하면서 "중국의 소주(蘇州)나 항주(杭州)를 보기 전에는 아마 이곳을 제일이라 생각하겠다"라며[4] 오오사까를 소주와 항주에 버금가는 도시라고 기술했다.

1763년의 사행원들 또한 일본의 경제발전을 매우 자세히 기록했으며, 오오사까를 중국의 대도시에 견주어 묘사했다. 성대중(成大中, 1732~1809)은 번화한 오오사까의 거리에 대해 "소주의 제방과 항주 저자의 번성함이 이에 미치지 못할 것이다. 대개 제일로 번화한 지역이다"라고 기록했고,[5] 남옥은 "도시의 누대와 보물이 풍부할 뿐만 아니라 겸하여 강호(江湖)의 다리와 제방과 배 같은 구경거리가 있어 가히 항주·소주와 더불어 맞수가 될 만하니, 어디가 더 나은지는 잘 모르겠다"라고 기록했다.[6] 오대령(吳大齡)도 시모노세끼(下關)의 풍경을 보면서 "마을의 집들이 즐비하고 사람들이 번화하고 산천이 둘러싸고 있고 풍경이 뛰어난 것은 강소(江蘇)·절강 등의 지방과 비교해도 손색이 없을 것이다"라고 기록하며[7] 중국 도시와 비길 정도의 경제발전을 이룩하고 있다고 보았다.

조선 사행원들은 특히 일본이 사찰과 저택에 사치를 부리고 있다고 보았다. 사찰은 통신사들의 숙소로 이용되었다. 사행원들은 일본 국내를 다닐 때 오오사까의 니시혼간지(西本願寺), 쿄오또의 혼꼬꾸지(本國寺), 에도의 혼세이지(本誓寺) 및 히가시혼간지(東本願寺) 등 큰 사찰에 머물렀는데, 그 장대함에 크게 놀라워했다. 사행록에는 숙소로 이용한 일본 사찰에 감탄하는 대목이 도처에 나온다. 1636년의 사행원 임광(林絖)은 "신시(申時)에 왜경에 있는 혼꼬꾸지에 이르렀다. 그 절은 극히 크고 화려하며 몇백칸이나 되는지 알 수 없이 넓었다"라고 기록했고,[8] 1719년의 사행에 참여한 정후교는 에도의 혼세이지를 "사행을 위해 새로 세운 것으로 천여칸이나 된다"라고 기록했다.[9] 1763년의 정사 조엄은 오오사까 니시혼간지에 대해 "이 절은 몹시 웅장 화려하여 무려 몇천칸이나 되니, 지나오며 유숙하던 관소와는 비교가 되지 않았다"라고 말했다.[10] 또 쿄오또 혼꼬꾸지에 대해서는 "건물이 호화롭고 경치가 볼 만한 것이 오오사까성 혼간지와 비교할 바가 아니었다"라고 하면서 오오사까의 니시혼간지를 능가한다고 했고 앞에 보이는 5층 탑각(塔閣)이 두개나 된다고 하면서 "이는 일본이 오로지 불교만을 숭상하므로 재력을 절에 소모하는 것도 마땅한 일이다"라고 기록했다.[11]

일본의 저택에 대한 관심도 사행록 도처에 보인다. 여기서 말하는 저택이란 일본의 무사·번주 등 상류층이 거주하는 집을 가리킨다. 그 당시 에도·오오사까·쿄오또 등 큰 도시에는 부께 야시끼, 다이묘오 야시끼들이 있었다. 사행원들은 이러한 야시끼를 일본 사치의 상징으로 보았다.

1748년의 종사관 조명채는 에도에서 다이묘오 야시끼에 들어가 본 광경을 자세히 기록했다. 그는 매우 높은 건물 안에 아주 긴 행랑을 두르고 화려하게 꾸민 장대한 문에다 극도의 사치를 부린 외벽을 세운 부

께 야시끼의 모습을 묘사했다.[12]

1763년의 역관 오대령은 에도에 있는 쓰시마번의 야시끼를 방문했을 때 저택 내부 구조와 금으로 장식한 사치스러운 가구들을 묘사하면서 "우리가 너무나 사치스럽다고 여기는 것이 그들이 보기에는 매우 일상적인 것이니, 습속이 그렇기 때문이다"라고 기록했다.[13] 원중거 또한 『화국지』에서 에도성과 다이묘오 야시끼의 구조를 자세히 설명하면서 "대개 검약함을 자처하나 저제(邸第)에 사치스러운 물건들을 쌓아놓았다. 저제는 사치를 다하여 금하는 것이 없다"라며[14] 다이묘오 야시끼에서 사치함이 극도에 이른다고 서술했다.

사행원들이 전한 대로 그 당시 에도성 주변에 있던 다이묘오 야시끼는 광대한 부지에 세워졌다. 미또번의 다이묘오 야시끼 부지는 약 10만평, 오와리(尾張)번은 약 7만 5천평이나 되었다고 한다.[15] 앞서 살폈듯이 원중거는 막부가 각지의 번주들에게 다이묘오 야시끼에서 마음대로 사치스러운 생활을 하게 함으로써 그들을 우둔하게 만들고 있다고 기술했다. 사행원들은 다이묘오 야시끼에서의 사치스러운 생활을 통해 평화로운 세상에서 경제적 번영을 구가하는 무사계급의 모습을 본 것이다.

한편으로 사행원들은 토꾸가와막부가 어떻게 국가재정을 확보하고 있는지를 포착했다. 1617년의 종사관 이경직은 막부의 직할지가 있음을 다음과 같이 기술했다.

각 주의 시전(市廛)은 태수가 그 세를 거두는데, 왜경·오오사까·효오고(兵庫)·사까이하마(界濱) 등지는 '장입(藏入)'이라 일컬으니, '장입'이란 탕목읍(湯沐邑)이라고 하는 것과 같은 것이다. 전세(田稅)와 시세(市稅)는 모두 히데따다가 수입(收入)하며, 사쯔마주의 카고시마(籠島)와 히젠주의 나가사끼 같은 데는 역시 상업중개(駔儈)를 하는

곳이므로 관백이 세를 거두는 곳이라 한다.[16]

여기서 말한 '장입'이 막부의 직할지를 가리킨다. 에도막부는 일본 전국에 번을 설치했는데, 번을 통치하는 다이묘오들에게서는 세금을 거두지 않았다. 그 대신 막부는 에도·오오사까·쿄오또·나가사끼 등의 주요 도시를 직할지로 통치하여 직접 세금을 징수했으며, 직할지의 수입으로 국가재정을 확보했다. 에도시대 초기의 직할지 수입은 230~240만석이고 17세기 말에는 400만석으로, 국가 총수입의 4분의

에도성 주변에는 큰 다이묘오 야시끼가 많이 세워졌다.

1에 달했다.[17] 이경직은 일본에서 다이묘오가 세를 거두는 곳 외에 따로
직할지에서 세금을 거두고 있음을 밝힌 것이다.

1719년 일본에 다녀온 신유한도 일본 경제제도에 대한 지식을 기초
로 일본이 어떻게 이와 같은 경제발전을 이룩했는지를 기록했다.

사방의 큰 성과 이름난 도읍을 직할하여 그 시전의 세금이 모두 공
부(公府)에 귀속되므로, 금은보화가 산더미처럼 쌓이고 도시와 시골
의 창고가 다 찼으며, 기이한 인재·검객(劍客)·화포(火砲)·전함(戰艦)

등속이 국중에 가득 넘친다.[18]

"사방의 큰 성과 이름난 도읍을 직할하여 그 시전의 세금이 모두 공부에 귀속"된다는 말은 오오사까·쿄오또·나가사끼 등 막부가 직접 통치하는 지역에서 징수한 세금이 그대로 막부로 들어간다는 말이다. 또 다음과 같은 기록도 있다.

> 종실(宗室)이나 대신 이하 정사를 보는 사람들은 모두 달마다 쌀이나 돈을 관청에서 받는 법이 없고, 각각 맡은 성읍이 있어 혹은 태수라 하고 혹은 공후(公侯)라 하는데, 그 가신들로 하여금 고을을 다스리게 하여 들어오는 세금을 계산해 의식을 스스로 해결한다. 그러므로 온갖 물질이 풍부하고 아름답고 호화찬란하여 주택이 궁궐 같았다. 성중에는 간간이 토돈(土墩)을 쌓아 언덕과 같았으며, 길이가 수십척이었다.[19]

신유한은 정사를 맡은 관료들이 각기 영지를 부여받아 그 영지에서 걷는 세금으로 생활에 필요한 물품을 조달하는 방식이 재정적인 측면에서 큰 효과를 거두고 있다고 본 것이다.

다음으로 일본의 부를 형성하는 원천으로 사행원들이 주목한 것은 광물자원이다. 당대 일본에는 광산이 많이 개발되어 있었다. 막부는 금은 광산이 있는 지역을 직할지로 하여 관리를 파견해 직접 지배했다.[20]

일본에서 금이 나온다는 지적은 1443년에 일본을 방문한 신숙주가 남긴 『해동제국기』에 보인다. 그는 일본 각 지방에서 나오는 산물을 소개하는 대목에서 무쯔·데와(出羽)에서 금이 산출됨을 전했고,[21] 강항도 무쯔의 산물과 지방행정을 설명한 대목에서 "바다 가운데 금산(金山)

이 있어서 지키는 장수가 목욕재계하고 그 캐낼 수량을 청한 연후에 배를 타고 가서 캐어온다"라고 했다.[22] 이경직은 "물산은, 무쯔에서는 금이 나고, 이와미(石見)·사도(佐渡)·타지마(但馬)에서는 은이 나며, 빗쮸우(備中)·하리마(播摩)에서는 동철(銅鐵)이 나고, 히젠·부젠(豊前)·분고(豊後)에서는 철이 생산된다"라고[23] 일본 전국에 있는 광산에 대해 기록했다. 이경직 이후에 일본을 방문한 사행원들은 모두 이경직의 기록을 인용하면서 일본 각지에서 광물이 채취됨을 전했다.[24] 원중거는 "대개 천리가 비옥한 평야이며 은과 철, 구리와 주석이 나는 산이 바둑판처럼 벌여 있다"라고[25] 일본 곳곳에 광산이 있음을 전했다.

> 관동의 식읍이 이미 많은데다가 사도의 금광도 점유하였다. 금광은 나라 안에 단 한곳으로 오로지 관백이 주관했으며, 비록 왜황이라도 애초에 감히 간여할 수가 없다. 그러므로 나라에 세금을 부과하지 않아도 국가의 재용이 차고 넘쳤다.[26]

'관동의 식읍이 이미 많다'는 말은 토꾸가와 막부의 직할지 및 토꾸가와 일족의 영지가 관동지방에 많이 있다는 말이다. 원중거는 막부가 각 지방 번주로부터 세금을 거두지 않아도 넉넉하게 재정을 유지할 수 있는 이유로 직할지와 광산으로부터의 수입을 들었다. 원중거는 일본 재정운영의 실상을 정확히 파악하고 있었던 것이다.

2. 검소한 생활

이이는 사치와 검소에 대해 다음과 같이 말했다.

신이 생각건대, 검소함은 공순한 덕이며 사치는 큰 악입니다. 검소하면 마음이 항상 방종해지지 않고 일마다 유유자적하며, 사치스러우면 마음이 항상 바깥으로 치달리고 날로 방자해져 만족할 것이 없습니다.[27]

검소함은 마음의 평정을 가져오고 사람들은 검소함을 통해 절제를 알게 되는 한편, 사치는 마음을 어지럽게 하며 사람들을 욕망의 늪에 몰아넣는다는 것이다. 검약한 생활을 칭송하고 사치스러운 생활을 경계하는 조선 사대부들은 경제적 번영을 구가하는 일본에 대해 비판적이었다. 그들은 일본의 경제발전을 통해 무엇인가를 배우는 대신 격심한 경쟁사회에서 생존하는 일본인의 모습을 부정적으로 보고 있었다. 1655년 일본에 다녀온 남용익(南龍翼, 1628~92)은 다음과 같이 서술했다.

성품이 사치하기를 좋아하여 서로 지지 않으려고 경쟁한다. 위와 아래를 구별하는 국법이 없어서 아무리 비천한 사람이라도 힘이 있기만 하면 한도 없이 거처와 의복을 화려하고 찬란하게 꾸미며 장식을 극도로 교묘하고 기이하게 한다.[28]

"사치하기를 좋아"하는 성품은 필연적으로 남을 이기려는 경쟁사회로 연결된다. 남용익은 일본인들이 경제적 이익을 노골적으로 추구하여 한도 없이 사치한 생활을 누리는 것에 큰 거부감을 느꼈던 것이다. 또한 그는 신분이 낮은 사람이라도 재력이 있으면 윗사람보다 사치를 즐기는 모습을 매우 부정적으로 묘사했다. 남용익뿐 아니라 사행원들은 일반적으로 경제적 풍요로움이 사회적 신분질서와 상관없이 향유되는 일본사회를 비판적으로 보았다.

1719년의 사행에 참여한 정후교는 에도에 도착하여 다음과 같이 기록했다.

> 에도는 관백이 도읍한 곳이다. 백관들의 성부(省府), 창고, 궁궐, 관청 등이 있고 또 60주 태수들의 관각(館閣)이 있어 연중 내내 공물을 바친다. 이 때문에 앞다투어 빌붙어서 자신의 이익을 꾀하며, 농사를 귀히 여기지 않고 연줄을 통해 살아가기를 꾀하는 자가 많다. 그러므로 그 풍속은 사납고 균평(均平)하지 못하며, 강한 자를 사모하고 가난하고 약한 자를 깔본다.[29]

"태수들의 관각"은 다이묘오 야시끼를 말한다. "연중 내내 공물을 바친다"라는 말은 참근교대로 에도에 머무르는 동안 다이묘오들이 토꾸가와막부에 보내는 선물을 가리킨다. 이처럼 정후교는 다이묘오 야시끼라는 장소가 이권다툼의 근거지가 되어 있음을 묘사하고, "강한 자를 사모하고 가난하고 약한 자를 깔본다"라고 매우 신랄한 어조로 사치스러운 일본사회를 비판했다.

1763년에 사행을 다녀온 성대중은 오오사까를 방문했을 때 다음과 같이 기록했다.

> 습속이 사치함을 숭상하여서 층층 누각과 채색한 정자가 강물 위로 비쳤다. 기예로 이름난 자와 협객 들이 다리 위에서 방탕을 일삼았다. 혹 시문 등을 짓는 우아한 모임을 여는 모꾸 세슈꾸(木世肅, 키무라 켄까도오木村蒹葭堂)와 후꾸 쇼오슈우(福尙脩) 같은 무리 또한 장사를 하는 사람들이었다. 따라서 재주 없는 이들은 하루도 살 수가 없고, 백성들

의 습속이 싸우기를 좋아하고 원수를 죽이는 데 과감하다.[30]

이처럼 성대중은 "재주 없는 이들은 하루도 살 수가 없"는 약육강식의 경쟁사회를 비판적으로 보았다. 일본에 다녀온 사행원들에게 일본의 경제발전에서 무언가를 배우려는 자세가 희박했던 이유로 사치를 숭상하고 이익을 둘러싸고 경쟁하는 문화에 대한 거부감을 들 수 있다.

원중거는 나고야(名古屋)를 지나갈 때 "큰 상인들이 많은데 여덟주에 두루 돌아다니며 화권(貨權)을 모두 거두어들인다고 한다"라고[31] 상인들이 가진 큰 영향력을 전했다. 오오사까에 도착했을 때는 "사람들은 즐거움에 빠져 있고 그 풍속은 사치하며, 음식과 의복, 성색(聲色)과 진기한 장난감, 기예와 배, 집과 그릇 등속이 기교를 다하지 않음이 없다"라고 번화한 모습을 묘사하고서 "그러나 단지 아름답게 장식하고 꾸며 섬세하고 자잘할 뿐이다. 거의 다 황음(荒淫)의 물결에 빠져 이익을 서로 노리며, 화려하게 단장하여 눈을 취하게 하고 마음을 수고롭게 한다"라고 기록했다.[32] 이처럼 오오사까의 번화함에 대한 원중거의 인식 또한 아주 부정적이었다. "성품이 사치하기를 좋아하여 서로 지지 않으려고 경쟁한다"라든지, "강한 자를 사모하고 가난하고 약한 자를 깔본다"라든지 "이익을 서로 노리며 화려하게 단장한다"라는 발언에 드러나듯이, 사행원들은 일본의 경제적 번영을 경박한 것으로 보고 있었다.

그러나 한편으로 사행원들은 사치에 빠진 일부 무사계급과 달리 일본 백성들은 조용하고 검소하게 생활하고 있음도 보았다. 1596년에 명나라 사신을 따라 일본을 방문한 황신은 "그곳 풍속은 청정하고 간소하여, 요란하고 시끄러운 짓을 좋아하지 않았다. 판자로 지붕을 덮으며 더러는 흙으로 발랐다. 간혹 기와집이 있으나 역시 매우 드문데, 채색하거나 단장하지 않고 오직 정결하게 하기를 힘쓴다"라고[33] 일본 백성들이 매우 검소하고 조용하게 생활하고 있음을 전했다.

1617년에 일본을 방문한 이경직은 "음식 범절도 또한 간소하기를 힘써, 밥은 두어홉에 불과하고 찬도 두어가지에 불과했다. 귀천을 막론하고 하루에 두 끼니 밥을 먹으며, 노역하는 자라야 세 끼니 밥을 먹으나 또한 많이 먹지 않았다"라며[34] 일본인들이 그리 밥을 많이 먹지 않는다고 기록했다.

일본인들이 매우 소식한다는 말은 사행록에 자주 보인다. 1643년에 정사로 일본에 다녀온 윤순지(尹順之)는 귀국 보고를 위해 인조를 알현했을 때 다음과 같이 보고했다.

"그 나라는 강토가 협소하지 않지만 인민이 매우 많아 토지의 갑절이나 됩니다"라고 하자 상이 이르기를, "사람은 많고 땅이 좁으면 빌어먹는 백성이 많을 것이다"라고 하니, 순지가 아뢰기를, "연로(沿路)에서 보니 쌀로 밥을 짓는 자가 없고 가마를 메는 왜인까지도 하루 종일 먹는 것이란 삶은 토란 서너개뿐이었습니다"라고 하였다."[35]

사행원들은 일본이 경제적으로 발전하고 있음을 인정했지만 백성들의 물질적 소비는 조선만큼 높지 않다고 전했다. 특히 음식은 조선보다 일본이 훨씬 간소하다고 보았다. 에도시대의 무사 이세 사다따께(伊勢貞丈, 1718~84)가 남긴 가훈에 의식주에 대해 훈계한 대목이 있는데, 먹는 일과 관련해서는 다음과 같은 구절이 보인다.

'식(食)'이란 식물(食物)이다. 먹는 것은 목숨을 이어가기 위한 것이다. 맛이 없는 식사라도 굶지 않고 목숨만 이어가면 그만이다. 맛있는 식사를 좋아하고 금은(金銀)을 소비하여 먹고 마시기를 일삼는 것

은 어리석은 일이다. 또 양생(養生)에도 도움이 되지 않고 사치스러운 일이다.[36]

실제로 당시 일본인들이 이 가훈에 나온 것처럼 먹기를 절제했는지는 정확히 알 수 없으나 적게 먹는 것이 바람직하다는 가치관은 있었다. 다이묘오 야시끼에서 사치스러운 생활에 젖은 무사들이 있는 한편 하급무사나 서민의 생활은 아주 소박했던 것이다.

1719년의 정사 홍치중은 일본 사행에서 돌아와 숙종이 인견하는 자리에서 검소한 생활이야말로 일본의 부유함의 비결이라고 했다.

물력(物力)은 매우 풍성했고 인구도 또한 많았습니다. 5천리에 걸친 수로(水路)가 마을마다 연결되어 있었습니다. 그들의 부강하고 풍요로운 방도를 탐구해보니 본디 다른 방법은 없었고, 단지 간약(簡約)을 위주로 삼았습니다. 의복은 비록 비단옷을 입기는 하였으나 아랫바지를 벗기까지 하여 들어가는 경비가 매우 간략하였고, 음식은 조그마한 그릇에 담아서 먹되 먹는 것도 적었습니다.[37]

민중이 의복과 음식에서 검약에 힘쓰는 것이 일본의 국력을 밑에서 지탱하고 있다고 본 것이다. 홍치중은 당시의 쇼오군 토꾸가와 요시무네에 대해서도 "모든 일에 있어서 순리와 편의를 따르는 데 노력하고 그 자신이 매우 검소한 것을 숭상하여 항상 목면을 입기 때문에, 비록 그 나라의 재상이라 하더라도 관백이 보는 곳에서는 감히 화려한 의복을 입지 못한다 하였습니다"라고 하여[38] 스스로 검소한 생활을 하면서 모범을 제시하고 있다고 긍정적으로 평가했다.

1748년의 사행원 조명채도 "밥이 익으면 붉은 칠을 한 그릇을 가져다가 각기 양에 따라 떠서 먹고 남기는 일이 없으며, 먹는 양은 두서너홉에 불과하다"라며 일본 백성들의 식생활이 아주 소박하다고 하고서, 무사의 식생활에 대해서도 "졸왜(卒倭)는 으레 두끼 밥을 먹고, 역사(役事)가 있어야 세끼를 먹는다"라며[39] 무사계급에 속한 사람들도 평소에는 두끼밖에 먹지 않는다고 전했다.

　조명채와 더불어 정사로 사행에 참여한 홍계희도 경제적 번영을 누리는 중에도 백성들이 소박한 생활을 하는 데 깊은 인상을 받았다. 일본에서 귀국한 후에 열린 인견에서 영조가 "그 도읍과 마을의 제도는 어떤가?"라고 일본의 도시구조에 대해 묻자, 홍계희는 "도읍의 성호(城壕)는 견고하고 치밀하지 않은 데가 없었고 마을의 은성(殷盛)함은 우리나라의 미칠 바가 아닐 뿐 아니라, 사행에 참여한 막비(幕裨) 중에는 연행(燕行)에 갔다온 사람들이 많이 있었는데, 모두 중국도 못 미친다고 합니다"라고[40] 일본이 경제적으로 상당히 발전하고 있음을 보고했다. 한편으로 일본 백성들의 생활에 대해서 홍계희는 "나라의 풍속은 원래 기교와 사치를 숭상합니다만 하루에 먹는 양은 많지 않으며, 우리나라 사람이 하루에 먹는 식량으로 그들의 3일분의 식사를 마련할 수 있습니다"라며 일본인의 식사량이 조선인보다 훨씬 적다고 하고서 "입는 옷도 많지 않고 온돌도 없으며 하늘에서 내려주신 물건을 함부로 버리지 않아서 저절로 부유하고 은성하게 되었습니다"라고 보고했다.[41] 홍계희도 다른 사절들과 마찬가지로 사회 전체가 경제적으로 발전하고 있으며, 상류층은 사치스러운 생활에 젖어 있으나 백성들은 소식하고 생활양식도 아주 소박하다고 본 것이다.

　19세기 초반에 기록된 것으로 보이는 글에서 어느 일본인은 조선인의 특징에 대해 다음과 같이 썼다.

인물은 모두 장대하고 근골(筋骨)이 강하며 식사량도 일본인 2인분의 식사가 저 나라 사람 1인분에 해당한다. 그런데 심기(心機)가 노둔하고 재주가 부족하다. 이 때문에 태합(太閤, 토요또미 히데요시)이 정벌하였을 때에 쉽게 졌다.[42]

체격도 일본인보다 크고 밥도 일본인의 두배나 먹는데 임진왜란 때 쉽게 무너진 것은 조선인들이 우둔했기 때문이라는 것이다. 조선에 대한 멸시적 인식은 차치하고 일본인의 입장에서 보면 조선인은 대식(大食)했던 것이다. 이를 보아 일본인의 3일분 식사량이 조선 사람이 하루에 먹는 양에 해당한다는 홍계희의 말은 결코 과장된 표현이 아닌 것으로 보인다.

1763년의 사행원들도 일본 백성들의 검소한 생활을 자세히 묘사했다. 남옥은 그들의 생활양식을 다음과 같이 묘사했다.

음식은 아침저녁 반드시 다 밥을 먹는 것은 아니다. 음식에는 작은 그릇을 쓰는데 술잔만 하다. 반찬도 많이 차리지 않는다. 생선은 비리고 싱겁다. 장 역시 짜지 않다. 먹는 것은 쌀 몇약(龠)에 지나지 않는다. 입고 먹는 비용은 그다지 많이 들지 않는다. (…) 우리나라 사람은 풍토가 맞지 않아서 저들의 익힌 음식을 먹지 못하는데, 저들은 우리 종들이 제공한 형편없는 음식을 먹으면서도 맛있다고 한다. 음식이 좋지 못한 것을 저들이 일찍이 알지 못했을 리 없다. 그러나 가마꾼이 하루에 100리를 가면서 진흙탕에 빠지고 험한 곳을 지나는데 그 먹는 것을 보면 몇잔의 술과 몇홉의 밥에 지나지 않는다. 이로써 보건대 음식에 절도가 없는 것은 우리나라만 한 곳이 있지 않다.[43]

남옥도 일본 백성들이 소식한다고 하면서 식사의 절도에 대해서는 조선 사람들이 일본 백성들을 본받아야 한다고 서술했다.

검소하게 사는 일본 백성들을 가장 생생하게 묘사한 사람은 원중거이다. 그는 "대개 그 의복은 따뜻함을 취하지 않고, 음식은 맛을 구하지 않는다. 일찍 일어나서 늦게 자며, 열심히 자기의 힘으로 먹고산다. 내가 생각하기에 아마도 천하에 일본 사람 같은 사람들은 없을 것이다"라고 기록했다.[44] 원중거는 의복도 음식도 간소하고 규율 있게 가업에 전심하는 일본 백성들에 대해 찬사를 아끼지 않았다.

검소하게 생활하는 것은 조선사회에서 이상적인 생활양식으로 간주되었다. 이이는 『격몽요결』에서 올바른 몸가짐에 대해 "의복은 화려하고 사치스럽게 해서는 안되고 추위를 막을 정도로 하고, 음식은 달고 맛있어서는 안되고 굶주림을 면할 정도로 하고, 거처는 편안해서는 안되고 병들지 않을 정도로 한다"라고 훈계했다.[45] 『격몽요결』에서 장려되는 이상적인 몸가짐을 일본인이 실천하고 있었던 것이다. 앞서 언급한 일본 무사의 가훈에서 이세 사다따께는 의식주의 '의'에 대해서는 "의복은 보기 흉한 알몸을 덮기 위한 것이다. 허술한 옷이라도 알몸을 가리기만 하면 그만이다. 따라서 자신의 분수, 자신의 신분에 맞는 의복을 입어야 한다"라고 했고,[46] '주'에 대해서는 "집은 비바람을 막기 위한 것이다. 좁고 변변치 않은 집이라도 비바람을 막기만 하면 그만이다. 그리하여 자신의 분수에 맞게 집을 지어야 한다"라고 훈계했다.[47] 이 일본 무사 집안에 전해진 의식주에 대한 훈계는 『격몽요결』의 그것과 유사점을 가진다. "아마도 천하에 일본 사람 같은 사람들은 없을 것이다"라는 원중거의 발언은 일본인의 생활양식이 유교의 생활철학과 일치하는 부분이 있었음을 말해준다.

원중거는 일본인의 식생활에 대해서도 아주 깊이 관찰하였다. 그는

"대저 나라의 풍속이 음식을 몹시 적게 먹고 채식과 약용식을 많이 하여 기운이 맥을 돌게 할 뿐이다. 단지 곡식이 귀중해서만이 아니라 그 풍속이 그러한 것이다"라고[48] 일본인들이 원래 음식을 많이 먹지 않는다고 했다. 또 "그 사람들은 먹는 밥이 몹시 적기 때문에 쉬 배고파져서 지나가는 곳에서 토란과 고구마를 다투어 산다. 토란과 고구마로 요기가 되지 않으면 주먹밥을 한다. 주먹밥은 둥글고 아이 주먹만 한데 5문(文)을 주고 산다"라며[49] 밥을 조금밖에 먹지 않기 때문에 간식을 할 수 있도록 길거리에서 토란이나 주먹밥을 싼값으로 구입할 수 있게 되어 있다고 전했다.

그런데 원중거는 이렇게 소박하고 조용하게 일상을 살아가는 일본 백성들을 높이 평가하면서도 장래의 일본에 대해서는 비관적인 견해를 가지고 있었다. 그는 일본이 인구가 너무 많아 국내에서 생산되는 곡식만으로는 식량이 모자랄 것이라고 하면서 "사물은 성하면 쇠퇴하는 것이 변화의 법칙이다. 생각건대 그들이 이룩한 번영을 능히 오래도록 누리지는 못할 것 같다"라고 기록했다.[50] '사물은 성하면 쇠퇴하는 것이 변화의 법칙'이라는 말은 『사기(史記)』에 나오는 말로,[51] 사물에는 늘 성쇠(盛衰)가 있음을 뜻한다. 앞서 밝혔듯이 원중거는 토꾸가와막부가 정치를 잘 운영하고 있음을 인정하면서도 언젠가는 붕괴할 것으로 보았는데, 일본 경제에 대해서도 같은 견해를 견지했던 것이다.

3. 나가사끼에 대한 관심과 조선의 해외통상론

일본 국가재정의 원천으로 사행원들이 가장 자주 언급한 것은 해외무역을 통한 수입이다. 사행원들은 일찍부터 일본의 해외무역에 관심을 보였으며, 일본의 해외무역은 조선 후기의 해외통상론 주장에 큰 영향을 끼쳤다.

16세기부터 일본은 해외무역을 활발하게 전개했다. 왜구 문제 때문에 명나라와의 무역이 두절되자 여송(呂宋, 현 필리핀 루손)·교지(交趾, 현 베트남 하노이·똥낑)·섬라(暹羅, 현 태국) 등의 나라와 교역을 했다. 히데요시는 해외로 가는 배에 주인(朱印)이 찍힌 서장을 발급하여 해외무역을 허가했다. 이에야스도 이 방식을 답습하여 안남(安南)·섬라·캄보디아〔柬埔寨〕 등의 나라와 무역을 했다.[52]

그런데 제3대 쇼오군 이에미쯔정권 때 토꾸가와막부는 기독교의 유입을 방지하기 위해서 외교체제 개혁을 단행했다. 막부는 1633년 해외도항(海外渡航)을 금지했고 1639년 포르투갈에 대해 일본으로의 내항(來航)을 금지했다. 유럽 중에서 유일하게 네덜란드에 대해서만 나가사끼에 한정하여 무역을 허가했다. 이후 일본은 나가사끼를 통해 네덜란드·중국과 교역했고, 쓰시마번을 통해 조선과, 사쯔마번을 통해 유구와, 마쯔마에번(松前藩, 지금의 홋까이도오北海道)을 통해 아이누와 무역을 했다. 이와 같이 일본은 네개의 창구에서 무역을 전개하고 있었다.[53]

사행록에는 일본이 활발하게 해외 여러 나라와 교역하는 모습이 묘사되어 있다. 임진왜란 때 붙잡혀 일본에서 포로생활을 했던 정희득(鄭希得)은 "제가 적중(賊中)에서 들으니, 유구·여송·남만(南蠻) 여러 나라가 모두 이놈들과 통교는 하면서도 사신 내왕은 아직 한 일이 없다고 합니다"라며[54] 히데요시정권하에서 일본이 해외교역을 하고 있음을 기록했다. 강항도 "왜노의 성질이 큰 것을 좋아하고 공(功)을 기뻐하여, 먼 나라의 주즙(舟楫)이 상통하는 것을 항상 성사(盛事)로 여기고 상선이 오면 반드시 사신이라 지칭한다"라면서[55] 일본에서는 해외와 무역하는 것을 매우 긍정적으로 여긴다고 전했다. 또 "먼 나라에서 온 사람을 졸

왜가 간혹 박해하는 일이 있는데, 그런 경우 왕래하는 길이 끊어질까 두려워서 반드시 그 박해한 자를 삼족(三族)까지 없앤다"라며 해외에서 온 상인들을 살해하면 극형에 처한다고 서술했다.[56]

나가사끼에 대해 자세히 언급한 사행원은 1617년에 갔던 이경직이다. 그는 나가사끼를 통해 중국인과 남만인이 끊임없이 왕래한다는 이야기를 기록했다.[57] 1624년의 부사 강홍중도 쿄오또에서 본 중국인들은 나가사끼를 왕래하는 상인이라고 하면서 나가사끼를 상선이 많이 모이는 곳이라고 언급했고,[58] 무로쯔(室津)에서 남만인을 봤을 때의 일기에도 그들이 나가사끼를 왕래함을 지적했다.[59]

1655년의 종사관 남용익은 다음과 같이 기록했다.

> 관백은 무역으로 이익을 일으키는 것을 일삼으니, 예를 들면 나가사끼 등의 섬에 특별히 대관(代官)을 정해두고 중국 사람들의 물화를 교역하게 하여 밑천은 놓아두고 이익을 거두어들여 사사로이 저축을 하니, 집정 이하 비천한 자에 이르기까지 서로 다투어 본받으므로 한 집의 재산이 수만냥에 이르는 사람이 매우 많다.[60]

이처럼 17세기에 일본을 다녀온 사행원들은 공통적으로 일본이 나가사끼를 통해 해외 여러 나라와 교역하고 있으며 그 교역으로 막대한 부를 얻음을 전했다. 그러나 나가사끼에 대한 기록은 표면적 관찰에 그쳐서, 나가사끼라는 무역도시에서 통교했던 서양에 관심을 보이거나 나가사끼 무역을 높이 평가한 사례는 찾을 수 없다.

18세기에 들어 나가사끼에 대한 언급은 점차 늘어났다. 1711년에 일본을 방문한 임수간은 "일본은 바닷길이 사방으로 통한 나라라서 복건(福建)·절강의 여러 지역과 유구 등 남만 여러 나라의 상선들이 다 이곳을 왕래하면서 통상합니다"라고[61] 그 활발한 교역양상을 전했다.

1719년의 사행원 신유한은 "나가사끼는 중국 상선이 닿는 곳으로 명승지와 물산의 번성이 국중에서 가장 유명한 곳인데, 우리 배가 그곳을 경유하지 않아 하나도 구경할 수 없었던 점이 유감스러웠다"라고 서술했다.[62] 이를 보아 신유한은 일본의 무역도시를 한번 보고 싶다는 호기심을 가지고 있었던 것이다. 또 그는 일본은 나가사끼에 있는 중국 상인들을 통해 중국의 사정을 알 수 있고 중국말도 통한다고 기록했다.[63] 일본이 나가사끼를 통해 중국과 연결되어 있다는 사실은 사행원들 사이에서 긍정적으로 인식되었다.

나가사끼라는 장소를 종래와 다른 각도로 보기 시작한 것은 1763년의 사행원들부터였다. 종래의 사행원들은 일본이 나가사끼를 통해 해외 여러 나라와 무역을 하고 막대한 이익을 거두고 있다는 사실을 객관적으로 서술하는 데 그쳤다. 그런데 1763년의 사행원들은 나가사끼 무역이 실은 조선의 국가이익과 관련이 있음을 지적하기 시작했다. 그에 따라 무역에 대한 사행원들의 시선이 점차 달라졌다.

정사로 일본에 다녀온 조엄은 "이전에는 왜역(倭譯) 중에서 부를 이룬 사람들이 많았는데, 나가사끼를 통해 직접 강남(江南)의 상인들과 장사하기 시작한 뒤부터 비단의 매매는 왜관(倭館)을 경유하지 않게 되었다"라며[64] 나가사끼와 중국이 직접 연결된 것이 조선 왜관의 무역에 영향을 끼쳤음을 전했다. 이어서 그는 일본 상인과의 인삼 매매도 저조해졌다고 하고서 "그러므로 역관의 자제들 중에서 조금 글을 아는 자들은 모두 과장(科場)에 향하고 가업을 이어받는 자가 매우 적다. 이로 인하여 후일 변문(邊門)의 일을 맡길 수 있는 사람을 얻기 어려워질 테니 이는 매우 우려할 만한 일이다"라고 했다.[65] 그때까지 조선은 중국과 일본 간의 중개무역을 통해 이익을 거두었는데, 나가사끼 무역 때문에 그 이익을 상실했다. 이 때문에 일본어 통역을 맡아온 집안 출신의 자제들이 가업을 계승하지 않는 경우가 많아졌다는 것이다. 일본에서 시행되는 무역이 실은 조선에도 여파가 있음을 알게 되었다는 점에서 조엄의 발언은 큰 의의가 있다.

실제로 17세기 이래 조선은 중국과 일본 간의 중개무역을 통해 이익을 얻었다. 중국의 견직물과 백사(帛紗) 및 조선의 인삼을 일본에 팔고 일본의 은을 수입하여 다시 이 은을 중국과의 무역에 투입했다. 이렇게 함으로써 조선 상인은 막대한 이익을 얻었는데, 청나라가 1684년에 해금령(海禁令)을 해제하자 중국 상인들이 직접 일본을 왕래하기 시작했고 1689년에는 청 정부가 나가사끼에 상관(商館)을 세웠다. 18세기 들어 일본 상인들이 나가사끼를 통해 직접 중국과 무역을 하게 되자 부산의 왜관은 급격히 쇠퇴하여 중개무역을 통한 이익도 급감했던 것이다.[66]

1763년의 사행원들은 이러한 문제를 충분히 파악하고 있었고, 나가사끼를 보는 시각 또한 종전의 사행원들에 비해 한층 심각했다. 제술관 남옥은 국가이익의 관점에서 다음과 같이 기술했다.

우리가 주거나 교역한 것은 모두 쌀과 면포이니 의식(衣食)의 근본이고, 인삼은 죽음에서 살리는 약이다. 그런데 저들이 보답하거나 파는 것은 모두 별 쓸모없는 교묘하고 부박한 장식이거나 있든 없든 아무 상관없는 물건인데도 도리어 이익을 내고 있다. 국력이 이 때문에 점점 쇠약해지고 오랑캐의 정상(情狀)이 이 때문에 더욱 교활해지는 것을 깨닫지 못하고 있으니, 어찌 이루 다 탄식할 수 있겠는가?[67]

이와 같이 남옥은 대일무역의 부진이 국력의 쇠퇴에 직결되어 있음을 지적했는데, 이는 이전 시대의 사행록에는 보이지 않던 발언이다.

원중거는 인삼무역을 통해 해외교역에 대한 자신의 견해를 밝혔다. 그는 "저들의 땅에 들어갔을 때 질문 목록을 가진 자들의 과반수가 재배에 관한 질문을 하였다"라고 하고서, 양의(良醫) 이좌국(李佐國)을 시켜 질문에 답하도록 했는데 "이좌국 역시 그들의 분분한 질문을 이기지 못하여 호행의(護行醫)인 토미노 요시따네(富野義胤)로 하여금 그 문서를 가지게 하였더니 각각 베껴서 갔다"라고 인삼 재배법에 큰 열의를 보이는 일본인을 묘사하면서 "그 나라 사람들이 이러한 답을 듣기에 목말라 한 것을 가히 알 수 있었다"라고 기술했다.[68] 원중거가 경탄한 것은 인삼에 대한 일본인의 열의뿐만이 아니다. 그는 조선에서 산출된 인삼이 교역상품으로 일본에서 널리 유통되고 있다는 사실을 다음과 같이 전했다.

> 인삼은 그 나라에서 만병통치약이 되고 있다. 인삼을 영약(靈藥)이라고 부르면서 목숨이 달려 있는 것으로 믿는다. 단지 일본만 그런 것이 아니라 바다 가운데의 여러 나라가 모두 일본에 와서 인삼을 사간다. 그러므로 일본 사람들은 또한 이것을 쌓아두고 진기한 재화로 여긴다.[69]

조선에서 난 인삼이 이제 일본을 넘어 세계적 상품이 되어 있다는 사실은 원중거가 인삼무역을 깊이 생각하는 중요한 계기가 되었다.

그는 인삼값의 급등, 인삼 상인들의 밀매 등 인삼을 둘러싼 여러 폐해를 지적하면서 그 해결책을 제시했다. 그것은 "우리나라가 인삼 종자를 구하여 그 재배법의 기록을 상세히 만들어 예조(禮曹)의 서계(書契)로서 에도의 집정에게 보내는 것"이었다.[70] 즉 인삼 재배기술을 공식적으로 막부를 통해 일본에 전하라고 제안한 것이다. 이어서 그는 "참으로

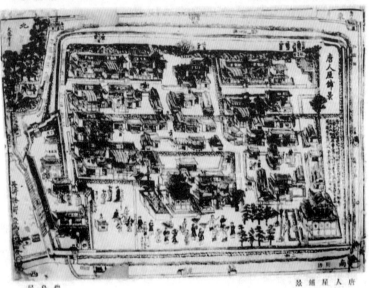

나가사끼에 조성된 인공섬 데지마(出島)에는 네덜란드인이 거류했고(위), 당인 야시끼(唐人屋敷)에는 중국인이 살았다(아래).

능히 그 종자를 저들 나라에 옮길 수 있다면 두 나라에서 의지하는 바가 되어 갈수록 효과를 볼 것이다"라고 했다.[71] 인삼 종자의 재배법을 일본인에게 알려주면 조선에서도 인삼값이 안정되고 밀매를 비롯한 부정무역도 줄어들 것이며, 결과적으로 양국에 이익을 가져올 것이라고 생각한 것이다.

이상과 같이 1763년 사행원들 중에서 조엄과 남옥은 일본의 나가사끼 무역을 조선의 이익과 관련지어 생각했고, 원중거는 인삼무역을 둘러싼 문제점을 지적하면서 교역에 따른 이해(利害)를 진지하게 고찰했다.

일본이 세계 여러 나라와 활발하게 무역하고 있다는 지식은 조선 국내 지식인들에게 적지 않은 영향을 주었다. 일본의 부에 관해 일찍부터 주목한 사람은 유몽인(柳夢寅)이다.

저 중국은 만국과 통화(通貨)하기 때문에 나라는 부강하고 백성들은 은성하다. 작고 추악한 왜노들 역시 수십개 나라들과 통하니 인민들의 풍요로움과 시전의 넉넉함은 중국에 부끄러움이 없다. (…) 우리나라는 산천이 좁고 막혀 있으며 땅에서 나오는 산물이 많지 않은 데다 다른 나라와 재화를 통하지 않는다.[72]

유몽인의 발언은 일본의 해외무역에 가장 먼저 주목한 글이기에 중요하다.[73] 조선 국내 지식인이 17세기 초반에 이러한 지적을 했다는 사실은 인상적인데, 조선이 일본의 해외무역에 본격적으로 관심을 보인 것은 18세기에 들어와서였다. 안정복(安鼎福, 1712~91)은 일본의 경제발전에 큰 관심을 기울였다.[74]

왜인은 자고로 통상을 업으로 삼아 서양에 이르기까지 해외 여러

나라를 왕래하지 않는 나라가 없으므로 지금 날로 더욱 부성하여 재보(財寶)가 가득하고 상선이 많이 몰려듭니다. 또 일본은 중국과 통상하여 강남, 서촉(西蜀)의 물화가 남쪽으로 쏟아지기 때문에 중국 생산물이 우리나라에 오는 경우가 극히 적습니다.[75]

이 글도 일본의 해외무역이 결코 조선과 무관한 것이 아니라고 지적한 것으로 주목할 만하다. 1763년 사행원 조엄과 남옥은 일본이 나가사끼를 통해 직접 중국과 교역하게 된 뒤부터 조선이 중개무역으로 이익을 얻지 못하게 되어 손해를 입었다는 견해를 제시했는데, 안정복도 그들과 비슷한 견지에서 일본이 중국과의 무역으로 이익을 얻는 만큼 조선에는 손해가 된다고 지적했다.

일본의 무역에 대해 가장 정확하고 자세한 지식을 피력한 사람은 이덕무이다. 그는 『청령국지』의 「이국(異國)」에서 일본이 교류해온 외국과 일본의 무역에 대해 정리했다. 그는 그 글에서 일본이 예전부터 남만·천축(天竺, 인도)을 비롯한 여러 나라와 교역했다는 것, 그런데 남만 사람들이 일본에 야소법(耶蘇法)을 퍼뜨렸다는 것, 이 때문에 1638년 이래 일본은 남만과의 교역을 폐지하고 일본인이 외국을 왕래하는 것을 금지했다는 것, 아란타(阿蘭陀, 네덜란드)·섬라·교지·중국 등의 나라는 여전히 일본과 교역했다는 것, 아란타는 세계 35개국의 나라와 교류하면서 그 나라들의 토산물을 일본에서 판다는 것 등을 자세히 서술했다.[76] 이덕무가 『청령국지』에서 자세히 서술한 일본 무역에 대한 지식은 모두 테라지마 료오안(寺島良安)이 편찬한 『화한삼재도회(和漢三才圖會)』 권64 「서역천축(西域天竺)」에서 가져온 것이다. 이덕무는 『화한삼재도회』의 내용을 인용한 다음, "일본이 나라가 부유하고 군사가 강해 바다 가운데에서 세력을 떨치는 까닭은 능히 외국과 교통하기 때문이다"라고[77] 자신의 의견을 기록했다. 일본의 국부(國富)와 군사력은 해외무역에 의거하고 있다고 본 것이다.

조선 후기에 해외무역을 주장한 사람은 박제가(朴齊家)이다. 그는 『북학의(北學議)』에서 해로를 통한 무역을 주장하면서 다음과 같이 일본에 대해 언급했다.

> 옛날 왜국이 중국과 통상하지 않았을 때에는 우리나라의 중개를 통해 연경에서 비단을 무역해갔다. 그래서 우리나라 사람이 중간이익을 얻을 수가 있었다. 그러한 통상이 매우 이롭지 않다는 것을 깨달은 왜국이 직접 중국과 통상을 하게 된 이후로는 왜국이 교역을 맺은 다른 나라가 30여개국에 이른다.
>
> 왜국 사람들 중에는 중국어를 잘하는 자가 간간이 있어 천태산(天台山)과 안탕(雁蕩)의 기이한 경치를 술술 말한다. 천하의 진귀한 물건과 중국의 고동서화(古董書畫)가 나가사끼에 폭주(輻輳)하고 있다. 그런 뒤로는 다시는 우리에게 물건을 요청하는 일이 없다.
>
> 계미년 통신사가 일본에 들어갔을 때에 서기가 우연히 중국 먹을 요구한 적이 있었다. 저들은 어디선가 중국 먹 한짐을 가지고 왔다. 또 하루 종일 여행할 때 가는 길마다 붉은 양탄자를 깔았는데 다음 날도 전날과 똑같이 하였다. 저들이 으스대고 뽐내는 것이 이와 같다.[78]

일찍이 조엄, 남옥, 안정복은 일본의 나가사끼 무역이 결코 조선과 무관한 일이 아니라고 지적했다. 나가사끼 무역 때문에 조선이 '중간이익'을 잃었다는 박제가의 인식은 그때까지 쌓아온 일본 무역에 대한 지식을 토대로 나온 것이다.[79] 그는 중국산 명품을 아무 생각 없이 일상도구처럼 사용하는 일본인의 모습을 사례로 들면서 해외무역이 일상생활과 긴밀히 연결되어 있다는 사실을 강조한 것이다.

이 인용문에 이어서 박제가는 "자기 나라가 부강하게 되기를 바라지 않는 사람은 없다. 부강하게 만드는 방법을 어째서 남에게 양보한단 말인가?"라고 기술했는데,[80] 여기서 '남'이란 일본을 말한다. 그는 '우리'의 경제적 이익이 일본에 의해 침식당하고 있음을 잘 알고 있었다. 해외무역의 시행을 주장함에 있어 상당히 일본을 의식하고 있었던 것이다. 그는 "왜국놈들은 약삭빨라서 늘 이웃나라의 틈새를 엿본다"라면서[81] 결국 중국과의 연계를 통해 간접적으로 외국과 무역할 것을 주장했다. 박제가의 자세는 인삼 재배법을 일본에 전함으로써 일본과의 외교적 신뢰구축을 촉구한 원중거와 대조적이다. 박제가는 일본을 경제적 경쟁상대로 본 것이다.

나가사끼를 통해 활발히 무역하는 일본의 모습을 목격한 경험은 조선 문인들이 자국을 국제경제 내의 한 국가로 인식하는 계기가 되었다. 말하자면 일본을 이해관계가 얽혀 있는 무역의 경쟁상대로 인식함으로써 '국제경제 내의 조선'이라는 자국의식이 생긴 것이다. 그런 의미에서 조선에 있어 일본은 해외통상에 대한 관심을 불러일으킨 나라였다고 할 수 있다.

기
술

예로부터 일본에서는 생활용구 제작이나 사찰 건축을 위해 뛰어난 솜씨를 가진 장인들을 한반도에서 불렀으며, 그 계통을 이어받은 자들이 일본 곳곳에 있었다. 테라지마 료오안의 『화한삼재도회』 권7 「인륜류(人倫類)」에는 도공(陶工)·목공(木工)·석공(石工) 등 전통적으로 일본에 존재하던 여러 장인들의 내력과 직업적 특징이 소개되어 있다. 테라지마 료오안은 『일본서기(日本書紀)』를 인용하면서 일본의 기술 가운데 상당수가 한반도에 기원을 가진다고 지적했다. '공장(工匠)'이라는 항목에서는 "닌껜 천황(仁賢天皇) 6년 고려가 수류지(須流枳)와 노류지(奴流枳)라는 두 사람의 공장을 바쳤다. 지금 야마또노꾸니(大和國) 누까따(額田, 지금의 나라奈良현)의 숙피고려(熟皮高麗)는 그들의 후손이다"라고 했다.[1] 닌껜 천황은 5세기 말의 인물인데, 나라현에 있는 '숙피고려', 즉 가죽을 만드는 기술자집단은 그때 조선에서 온 기술자의 후손이라는 것이다. '와공(瓦工)'이라는 항목에는 "생각건대, 쇼오또꾸태자(聖德太子, 574~622)가 모노노베노 모리야(物部守屋)를 토벌하고서 천왕사(天王寺) 도처에 가람을 세웠을 때 백제국(百濟國)에서 목공과 와공을 불렀다. 지금 섭주(攝州) 오오사까의 와공은 그 계통이다"라는 말이 보인다.[2] 쇼오또꾸태자는 스이꼬(推古) 천황의 섭정으로 활약한 인물로 중국에서 불교를 적극 수용하여 일본 국내에 수많은 사찰을 건립했다. 가람을 세우기 위해 그가 백제에서 부른 장인들의 계통을 이어받은 기술자 집단이 여전히 오오사까에 있었던 것이다. 테라지마 료오안이 『화한삼 재도회』의 서문을 쓴 것은 1712년이다. 이때도 아직 일본 각지에 조선 출신의 기술자집단이 존재했다니 고대 일본에 도래한 한반도의 기술이 실로 1,000년 이상이나 유지되었던 셈이다.

예부터 자주 차를 마셨던 일본인들은 특히 조선 장인들이 만든 찻그 릇에 큰 관심을 보였다. 임진왜란 때 토요또미 히데요시가 도자기 장인 들을 조선에서 많이 데려갔다는 사실은 널리 알려져 있다. 에도시대의 풍속을 기록한 『희유소람(嬉遊笑覽)』에는 다음과 같은 대목이 보인다.

토요또미 태합은 취락(聚樂, 당시 쿄오또에 있던 토요또미 히데요시의 저택) 에 조선의 도사(陶師)를 불러 리뀨우(利休)를 시켜 양식과 크기를 가 르치고 찻그릇을 굽게 하였다. 이것을 라꾸야끼(樂燒)라 부르는 것은 취락의 흙으로 굽고 낙(樂)자를 새겨 표시하였기 때문이다. 그 도사 를 초오지로오(朝次郎)라 부르는 것은 조선(朝鮮)의 한 글자를 딴 것 이다. 그 후손들이 지금도 성하다. 또 모오리가(毛利家)에서도 나가또 (長門, 시모노세끼) 하기(荻, 지금의 야마구찌山口현)에 고려(조선)의 요장(窯 匠)을 불러 만들게 한 것을 하기야끼(荻燒)라고 말한다. 그 요장을 코 오라이사에몬(高麗左衛門)이라고 한다. 이 또한 지금도 그 후손들이 있다고 쿠로까와씨(黑川氏)는 말한다.[3]

인용문에 보이는 '리뀨우'는 당시 일본에서 차인(茶人)으로 가장 이 름 높았던 센노 리뀨우(千利休)를 말한다. 히데요시는 차뿐만 아니라 차의 용기에도 고급품을 사용하고자 조선에서 많은 기술자를 데려왔다. 그가 일부러 연행해 그릇을 만들게 했을 만큼 조선의 도자기 기술은 수준이 높다고 간주되었던 것이다. 『희유소람』 서문이 기록된 것은 1830년으로 임진왜란으로부터 200년 이상 지났을 때이다. 이때에도 여전히 임진왜란 때 끌려온 조선 기술자의 후손들이 대를 이어 도자기 제작에 종사하고 있었던 것이다.

『화한삼재도회』와 『희유소람』의 기록은 일본이 예부터 외래기술을 어떻게 수용했는지를 보여준다. 우선 외국에서 직접 숙련기술자를 불러 일본 국내에 정착시킨다. 일단 국내에 불러들인 기술자들에게는 세습으로 가업을 전승케 한다. 장인들이 한 마을에 정주하면 이후로는 저절로 기술자의 씨족집단이 형성되어 수백년, 때로는 1,000년 이상 계승된다. 일본은 이와 같이 지속적으로 외래기술을 토착화하면서 기술력의 배양에 힘썼다.

에도시대에 일본을 다녀온 조선 사절들이 칭찬을 아끼지 않았던 것이 일본의 기술이다. 사절들은 물품을 치밀하게 제작하는 일본인의 모습과 정교하게 만들어진 일본의 기계도구와 일용품에 큰 감명을 받았다. 일찍이 한반도에서 끊임없이 선진기술을 수용해온 일본은 한반도에서 온 조선 사절들이 경탄할 정도의 기술력을 자랑하게 되었던 것이다.

이 장에서는 우선 일용기구 제작에 종사하는 사람들과 특수기능을 가진 사람들이 사회적으로 높이 평가받는 일본의 풍토에 대한 조선 문인의 인식을 검토한다. 특히 건축기술과 조선(造船)기술에 대한 인식의 추이를 추적하여 일본에서 배운 기술을 조선에서도 실용화하자는 담론이 조선 후기 이용후생론에 수용되는 과정을 살펴본다.

1. '천하일'과 일본의 기술문화

조선시대 기술관(技術官)의 지위는 낮았고, 양반들은 그들을 사대부 부류에 끼지 못하게 했으며, 기술직에 취임하거나 기예를 연마하는 사람들을 박대했다.⁴ 이와 달리 일본에서 장인들은 비록 신분은 낮았으나 뛰어난 솜씨만 가지고 있다면 사회적 명성을 얻을 수 있었다. 이 사실을 처음으로 지적한 사람은 강항이다.

> 왜의 풍속은 매사 백공(百工) 가운데 반드시 한 사람을 내세워서 '천하일(天下一)'로 삼고, 한번 '천하일'의 손을 거치면 비록 아주 조잡하고 미미한 물건일지라도 반드시 금은으로 중하게 보상한다. '천하일'의 손을 거치지 않은 것이라면 비록 아주 기묘한 것일지라도 축에 들지 못한다. 나무를 얽어매고, 벽을 바르고, 지붕을 이는 등의 하찮은 기술에도 모두 '천하일'이 있다.⁵

일찍이 일본에서는 뛰어난 솜씨를 가진 장인에게 '천하일'의 칭호를 부여하면서 기술을 장려했다. 많은 장인들이 '천하일'을 자칭하여 남용했기 때문에 오다 노부나가 시대에는 이 칭호를 금지했다가, 토요또미 히데요시 시대에 기술·공예를 장려할 목적으로 '천하일'의 칭호를 허가하자 장인들이 이 칭호를 얻기를 명예로 여겼다.⁶ 실제로 근세 일본에서 '천하일'이라는 말은 곳곳에서 사용되었으며, 악기 연주자나 서예가 등도 이 칭호를 얻는 것을 명예로 여겼다고 한다.⁷ 벽을 바르거나 지붕을 이는 등 조선 사대부의 눈에 자질구레한 것으로 보이는 일이라도 특수기능을 가진 숙련자라면 사회적 명성을 얻을 수 있다는 사실이 강

(圖畫人氣) 團 師 冶 鑵 五六三　　　　　(圖畫人職) 團 師 繪 蒔 九六三

에도시대 일본에서 손재주가 있는 장인들은 높이 평가받았다. 도공(왼쪽)과 칠기 장인
(오른쪽).

항에게는 신기하게 비친 것이다.

　일본에서 장인과 기술자가 사회적으로 인정받으며 정교한 기구를 제
작한다는 사실은 조선 국내에도 전해졌다. 이익은 『간양록』에 보이는
'천하일' 이야기를 인용하면서 "백공이 반드시 한 사람을 추대해 '천하
일'을 삼으니, 그 교졸(巧拙)을 상고하고자 해서이다"라며 일본에서는
기술자의 솜씨를 평가하는 '천하일'이라는 칭호가 있음을 지적했다.[8]

　강항이 전한 '천하일' 이야기에 반응을 보인 또 한 사람이 박제가다.
이익과 마찬가지로 박제가도 조선의 생활도구를 제작하는 능력이 중
국·일본에 비해 뒤처짐을 문제시한 사람이다.

일본의 풍속은 온갖 기예에서 '천하일'이라는 호칭을 받은 사람이 있으면 비록 그의 기술이 자기보다 꼭 낫지 않음을 분명히 알고 있다 하더라도 반드시 그를 찾아가서 스승으로 모신다. 그리고 그가 평하는 좋다 나쁘다는 말 한마디를 가지고 기술의 경중을 판단한다. 이것이 기예를 권장하고 백성들을 한가지 기예에 집중하게 하는 방법이 아닐까?[9]

박제가는 생활의 질을 높이기 위해서는 무엇보다 중국의 기술과 제도를 배울 필요가 있다고 생각했다. 그 때문에 그는 주로 자신이 중국에서 견문한 경험에 의거하여 이용후생을 주장했는데, 미미하긴 하지만 일본에 대해서도 언급했다. 강항이 일본에서 경험한 것을 바탕으로 기술자를 후대할 것을 주장한 지 150년 이상 지난 시점에서 박제가가 강항의 견문록에 입각해 기술자 양성을 촉구한 것이다.

일본에 다녀온 사절들의 견문기에는 기교를 부려 만들어진 일본의 물품과 기구에 크게 감탄하는 대목이 도처에 있다. 신유한은 "풍속이 기교를 숭상하여 여공(女工)이 비단과 베를 짜는 것이 정밀하고 가늘며, 온갖 물건이 가볍고 묘하다"라고 하면서[10] 그릇과 화초(花草)에 기예를 부리는 일본인의 모습을 기술했다. 1711년의 사행원 임수간은 "마치 천연인 것처럼 기묘하여 자세히 보지 않으면 자못 진가(眞假)를 분간할 수 없었다. 이리하여 비로소 사람의 기묘한 솜씨도 조물주의 묘함을 훔칠 수 있다는 것을 알았다"라고[11] 일본 장인의 조화에 놀라움을 표했다. 1763년 역관으로 사행에 참여한 오대령은 "하나의 산, 하나의 물, 한 그루 나무, 한포기 풀이라도 자연 그대로 두지 않고 모든 것에 인공적인 기교를 부려서 사람의 눈을 놀라게 한다"라며[12] 일본인은 무엇에든 기교를 부려 자연도 손질한다고 서술했다.

정교하게 만들어진 일본의 기구에 대한 기록도 사행록에 많이 보인다. 특히 일본의 수차(水車)는 조선 사절들의 관심을 끌었다. 1429년에 통신사로 일본에 다녀온 박서생(朴瑞生)은 일본에서 본 수차를 조선에 도입할 것을 주장했다.[13] 이수광의 『지봉유설(芝峰類說)』에는 다음과 같은 말이 보인다.

중국 수차의 제도는 위(魏)나라 마균(馬均)[14]이 처음으로 만들었는데, 논을 관개하는 데에 가장 유익해서 천하에 통행할 만하다. 최근에 양만세(楊萬世)가 일본에 가서 그 제도를 배워왔는데, 극히 편리하지만 우리나라 사람들이 성질이 소졸(疏拙)하여 배워서 쓰려고 하지 않으니 애석하다.[15]

양만세는 1607년에 제술관으로 일본에 다녀온 사람이다. 이때 부사로 사행에 참여한 경섬이 남긴 『해사록』 중 일행이 오오사까 동쪽에 있는 요도(澱, 지금의 쿄오또 요도)[16]에 도착했을 때의 일기에 "집 뒤의 강교(江橋) 밑에 수차를 설치하고 나무를 파서 수로를 만들었는데, 높이가 5, 6길가량이며 물을 끌어올려 바로 부엌으로 대준다"라는 기록이 보인다.[17] 양만세가 배우려 한 수차는 요도에 있는 수차일 가능성이 높다. 경섬이 사행록에 기록한 이래 1763년의 계미통신사가 마지막으로 이곳을 지날 때까지 요도에 있던 수차는 계속 사행원들의 흥미를 끌어서 이에 대한 묘사가 사행록 도처에 보이며, 갈수록 그 묘사는 상세해졌다.

사행원들의 관심을 끌었던 요도의 수차는 요도성 바로 옆에 있었다. 요도성은 강으로 둘러싸여 있었는데, 성안으로 물을 끌어들이기 위해 두개의 큰 수차가 설치되어 있었다. 요도를 지날 때는 배 안에서 항상 그 수차가 보이기 때문에 그곳은 일본의 관광명소가 되었고, 수차는 수많은 화가들의 그림과 문인들의 시에 등장했다.[18]

1655년 요도에 다녀온 남용익은 "물가에 두 수차가 있어 물을 자아성을 넘게 하는데, 제작이 매우 묘하여 중국의 제도와는 조금 다르다"라는 기록을 남긴 바 있다.[19] 1711년의 역관 김현문(金顯門)도 요도성 바깥 두곳에 수차가 설치되어 있다고 하면서 다음과 같이 묘사했다.

> 그 모양이 마치 수레바퀴 같고 크기가 매우 컸으며, 물결이 부딪쳐 바퀴가 스스로 돌아가게 하였다. 본체 바퀴에는 10여개의 통을 달았는데, 모두 물을 떠서 돌리되 위에서는 통의 물이 속을 파낸 나무 사이로 저절로 쏟아져서 성혈(城穴)을 따라 동남쪽으로 흘러간다.[20]

김현문은 그때까지의 사행록 가운데 가장 자세하게 묘사했는데, 수차의 모양에 큰 감명을 받았던 것이다. 그는 또한 귀로에도 일본의 수차를 자세히 묘사했다.

> 왜경에서 요도에 이르는 길에는 용골차(龍骨車)가 많이 있었다. 사상(使相)이 가마를 멈추고 두 사람을 시켜 돌리게 하여 물을 떠내니, 마치 홍수처럼 터져 노력은 적게 들이면서 이익은 큰 것을 볼 수 있어서 삼사(三使)가 크게 기묘하게 여겼다.[21]

사절 일행은 수차 앞에서 가마를 멈추고 자세히 관찰하기까지 했던 바, 일본의 농사기구에 상당히 큰 관심을 보였음을 알 수 있다.

1748년의 사행록에도 요도의 수차에 대한 언급이 보인다. 홍경해는 호수의 물을 끌어서 성안에 쏟는 모습과 수차의 구조를 상세히 묘사하면서 "대개 수차가 한번 돌면 10여개의 통이 모두 한차례 물을 주입하는 데 잠시도 걸리지 않는다"라고 기록했다.[22]

1763년의 사행원들 또한 요도의 수차에 관심을 보였다.[23] 원중거는 "큰 홈통을 끌어 밖에 수차를 매달아 물속에 세웠는데, 제도가 물레와 다름이 없었다"라고 하고서 수차에 바큇살이 몇개 있고 각각의 바퀴가 어떻게 움직이는지와 통이 물을 받아 올라갈 때부터 물이 성안으로 흘러들어가는 과정을 자세히 묘사했다.[24] 김인겸(金仁謙)의 『일동장유가 (日東壯遊歌)』에도 "제작이 기묘하여/법받음 직하구나야"라는 기록이 보인다.[25]

일본에 가보지 않은 조선 문인 중에서 일본의 수차에 주목한 지식인은 이희경(李喜經)이다. 그는 『설수외사(雪岫外史)』에서 "듣자니, 일본의 오오사까성은 가구수가 10만여호인데, 통차(筒車) 한대를 이용해 물을 성으로 끌어올리고 집집마다 대나무통을 설치해 우물을 만들었다고 한다"라고 일본의 수차 이용에 대해 논했다.[26] 조선 후기에는 이희경뿐 아니라 박제가, 우하영(禹夏永), 정약용, 하백원(河百源), 최한기(崔漢綺), 서유구(徐有榘) 등 수많은 지식인이 수차 제조에 관심을 보였는데,[27] 다만 이들이 요도의 수차를 참조한 사례는 문면으로는 찾을 수 없다.

이렇듯 1429년에 박서생이 처음 주목한 이래 수백년에 걸쳐 일본의 수차는 사행원들의 관심을 모았다. 여러 시대에 걸쳐 일본의 수차를 조선에 도입하자는 논의가 이구동성으로 있었던 것이다. 일본의 기구 중에서 이와 같이 조선 지식인들의 순수한 실용적 관심을 받은 대상은 수차가 처음이라고 하겠다(후술하겠지만 수차를 비롯해 민가와 배의 구조에 대해서도 사행원들은 실용적인 관점에서 큰 관심을 보였다). 실용화로 연결되지는 않았으나, 요도의 수차를 관찰한 경험의 축적은 조선 지식인들에게 수차의 실용성에 대한 인식을 심화시켰다고 할 수 있다.

18세기 후반 조선에서 기술에 대한 관심이 높아지면서 일본의 기술력은 주목받았다. 역관 김세희(金世禧)는 다음과 같이 일본의 기술에 대해 언급했다.[28]

종로의 제품은 몇가지 등급이 있다. 중국 제품에는 모두 '당(唐)'자를 붙이는데, 중국 제품은 정교하면서도 치밀하고 담박하면서도 화려하며 우아하면서도 약하지 않고 기교적이면서도 법도가 있으므로 가장 뛰어난 상품으로 친다. 일본 제품은 정치하고 세밀하며 교묘하고 화려하여 그다음이다. 우리나라 제품은 대개 조악하여 정교하지 못하다. 간혹 중국 제품을 모방하지만 진짜와 다르므로 등급이 가장 낮다.[29]

김세희는 종로에 있는 여러 제품 중에서 중국, 일본, 조선의 순서로 등급이 매겨져 있는 사실을 예로 들면서 정교한 제품을 만드는 기술력이 다른 나라보다 훨씬 뒤떨어져 있는 상황을 개탄했다. 역관이던 그는 시장에 유통되는 일상품을 평소부터 자세히 관찰하고 있었던 것이다. 이어서 그는 조선 제품이 중국, 일본보다 조잡한 이유를 다음과 같이 해석했다.

이것이 어찌 산과 강에서 나는 재료가 중국과 달라서 그런 것이겠는가? 사람의 솜씨가 미진하여 그런 것이다. 우리 풍속이 지체를 구분하여 사람을 구속하기 때문이다. 지체가 높은 사람은 지식도 높고, 지체가 낮은 사람은 지식도 낮다. 그 정황을 보면 그럴 수밖에 없다. 그러나 지체가 높은 사람은 의지할 데 없이 곤궁하여 구렁텅이에 굴러떨어져 죽을 지경이 되더라도 태연하게 자기 지식을 자기 안에 가두고 상업이나 공업에 종사하려 들지 않는다. 이 때문에 나라에서 생산되는 제품은 모두 배우지 못하여 무식한 사람의 손에서 나온다. 사람이 무식한데 어떻게 교묘한 솜씨를 부려 정밀한 물건을 만들 수 있겠는가? 이것이 바로 제품이 아름답지 못한 까닭이다.[30]

조선 장인들의 솜씨가 낮은 것은 지식 있는 사람들이 상업이나 공업에 종사하지 않기 때문, 즉 지식층이 생활환경의 향상에 관심이 없기 때문이라 본 것이다.

일본 기술에 대한 관심은 19세기가 되면 더욱 확대된다. 정동유(鄭東愈)의 아들 정우용(鄭友容)은 1811년 사절단의 일원으로 일본에 가는 이면구(李勉求)에게 편지를 보냈다.[31] 그 내용을 보면 정우용이 일본에 대해 상당히 정확한 지식을 가지고 있었음을 알 수 있는데, 그는 일본의 높은 기술력을 평가하면서 그 기술을 배워야 한다는 점을 강하게 주장했다.

저들은 공장(工匠)과 기용(器用)의 편리함이 천하에서 최고입니다. 쇠를 다스리는 기술자가 세밀히 분별해 커다란 수레를 도금하니 그 화려함이 사람의 이목을 놀라게 하며, 옻칠하는 기술자가 한치 길이의 숟가락으로 한자가 되는 넓은 것까지 칠을 하니 빛나고 매끈하여 거울처럼 비칩니다. 비용은 적게 드는데 그 공효(功效)가 큰 것이 이와 같음이 있습니다.[32]

"쇠를 다스리는 기술자"와 "옻칠하는 기술자"가 각각 정밀하게 작업을 수행하고 질 높은 도구를 만들어내는 일본의 모습이 당시 조선 사대부에게 긍정적으로 인식되면서 주로 기술 분야에서 일본에서 배워야한다는 발상이 생겨났다. 이어지는 글에서 정우용은 일본의 도검에 큰 관심을 보이면서 기술력의 양성이 국가 번영에 도움이 됨을 강조했다.

또 쇠를 불려 주물을 만드는 기술은 더이상 공교할 수가 없습니다. 특히 도검의 날카로움은 쇠나 옥을 자를 정도입니다. 수백년이 지나도 막 만들어낸 것과 같습니다. 대개 위아래의 가지런함과 담금질의 심천(深淺)에 있어 남에게는 전하지 못할 오묘함이 있습니다. 저 도검의 쓰임새는 작게는 몸을 보호하여 해를 멀리할 수 있고, 크게는 적과 싸워 이겨 난리를 평정할 수 있습니다. 이는 나라를 다스리려면 반드시 있어야 할 것입니다. 그래서 주나라에 축씨(築氏)나 야씨(冶氏) 등의 직분이 있었던 것입니다. 그 비법을 배워올 수 있다면 이에 천금을 아끼지 말아야 할 것입니다.[33]

원중거가 "칼을 주조하는 법이 또한 지극히 정밀하다. 그 날카로운 칼날은 반드시 여러 시대를 거쳐 100년을 경과하여 만들어진다. 이 나라의 선비 무리는 모두 패도(佩刀)를 스스로 주조한다"라고 했듯이[34] 무사사회인 일본에서 칼을 손질하는 것은 필수로 여겨졌다. 정우용은 일본의 도검 제작기술이 뛰어나다고 하면서 주나라에도 전문기술자들이 있었음을 지적했는데, 그가 말한 대로 은주(殷周)시대에는 씨족마다 도구나 기구를 제작하는 직업집단이 존재했다.[35] 조선 지식인에게 일본의 기술문화는 주나라 제도를 본받아야 한다는 측면에서도 적극 수용해야 한다고 간주된 것이다.

2. 건축과 도량형

사행록에는 성, 사찰, 신사(神社), 다이묘오 야시끼, 부자들이 사는 큰 저택 등 일본의 건축물을 묘사한 대목이 도처에서 발견된다. 특히 백성들이 사는 일반 가옥의 구조가 사절들의 관심을 끌었다. 1590년부터 1764년까지의 사행록에 묘사된 민가 관련 기록을 모아 시대순으로 검토해보면 민가에 대한 인식이 점차 심화되어갔음을 알 수 있다. 이런 민가를 관찰한 경험의 축적은 이용후생을 주장한 조선 후기 지식인들에게 도량형의 통일에 대한 관심을 일깨웠다.

일본의 민가에 대해 최초로 포괄적인 기록을 남긴 사람은 이경직이다. 그는 일본 '궁실의 제도(宮室之制)'[36]가 매우 소박하고 정결하기를 힘쓴다고 하면서 민가의 모양을 묘사했다.[37] 다른 사행원들의 일본 건축물에 대한 기록은 대개 이경직의 기록을 바탕으로 전개되었는데 피상적인 묘사에 그쳤다. 일본의 민가를 자세히 관찰하고 중요한 점을 간파한 것은 1655년의 사행원 남용익이다. 그는 『문견별록(聞見別錄)』에서 다음과 같이 기록했다.

대개 그 만드는 법은 먼저 앞면의 기둥들을 늘어세우고 그다음에 가로 기둥을 연결하여 좌우의 집들과 너비에 차이가 없게 한 다음 점차로 꾸며가므로 칸의 크기가 한자 한치도 다르지 않다. 미닫이창은 모두 6첩(帖)이어서 반드시 칸에 맞고 자리(다다미)도 역시 같은 모양이어서 한칸에 깔리는 것이 일정한 제도가 있으므로 길가의 여러 집들이 먹줄을 친 듯이 바르게 늘어서 있으며, 병풍과 자리를 설사 다른 집에 옮겨놓더라도 조금도 들어맞지 않음이 없다.[38]

여기서 중요한 것은 "칸의 크기가 한자 한치도 다르지 않다"라는 지적과 미닫이창(襖)과 다다미(疊)를 "설사 다른 집에 옮겨놓더라도 조금도 들어맞지 않음이 없다"라는 지적이다. 이 두 지적은 기존의 사행원들이 보지 못했던 부분을 조명한 것으로, 후대의 조선 문인들에게 큰 영향을 끼쳤다는 점에서 매우 중요한 발견이라 할 수 있다.[39]

1719년의 사행원 신유한은 일본의 민가를 다음과 같이 묘사했다.

한칸의 넓이가 모두 3보(步)인데 이는 온 나라 안이 다 동일하여 털끝만큼도 다름이 없고, 매 칸에 자리[茵席, 다다미] 석장을 펴는 것 또한 다름이 없다. 그러므로 장자(障子)와 자리 중 혹 하나가 빠졌을 경우 비록 아무 데서나 구해다가 보충하더라도 모두 병부(兵符)를 합하는 것과 같으니, 온 나라에 통용되는 척도(尺度)의 정밀함을 알 수 있다.[40]

신유한도 남용익에 이어 한칸의 넓이가 모두 통일되어 있고 집 내부의 구조가 "털끝[毫髮]만큼도" 차이가 없으며 장지와 다다미는 새로 사서 끼워도 빈틈없이 들어맞는다고 지적했다. 신유한은 이러한 사실을 통해 일본은 나라 안의 '척도'가 같음을 발견한 것이다.

신유한은 일본 민가의 구조에 큰 감명을 받았다. 그는 홍계희에게 보낸 글에서 "온 나라 안의 무게와 되(斗斛), 길이가 털끝만큼도 차이가 없어서 왕궁과 민가의 규격이 일정하고 은화와 곡식, 옷감의 단위가 일정합니다"라고 했다.[41] 도량형이 통일된 일본을 매우 긍정적으로 평가한 것이다.

1748년에 이르면 일본 건축에 대한 관심은 더욱 높아졌다. 홍경해는 남용익, 신유한과 마찬가지로 장지에 대해 "길이와 너비가 같고 만약

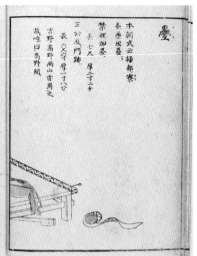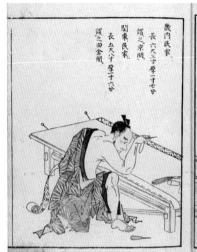

실제로 다다미의 크기가 일본 전국에서 통일된 것은 아니었으며, 지방에 따라 달리 정해져 있었다.

하나가 파손되어 시장에서 구입해 대체하여도 털끝만큼도 차이가 없다”라고 했고,[42] 다다미에 대해서는 직접 한글로 “다담이”라 쓰면서 “그 제도가 아주 정교하다”라고 칭찬했다.[43]

귀국 후 사행원들이 영조를 알현한 자리에서도 일본의 민가가 화제에 올랐다.

조명채 　저 나라에서 밑에 까는 ‘다담(多淡)’이라는 것은 즉 우리나라의 등매(登每, 돗자리) 부류인데 두께는 조금 더 두꺼워서 몇달 써도 못쓰게 되지 않아 매우 좋습니다.

홍계희 　저 나라의 법제는 일정하여 바뀌지 않고, 가옥의 척촌(尺寸)이 가지런하며, 방 안에 깔려 있는 자리는 등매보다 두껍고 다담이라고 하는데, 그 크기가 3척이고 높이가 6척입니다. 가옥의 칸살에 두장

을 까는 방도 있고 서너장, 대여섯장 까는 방도 있는데, 자리의 크기
는 변화가 없어서 한장이 이지러지면 시장에서 구해서 보충해도 꼭
들어맞아 지나치거나 모자람이 없습니다. 창호(窓戶)도 마찬가지입
니다.

영조 그러면 율도량형(律度量衡)이 매우 균등하니, 이적(夷狄)에 군
주가 있다 할 만하다.[44]

1655년에 일본에 다녀온 남용익이 '한자 한치도 다르지 않은' 일본
민가의 제도를 발견한 이래 면면히 계승되어온 일본 민가의 구조에 대
한 지식은 드디어 영조에게도 전해졌다. "이적에 군주가 있다"라는 영
조의 발언을 통해 알 수 있듯이 도량형이 통일되어 있다는 사실은 조선
에서도 긍정적으로 여겨진 것이다.

1763년의 사행원들 또한 일본 민가에 대해 동일한 인식을 드러냈다.
남옥은 종래의 사행원들과 마찬가지로 "바닥에 까는 다담(茶毯)이나
집에 설치하는 판자 칸막이를 시장에서 사오는데, 한자 한치도 들어맞
지 않는 것이 없다. 이는 그 척도가 통일되어 있기 때문이다"라고 기록
했다.[45]

남용익, 신유한, 홍경해, 남옥으로 이어져온 일본 민가의 통일된 구조
에 대한 지식은 마지막으로 박제가에게 이어진다. 박제가는『북학의』에
서 다음과 같이 기술했다.[46]

일본의 주택은 구리기와, 나무기와의 차등은 있으나 집 한칸의 넓
이와 창호의 치수는 위로는 왜황과 관백에서부터 아래로는 서민에 이
르기까지 차이가 없다. 예를 들어 한 집에서 부족한 것이 있으면 사람
들은 모두 그것을 시장에 나가 사온다. 만약 이사라도 하면 장지문, 탁

자 같은 물건이 부절(符節)을 합한 듯 서로 맞는다. 『주관(周官)』에서 서술한 제도가 도리어 바다 가운데 섬에 있을 줄을 생각지도 못했다.[47]

1655년에 남용익이 일본에서 발견한 사실이 후대 사행원들을 거쳐 마지막으로 박제가의 『북학의』에 도달한 것이다. 박제가는 일본 민가에 대해 언급하면서 "『주관』에서 서술한 제도"가 일본에 있다고 말했다. 『예기』 『주례(周禮)』 등의 관련 기술에서 보듯 예부터 중국에서는 도량형을 통일하는 것을 정치적으로 매우 중요하게 여겼다. 실제로 이덕무는 『예기』 「월령(月令)」에 보이는 "춘분과 추분에는 천하의 도량(度量)을 동일하게 하고, 저울을 공평하게 하고, 근량(斤量)을 바르게 하고, 말과 휘를 비교하여 바로잡는다(日夜分, 則同度量, 鈞衡石, 角斗甬, 正權概)"라는 말을 풀이하면서 도량형에 대한 의견을 제시했다.

지금 우리나라는 도수(度數)가 모두 엉망이어서 척도·양형(量衡)이 집집마다 다르고 저자마다 다르다. (…) 아, 이것이 어찌 검찰(檢察)하지 않아도 될 작은 일이겠는가? 일본은 도수에 밝으니 『주관』의 유의(遺意)가 오히려 남아 있다.[48]

1748년에 영조가 일본 민가의 내부 구조가 통일되어 있다는 이야기를 듣고 "이적에 군주가 있다"라고 발언한 데에 이어, 박제가와 이덕무 또한 척도와 계량의 단위가 통일된 일본을 두고 『주관』의 제도가 있다고 말한 것이다. 남용익이 처음으로 발견한 사실이 100년 이상의 세월을 거쳐 후대에도 계속 이어져 박제가, 이덕무의 이용후생론에 큰 시사점을 주었다고 하겠다.

3. 조선술

일본에서 운행되는 배에 대한 인식의 변천에도 흥미로운 점이 있다. 당초 일본 선박의 구조에 대한 평가는 낮았다. 1607년에 다녀온 경섬은 "수전(水戰)에 있어서는 우리나라의 전선(戰船)을 가장 꺼리며 감히 당할 수 없다고 한다"라며[49] 임진왜란 때 겪은 조선 수군에 대한 공포심이 일본인의 기억에 선명하게 남아 있음을 지적했다. 임진왜란 때 조선 수군이 일본을 물리친 것이 일본 배에 대한 평가에 일정하게 영향을 끼친 것이다. 그러나 일본의 조선술에 대한 평가는 점차 달라졌으며, 조선 후기에는 완전히 역전되었다.

사행원들은 오오사까까지는 조선에서 타고 온 배로 이동하고 오오사까 항구에 도착하면 일본측에서 준비한 배로 옮겨탔다. 사행록을 보면 그 당시 막부가 조선 사절을 위해 준비한 배에 대한 묘사가 도처에 나온다. 1624년에 방문한 강홍중은 "배의 제도가 교묘하여 판벽(板壁)으로 꾸미고 황금을 입혔다. 목판으로 지붕을 이고 흑칠(黑漆)을 입혔으며 포진과 기구가 지극히 화려하다. 그리고 벽에는 단청으로 그림을 그려 사람의 눈을 현란하게 하였다"라고[50] 매우 긍정적으로 평가했다. 사행원들은 오오사까에서 옮겨탄 일본 누선(樓船)의 화려함에 놀랐던 것으로 보인다. 1636년 사행의 종사관 황호는 "이른바 화선(畫船)이라는 것은 모두 층각(層閣)을 만들어 황금으로 꾸미고 수놓은 장막으로 둘러서 사치하기 짝이 없었다"라고 기록했고,[51] 1643년의 부사 조경(趙絅)은 '화방누선설(畫舫樓船說)'이라는 제목을 붙여서 배의 길이, 높이, 내부 구조, 선실의 모양, 배를 운항하는 모습 등을 상당히 자세하게 기록했다.[52]

이와 같이 사행원들은 일본 누선의 화려함과 정교함을 평가하면서도 한편으로 조선 선박에 대한 자신감을 드러내기도 했다. 1636년의 사행원 김세렴은 물가에 전선이 수십척 있는 모습을 보고 "그 배의 제도를 보니 경쾌하며 정교하였고 좌우에 25개의 노(櫓)를 설치하거나 또는 30개의 노를 설치했는데, 우리나라 전선에 비하면 매우 뒤떨어진다"라고 하면서 일본 군대가 "만일 육지에 내리게 되면 막기 어렵다"라고 기록했다.[53] 즉 일본의 배가 경쾌하고 정교하다는 것은 인정하지만 조선의 배만 못하며, 따라서 일본과 싸울 때는 육상에서의 전투를 더 경계해야 한다는 말이다. 1655년에 사행으로 다녀온 남용익도 일본의 누선이 호화스럽다고 했는데, 과선(戈船, 전쟁에 사용하는 배)에 대해서는 "역시 정교하고 화려하지만 견고하기는 우리나라 배에 훨씬 미치지 못한다"라며[54] 일본의 배를 높이 평가하지는 않았다.

이러한 인식은 18세기에 들어서면서 달라진다. 1748년 군관으로 사행에 참여한 홍경해는 일본 배를 높이 평가했다. 그는 쓰시마번의 소오 요시유끼(宗義如)가 사행원들을 마중하려 타고 온 배를 보고서 다음과 같이 기술했다.

우리나라의 전함보다 조금 작은데 제도가 극히 교묘하고 사치스러우며, 좌우에 보라색 천막을 설치하고 위에는 다섯가지 색깔로 아름답게 물들인 장막을 설치했으며, 뱃머리에 무기·활·칼·조총 등을 설치했는데 모두 비단으로 감추고 있다.[55]

홍경해는 종전의 사행원들이 보였던 조선 배에 대한 자신감을 드러내지 않았다. 오히려 조선 배를 혹평하는 일본인의 말을 남긴 바 있다.

아란타 배의 제도는 극히 정교하다. 일본인은 일찍이 말하기를, 남

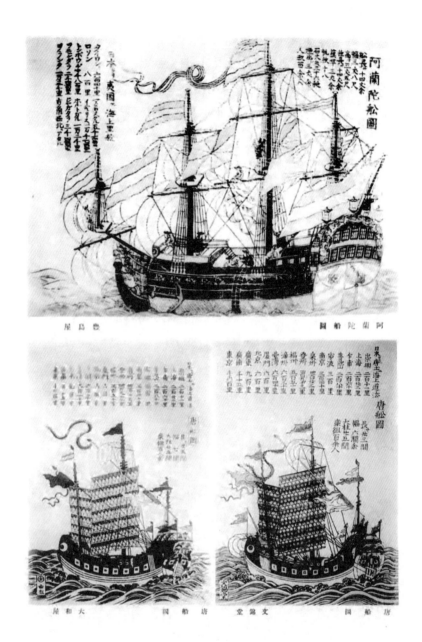

나가사끼를 왕래하던 네덜란드(위)와 중국의 배(아래)를 묘사한 판화.

경(南京)의 선박은 정교하지만 아란타에는 미치지 못하고, 일본의 선박은 남경의 선박에 미치지 못하며, 조선 배의 제도는 가장 정밀하지 못하다고 하였다.[56]

아란타, 즉 네덜란드 배에 대한 언급이 나왔다는 것이 매우 중요하다. 그때까지 사행원들은 조선과 일본의 배를 비교하고 자국의 배가 더욱 크고 견고하다고 판단했다. 그런데 어느새 조선술에 대한 평가가 아란타, 중국, 일본, 조선의 순으로 변화한 것이다.

또 홍경해는 시모노세끼에 도착했을 때 조선 사절들을 환영하기 위해 일본 각지에서 수많은 배들이 북을 치면서 항구로 속속 모여드는 광경을 자세히 묘사하면서 다음과 같이 서술했다.

만약 병기를 싣는다면 어느 곳에 나아가든 대적할 만한 상대가 없을 것이다. 우리나라 전함의 훈련은 통영(統營)을 으뜸으로 삼고 있지만 이것과 비교하면 아이들 장난에 불과하다.[57]

이로 보아 당시의 일본이 상당히 많은 배를 제작하고 배의 운항에도 능통했음을 짐작할 수 있다. 홍경해는 항구를 운항하는 일본 배들의 모습에 큰 충격을 받은 것으로 보인다. 그는 오오사까에서 일본의 금루선(金縷船)에 타자 "대저 배의 제도는 기이한 솜씨를 극진히 다하였으니, 판자의 앞과 뒤를 모두 옻칠하여 거울과 같다. 뱃머리와 고물에는 용과 봉황의 형체를 조각하여 금으로 덮었다"라면서[58] 배 전체의 구조를 아주 상세히 묘사하고 높이 평가했다.

이와 같이 일본 배에 대한 평가는 18세기에 들어와 점점 달라지기 시작해 1763년에는 완전히 뒤집혔다.[59] 남옥은 일본 배의 구조를 자세히 묘사하면서 다음과 같이 서술했다.

물에 둘러싸인 섬나라인지라 배를 마치 말처럼 부린다. 배의 제도
가 지극히 가벼우면서도 견고해서 실 한올만큼의 틈도 없으므로, 애
초에 헝겊쪼가리를 준비하지 않아도 새는 것을 방비할 수 있다. 그래
서 투박하고 엉성한 우리 배를 보면 모두 비웃는다. 그들과는 가히 육
지에서는 싸울 수 있으나 물에서는 싸울 수 없다.[60]

1636년에 김세렴이 일본 배에 대해 "우리나라 전선에 비하면 매우 뒤
떨어진다"라면서 전쟁이 일어나면 해상에서 일본군을 막아야 한다고
했던 것과 반대로, 남옥은 해상에서 일본과 전쟁해서는 안된다고 서술
했다. 1748년에 홍경해는 조선술의 순위가 아란타, 중국, 일본, 조선이
라는 일본인의 말을 언급했는데, 1763년에는 조선 배가 일본인들에게
비웃음을 받는 지경에까지 이르렀다. "실 한올만큼의 틈도 없"이 정교
하게 만들어진 일본 배를 관찰한 경험은 자국의 기술력을 반성적으로
돌아보는 계기가 된 것이다.

원중거가 일기체로 쓴 『승사록(乘槎錄)』에는 일본 배를 묘사한 대목
이 많이 보이고, 『화국지』에는 일본의 조선술에 관해 자세하게 기록한
「주즙」이라는 글이 있다. 그는 조선술 분야에서 일본이 조선보다 훨씬
앞서 있다는 현실에 큰 위기의식을 가졌으며, '비왜'의 관점에서 일본
의 조선술에 주목했다.[61] 그는 쓰시마에 도착했을 때 시중을 들던 쓰시
마 백성들의 형편이 상당히 좋지 않았다고 서술하면서 다음과 같이 말
했다.

백성들은 날로 늘어나는데 살아가는 형편이 이와 같이 심히 고통

스러우니, 만약 그들이 배를 만드는 능력이 우리의 열배가 된다면 우리 앞날에 닥칠 근심이 또한 적지는 않으리라 생각된다.[62]

선박만이 해외도항을 가능케 하는 유일한 이동수단이던 당시에 조선술은 군사력을 나타내는 지표로 간주되었다. 후술하겠지만 원중거는 일본의 상선이 모두 군사 목적으로 전용(轉用)될 수 있도록 만들어져 있음을 지적했다. '비왜'에 예리한 문제의식을 가지고 있던 원중거는 일본 조선술의 수준에서 군사적 위협을 감지한 것이다.

『화국지』「주즙」에는 비왜론이 더욱 두드러지게 나타난다. 그는 "배의 정교함은 내가 생각건대 천하에서 일본만 한 곳이 없을 것이다. 저들이 중국을 침범하려 했으며 우리나라를 업신여긴 것은 그 배와 조총을 믿어서이다"라고 하여[63] 조선술이 발달한 일본에 대해 큰 경계심을 드러냈다. 또 「주즙」 말미에서 "지금 남쪽 변경의 일을 논하는 데에는 배를 우선으로 삼지 않을 수 없다. 그러므로 내가 「주즙」에서 상세하게 말하고 또 나의 견해를 덧붙여 논하였으니, 보는 자는 마땅히 잘 알아야 할 것이다"라고 기록했다.[64] 원중거는 일본 조선술의 발달을 직접 견문하고서 일본이 또다시 배를 타고 바다를 건너오지 않을까 하는 경계심을 가졌던 것이다. 이러한 문제의식 아래 원중거는 일본에서 배가 어떻게 건조되는지를 예리하게 관찰했다.

원중거가 일본 배에 대해서 지적한 것은 크게 세가지이다. 첫째로 조선작업이 국가의 관리 아래 오오사까에서 시행된다는 점, 둘째로 작업과정이 상당히 치밀하다는 점, 셋째로 배가 즉시 군사용으로 전용될 수 있도록 만들어져 있다는 점이다.

그는 오오사까 거리를 다니면서 배 만드는 현장을 관찰하여 그 모습을 『승사록』에 상세히 기술했다.[65] 『화국지』에는 오오사까 견문의 결과가 더욱 자세하게 정리되어 있다. 첫째로 그는 "대개 배 만드는 재료와 기술자는 모두 오오사까로 모이는데, 선안(船案)을 또한 치밀하게 관리하여 오오사까 봉행(大坂奉行)의 불도장(烙印)이 찍힌 허가서가 없으면 마음대로 사해(四海)를 다닐 수 없다. 이를 범한 자는 목을 베기 때문이다"라고 하여[66] 막부가 조선사업을 철저히 관리하고 있음을 지적했다.

둘째로 매우 치밀하게 배를 만든다는 점에 대해 그는 「주즙」에서 일본 직공들의 모습을 다음과 같이 묘사했다.

그 수법은 지극히 정밀하다. 또한 반드시 잠심(潛心)하고 세밀히 살펴서 여러번 칼로 깎는다. 못을 박을 때에는 반드시 서로 더불어 "야 아" 하며 좋다고 말한 후에야 착수한다. 대개 그 공을 들이는 것이 이와 같으며 정신을 고달프게 하는 것이 이와 같다.[67]

일본의 성곽·수차·사찰·민가 등 완성된 건축물과 기구의 구조를 묘사한 사례는 사행록 도처에 보인다. 그런데 일본 장인들이 물건을 만드는 모습, 물건을 만들기 시작해서부터 완성하기까지의 과정을 이와 같이 생생하고 세밀하게 기록한 것은 역대 사행원들 중에서 원중거가 처음이다. 그만큼 배를 만드는 일본 장인들의 모습은 그에게 깊은 인상을 남긴 것이다.

셋째로 원중거는 배의 구조가 군사 전용이 가능하도록 만들어져 있다는 점을 지적했다.

나라 안에 전선을 따로 만들어놓은 것이 없다. 급한 일이 있으면 바닷배와 상선이 모두 싸우는 도구가 된다. 평시에는 관청의 문서에 등록되어 있다가 경보를 들으면 배를 모아서 내놓는다. 그러므로 국중

배를 만드는 일본 장인들.

에 선적(船籍)이 가장 명확하다.[68]

"선적이 가장 명확하다"라는 말은 배를 보면 어느 번의 배인지를 금방 알 수 있다는 뜻이다. 1748년 홍경해가 시모노세끼에 들어오는 일본배들을 보면서 "만약 병기를 싣는다면 어느 곳에 나아가든 대적할 만한 상대가 없을 것이다"라고 썼던 것과 마찬가지로, 원중거는 배를 통해서 일본 국내에 임전태세가 갖춰져 있음을 목격한 것이다.

이와 같이 일본의 조선술과 배의 운영에 대해 서술한 다음 원중거는 일본 배와 조선 배를 비교하면서 앞으로 조선에서 어떠한 배를 건조해야 할지를 구체적으로 제시했다. 그 내용을 요약하자면, 가볍고 빠르고 정밀한 일본 배를 그대로 따라 만들자고 해도 조선과 일본은 재정과 기술 면에서 차이가 있기 때문에 오히려 제대로 된 배를 만들 수 없을 것이며, 조선에서 종래 시행해온 조선술로도 충분히 견고한 배를 만들 수 있으므로, 배를 크고 거칠게 만들지 말고 목재를 잘 관리해 더욱 정밀하고 단단하고 두껍게 만들어 일본 조선술의 장점을 살리자고 제안했다.[69] 배의 건조법을 이처럼 상세히 기술한 것은 원중거가 자국의 조선술에 위기감을 가졌기 때문이다.

대저 우리나라 전선은 안부(案附, 배의 설계도)에 비록 척수(尺數)를 기록해놓았지만 일을 맡은 사람들이 매번 몸체가 큰 것을 숭상해서 사실상 안부류(案附類)에 비해 모두 크게 만든다. 또한 그 재목을 봄여름에 많이 마련하기 때문에 나뭇결이 단단하지 못하다. 배를 만드는 데 기구로는 단지 도끼를 사용해서 거칠게 깎을 뿐이다. 틈을 메우는 데는 으레 짚으로 꼰 새끼와 찰흙을 써서 메운다. 전선은 곧 인명이 의지하는 바이며 나라의 안위가 기대는 바인데도 소홀히 하는 것이 이와 같다. 이를 생각하면 매번 마음이 섬뜩해지는 것을 느낀다.[70]

일본의 조선술을 직접 관찰함으로써 원중거는 조선의 배 만드는 과정에 상당히 심각한 문제가 있음을 깨달았던 것이다.

일본 조선술에 대한 지식은 조선 국내에도 유입되었다. 조선 후기에 이용후생을 주장한 지식인들은 공통적으로 조선술에 관심을 가졌다. 박제가는 『북학의』에서 다음과 같이 조선의 조선술의 허술함을 지적했다.

배는 물에 빠지는 것을 면하기 위한 도구다. 그런데 지금 나무를 정밀하게 깎지 못하기 때문에 틈에서 새어드는 물이 배에 항상 가득하다. 배를 탄 사람의 정강이는 냇물을 건너는 것처럼 젖어 있다. 배 안에 고인 물을 퍼내느라고 날마다 한 사람이 그 일에만 힘을 쏟는다.[71]

박제가는 나무를 정확하게 깎는 법을 모르는 것이 일상적인 배의 운용에도 심각한 폐해를 낳고 있다고 지적한 것이다.

일본의 조선술을 배우려 한 원중거의 제안은 조선에서 이덕무에게 수용되었다. 원중거와 절친했던 이덕무는 조선술의 향상에 큰 관심을 보였다.

갑신년(甲申年, 1764)에 통신사가 돌아올 때에 공장을 시켜서 그 법을 배워오게 했다. 병술년(丙戌年, 1766)에 바다를 건널 때에 역관이 비로소 이 제도를 썼는데 물이 양쪽 틈으로 들어와 배가 뒤집혀 100여명이 죽었으니, 이는 장치(裝治)가 왜인같이 정밀하지 못하였기 때문이다.[72]

이를 보면 일본 조선술에 대한 견문을 근거로 한 원중거의 제안은 조선에서 시도되었던 것으로 보인다. 실패로 끝나긴 했지만 더 나은 배를 만들려는 시도가 있었음을 알 수 있다.

정약용은 신유한이 썼다고 하는 『해사견문록(海槎見聞錄)』의 발문에서 다음과 같이 지적했다.

의당 관찰해야 할 것은 오직 기물(器物)의 정교함과 여러가지 조련하는 법인데, 이 책에서는 그 점이 생략되었으니 한스러운 일이다. 그러나 우리나라 사람이 그곳에 표류하면 그들은 번번이 새로 배를 만들어서 돌려보냈는데, 그 배의 제도가 아주 절묘하였다. 하지만 여기

에 도착하면 우리는 그것을 모두 부수어서 그 법을 본받으려고 하지 않았다.[73]

조선 후기에는 제대로 된 배를 만드는 것이 시급한 과제였다. 그런데 원중거가 그토록 일본의 조선술을 배우자고 제안했음에도 조선 국내에서는 이덕무의 경우를 제외하면 원중거의 열정적인 제안을 수용하지 않았던 것으로 보인다. 그러나 일본 기물의 정교함을 잘 관찰해야 한다는 정약용의 주장에서 알 수 있듯이 일본의 기술을 배우려는 자세는 계속 유지되었다. 조선시대에 일본은 수준 높은 기술력을 가진 나라로서 이용후생을 주장한 지식인들에게 주목받고 있었던 것이다.

제 7 장

문자생활

조선 사절들이 일본을 다닐 때는 일본어에 능통한 역관이 동행했다. 그런데 대부분의 사절들은 조선 역관의 일본어 실력이 부족하다고 전하고 있다.[1] 1748년에 다녀온 홍계희는 귀국 후 영조를 알현하는 자리에서 "교린(交隣)은 오직 역관들에게 달려 있는데, 요즘의 왜역(倭譯)들은 전혀 통역을 못합니다. 이번 사행으로 말하면 특히 소홀했습니다"라며[2] 역관들이 전혀 도움이 되지 않았다고 했다. 역관들이 일본어를 못했다면 사절들은 일본인과 어떻게 말을 주고받았는가? 원중거는 "역관들이 명색은 비록 왜역이지만 실제로는 왜어(倭語)를 잘 이해하지 못한다. 또 큰일은 문자가 있고 작은 일에는 초량(草梁)의 통사(通事)가 있으니 언어가 서로 통하는 데에 반드시 역관들 때문에 근심할 필요는 없었다"라고 했다.[3] '문자'란 한자를 말하고 '초량의 통사'란 쓰시마의 통역을 말한다. 중요한 사항은 한문 필담으로 처리하고 사소한 일은 통역을 통해 처리했기 때문에 역관들이 도움이 되지 않아도 의사소통에는 그리 문제가 없었다는 것이다. 실제로 사절들은 구어에 의한 소통보다 한문에 의한 소통을 선호했다. 남옥은 일본어 발음을 들어 다음과 같이 말했다.

어음(語音)이 번잡하고 촉급하다. 저들끼리 사적으로 떠드는 소리는 마치 참새가 쨋쨋 떠드는 것 같다. 다만 우리나라의 역학(譯學)과 통사만 이해하지 못하는 것이 아니라 오오사까 이서(以西), 서경과 에도 등의 말은 쓰시마의 왜인들도 대부분 알아듣지 못하니, 필어(筆語)로 상세하게 하는 것만 못하다. 통역으로 그 정세를 탐지하는 것 역시 신통치 않다.[4]

일본을 다닐 때 조선 역관들의 일본어 능력도 부족한데다 표준어라는 개념이 없어 지방마다 방언으로 말을 하면 쓰시마 사람도 본토의 일본인들이 하는 말을 못 알아들었다. 회화에 의한 소통에 불안을 느낀 남옥은 통역을 통하기보다 한자로 직접 써서 의사를 전달하는 것이 더욱 확실하다고 생각한 것이다. 게다가 필담을 통해 확실하게 의사소통할 수 있다고 조선 사절들이 믿을 만큼 에도시대 일본인들은 수준 높은 한문구사력을 가지고 있었다. 당시 조선 사절들과 일본 지식인들은 붓과 종이만 있으면 언제나 직접적인 의사소통이 가능했던 것이다.

이처럼 '어음'보다 '필어'가 중요하다는 생각을 가지고 있었던 만큼 조선 사절들은 일본인들이 어떻게 문자를 사용하는지 상세히 관찰했다. 또 숙소에 찾아와서 한시 수창을 열망하거나 글을 써주기를 청하는 일본인들의 모습을 통해 사절들은 그들이 독특한 문자의식을 가지고 있음을 감지했다. 이 장에서는 사절들이 일본인의 문자 사용법에 어떠한 위화감을 느꼈으며, 일본인의 문자의식에 대해 어떠한 인식을 가지고 있었는지를 검토한다.

1. '카나(仮名)'와 일본식 한자

일본에 한자 외에 독자적인 글자가 있다는 사실이 언제 조선에 알려졌는지는 확실히 알 수 없으나, 이미 15세기에 최만리(崔萬理)가 훈민정음 창제에 반대하는 상소문에서 몽골·서하(西夏)·여진(女眞)·일본(日本)·서번(西蕃) 등의 나라가 각기 자국어를 표기하는 글자를 가지고 있다고 지적한 것이 보인다.[5] 이로 보아 이 시기의 조선 문인들은 이미 일본에 한자와 다른 글자가 있음을 알고 있었다.

최만리의 상소문이 나온 다음해인 1443년에 일본에 다녀온 신숙주는 "남녀 상관없이 모두 국자(國字)를 익힌다"라며[6] 일본인들은 주로 '국자'를 사용함을 전하고서 "국자는 가다간나(加多干那)라 하고 대저 47자이다"라고 기록했다.[7] '가다간나'는 일본어의 '카따까나(片假名)'를 가리킨다. 카따까나는 한자를 토대로 만들어진 글자로, 주로 불교 경전을 훈독할 때 한자 사이에 일본어를 써넣기 위해 사용되었다.[8] 신숙주는 일본에서 경서 옆에 기입된 카따까나를 본 것으로 생각된다.

강항도 일본 카나(假名)의 역사를 간단히 언급하고서 "그 언문과 문자를 섞어서 쓰면 우리나라의 이두(吏讀)와 비슷하고, 문자를 섞지 않으면 우리나라의 언문과 비슷하다"라고 했다.[9] 강항은 이와 같이 일본인의 문자생활이 조선과 비슷하다고 지적한 다음 "왜인 중에서 글에 능하다는 사람도 단지 언문을 사용할 뿐 문자에 대해서는 전연 알지 못한다"라고 서술했다.[10] 강항이 말하는 '문자'란 물론 한자·한문을 가리킨다. 강항은 일본인의 문자생활을 정확히 파악하고 있었던 것이다.

한편, 일본에도 한문에 능한 사람이 있다는 사실 또한 일찍부터 알려져 있었다. 신숙주는 "오직 승려 무리만 경서를 읽고 한자를 안다"라고 했고,[11] 강항은 "오직 왜승(倭僧)만이 문자를 해독하는 사람이 많은데, 그 성정이 보통 왜인과는 사뭇 달라 왜장의 행위를 비웃습니다"라고 기록했다.[12] 여기서 '왜승'이란 승려를, '왜장'은 무사를 말한다. 그 당시 한문을 쓸 줄 아는 일본인은 승려에 한정되어 있었다. 이 때문에 억류생활을 하던 강항은 승려와 필담으로 의사소통했다. 강항은 "그 장수가 되는 사람들 가운데 문자를 아는 사람은 한명도 없다"라고 일본 무사계급 중에 한문을 아는 사람이 없음을 지적하고서 "무경칠서(武經七書)는 모두 간행하여 소장하고 있으나, 이 또한 반행(半行)도 읽을 수 없다"라며[13] 무사임에도 병법서인 무경칠서조차 읽을 수 없다고 전했다. 강항이 본 일본인의 문자생활은 일견 조선의 그것과 비슷해 보이면서도 상당히 달랐던 것이다. 한자와 고유문자를 쓴다는 공통점은 있었지만 지식층이 한문을 구사하는 조선과 달리 일본에서는 한문보다 고유문자인 카나가 주된 의사소통 수단이었다.

1655년에 사행으로 간 남용익은 "그 나라 풍속에 별도로 사용하는 문자가 있다"라고 하여[14] 일본에서만 사용하는 고유 한자어가 있음을 지적했다.[15] 예를 들어 "'목출도(目出度)' 석자는 위하(慰賀)한다는 뜻이다"라거나 "닭〔鷄〕을 일러 '정조(庭鳥)'라 한다"라는 등[16] 일본 고유어에 한자를 차용하여 표기하는 경우가 있다고 기록했다. '目出度'는 일본어로 '메데따이(めでたい)'라고 읽고 '축하할 만하다'라는 뜻이다. '庭鳥'는 일본어 훈독으로 '니와또리(にわとり)'라고 읽고 '닭'이라는 뜻이다. 일본어 중에서 조선 사절들이 큰 관심을 보인 것은 이러한 고유 한자어였다. 원중거는 일본의 고유 한자어를 열거하면서 그 글자의 의미를 작은 글자로 설명했다. 몇가지 소개하자면 다음과 같다.

辻: 街衢也(사거리이다).

『화한삼재도회』에 일본의 고유 한자어가 정리되어 있다.

雫: 倭爲涓滴字(왜에서는 '물방울'이라는 글자이다).

込: 爲入滿之義也('넣어서 채우다'라는 뜻이다).

匂: 俗爲香馥之訓(풍속에서 '향기'의 뜻이다).

掟: 禁制條目敎令也(금지하는 조목의 법령이다).[17]

　'辻'은 일본어로 '쓰지(つじ)'라고 발음하고 '사거리'를 말한다. '雫' 는 '시즈꾸(しずく)'라고 발음하고 '물방울'을 말한다. '込'은 일본어로 '코메루(込める)'라는 동사로 쓰이며 '넣어서 채우다' 혹은 '담다'라는 뜻이다. '匂'는 '니오이(におい)'라고 하여 '냄새'라는 뜻이다. '掟'은 '오 끼떼(おきて)'라고 발음하며 '금지된 사항'이라는 뜻이다. 원중거가 여 기서 언급한 고유 한자어는 모두 『화한삼재도회』권15 「왜자(倭字)」에 기록되어 있다.

조선 사절들이 일본에서 사용되는 한자 가운데 큰 위화감을 드러낸 글자가 '어(御)'자와 '국(國)'자이다. 신유한은 일본에서 '어'자가 매우 이상하게 쓰임을 다음과 같이 기록했다.

내가 객관(客館)에 있을 때 나에게 선물을 보내는 사람이 '어선(御扇)' '어필(御筆)' '어용지(御用紙)' '어과자(御菓子)'라고 쓴 것이 많아 애초 매우 놀라 물리치려 하였다. 역관이 말하기를, "왜인의 습속이 이와 같고 본래 참람된 것이 아닌데 그것을 고쳐 쓰라 하면 이루 다 고칠 수가 없습니다"라고 하기에 웃고 그대로 두었다.[18]

조선에서 '어'자는 보통 임금에게만 사용하는 말인데, 일본에서는 예부터 경어로 많이 쓰였다. 임금에게만 사용하는 경어를 자신에게 쓴 데에 신유한은 당황한 것이다.

1748년에 일본에 다녀온 조명채의 사행록에도 다음과 같은 기록이 보인다.

관소(館所)의 문에 '모사어숙'(某使御宿, 아무 사신이 묵으시는 곳) 넉자를 작은 종이에 써서 붙였는데, 그 나라의 풍속이 모든 존경하는 곳에는 반드시 '어'자를 붙인다고 한다. 곧 아랫것들을 시켜서 그 붙인 종이를 떼게 하고, 역관을 불러서 호행왜(護行倭)에게 앞으로는 '어'자를 쓰지 말라고 전하게 하였다.[19]

일본에서 '어숙'이란 손님이 묵는 숙소를 공손하게 부르는 말인데, 조선 사절의 입장에서 '어'자를 자신들에게 사용하는 것은 참람한 것으로 여겨진 것이다.

1763년의 사행원 원중거는 이끼노시마(壹岐島)에 있을 때 역관들과 산책하다가 경험한 일을 다음과 같이 썼다.

북쪽을 등지고 불사(佛寺)가 있기에 처음에는 들어가보고자 했으나, '호행장로양어소(護行長老樣御所)'라고 적혀 있는 것이 보였다. 대개 '양(樣)'은 '전(前)'이라는 글자의 뜻이고 '어'는 '존(尊)'이라는 글자의 뜻이니, 그곳은 이정승(以酊僧)의 처소였다. 이를 알고 나자 들어가보면 불편할 것 같아 돌아나와 산을 둘러 갔다.[20]

'호행장로양어소'는 일본에서는 '통신사를 호행(護行)하는 이떼이안(以酊庵, 쓰시마에 있던 사찰)의 승려들이 머무는 곳'을 의미하는데, 조선 사절에게 '어소'는 '임금이 계시는 곳'을 의미했다. 원중거는 '어소'라고 적힌 곳에 들어가기가 불편해서 돌아서 다른 곳으로 갔던 것이다.

남옥도 "그 나라에서는 '어'자와 '전(殿)'자를 우리나라 하관(下官)의 처소와 심지어는 뒷간에까지 쓰니, 필시 글자의 뜻을 마땅히 써야 할 곳과 쓰지 말아야 할 곳을 알지 못하는 것이다"라며[21] 임금에게만 사용할 수 있는 '어'자와 '전'자를 어디서나 쓰는 것에 큰 거부감을 드러냈다.

'국(國)'자의 사용법에 대한 위화감은 더욱 두드러졌다. 원중거는 일본 다이묘오들의 가문을 나열하고서 "비록 8도 66주는 무주의 지배하에 귀속되지만 여러 성부(城府)에서는 각기 스스로 국(國)이나 군(君)이라 칭한다"라고 하여 한 영지에서 '국'이나 '군'이라는 말이 평소부터 사용됨을 밝혔다.[22]

남옥은 아이노시마(藍島)에서 일본 문인들과 필담했을 때의 경험을 기록하면서 다음과 같이 썼다.

그가 말하는 이른바 '국'이니 '군'이니 '세자(世子)'니 '시독수경(侍讀授經)'이니 하는 것은 왜황과 관백이 아니라 바로 그 주의 태수가 각각 관직을 설치해서 이름 붙인 것을 가리켜 말하는 것이니, 야랑자존(夜郎自尊)이다. 비단 군장(君長)뿐만 아니라 60주의 작은 추장들이 모두 스스로 그 주의 왕 노릇을 하여 그 백성을 신하로 삼으니 더욱 가소롭다.[23]

'국'을 비롯한 말은 모두 원래 국왕 내지 세자에게만 사용할 수 있는데, 일본에서는 이 말들을 모두 천황이나 막부 쇼오군뿐 아니라 다이묘오에게도 사용한다는 것이다. 남옥은 이러한 것은 모두 '야랑자존', 즉분수를 넘는 일로 본 것이다. 다이묘오들이 각기 자신의 영지 내에서 "왕 노릇"을 하는 것은 군현제의 조선에서 온 사절들에게는 이상하게보일 수밖에 없었다.

2. 한자와 한문의 사용

초기의 사행원들은 일본에서 한자·한문을 쓸 줄 아는 것은 승려밖에없고 대부분의 일본인은 히라가나를 쓴다고 전했다. 그러나 일본에 한문에 능한 사람이 승려밖에 없다는 인식은 점차 변화했다. 1590년부터1764년까지 기록된 사행록을 통시적으로 검토해보면 일본인의 문자생활에 대한 묘사가 점점 달라지는 것을 확인할 수 있다. 당초 승려에 한정되어 있던 필담 내지 한시 수창의 대상이 1764년에 이르면 서민까지포함하게 되는 것이다. 이렇게 사절들의 필담 상대가 확대됨에 따라 그들의 일본인식도 변화하게 된다.

중세 일본에서는 쿄오또에 위치한 오산(五山), 즉 다섯개 사찰을 중심으로 문화가 발전했으며, 중국에 다녀온 승려들이 불교 경전을 비롯해 중국의 선진문물을 수입하면서 활발한 문화활동을 전개했다. 이들 오산승(五山僧)은 불교와 더불어 유교도 배웠고, 시문에도 능통했다. 이들은 외교문서 작성, 외교사절 파견 등의 외교 실무에도 기용되었다.[24] 조선에 대한 외교도 승려가 담당하여 사행원들이 일본을 방문할 때는 항상 승려가 접반승(接伴僧)으로 수행했다. 이 때문에 사행록에는 승려가 많이 등장한다. 17세기 전반에 기록된 사행록에서 사행원들의 소통 상대는 대부분 승려였다.

1590년에 일본에 다녀온 김성일이 남긴 『해사록』에는 일본 오산승과 주고받은 시가 수록되어 있다. 그는 일본에 가기 전에 조선 조정에서 급거 사자관(寫字官)을 임명한 일과 일본에서의 문학교류에 대해 술회했다. 김성일은 일본 사신으로 임명받아 왕에게 하직하는 날에 선조가 "내가 들건대, 왜국의 중이 제법 문자를 알며 유구의 사신도 항상 왕래한다고 한다. 그대들이 만약 서로 만나서 글을 주고받는 일이 있을 경우에 글씨도 서투름을 보여서는 안된다. 그대들은 유념하라"라고 일러주었다고 하였다.[25] 김성일은 선조의 명에 따라 사자관으로 데려간 이해룡(李海龍)이 일본에서 큰 환영을 받은 모습을 다음과 같이 서술했다.

얼마 뒤 왜도(倭都, 오오사까)에 들어가자 글씨를 써주기를 청하는 자들이 구름처럼 몰려들어서 관소의 문간이 시장바닥 같았다. 일행들이 이를 괴롭게 여겨 혹 문을 닫고 들어오지 못하게 하면 나무를 타고 담을 넘어 앞다투어 들어왔는데, 이와 같이 하기를 두어달이 지나도록 그치지 않았는바, 이해룡이 이번 걸음에 쓴 것이 무릇 몇장이나

되는지 모를 정도였다.[26]

김성일은 오오사까를 방문했을 때 사절들의 숙소에 '운집(雲集)'해서 이해룡의 글씨를 구하는 일본인들의 모습에 크게 경탄한 것이다. 조선 사절에게 시문을 써달라고 모여드는 일본인의 모습은 사행록 도처에 묘사되어 있다. 김성일이 이해룡에게 보낸 시에는 다음과 같은 구절이 보인다.

왜인들이 비록 비루하지만	蠻人雖鄙野
그들 역시 명필 글씨 보배로 아네.	亦知墨妙珍
앞다투어 달려와서 그대 글씨 구하여	奔波乞其書
만금보다 중히 여기네.	重之萬金緡
부채에다 써준 글씨 이미 많은데	蒲葵題已遍
편액 글씨 성문 위서 빛을 내도다.	扁額照城闉
오랑캐 수도에 종이값이 오르고	夷都紙價高
이름은 여러 사람들 입에 진동하였네.	名字雷衆脣
보는 자는 반드시 절을 하고	見者必加額
두 손 모아 감사하다 말을 하누나.	兩手謝諄諄
마침 너에게 작은 병이 있어	屬汝有小痾
며칠 동안 자리에 누웠더니,	數日臥床茵
승관(僧官)이 약을 보내오고	僧官送藥餌
술과 음식도 들여왔으며	酒食爭來陳
문병하는 자가 날로 잇따라	問者日相續
위로하기 부모같이 하였네.	存慰如其親
이제 알겠네, 재주를 사랑하는 마음은	始知愛才心

오랑캐나 중국이 모두 같다는 것을.　　　　　　　　乃與華夏均[27]

　　일본인들이 조선 사절의 글씨를 보배처럼 간직하고 편액으로 장식하기도 하고 시문을 받으면 공손히 감사의 뜻을 표하는 모습, 사행원들과 수창하기를 열망하는 모습, 이해룡이 병에 걸리자 정성스럽게 문병하는 모습 등이 묘사되었는데, 이 시가 임진왜란 직전의 일본에서 조선 문인에 의해 지어졌다는 점이 주목된다. 이 시기의 일본은 히데요시가 전국통일을 이룩한 직후로 살벌한 전국시대의 분위기가 여전히 남아 있었다. 그런 중에도 "재주를 사랑하는 마음(愛才心)"이 있었던 것이다. 일본인들의 이러한 "재주를 사랑하는 마음"이야말로 조선과 일본을 연결하는 유일한 회로였다. 겸손하게 시문을 구하고 사행원들을 친절하게 접대하는 일본인의 모습을 통해 김성일은 조선과 소통 가능한 연결고리가 있음을 목격한 것이다.

　　에도시대는 일본문학사에서 한문학의 전성기로 불린다. 1603년에 막부를 연 토꾸가와 이에야스는 유학을 장려했고, 막부가 운영하는 대학을 비롯해 각지에 학교를 세워 인재를 육성하면서 학문에 힘쓰는 풍조가 일반 민중 사이에도 침투했다. 출판사업이 활발하게 시행되었고 나가사끼를 통해 중국 서적이 많이 수입되면서 그 당시 일본인들은 쉽게 책을 입수할 수 있었다.[28] 이러한 에도시대의 한문학 열풍을 반영하듯이 사행록에는 일본인의 한자·한문을 애호하는 모습과 조선 문인들과 시문교류를 위해 숙소에 모여드는 모습이 도처에 묘사되어 있다.

　　1607년에 사행에 다녀온 경섬은 "나라의 풍속은 용맹함을 제일 좋은 것으로 여기고 검과 창을 능사로 삼으며, 오로지 전진(戰陣)만을 힘쓰고 문교(文敎)는 일삼지 않는다"라며[29] 일본에서는 전쟁에 필요한 것만을 배운다고 하고서 다음과 같이 말했다.

근년에 글로써 무리를 모은 자가 있어 한해에 1,100명이나 되니, 나라 사람들이 비웃고 욕하면서 "일본은 군사가 강하기로 천하에 이름났는데, 만약 문교를 일삼으면 병정(兵政)이 해이해져 도리어 약국(弱國)이 될 것이다"라고 배척하였다.[30]

　경섬은 학문에 힘쓰는 사람에게 냉담한 일본의 풍토를 부정적으로 인식하고 있었다.[31] 그런데 글을 가르치려는 사람에게 수많은 일본인이 모여들었다는 경섬의 기술은 그만큼 학문에 매진하고자 하는 일본인들이 많이 존재했음을 보여준다. 사행원들은 이렇듯 학문에 열정을 가진 일본인들의 모습을 곳곳에서 목격하였다.

　17세기 전반에 일본의 학문적 분위기를 선명하게 정리해 전한 사람은 강홍중이다. 그는 다음과 같이 서술했다.

　그 나라의 풍속이 원래 글을 배우지 않아 위로 천황부터 아래로 서민까지 한 사람도 문자를 아는 자가 없다. 그리하여 모든 문서는 오직 중이 주관하였다. 나라 가운데에서 통용되는 글은 이른바 언서(諺書)가 있을 뿐이다. 그러나 그 풍속이 오히려 문자가 귀중함을 알아 병풍과 벽 위에 초서(草書) 붙이기를 좋아하여, 이 때문에 종이를 가지고 글씨를 구하는 자가 길에 가득하였는데, 그중에도 진초(眞草)를 가장 좋아하였다. 마을 거리의 아이들까지도 또한 그 귀중함을 알아, 만약 글씨를 쓴 종잇조각이 땅에 떨어져 있으면 서로 다투어 주워넣으면서도 혹 잃을까 두려워하였다.[32]

　일본에서 문자, 즉 한문을 아는 자는 중밖에 없다. 보통 일본인들은 히라가나를 사용하고 한문은 쓸 줄 모른다. 그렇지만 문자를 귀중히 여기는 풍습이 있으며 글씨를 구하러 사절들에게 모여들기도 한다. 앞서 언급한 김성일의 시처럼 강홍중 역시 한문을 못하지만 "문자가 귀중함"을 잘 아는 일본인들을 묘사한 것이다.

1636년에 사행을 다녀온 김세렴은 일본의 출판사업에 관심을 보였다. 그는 "이 나라 안에서 인출(印出)하는 책판(冊板)은 흔히 우리나라의 서적을 가져다가 되풀이 간행하는 것인데, 태반이 임진년에 서쪽으로 침입하였을 때 얻은 것으로서, 저자의 가게에 서적이 가득 찬 곳도 또한 많다. 당본(唐本)은 책값이 매우 높다"라고 기록했다.[33] 김세렴이 말한 대로 임진왜란 때 히데요시는 조선에서 수많은 서적과 더불어 활자인쇄에 필요한 자재와 기술을 가져갔으며, 조선에서 가져간 인쇄술을 토대로 많은 책이 간행되었다.[34] 사행원들은 일본에서 중국 서적이 활발하게 간행된다는 사실을 통해서도 문풍(文風)이 일어나는 조짐을 알아챘다.

시대가 내려갈수록 점차 문풍이 일어나는 일본의 모습이 뚜렷해진다. 1643년의 종사관 신유(申濡)가 남긴 사행록에 수록된 「강호잡시(江戶雜詩)」에는 "맨발이라야 바야흐로 예가 되고, 목숨을 가벼이 여겨야 호걸이라 하네./동도(東都, 에도)엔 문사가 있어, 종종 풍소(風騷)를 사랑하네"라는 구절이 보인다.[35] 풍속은 오랑캐지만 에도에 문사(文士)가 존재함을 묘사한 것이다.

1655년의 사행원 남용익도 "승려들 외에도 문사로 일컫는 사람들은 반드시 머리를 깎는데, 혹은 법인(法印)이라 칭하지만 실제는 승려가 아니다"라고 기록했다.[36] 이렇듯 17세기 중반부터 일본에서도 점차 '문사'가 나타나기 시작했는데, 이는 조선 사절들이 소통 가능한 상대가 승려에서 문사로 확대되었음을 의미한다. 이에 따라 사행록에도 수많은 일본 문인들이 등장하기 시작했고 사행원과 일본 문인들의 교류도 활발해졌다.

또한 남용익은 그 당시 일본의 학문상황을 다음과 같이 서술했다.

중국의 서적이 거의 다 유포되고 있지만 해석하는 자가 아주 적다. 그러나 향모하는 정은 윗사람이나 아랫사람이 다 같으며, 혹시라도 우리나라 사람의 글자 한자, 말 한마디라도 얻기만 하면 보물처럼 간직하고 대대로 전하여 완상(玩賞)한다.[37]

한문으로 된 중국 책을 실제로 해석할 수 있는 사람은 적지만 학문에 힘쓰려는 열정은 사회 전반에 확산되어 있다는 것이다. 남용익은 일본 문화에 한문학을 "향모하는 정(向慕之情)"이 있음을 지적했는데, 이는 일찍이 김성일이 말한 "재주를 사랑하는 마음"과 일맥상통한다. 사행원들은 조선 문인의 글씨를 간직하는 일본인의 모습과 중국 서적이 대량으로 출판된 상황의 기저에 한문학을 경모하는 문화적 심성이 있음을 공통적으로 감지하고 있었다.

일본 문인과의 문학교류가 대폭 늘어나기 시작한 것은 1682년이다. 이때는 이전 시기의 사행과 비교가 안될 정도의 시문교류가 이루어졌다. 역관으로 사행에 참여한 홍우재(洪禹載)는 에도에 머물렀을 때의 일기에 일본의 '학사'들과 시를 주고받았다고 하면서 키노시따 준안(木下順庵), 히또미 유우겐(人見友元), 야나가와 신따꾸(柳川震澤) 등 일본 문인들의 이름을 거론했다.[38] 키노시따 준안은 쿄오또에서 태어나 카가번(加賀藩, 지금의 이시까와石川현)에 출사했다. 제5대 쇼오군 토꾸가와 쓰나요시(德川綱吉)에게 고용되어 막부의 유관(儒官)이 되었으며, 그의 문하에서 아라이 하꾸세끼, 아메노모리 호오슈우, 마쓰우라 카쇼오(松浦霞

沼), 무로 큐우소오, 기온 난까이(祇園南海) 등 이름 높은 유학자들이 배출되었다.[39] 그들은 후에 조선 사절들과 깊은 교류를 나누었으며, 사절들도 키노시따 준안의 제자들을 높이 평가했다. 이를테면 1711년 제술관으로 일본에 다녀온 이현(李礥)은 행차에서 시를 수창한 일본 문인 중에서 글을 잘 쓴 사람은 누구인지 질문을 받자, 무로 큐우소오와 기온 난까이의 이름을 든 바 있다.[40] 또 아메노모리 호오슈우와 마쯔우라 카쇼오는 사절들의 수행원으로 1719년 사행에 참여한 신유한과 교류했다. 이를 보아도 키노시따 준안은 조선과 일본의 문화교류에 큰 영향을 끼쳤다고 할 수 있다.

1682년 사행에 참여한 홍세태(洪世泰, 1653~1725)는 수많은 일본 문인들과 교류했다. 그는 이현에게 보낸 글에서 다음과 같이 말한 바 있다.

우리나라 사람들은 일본을 야만으로 여겨 일의 크고 작음을 막론하고 거의 마음을 두지 않는데, 이는 매우 두려워할 일이다. 무릇 일본 땅이 수천리에 이르니, 어찌 사람이 없겠는가? 나는 일찍이 삼가 사행에 동행하여 시를 수창하였을 때 먼 곳의 사람들에게 비웃음을 당할까봐 엉성하고 경솔한 말로 시를 쓸 수가 없었다. 저들이 우리를 대접할 때 겉으로는 공손하지만 속으로는 깊이 관찰하고 있었다. 우리가 돌아갈 때에 우리의 글에 대해 좋고 나쁨과 장단점을 평론하고 책으로 엮어 국중에 유포한다. 나 같은 못난이로서는 비판을 면하지 못할까 정말로 두렵다. 지금 생각해보니 진땀이 나지 않을 수 없다.[41]

홍세태는 여기서 두가지를 지적했다. 하나는 일본인들이 조선인들이 남긴 시를 비평한다는 것이고, 또 하나는 조선인들과 나눈 필담집을 금세 출판한다는 것이다. 이 두가지는 홍세태가 처음으로 지적한 것이다.

또 그는 자신이 일본에서 남긴 시가 일본인들에게 비평받을 것을 생각하니 '진땀이 난다'고 토로했다. 자신이 쓴 글이 그들에게 비평받는다는 의식, 그리고 거기서 오는 진땀 나는 긴장감은 홍세태에게 일본인을 오랑캐로만 보던 자신의 인식을 돌아보는 계기가 되었다. 일본인에게 시문을 적당히 써주어서는 안되고 진지하게 응답해야 한다는 자세를 가지게 된 것이다.

일본에서 필담집이 신속하게 출판된다는 점은 이후 다른 사행원들도 지적한 바 있다. 신유한은 1682년의 사행원들과 일본 문인들의 글을 모은 『임술사화집(壬戌使華集)』을 보고 "그때의 사신 및 제술관, 서기 들의 모든 시편이 갖추어져 있어 한 글자, 한마디 담화가 상세히 다 기록되어 빠짐이 없었고, 여러 왜인이 창화(唱和)한 시 또한 모두 추가로 기록되어 있었다"라고 했다.[42] 그리고 자신이 한달 전에 일본 문인들과 주고받은 필담이 이미 오오사까에서 출판된 사실을 전하면서 "날짜를 계산해보니 한달 안에 출판된 것이다. 왜인이 일을 좋아하고 명성을 좋아하는 습성이 자못 중화와 다름이 없었다"라고 기록했다.[43] 이렇듯 일본인의 필담집 출판에 대한 열기도 일본 문화가 개화하고 있는 사례로 사행원들에게 깊은 인상을 주었다.

1711년 사행의 정사 조태억(趙泰億)은 에도에서 숙소에 찾아온 하꾸세끼와 필담을 나누는 자리에서 "지금 귀국의 문교가 바야흐로 일어나는 것을 보고 일변(一變)하리라는 데 깊이 희망을 갖고 있습니다"라고 했다.[44] 18세기에 들어서 일본의 문풍은 조선 사절에게 희망을 품게 할 정도로 성행하고 있었던 것이다.

부사 임수간 또한 하꾸세끼에게 "저는 항상 귀국을 한결같이 무(武)를 숭상하는 나라로 생각했는데, 이제 와서 본즉 문교가 매우 융성하니 진실로 치하할 만한 일입니다"라고 기록했다.[45] '상무(尙武)의 나라 일본'이라는 오래된 이미지가 점차 변화하기 시작했음을 확인할 수 있다. 또 임수간은 "유생들 중에는 경사(經史)를 섭렵하여 널리 고금에 통한 자도 있으나 시는 아직 다듬어지지 못하여 말이 제대로 되지 않았고, 문(文)이 좀 나은 편이지만 역시 법도에 어둡다"라며[46] 일본의 '유생들'(儒生輩)에 대해 언급했다. 1655년에 남용익은 일찍이 일본에서 중국 서적이 많이 유통되나 해석하는 자가 적다고 기록했는데, 이 시기에는 이미 "경사를 섭렵하여 널리 고금에 통한 자"가 나타난 것이다. 한문학을 향모하기만 했던 일본인들이 드디어 경서의 세계에 들어오기 시작한 것이다. 에도시대에 고조된 유학 교육의 성과가 18세기 초반의 조선 사절들에게 포착될 정도로 일본사회에 확산된 것을 알 수 있다. 일본의 문교가 본격적으로 개시되었음을 전했다는 점에서, 1711년의 사행원들은 일본 문학에 대한 인식의 역사에서 하나의 전환점에 위치한다고 볼 수 있다.

1719년 제술관으로 사행에 참여한 신유한은 종전의 사행록과 비교가 안될 만큼 자세히 한문을 익히는 일본인의 모습을 기록했다. 우선 그는 『해유록』 서문에서 다음과 같이 서술했다.

> 왜인들의 문자를 즐기는 취미가 근래에 더욱 왕성하여 흠모하는 사람들이 무리를 이루어 제술관을 학사대인(學士大人)이라 부르면서 시와 문을 청하느라 거리가 메워지고 문(門)이 막힌다. 그들의 말에 수응하거나 우리나라 문화를 선양하는 과업을 반드시 제술관에게 책임지우게 되니, 일은 번잡하고 책임이 크다.[47]

신유한은 이와 같이 시문을 청하느라 조선 사절 일행에게 쇄도하는 일본인들에게 대응하기 위해 제술관이라는 직책이 만들어졌다고 전하면서 그 직책을 맡은 포부를 서술했다. 제술관은 원래 1682년 사행 때부터 개설되었으며 그 이전에는 독축관(讀祝官)이 사행원들을 수행했다.[48] 신유한 이전에 일본에 다녀온 제술관으로 성완(成琬, 1682년 사행)과 이현(1711년 사행)이 있고, 독축관으로 박안기(朴安期, 1643년 사행)와 이명림(李明淋, 1655년 사행)이 있는데, 아쉽게도 이들은 주목할 만한 사행록을 남기지 않았다. 신유한은 제술관이라는 직책을 충실하게 수행했던바,『해유록』에서 한자·한문을 향모하고 조선 문인들에게 모여들어 문교를 지향하는 일본인의 모습을 다양한 관점에서 묘사했다.[49]

풍속이 글씨와 그림을 좋아하여 귀족의 집이나 민간에서 비록 글자를 알지 못하는 자라도 반드시 중국 사람의 글씨와 그림을 구하여 병풍을 만들어 보물로 삼는다. (…)

일본인으로서 우리나라의 시와 문을 구하여 얻은 자는 귀천(貴賤)과 현우(賢愚)를 막론하고 모두가 신선처럼 우러러보고 주옥처럼 보배로 여긴다. 가마를 메고 말을 모는 천한 사람으로서 글을 읽을 줄 모르는 자들은 조선 사람의 해서(楷書)나 초서를 두어 글자만 얻으면 모두 손으로 이마를 받치고 감사하며, 소위 문사라 하는 자는 천리 길을 멀다 하지 않고 와서 역참이나 관소에서 기다려서 하룻밤 사이에 혹은 종이 수백폭을 쓰고, 시를 구하다가 얻지 못하는 경우 비록 반줄의 필담이라도 고맙게 여겨 감사하기 그지없었다.

대개 그들이 정화(精華)로운 땅에 나고 자라서 원래 문자를 귀중히 여길 줄 알지만 중국과 너무 멀다. 태어나서 의관(衣冠)의 성대한 의식을 보지 않고서도 평소에 조선을 높이 사모하므로, 그 대관(大官) 귀인은 우리의 글을 얻어서 자랑거리로 삼고 서생(書生)은 명예를 얻는 길로 삼고 낮고 천한 자는 구경거리로 삼아서, 우리가 글을 써준 뒤에는 반드시 도장을 찍어 진짜인지를 증명하므로 매양 이름난 도 회지나 큰 고을을 지날 때에는 그들을 응접하기에 겨를이 없었다.[50]

중국의 서화를 병풍으로 만들어 애호하고 조선 문사의 시문을 '신선 보듯' 숭상하면서 비록 글을 모르는 자라도 사절들의 글씨를 고맙게 받으며, 문사들은 아무리 먼 길이라도 한번 조선 문인을 보기 위해서 숙소를 찾아와 필담을 나누는 것만으로도 감동한다. 이른바 일본인의 중화 취미(中華趣味)와 조선 문인들에게 모여드는 모습을 묘사한 점은 종전의 사행록과 똑같다. 그런데 여기서 중요한 것은 신유한이 통신사와의 시문교류에 열광하는 일본인의 내적 배경을 꿰뚫어보았다는 점이다. 당시는 해외도항이 금지되어 일본 문인들은 중국 문화를 동경하더라도 문명의 본고장인 중국을 직접 볼 수가 없었다. 신유한은 일본인이 "정화로운 땅"에 태어나 한자·한문을 귀중히 여길 줄 아는 문화적 성정이 내재함에도 불구하고 중국 문화를 직접 볼 수 없어서 생긴 불만이 조선 통신사의 방문을 계기로 한꺼번에 분출한다고 보았던 것이다.

더 나아가 신유한은 일본인들이 조선을 사모하는 이유를 신분별로 열거했다. 지위 높은 사람들은 조선 문인의 시문을 "자랑거리(夸耀之資)"로, 서생들은 "명예를 얻는 길(聲名之路)"로, 신분이 낮은 사람들은 "구경거리(觀瞻之地)"로 삼고 있다고 전했다. 이 가운데 '서생들이 명예를 얻는 길로 삼는다'는 기술이 주목을 요한다. 일본에는 과거제도가 없었기 때문에 일본 문사들에게는 영달의 길이 아예 차단되어 있었다. 아무리 독서와 글쓰기에 힘써도 비참하게 살아갈 수밖에 없었던 그들에게 조선통신사와의 시문교류는 자신의 이름을 일본 전국에 떨칠 수 있는 절호의 기회였다. 제3장에서 밝혔듯이 신유한은 일본에서 유학자가 사회적으로 소외된 존재임을 잘 알고 있었다. 자신들의 시문을 구하러 몰려오는 모습을 보면서, 조선을 사모하기에 그런다는 피상적인 기술에 그치지 않고 그 배경에 일본 문인 나름의 사정이 있음을 간파한 것이다.

일본의 문풍은 갈수록 성행했다. 1748년에 사행에 참여한 조명채는 하마마쯔(濱松, 지금의 시즈오까靜岡현)의 마을을 지나다가 길갓집에서 휴식을 취했을 때의 일기에 "집주인의 조카 추우고로오(忠五郎)는 나이 열셋인데 아주 총명하고 사랑스러웠다. 그의 배우는 것을 물었더니 바야흐로『논어』제3권을 읽고 있다고 한다"라고 하고서 실제로『논어』를 가져와 읽게 했다고 기록하였다.[51] 당시 일본은 지방 마을에 사는 13세의 남자아이도『논어』를 읽고 있었던 것이다. 또 조명채는 일본인의 시문 요청에 응하느라 고생하는 제술관과 서기의 말을 기록했다.

시를 요구하는 자가 날마다 몰려들어 수응해내기 어려웠고, 저들이 지어온 시가 기기괴괴(奇奇怪怪)하여 부득불 닥치는 대로 수응하여 처리하였습니다. 그래서 앞에 인주와 도장을 놓아두고서 시를 얻은 자로 하여금 찍어가게 하였더니, 어지럽게 앞을 다투어 바꿔 찍은 것이 매우 많았습니다. 대개 사행이 지나간 뒤에는 에도 사람이 연로의 수창한 시를 찾아 모아서 모두 곧 간행하는데, 이들 무리는 그 안에 참여하는 것을 아주 영광으로 여기며, 도장이 없는 시는 뽑아내어 싣지 않기 때문에 이와 같이 한다 합니다.[52]

일본인들의 '기기괴괴'한 시에 수응하느라 제술관과 서기가 상당히 바빴다는 것이다. 일본인들이 이처럼 조선 사절의 글씨와 도장을 구하는 것은 그들이 조선 문인들과 수창한 시를 모아서 만든 창화집(唱和集)에 자신의 이름이 실리는 것을 명예로 여겼기 때문이다. 이를 통해서도 당시 일본인에게 조선 사절과의 수창은 명성을 날리는 일대 기회였음

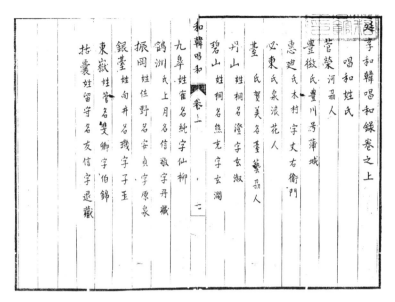

1748년에 간행된 『화한창화록』의 첫부분. 조선 사절과의 창화에 참여한 사람들의 이름이 적혀 있다. 당시 일본 문인들은 창화집 명단에 자신의 이름이 오르는 일을 자랑스럽게 생각했다.

을 알 수 있으며, 그런 만큼 에도시대 일본인들은 한시·한문 짓기에 열중했던 것이다. 이렇게 문화적 소양을 쌓고 한시 짓기에 힘쓰는 일본인의 모습을 목격한 경험은 '삶을 가볍게 여기는 일본인'이라는 조선 사절들의 상투적 인식을 바꾸는 계기가 되었다.

조선 사절과의 한시 수창을 희망하는 열기는 1763년에 최고조에 달했던 듯하다. 계미통신사 사행원들은 한시를 청하려 몰려오는 일본인들의 모습을 생생하게 묘사했다. 신유한과 마찬가지로 제술관, 즉 한시 수창 담당자로 사행에 참여한 남옥은 다음과 같이 괴로움을 표출했다.

오랑캐 선비는 단지 시를 구할 뿐 아니라 시를 반드시 글씨로 써주길 바라고 또 반드시 도장을 찍어달라고 했다. 그래서 시를 수창한 뒤에 일일이 다듬으면서 쓰고 하나하나 도장을 찍으니 더욱 분주해서 겨를이 없었다. 생판 모르는 문신한 사람들이 흥치도 없고 맛도 없는 작품을 구하는데다가 또 그 운자(韻字)가 거의 대부분 괴이하기 짝이 없어서 가히 압운(押韻)할 수 없는 것이 이와 같았으며, 그중에 반만이라도 뜻에 맞으면 수응하여 오랑캐 나라에 전하고 심지어는 간행되어 오래도록 남게 했으니 더욱 경악스럽고 부끄러운 일이다. 나쁜 풍습이 답습되는데도 바로잡을 줄 모르니 그 때문에 깊이 개탄한다. 이날 창수(唱酬)하느라 또 닭 울 때까지 이르렀다.[53]

일본인들의 '괴괴(怪怪)한' 한시에 수응하느라 새벽까지 계속 시를 써야 하는 제술관의 괴로움이 생생하게 묘사되어 있다. 남옥은 제대로 압운하기 어려운 시에 억지로 운을 맞춰 바쁘게 쓴 시가 일본에서 간행되어 기록으로 남는 것에 대해서도 큰 거부감을 표명했다. 후술하겠지만 수창시를 수록한 창화집의 간행을 둘러싸고는 양국 문인들 사이에 큰 갈등이 있었다.

남옥은 이토록 사절들의 시문을 구하느라 몰려오는 일본인의 모습에 의문을 품고 다음과 같은 문답을 나누기도 했다.

"귀국 사람들은 반드시 조선인의 글씨를 구하는데, 어디에다 쓰려고 그러는 것이오?"라고 하니, "나라의 풍속이 대국의 문한(文翰)을 귀하게 여깁니다. 결혼하지 않은 남녀는 조선의 글씨를 많이 가지고 있으면 결혼하기가 쉽고, 시집간 여자로서 난산을 겪은 이가 이것으로 병을 고치기도 합니다" 운운하니, 참으로 가소로운 일이다.[54]

역관 오대령도 "일본인은 우리나라 사람의 글씨를 얻어 벽에 붙이면 재앙이 사라지고 복이 내린다고 한다"라고[55] 일본에서 들은 이야기를 기록했다. 사행원들의 시문은 행복을 기원하는 부적으로 간주되었으니, 조선 문인의 시문이 일본인의 일상생활에도 침투해 있었던 것이다.

원중거도 오오사까의 관소 혼간지에 있을 때의 기록으로 "하루 종일 손님을 접대하면서 필담을 많이 했다. 그 문답 목록이 종이 수십장에 달했으니 대개 80여인이 있었다"라면서[56] 찾아온 문인 중에 인상에 남은 사람의 이름을 기록했고, 또 혼간지 안에 필담을 위한 건물이 새로 지어졌으며 그 문패에는 '필담지간'(筆談之間, 필담을 하는 곳)이라 적혀 있음을 전했다.[57] 그리고 필담에 임하는 일본 문인들의 모습을 다음과 같이 묘사했다.

그 문사들은 한번 우리 자리에 들어오면 참으로 용문(龍門)에 오른 듯한 기쁨을 가졌고, 혹시 말 한마디라도 서로 하게 되면 문득 기뻐하는 빛을 얼굴에 나타냈으며 곁에 있는 사람도 이를 무척 기뻐하였다. 비록 시를 가져오기는 해도 본래 자랑하거나 재주를 겨루겠다는 뜻은 없었으니, 그것이 아니면 능히 손을 빌려 서로 볼 수 없기 때문이었다. 그들은 우리나라 사람의 시나 글씨를 구하는 데 잘되고 못된 것을 논하지 않았고 얻음이 있으면 기뻐하였으며, 한번 창수하는 데에 참여하면 문득 세상에 이름이 알려지는 선비가 되고, 혹시 한마디 칭찬이라도 얻으면 그 평판이나 가치가 여러 세대를 두루 더하여진다. (…) 이들은 우리나라의 기졸(旗卒)이나 사령(使令)을 막론하고 명색이 우리나라 사람이기만 하면 글을 구하는 것이 몹시 간절하였다. 혹은 언문으로 글을 써서 주어도 기뻐하며 더욱 구하였다.[58]

서민의 자식들은 테라꼬야(寺子屋)라는 사설 서당에서 읽기와 쓰기를 배웠다.

눈을 반짝이며 필담을 나누는 일본 문사들의 모습은 원중거에게 큰 인상을 남겼다. 그들에게는 조선에서 온 문사와 필담을 나누었다는 사실만으로도 큰 명예였고, 사절들에게 한번이라도 칭찬받으면 일본 전국에 그 이름을 떨칠 수 있었다. 실제로 1711년의 사행원들과 교류한 기온 난까이는 일본 전국에 알려졌다.[59]

원중거는 또한 아이와 여성까지 한문을 배우는 모습을 다음과 같이 서술했다.

대저 나라 사람들은 총명함이 일찌감치 이루어져서 4, 5세에 능히 붓을 잡고 10여세가 되면 모두 능히 시를 지을 수 있다. 여자로서 시를 잘 짓고 글씨를 잘 쓰는 자가 몹시 많은데, 거의 당나라 사람들의 시와 같다. 이외에는 다른 일이 없는 것 같다. 이곳을 일러 해중문명의 고을(海中文明之鄕)이라 하여도 지나치지 않을 것이다.[60]

일찍이 한문을 배우는 사람은 오산승으로 한정되어 있었는데, 이제 어린아이까지 글을 배우고 있었던 것이다. 문자를 숭상하고 학문에 열정을 가진 습성이 이 시기에 눈에 보이는 형태로 결실하고 있었음을 알수 있다. 원중거는 4, 5세의 어린아이가 붓을 잡고 10여세의 아이가 시를 지을 줄 알며 여자가 당시(唐詩)와 같은 시를 쓰는 일본의 모습을 통해 이제 이 나라가 "해중문명의 고을"로 일컬을 만한 문화적 역량을 갖추었음을 느낀 것이다.

3. 훈독법과 한문직독법

사행원들은 일본인들이 평소 히라가나를 사용함에도 불구하고 한자·한문을 열심히 배우고 있음을 포착했다. 그런데 그들은 일본인의 한문 읽기 방식에 큰 위화감을 가졌다. 예부터 일본인은 일본어와 문법이 다른 중국 고전을 효율적으로 읽기 위해 한자 옆에 작은 글자로 읽는 순서 및 조사(助詞)를 적어 고전한문을 익혔다. 이 읽기 방식을 훈독(訓讀)이라 하는데, 조선의 한문 읽기 방식과 좀 달랐다. 일본인의 한문 읽기 방식에 최초로 관심을 가진 사람은 신유한이다.

우선 신유한은 일본에는 토꾸가와 쇼오군과 각지의 다이묘오를 비롯해 벼슬하는 사람 중에 한문을 아는 사람이 없다는 점, 법령·정치에 관한 문서는 모두 카나와 한자를 섞어서 쓴다는 점을 지적했다.[61] 즉 일본에서 벼슬하는 사람들은 평소 한문을 사용할 기회가 없다는 것이다.

또 신유한은 일본어의 특징을 논하면서 한문을 구사하는 것이 일본인에게 얼마나 어려운 일인지를 다음과 같이 서술했다.

> 그 음역(音譯)을 들어보니 산천, 지명, 육갑(六甲)과 성명, 직호(職號)를 모두 방언(方言)으로 해석하여 부르고 그 자음(字音)이 또 청탁(淸濁)과 고저(高低)가 없으므로, 시를 배우고자 하는 자는 먼저 『삼운(三韻)』을 가지고 여러 해 동안 공부를 하여 능히 아무 글자는 높고 아무 글자는 낮은 것을 구별한 뒤에 억지로 맞추어 시를 만든다.[62]

우선 신유한은 일본에서는 지명과 관직명을 모두 '방언', 즉 일본어로 발음하고 일본어에는 중국어처럼 사성(四聲)이 없기 때문에, 일본인이 한시를 짓기 위해서는 먼저 중국의 운서(韻書)를 열심히 공부해 습득해야 해서 매우 시간이 걸린다고 지적했다.

> 글을 읽을 때에는 선후(先後)를 거꾸로 맺는 법을 알지 못하고, 글자마다 애를 써서 그 손가락을 내렸다 올렸다 한 뒤에 겨우 그 뜻을 통하니, 당시(唐詩)의 "마상봉한식(馬上逢寒食)"이라는 구절을 읽을 적에는 '봉'을 '한식' 밑에 읽고, "홀견맥두양류색(忽見陌頭楊柳色)"을 읽을 때에는 '견'을 '양류색'의 뒤에 읽어서 문자를 학습하기 어려움이 또 이와 같다.[63]

일본인이 한시를 읽을 때는 일일이 일본어 문법에 맞춰 어순을 바꾸어 읽기 때문에 한문 짓기뿐 아니라 한문 읽기도 매우 힘들다는 말이다. 이어서 그는 이와 같이 특이한 작시(作詩)와 독서 방식이 결과적으로 일본인의 한문구사력을 저하시키고 있다고 지적했다.

비록 높은 재주와 뛰어난 식견이 있는 사람이라도 부지런하고 애 쓰고 힘쓰는 것이 우리나라에 비하면 마땅히 백배나 될 것인데, 문인 운사(韻士)들이 대를 지나도 이름난 자가 없고 그중에 한두 사람 붓을 잡는 무리도 또한 그 명성을 국중에 날릴 수가 없는 것이다.[64]

아무리 능력 있는 사람이라도 고전한문을 습득하는 데 조선 사람보 다 백배나 애쓰고 노력해야 하기 때문에 이름이 난 문인이 나타나기 어 렵다는 말이다.

일본인들이 한시·한문을 어떻게 배우는지를 신유한이 이처럼 자세히 기록에 남긴 것은 큰 의미가 있다. 이 기록은 후대의 사행원들이 오규우 소라이의 한문직독법(漢文直讀法)에 관심을 갖는 데 중요한 요인이 되 었다. 일본인들이 한문을 훈독한다는 지식이 없었다면 후대의 사행원 들이 소라이의 한문직독법에 크게 주목하지 않았을 것이기 때문이다.

신유한을 비롯해 일본인들과 시를 수창한 사행원들은 일본인들의 시를 혹평했다. 1655년에 다녀온 남용익은 "소위 행문(行文)은 제법 하 나 아직 법도에 어둡고 시는 더욱 형편없어서 억지로 꾸민 말이 많다" 라며[65] 일본인의 글쓰기와 시가 미숙하다고 했다. 신유한도 일본인의 시를 보고 "모두 서투르고 투박하여 우스웠다"라고 서술했다.[66] 그는 일 본인들의 한시가 서투른 이유를 능력의 문제가 아니라 환경의 문제로 보았다.

그로 하여금 고시(古詩)나 율시(律詩)를 짓게 하면 평측(平仄)이 많 이 어긋나고 운치를 전혀 상실하여 우리나라 삼척동자가 들어도 웃음거리가 될 만하고, 서문(序文)·기문(記文)·잡문(雜文)을 짓게 하면 눈먼 뱀이 갈대밭에 달리듯 하여 법도와 기운이 하나도 볼 것이 없으니, 이것이 어찌 인재(人才)가 정한 한도가 있어 그러한 것이겠는가? 그 토풍(土風)과 정교(政敎)가 구애하는 것이다.[67]

신유한에 의하면 일본인들이 쓰는 한시의 평측(한시를 지을 때 따라야 하는 음률의 규칙)이 엉망인 것은 '인재' 때문이 아니라 '토풍'과 '정교' 때문이다. '토풍'과 '정교'란 중국과 멀리 떨어져 있다는 점과 평소 한문을 사용하지 않는 것을 가리키는 듯한데, 여기에는 언어적 요인도 포함되어 있을 것으로 보인다.

신유한은 일본인이 한시에 능통하기 위해서는 훈독에서 벗어나 중국어 발음을 습득해야 한다고 생각했다. 이러한 그의 생각은 키노시따 란꼬오(木下蘭皐)와 나눈 필담을 통해 확인할 수 있다. 그는 키노시따 란꼬오의 시집 『옥호음초(玉壺吟草)』에 수록된 시문을 보고 다음과 같이 말했다.

귀국의 글 읽기는 음역(音譯)이 몹시 비루하여 알아듣기 어렵습니다. 여러 문사들과 필담창화할 때 문리(文理)와 맥락을 알 수 없는 것이 많은 것은 대개 성률(聲律)에 익숙하지 못하기 때문입니다. 이것은 일본이 중국과 멀리 떨어져 있어 풍음(風音)이 다르기 때문입니다. 쓰시마의 아메노모리 토오(雨森東, 아메노모리 호오슈우)와 마쯔우라 기(松浦儀, 마쯔우라 카쇼오) 두 사람의 문장이 참으로 빼어난 것은 시대에 쉽게 얻을 수 있는 것이 아닙니다. 그들을 보니, 모두 한음(漢音)에 익숙했습니다. 족하(足下)를 만나기 전에 먼저 주신 「선인편(仙人篇)」을 보고 고조(古調)가 있음에 몹시 놀라고 아마도 한음을 아는 사람이 지은 것이라 생각했습니다. 직접 만나 말하는 것을 듣고서야 비로소 확실해졌으니, 또한 당대 사람과는 다르다는 것을 알겠습니다.[68]

이를 통해 신유한이 중국어 발음에 능통하고 중국 '성률'에 익숙한 일본 문인들을 선호하였음을 알 수 있다. 신유한이 보기에 '한음'에 능통한 일본 문인이 쓴 시와 그렇지 않은 사람이 쓴 시는 역시 달랐던 것이다. 여기서 주목을 요하는 것은 키노시따 란꼬오가 오규우 소라이의 제자라는 사실이다. 신유한이 간파한 것처럼 키노시따 란꼬오는 중국어에 능통한 문인이었다. 쿄오또에서 오까지마 칸잔(岡島冠山)에게 중국어를 배운 다음 에도로 가서 소라이의 문인이 되었다.[69] 중국어를 잘해서 소라이도 "키노시따군의 시가 우리나라 사람의 말투와 같지 않은 것은 중국 발음에 능통하기 때문이다"라며[70] 그의 시문을 높이 평가했다고 한다. 신유한은 키노시따 란꼬오의 글을 보고 "아마도 한음을 아는 사람이 지은 것이라 생각"했고 만나고 난 뒤에는 "또한 당대 사람과는 다르다는 것을 알았습니다"라고 썼다. 신유한이 란꼬오를 평가하는 방식이 소라이의 그것과 유사한 점이 주목된다. 뛰어난 시를 짓기 위해서는 우선 중국어 발음을 배워야 한다는 점에서 신유한과 소라이의 의견은 일치한다. 후술하겠지만 1763년의 사행원들도 신유한과 마찬가지로 중국어 음으로 한문을 배운 일본 문인들을 긍정적으로 보았는데, 그들이 오규우 소라이의 문학적 공적을 칭송한 것도 소라이가 한문을 직접 중국어 음으로 읽기를 제창했기 때문이다.

소라이의 영향을 받아 중국어 음으로 한문을 배우는 일본 문인들이 있다는 사실은 1719년 시점에서 조선 문인들에게 알려져 있었다. 아사히나 겐슈우(朝比奈玄洲)라는 일본 문사는 정사의 서기로 사행에 참여한 강백(姜栢)에게 필담으로 다음과 같이 전했다.

동도에 부쯔 모께이(物茂卿, 오규우 소라이)라는 분이 계시는데 호는 소라이(徂徠)입니다. 저는 그분을 몇년간 사사하였습니다. 그렇지만 경술이나 문장은 아직 그 계단도 엿보지 못하였습니다. 화음(華音, 중국 어 음)도 대략 한두가지를 기억할 뿐입니다. 부끄럽고 부끄럽습니다.[71]

이처럼 그는 한문직독법으로 경서를 강독하는 소라이의 강의를 들은 적이 있는 사람이었다. 그런 그가 조선 사절에게 다음과 같은 질문을 했다.

겐슈우 귀국의 독서음(讀書音)과 속어(俗語)의 같고 다름은 어떠합니까?

강백 우리나라 말은 습속에 따라 각기 다릅니다. 육경(六經)은 우리나라 언문으로 그 뜻을 풀이하여 아이들에게 가르칩니다. 그런데 우리나라 독서법에는 음(音)과 석(釋)과 현토(懸吐)가 있습니다. '음'은 경서 본문의 한자음이고, '석'은 속어에 따라 해석한 것이며, '토'도 또한 속음을 따라서 단 것입니다.[72]

'독서음'이란 한문을 읽을 때의 발음을 말하는 것으로 보인다. 소라이에게서 중국 음으로 한문을 배운 겐슈우는 조선에서는 경서를 어떻게 읽는지 궁금해서 이러한 질문을 한 것이다. 이에 강백이 조선에서 한문 읽는 법을 자세히 설명해주었는데, 이 답을 통해 겐슈우는 조선에서도 한문을 자국어로 번역해 자국어 발음으로 읽는다는 사실을 알게 되었을 것이다.

일본인들이 훈독법으로 고전한문을 알기 쉽게 자국어로 번역했던 것처럼 조선에서도 초학자는 현토나 구결(口訣) 형식으로 한문을 익혔다. 즉 일본과 마찬가지로 조선에서도 고전한문을 자국어로 해석하기 위한 조치가 행해졌다. 이와 관련해 조선 사절들을 접대한 아메노모리 호오슈우는 한문을 어떻게 읽어야 할까 하는 문제에 관해 흥미로운 견해를 제시했다.[73] 그는 조선어와 중국어에 능통했고 언어·문자에 대해 독자적인 생각을 가지고 있었으며, 조선 사절들과도 깊이 교류했다.

책은 음독(音讀)보다 나은 것이 없다. 그렇지 않으면 자의(字義)의 정밀함과 거칢, 사로(詞路)의 순서를 어떻게 알 수 있겠는가? 이를테면 하나의 조자(助字)라도 우리나라 사람은 눈으로 읽을 뿐이지만 조선 사람들은 이것도 소리 내어 음독하기 때문에 우리나라 사람과 비교해 큰 차이가 나는 것이다.[74]

호오슈우는 글자의 의미를 정확히 알 수 있고 어순도 익힐 수 있기 때문에 한문을 배우려면 '음독'하는 것이 제일 좋다고 보았다. 그런데 조선에서는 어조사 하나도 음독할 수 있지만 일본에서 어조사는 훈독할 수 없기 때문에 그냥 눈으로만 보고 건너뛰어야 한다. 이 때문에 한문을 읽고 쓰는 수준에서 조선 사람이 일본 사람보다 높다는 것이다.

또 그는 조선에서 행해지는 한문학습법에 대해 다음과 같이 서술했다.

조선 사람들은 남에게 책 읽는 것을 가르칠 때 먼저 소리 내어 읽게 하는데, 이것이 첫번째 단계이다. 제법 익숙해지기를 기다려 번역된 말로 가르치는데, 우리나라 사람이 아래위로 왔다 갔다 하면서 훈독하는 것처럼 문장의 뜻을 알게 하니, 이것이 두번째 단계이다. 이미 익숙해지고 나면 다시 음독하도록 가르치고 책을 보지 않고 등을 돌려 외운 다음에야 끝이 나니, 이것이 세번째이다. 이 때문에 초학자들이 다 배운 책은 등을 돌려 외우지 않는 경우가 없다. 우리나라 사람이 『대학』 한편도 간혹 외우지 못하는 것과는 달라 그 차이가 매우 심하다.[75]

이처럼 호오슈우는 소리 내어 한문을 익힌 다음 내용을 해석하고 마지막에 암송하는 조선식 한문학습법을 이상적인 것으로 보았다. 외국어에 능통했던 호오슈우는 한문을 배울 때도 '음'을 중요시했다. 그런데 언어의 특성상 일본 사람은 조선 사람처럼 한문을 음독할 수가 없다.

조선 사람들은 국음(國音)으로 음독하지만 우리나라 사람들은 국음으로 음독할 수 없다. 이 때문에 중국에서 음을 빌리는데, 외우기 어렵고 익히기 어려운 것이 조선 사람들과 비교하면 더 심하다.[76]

조선과 달리 일본은 자국어 발음으로 한문을 음독할 수 없기 때문에 일본 사람이 한문을 암송하기는 매우 어렵다. 호오슈우는 조선 사람과 일본 사람의 한문 수준의 격차가 '음독' 여부에 있다고 본 것이다.

그러나 호오슈우는 무조건 중국어 음으로 한문을 배워야 한다는 의견에 대해서도 비판적이었으며, 어순이 다른 이상 일본인은 훈독도 병용할 수밖에 없다고 생각했다.[77] 중국 고전 및 조선어·중국어·일본어 각각에 조예가 깊었던 만큼 호오슈우는 한문학습법에 대해서도 독특한 의견을 가지고 있었다. 신유한은 아메노모리 호오슈우와의 대화를 통해 일본인의 문자생활에 대한 지식을 얻었던 것으로 보인다. 조선 사람과 일본 사람의 한문학습법에 대해 깊이 성찰했던 인물이 신유한과 접촉했다는 것은 큰 의미가 있다고 할 수 있다.

소라이가 한문직독법을 제창했다는 사실에 주목한 것은 1763년의 계미통신사들이었다. 남옥은 다음과 같이 서술했다.

물쌍백이 말하기를, "왜인이 글을 읽을 때는 해석만 있고 음이 없으며 거꾸로 읽는 것으로 음을 삼기 때문에 글이 중국을 따라가지 못한다. 이런 까닭에 중국 발음으로 글 읽는 것을 가르치는 것이다"라고 하였다. 대개 나라에 조공하지 않으므로 중국 통역을 두지 않는데도 장삿배들이 항상 오기 때문에 능히 중국어를 할 줄 안다. 그러므로 글 읽는 자들은 대부분 중국 발음으로써 하며 지식이 있는 자들은 중국어에 능하지 않은 이가 드물다.[78]

일본 사람들은 한문을 읽을 때 "해석만 있고 음이 없으며 거꾸로 읽는 것으로 음을 삼"으니, 한문을 훈독하는 법은 있지만 음독하는 법이 없다는 것은 일본 문인들의 공통된 고민이었다.

오규우 소라이는 한문 문법과 어휘를 해설한 『역문전제(譯文筌蹄)』를 엮었는데, 그 제언(題言)에서 중국의 고전을 일본어 발음과 어순에 맞추어 읽는 것, 즉 훈독하는 것을 비판했다. 소라이에 의하면 한문을 훈독하는 것은 문법이 다른 중국어를 억지로 일본어 문법체계에 맞추어 읽는 것이기 때문에 한계가 있으며, 중국 고전을 제대로 이해하기 위해서는 중국의 언어로 배워야 한다는 것이다. 이러한 입장에서 그는 중국 고전을 읽기 전에 중국어를 습숙할 것을 제안했다.[79] 『역문전제』는 소라이가 25, 26세 때 유생들에게 강의한 내용을 제자들이 필기하여 엮은 책으로, 1692년쯤 초고가 완성되었고 1715년에 간행되었다.[80] 계미통신사가 일본을 방문했을 때는 소라이가 한문직독법을 제창한 지 수십년이 지났을 때로, 수많은 일본 문인들이 소라이학에 경도한 상황이었다. 이 때문에 사행원들은 중국 음으로 한문을 읽는 일본 문인들의 모습을 빈번히 보게 되었다.

계미년에 일본을 다녀온 사행원들은 소라이에 대해 이중적인 태도를 보였다. 그들은 주자학을 비판한 소라이를 매우 부정적으로 보면서도 한편으로 그가 제창한 한문직독법을 매우 긍정적으로 평가했다. 일본인들이 한문 옆에 훈점(訓點)을 붙이는 것을 두고 남옥은 "대저 옆에다 그네들의 음을 찍어놓은 것은 미워할 만하다"라고 혹평했다.[81] 조선 문인의 눈에 한문 옆에 적어놓은 작은 글자는 보기 안 좋았던 것이다. 그는 소라이의 공과를 다음과 같이 지적했다.

근세에 물쌍백이 온 세상을 현혹하여 기치(旗幟)를 세워 대중을 호령하니, 그 문학이 황무지를 개척한 공로와 교법(敎法)이 순정함을 더럽힌 죄악이 모두 우두머리가 되었다. 이는 마치 토요또미 히데요시가 그 나라에서 공로와 죄악의 우두머리가 된 것과 같다.[82]

소라이의 '공로'란 문학 분야에서 "황무지를 개척한" 것, 즉 직독법을 제창함으로써 일본인의 학문 수준을 향상시킨 것이고, '죄악'이란 주자학을 비판한 것을 말한다. 이러한 '공로'와 '죄악'은 토요또미 히데요시의 일본 전국을 통일한 '공로'와 전쟁을 일삼아 가혹한 정치로 백성들을 괴롭힌 '죄악'과 비슷하다는 것이다. 이처럼 소라이의 사상적 폐해를 비판하면서도 그의 문학적 공적을 높이 평가하는 자세는 다른 사행원들에게도 공통적으로 보인다.

성대중은 지꾸조오 다이뗸이 쓴 글에 훈점이 붙어 있는 것을 보고 다음과 같은 필담을 나누었다.

성대중　귀국의 서책은 옆에 모두 역음(譯音)이 달려 있는데, 이는 단지 한 나라에서만 행할 수 있는 것으로 만국에 통행하는 법이 아닙니다. 오직 부쯔 모께이의 문집만은 역음이 없으니, 이 한가지 일로도 부쯔 모께이가 호걸의 선비임을 알 수 있습니다.

지꾸조오 다이뗀　이는 다만 초학자에게 보이기 위한 것입니다. 개구리의 꼬리, 새알의 털과 같이 쓸데없는 것이니 참으로 부끄럽습니다.[83]

소라이가 주자학을 비판한 점은 부정적으로 보면서도 "만국에 통행하는 법"인 직독법에 의한 한문 읽기를 주장한 점에서 소라이를 "호걸의 선비"로 인식했던 것이다. 다이뗀도 성대중의 의견에 동의하면서 부끄럽다고 답했는데, 그는 성대중에게 일본의 훈독에 대해 다음과 같이 말했다.

우리나라에서 책을 읽고 글을 해독할 때에는 한결같이 화어(和語, 일본어)로 옆에 풀이하고, 원문의 순서를 바꾸어 읽으면서 간간이 주석을 써넣어 한번 읽으면 뜻을 이해하게 되니, 이는 책을 읽는 지름길입니다. 다만 지름길이기 때문에 길을 잃는 경우가 적지 않습니다. 그러므로 한문을 배우는 데 쓰는 힘을 중국 사람보다 몇배나 들이지 않고서는 잘할 수가 없습니다. 그렇기 때문에 글을 지으려 할 때 걸핏하면 틀리게 되는 것입니다. 생각건대 귀국의 독서하는 법은 중국과 똑같고 다만 읽는 음만 바뀔 뿐입니다. 여러분께서 막힘없이 필담하는 것을 보면, 습관이 이미 본성(本性)과 같이 되어 저희와는 크게 다릅니다.[84]

조선 문인들은 역대 일본 문인 중에서 지꾸조오 다이뗀의 글을 높이 평가했다. 계미년 사행에 참여한 최천종(崔天宗)이 오오사까에서 일본인에게 살해당한 사건이 있었다. 이때 사건의 경위서를 지꾸조오 다이뗀이 한문으로 썼는데,[85] 그 글을 본 성대중은 "문법이 예스럽고 우아하여 한대(漢代)의 문장에 가까웠다"라고 칭찬했다.[86] 그런 다이뗀마저도 한문습득에 상당히 고생한 것으로 보인다. 다이뗀 또한 직독할 수 있는지에 따라 한문 능력이 차이가 난다는 인식을 가지고 있었던 것이다.

소라이의 사상적 폐해와 문학적 공적을 가장 예리하게 지적한 사람은 원중거이다. 그는 주자학을 경멸한 소라이를 이또오 진사이(伊藤仁齋)와 더불어 '이단의 학설(異端之説)'을 뿌린 이라고 비판했다.[87] 그런데 한문직독법을 제창함으로써 일본인의 한문구사력을 높인 점에 대해서는 칭찬을 아끼지 않았다. 그는 중국어 음으로 한문 읽기를 제창한 소라이에 대해 다음과 같이 언급했다.

그 나라는 독서의 법이 본래 해석은 있으나 소리는 없다. 그러므로 반드시 글자의 뜻을 따라서 짚어가며 해석을 한다. 예로써 "마상봉한식(馬上逢寒食)"이라는 글을 읽으면 먼저 '마'자를 가리켜 방언으로 읽고 또 '상'자를 가리켜 방언으로 읽고 다음으로 '한식'을 가리켜 방언으로 읽는다. 그런데 그 방언에 몹시 많은 음이 쪼개져 있어 어떤 것은 한 글자를 해석하는 데 다섯, 여섯, 일곱, 여덟에 이르도록 음이 바뀌니 빨리 이해할 수가 없다. 그러므로 만약 100행을 읽는다면 구구절절 읽어 오랜 시간이 걸리며, 자음(子音)의 높고 낮음에 이르러서는 별도로 운서(韻書)를 고찰해야 알 수 있다. 그러므로 붓을 들고 글을 쓸 때 자구가 뒤집어지고 섞이며 뜻은 능히 유통되지 못한다. (…) 그런데 모께이가 중국의 운서를 얻어 그 나라 언문으로 주(註)를 달아 중국 발음을 만들었다. 처음 온 문도(門徒)들에게 즉시 운서를 주어 그들로 하여금 능히 중국 발음으로 읽을 수 있게 하고, 그러한 뒤에 중국 발음으로 고서(古書)를 가르쳤다. 그러므로 물씨(物氏, 오규우 소라이)에게서 수업을 받은 사람은 모두 중국 발음으로 옛 시문을 읽었고, 모께이 이후에 책을 간행하는 사람은 다시 간행하는 책의 자구에 카따까나로 방주(傍註)를 달지 않았다.[88]

원중거의 이 기술은 분명히 신유한의 『해유록』을 참조한 것이다. 앞서 살펴보았듯이 신유한은 일본의 한문 읽기 방식을 비효율적이라고 보았다. 원중거도 신유한과 마찬가지로 '마상봉한식'이라는 구절을 사례로 들어 고작 이 다섯 글자를 읽는 데에도 많은 시간이 걸린다고 하면서 훈독에 의한 한문 독해에 부정적인 견해를 보였다. 한문으로 글을 지을 때도 일일이 운서를 보면서 지어야 하기 때문에 어순을 틀릴 때가 많다고 지적했다. 이러한 '방언', 즉 일본어로 한문 읽기의 습관을 버리고 '화음', 즉 중국 음으로 경서를 읽게 한 사람이 오규우 소라이다. 원중거는 소라이가 중국 음으로 한문을 가르치기 시작하여 일본에서 간행된 책에서 훈점이 사라졌음을 전했는데, 원중거 또한 '방언'에서 벗어나 '화음'에 의한 한문학습을 제창한 소라이를 긍정적으로 인식하고 있었다.

그런데 이러한 '방언'과 '화음'의 괴리에 대한 고민은 조선에도 존재했다. 이덕무가 일찍이 중국인에 비해 조선인이 한문을 배우는 것이 훨씬 힘들다는 점을 다음과 같이 지적했다.

중국에 태어나지 않은 자로서 문장에 능숙하기가 더욱 어려운 것은 방언에 방해받기 때문이다. 중국인들은 말 한마디 단어 한마디 문자가 아님이 없다. 아이 때부터 귀로 듣고 입으로 말하는 것이 모두

음과 뜻이 있다. 다만 문장을 배우기 전에는 눈으로 어떤 글자인지를 분별하지 못할 뿐이다. (…) 비록 시골 백성과 마을 부인이라도 남이 전기(傳奇) 읽는 것을 듣고는 모두 손뼉을 치며 시끄럽게 웃는다. 다만 읽게 하면 모를 뿐이다.[89]

이덕무가 여기서 말한 '방언'이란 조선어를 말한다. 조선에서는 중국 고전을 조선의 구어로 번역해서 이해해야 하는 반면 중국에서는 평소 사용하는 모국어로 이해할 수 있기 때문에 고전학습에 이점이 있다는 것이다. 이어서 이덕무는 다음과 같이 말했다.

옛적에는 남녀가 겨우 4, 5세만 되면 먼저 『논어』 『효경』 『열녀전』 등의 책을 읽었으니, 입과 귀가 서로 통하기 때문에 눈으로 그 글자를 아는 것도 그리 어렵지 않다. 그러므로 조금만 노력하면 금방 배울 수 있는데, 우리나라 아이들의 경우 어찌 처음부터 『논어』 등의 책을 읽을 수 있겠는가? 가령 백마디 말의 글을 중국 사람에게 읽게 하면 보태는 것도 줄이는 것도 없이 다만 백마디 말일 뿐이지만, 우리는 방언으로 풀이하므로 백마디 말이 거의 300, 400마디 말이 되고 또 토(吐)가 있어서 거의 50, 60마디 말이 되어 중국과 비교하면 4, 5배가 된다. 그리하여 일년 내내 부지런히 공부해도 몇가지 책을 읽게 될 뿐이므로 우리나라 사람의 문장에 대한 식견이 끝내 중국 사람에게 미치지 못한다.[90]

어릴 때부터 '입'과 '귀'로 『논어』를 접하는 중국 아이가 '눈'으로 『논어』를 익히는 데는 그리 시간이 걸리지 않겠지만, '방언으로 풀이하는' 조선 아이는 『논어』를 이해하는 데 갑절이나 많은 말이 필요하다.

그러니 조선 문인들은 아무리 노력해도 한문구사력에서 중국 문인들과 차이가 날 수밖에 없다는 것이다.

4, 5세만 되면 『논어』를 구어로 익히는 중국의 한문습득법에 대한 이덕무의 시선은 자국어 발음으로 한문을 소리 내어 외울 수 있는 조선의 한문습득법에 대한 아메노모리 호오슈우의 시선과 상통한다. 또 한문 백마디를 조선어로 읽으면 "4, 5배가 된다"라는 이덕무의 말은 '馬上逢寒食' 다섯 글자를 수많은 말을 투입해 해석하는 일본의 훈독법을 부정적으로 본 신유한의 모습을 떠올리게 한다. 그리고 아무리 한문습득에 힘써도 중국 문인에게 못 미친다는 이덕무의 말은 아무리 능력 있는 사람이라도 일본인은 한문을 익히기 위해 조선 사람보다 '백배나' 노력해야 한다는 신유한의 말과 상통한다.

한문을 어떻게 읽고 쓰고 익힐까를 둘러싸고 조일 양국의 문인들은 문자와 독법에서 갈등을 겪었다. 그 갈등에는 서로 비슷한 점도 있었지만 가장 큰 차이점은 음독 여부에 있었다. 문자를 자국어로 음독하는 것이 당연했던 조선 문인들에게 음독이 불가능해 훈독할 수밖에 없는 일본의 한문 읽기 방식은 신기했다. 경서를 암기해야 하는 조선 사대부의 입장에서 한문을 음독할 수 없다는 것은 치명적인 결함으로 여겨졌다. 앞서 언급했듯이 성대중은 '화음'에 의한 한문학습을 제창한 것만으로도 소라이를 "호걸의 선비"라고 했다. 한문직독법을 제창한 소라이를 칭찬한 조선 사절들의 인식에는 고전학습에서 음을 중시한 조선 문인들의 언어의식이 반영되어 있는 것이다.

제8장

문풍

조선 문인과 일본 문인의 문학교류는 역사가 오래다. 고려시대 말기에는 일본의 오산승들이 고려를 방문해 정몽주, 이색, 권근(權近) 등 그 당시 이름 높은 문인들과 시를 수창했다. 오산승들이 일본에서 가져온 선물을 건네면 조선 문인들은 답례로 시를 보내기도 했으며, 오산승들은 고려 문인들의 시집을 즐겨 수집했다. 조선시대 전기에는 김종직(金宗直), 서거정(徐居正), 김수온(金守溫) 등이 일본에서 온 승려들과 시를 수창했다. 정몽주 및 신숙주는 일본에 다녀올 때 많은 일본 승려들과 시문을 교환했으며, 그들의 이름은 일본에 널리 알려졌다.[1]

침략을 받은 이래 조선에서 일본은 영원히 하늘을 같이할 수 없는 원수가 되었다. 그런데 히데요시의 군대가 철수한 지 10년도 되지 않아 양국 간에 국교가 회복되었고 사절이 파견되었다. 에도시대에 일본을 방문한 조선 사절들 역시 이전과 마찬가지로 일본 문인들과 시문을 수창하며 필담으로 대화를 나누었다. 게다가 이 시기에 이루어진 문학교류는 고려 말기나 조선 전기와 비교가 안될 정도로 활발했다. 승려에 한정되었던 한문능통자가 급증했고, 한문으로 글을 쓰고 경서를 읽고 중국 고전에 소양을 쌓은 지식인들이 일본에도 나타나기 시작했다.

조선 사절들이 이러한 일본의 문풍을 선도한 인물로 지목한 문인이

오규우 소라이와 아라이 하꾸세끼다. 계미년에 사행에 참여한 남옥은
이 두 문인의 이름을 들어 다음과 같이 서술했다.

그 나라에 과거가 없기 때문에 문장이 높은 자는 혹 옛날과 가까우
나 낮은 자는 문리를 이루지 못한 경우가 많다. 시는 대체로 경박하
다. 대개 명나라 사람의 문자가 유입된 뒤로부터 수사에 많이 천착했
다. 물쌍백이 또 웅걸하고 호방한 체(體)로 가르친데다 겐요(源璵, 하꾸
세끼) 등의 글을 가지고 공부한 덕분에 유자로서 이름난 자들이 또한
점점 성해졌으니, 이전에 비하면 가히 혼돈이 뚫렸다고 이를 만하다.[2]

남옥에 의하면 과거시험이 없는 일본에서 문학이 융성한 것은 "명나
라 사람의 문자가 유입된 뒤로부터"이다. 여기서 '명나라 사람'이란 왕
세정(王世貞, 1526~90)과 이반룡(李攀龍, 1514~70)을 비롯한 중국의 고문
사파(古文辭派) 문인들을 가리킨다. 이들 중국의 문인을 수용하여 일본
문단에 큰 영향력을 행사한 인물이 오규우 소라이였다.

오규우 소라이의 자(字)는 모께이(茂卿)로, 오규우씨가 모노노베씨
(物部氏)의 계보를 이었기 때문에 부쯔 모께이(物茂卿)라고도 했다. 소
라이가 14세 때 의사였던 아버지가 처벌을 받아 소라이 일가는 지방에
서 유배생활을 했다. 유배에서 풀려나 에도에 돌아간 후 소라이는 31세
때 유관으로 야나기사와 요시야스(柳澤吉保)를 섬겼다. 40세 전후에 명
나라 문인 왕세정과 이반룡의 저작을 접하고 고문사학에 경도했다.
46세인 1711년에 야꾸샤(譯社)라는 모임을 만들어 중국어를 배웠고 『변
도(辨道)』『변명(辨名)』『학칙(學則)』 등의 저작과 『논어』를 해석한 『논
어징(論語徵)』을 간행했다. 소라이의 고문사학은 일세를 풍미하여 일본
전국에 유행했다.[3]

제7장에서 살폈듯이 시대가 내려갈수록 일본인의 한문구사력은 향상했고 경서를 읽고 학문에 전심하는 사람들이 점차 많아졌다. 사절들은 오규우 소라이의 반주자학적 사상에 대해서는 반감을 가지면서도 이러한 일본의 문풍은 소라이에게 힘입은 바 크다고 보고 있었다.[4] 이 장에서는 일본의 문학적 성장과 오규우 소라이의 관계를 조선 사절들이 어떻게 인식하고 있었는지를 살펴본다.

1. 한시 수창을 둘러싼 갈등

오규우 소라이 생전에 조선 사절은 1682년, 1711년, 1719년 세차례에 걸쳐 일본을 방문했다. 그는 1711년의 사행원들과 자신의 제자들이 주고받은 수창시를 모아 『문사기상(問槎畸賞)』을 편찬했다.[5] '문사기상'이라는 제목부터가 조선 사절에 대한 경멸적 시선을 담은 것으로, 이 책에서 소라이와 그 제자들은 혹독하게 조선 사절들을 폄하했다. 소라이의 제자 타나까 토오꼬오(田中桐江)가 쓴 서문 중에는 "지리소(支離疏)의 턱은 배꼽에 묻히고 상투는 하늘을 향해 솟아 있다. 애태타(哀駘它)는 추한 얼굴로 천하를 놀라게 한다. 어찌 모두 문사(問槎)의 기상(畸賞)이 아니겠는가?"라는 말이 보인다.[6] '지리소'란 『장자』에 나오는 불구자로 몸에 기형을 가진 사람이며, '애태타'도 『장자』에 나오는 얼굴이 매우 추한 남자를 가리킨다.[7] '문사'는 조선통신사라는 뜻이고, '기상'은 '奇賞'으로 '기이한 글을 같이 감상한다(奇文共賞)'는 뜻이다. 즉 타나까 토오꼬오는 '奇'를 '병신' '불구'라는 뜻을 가진 '畸'로 바꿔 '문사기상'이라는 제목을 붙이면서 조선 사절을 형체가 이상하고 추한 외모를 가진 자로 비유하고 기형적인 글을 함께 감상하자는 뜻으로 이 책을 엮었음을 밝힌 것이다.

또 소라이의 제자 핫또리 난까꾸(服部南郭, 1683~1759)가 쓴 발문에는 "우레가 치면 만물을 놀라게 할 수 있지만 귀머거리는 편안하게 여기니, 문(文)에 있어서도 그러하다"라는 말이 보인다.[8] 여기서 '우레'[雷霆]는 소라이학파를, '귀머거리'[聾者]는 조선 사절을 비유하는데, 이 말에는 우레처럼 이름을 천하에 떨친 소라이학파의 문학적 명성에 대해 조선 사절들이 아무런 반응을 보이지 않았던 것은 그들이 '귀머거리'이기 때문이라는 의미가 담겨 있다.[9]

『문사기상』에 수록된 시문 옆에는 작은 글자로 소라이의 평어가 적혀 있는데, "이는 너무 속된 말이다"라든지[10] "이 시는 가소롭다"라는 등[11] 조선 사절의 시에 대한 소라이의 평어는 거의 대부분 부정적이다.[12] 또 그는 사절들과 시를 수창한 이리에 자꾸스이(入江若水)에게 보낸 편지에서 "삼한(三韓)의 포악함은 『수사(隨史)』에서 일컬어졌는데 우리 원면왕(猿面王)과 싸웠지만 이길 수 없었소"라며[13] 조선이 '원면왕', 즉 토요또미 히데요시가 일으킨 전쟁에서 이길 수 없었다고 하고서 "그후 문으로 우리를 이기려고 팔도에서 뛰어난 자를 추려내고 빙사(聘使)를 따라 동쪽으로 왔으나 여전히 족하에게도 이길 수 없었고 우리를 뛰어넘을 수도 없었소"라고 했다.[14] 조선은 전쟁에 패한 울분을 문학으로 풀고자 사절을 보내오지만 한시 수창에서도 역시 일본 문인을 이길 수 없다는 것이다. 이렇게 소라이는 조선 사절과 일본 문인의 한시 수창을 '싸움'의 자리로 보고 있었고, 사행 때 행해지는 마상재(馬上才)를 읊은 시 제목에 '고려놈'[麗奴]이라는 말을 사용하는 등[15] 조선 사절을 냉담한 눈으로 보고 있었다.[16]

소라이의 애제자 야마가따 슈우난(山縣周南)은 1711년 사행원들과의 수창을 계기로 문명(文名)이 일본 전국에 떨쳤다. 그 상황을 소라이는

오규우 소라이의 학문은 일본에서 일세를 풍미했다. 그의 묘지는 현재 토오꾜오 미나 또구(港區)의 초오쇼오지(長松寺)에 있다.

"지꼬오(次公, 야마가따 슈우난) 또한 가서 수창해보았더니, 그들은 우물쭈 물하다가 그의 필봉을 감당하지 못하였다. 이로 인해 지꼬오의 명성이 훌쩍 높아져 국내 학사들 중에서 그 이름을 모르는 이가 없게 되었다" 라고 했다.[17] 제자인 야마가따 슈우난이 한시 수창에서 조선 문인들을 준순(逡巡)하게 했다는 말을 통해서도 조선 사절에 대한 소라이의 경멸 적 인식을 엿볼 수 있다.

1719년에 사절이 왔을 때도 소라이의 문인들이 모이는 켄엔샤(蘐園 社)에서는 다음과 같은 대화가 오갔다고 한다.

조선인은 일종의 풍습이 있어서 시도 문도 형편없다. 특히 작년에 내빙한 한인(韓人)은 더욱 나쁘다. 쿤슈우(君修, 소라이의 제자 마쯔자끼 칸까이松崎觀海)의 상대도 되지 못할 것이라고 한다. 난까꾸를 비롯해 우리 시사(詩社)의 사람들은 서로 상의하고 한명도 보러 가지 않았다고 한다.[18]

"작년에 내빙한 한인"이란 1719년의 사행원으로, 핫또리 난까꾸를 비롯해 소라이의 제자들은 조선 문인들의 시를 높이 평가하지 않았고 만나지도 않았다는 것이다.[19] 소라이학파 문인들은 우리야말로 조선 사절들의 시문을 능가할 만큼의 높은 실력을 가지고 있다는 자부심에 차 있었다.

대개의 소라이학파 문인들은 조선 사절들이 남긴 수창시를 신랄하게 비판했다. 계미통신사와 일본 문인의 수창시와 필담을 수록한 『계단앵명(鷄壇嚶鳴)』의 서문에는 다음과 같은 말이 보인다.

조선 사람의 시는 촌구석의 속된 노래로 모두 빨리 짓는 것을 재주 있다고 생각한다. 그러나 우리 선비의 시는 고아한 노래로 모두 정교함을 지극한 것으로 여긴다. 그 우열은 따지지 않아도 저절로 분명할 것이다. 무릇 시가 정교하지 않으면 비록 하루에 천수를 짓는다 할지언정 어디에 쓰겠는가? 어려운 일이 아니다.[20]

이 서문은 마쯔시따 우세끼(松下烏石)라는 사람이 썼는데, 그는 『문사기상』 발문에서 조선 사절을 '귀머거리'로 비유한 핫또리 난까꾸의 제자이다.[21] 조선 사절의 시를 혹평하고 자기 학파 문인들의 시를 극찬하는 것이 소라이학파 문인들의 특징이었다. 조선 사절들의 시에 대해 "모두 빨리 짓는 것을 재주 있다고 생각한다"라고 한 것은 물론 오해로, 사절들은 모여드는 수많은 일본 문인들을 응대하기 위해서는 빨리 쓸 수밖에 없었던 것이다. 조선 사절에 대한 소라이 문인들의 시선은 매우 냉소적이고 적대적이다. 그들은 조선 사절을 흉금을 터놓고 온화하게 대화할 상대로 여기는 대신 문학적 우열을 가리는 경쟁자로 보고 있었다.

한편, 일본에서 행해지는 수창에 대해서는 조선과 일본 사이에 큰 인식 차이가 있었다. 일찍이 1748년 사행에 참여한 홍경해는 1711년의 조선 사절과 일본 문인들의 수창시를 모은 『계림창화집(鷄林唱和集)』을 일본에서 보고서 "여러 작품이 모두 거칠고 간략하여 볼만한 것이 없으니 개탄스럽다"라고 토로했다.[22]

1763년의 사행원 김인겸은 『일동장유가』에서 이전의 사절들이 일본 문인에게 써준 제시(題詩)를 보고 다음과 같이 읊었다.

전후(前後)의 사행 때에
제술관 서기들이
다 지어주었으되,
저마다 요초(料峭)하여
하나 볼 것 없고나야.
아무리 문장들도
여기 나와 지은 글이
이렇게 좋지 아니하니,
감(減)한 줄 알리로다.[23]

조선 문인의 눈으로 봐도 사행원들이 일본에서 남긴 시문은 그리 수준이 높지 않았던 것이다. 이 점은 실제로 수창을 맡은 조선의 제술관도 자각하고 있었다. 1763년의 사행에 참여한 남옥은 타끼 카꾸다이(瀧鶴

臺, 1709~73)라는 일본 문인과 나눈 필담에서 다음과 같이 썼다.

> 무진(戊辰) 사행 때 나가또에는 『문사(問槎)』 세권이 있었습니다만,
> 이번 사행에서 수창한 것도 간행하고자 하시는지요? 저희가 창수하
> 고 이야기한 것은 모두 수준이 낮고 천한 것이어서 간행한다고 하면
> 보잘것없는 것에 큰 공을 들이는 것이겠습니다.[24]

제술관과 서기 들은 제대로 압운도 할 수 없는 일본인의 시에 수응하
거나 하루 수백명의 일본 문인들과 수창해야 했고, 때로는 숙소에 찾아
오는 일본인들을 새벽까지 상대했다. 이런 상태에서 수준 높은 시를 쓸
수 없다는 것은 조선의 제술관도 스스로 알고 있었던 것이다.

일찍이 나와 로도오가 일본인의 한시 수창에 응하느라 고생하는 남
옥을 위로하면서 "이제까지의 행차에서 이와 같이 많은 사람들이 찾아
와서 혼잡했던 적은 없습니다. 조금만 재량해 선별하셔서 정신과 기력
을 아끼시기 바랍니다"라고 하자 남옥이 "이런 일은 본래 사군자(士君
子)가 마땅히 해야 할 일이 아니오? 처음부터 하지 않는 것이 옳거니와
이미 한다면 어떻게 그 사람을 가려서 나아오고 물러가게 하여 실망하
게 할 수 있겠소?"라고 답했다.[25] 이 대화를 통해서도 알 수 있듯이 일일
이 응하기가 매우 힘들지만 찾아오는 사람들을 불편하게 하는 것이 미
안해서 어쩔 수 없이 글을 써준다는 것이 남옥을 비롯한 조선 사절들의
본심이었다.

그는 일본에서 행하는 한시 수창을 폐지할 것을 제안하기도 했다.

> 혹은 잠깐 사이에 10편을 써내고 혹은 하루에도 종이 100장을 넘기
> 까지 하니, 비록 자건(子建)이나 자안(子安) 같은 민첩한 솜씨라도 어

찌 다 일일이 글을 이룰 수 있겠는가? 풍속이 다른 이국에 우리의 추함을 드러내서 영원히 비웃음을 전하게 하니, 나라를 빛나게 하고자 한 것이 도리어 나라를 욕되게 한 셈이 되고 재주를 과시하고자 한 것이 도리어 재주를 더럽히게 된 셈이다. 이것은 조정에 아뢰기를 기다리지 않더라도 먼저 그 나라에 통보하여 사행이 직접 스스로 결단하여 폐지할 수 있을 것이다.[26]

남옥은 필담창화집이 전국에 유통되는 일본에서는 한시 수창이 오히려 조선 사절의 평판뿐 아니라 나라의 체면을 훼손한다고 보았던 것이다. 제술관의 입장에서 글을 써달라는 일본인의 요청에 응하는 것 자체는 받아들일 수 있어도 재촉을 받아 성급하게 쓴 시가 일본에서 간행되어 영구히 후세에 남는 것에는 거부감이 있었을 것이다.

이와 같이 원래 일본인과의 문학교류를 담당하는 제술관이 한시 수창에 노골적인 거부반응을 보이며 폐지까지 주장한 배경에는 오규우 소라이의 존재가 크게 작용했으리라 생각된다. 남옥은 에도에 도착했는데 일본 문인들이 한시를 수창하러 오지 않자 그 이유에 대해 나와 로도오와 나눈 문답을 기록한 바 있다.

나와 시소(那波師曾, 나와 로도오)가 와서 이야기를 나누었다. 유사(儒士)들이 오지 않은 이유를 묻자 답하기를, "여기는 오래 머물러 계실 곳이니 반드시 날마다 계속해서 올 것입니다"라고 하였다. 그러나 부쯔 모께이가 시를 창수하는 것은 시의 도가 아니라고 했으니, 그 학풍을 들은 자들이 그래서 혹 오지 않은 것인가?[27]

남옥은 소라이가 한시 수창에 매우 부정적이었다는 사실을 알고 있었고, 일본인들이 수창하러 오지 않는 것이 소라이 때문이 아닐까 의심을 가졌다. 또한 소라이가 조선 사절들의 시를 혹평했다는 사실도 알고 있었다.

물쌍백 같은 자는 우리나라 사람의 시를 거칠어서 족히 본받을 것이 없다고 하여 비웃고는 와서 구하지 않았다. 이는 대개 그 수응한 것 가운데 거칠고 조잡한 말들을 보고 한쪽으로만 몰아붙인 것이다. 이로써 보건대 오랑캐 사람들에게 수응할 때는 마땅히 진지하게 해야지, 급하게 해서는 안됨을 알 수 있다.[28]

남옥은 사절들의 잘 쓰지 못한 한시만을 두고 폄하하는 소라이를 비판함과 동시에 일본인들에게 수창할 때도 긴장감을 가져야 한다고 다짐했다. 자신들의 시를 혹평하는 소라이에 대한 남옥의 태도가 양면적인 것은 그 또한 자신들이 일본에서 남긴 글이 그리 수준 높은 것이 아님을 자각하고 있었기 때문이다. 남옥뿐 아니라 다른 사절들도 전대의 사절들의 글을 평가하지 않았다. 그런 점에서 오규우 소라이의 등장은 사절들에게 한시를 비평할 안목이 있는 문인이 일본에 등장했음을 의미했다. 이 때문에 그들은 소라이에게 반감을 가지면서도 그를 주목하지 않을 수 없었던 것이다.

2. 오규우 소라이 숭배와 일본의 문운

필담 자리에서 일본 문인들이 붓으로 자주 썼던 것이 "徂徠先生(소라이 선생)"이라는 글자였다. 소라이에게 배운 사람들은 사절들에게 자신이 소라이의 문하에 들어가 한시와 한문을 배웠음을 자랑스럽게 말했고 일본에서 제일 영향력 있는 지식인으로 소라이를 들었다. 그리고 사행원들은 '오규우 소라이의 제자'를 칭하는 문인들과의 교류를 통해 학문에 힘쓰는 일본인의 모습을 목격했다.

소라이의 제자 다자이 슌다이(太宰春臺)가 1719년의 사절들과 만났을 때 그는 "어릴 때부터 독서하기를 좋아하여 경전을 가르치는 선생께 수학했고, 어른이 되어서는 오규우 소라이 선생께 사사하여 고문사(古文辭)를 배웠습니다"라고 자신의 학문적 편력을 말했다.[29] 또 키노시따 란꼬오는 신유한과 필담을 나누는 자리에서 "에도에 소라이 선생이란 분이 계십니다. 일찍이 고문사의 학문에 힘써 주공과 공자의 책이 아니면 보지 않았습니다"라고 고문사학을 제창한 소라이에 대해 언급하고서 "저는 그 문하에 노닐면서 그 책을 받아 읽고 몹시 기뻤습니다. 지금 글 읽는 선비들은 모두 앞다투어 달려가 종지(宗旨)로 삼습니다"라며[30] 소라이를 선구자로 받들어 학문에 힘쓰는 사람들이 많이 있음을 전했다.

1748년에 사행원들이 일본에 다녀왔을 때 간행된 필담집을 보면 '소라이 선생'을 일컫는 일본인들이 대폭 증가하고 사행원들과 논쟁을 벌이는 데까지 이르렀음을 알 수 있다. 다자이 슌다이의 제자 마쯔자끼 칸까이는 제술관 박경행(朴敬行) 및 이봉환(李鳳煥)을 비롯한 서기들과 필담을 나눌 때 "진사이가 죽은 후 소라이 선생이 국내에서 제일가는 학자입니다. 저의 스승인 슌다이 선생께서는 소라이 선생의 특별히 뛰어난 제자였습니다"라고 했고,[31] 소라이의 저작『변도』와『변명』을 보내면서 "훗날 이 저서들을 읽으신다면 공께서도 반드시 소라이를 천년에 한번 나올 호걸로 인정하실 것입니다"라고 말했다.[32] 여기서 거론한『변도』와『변명』은 오규우 소라이의 대표적인 저작으로, 소라이는 이들 저서에서 주자학을 혹독하게 비판하면서 독특한 사상을 드러냈다. 미야

세 류우몬(宮瀨龍門)이라는 문인이 사절들에게 일본의 학문상황을 간략하게 소개했을 때의 필담에는 다음과 같은 기록이 보인다.

해내(海內)에서는 소라이 선생이 경전의 뜻을 밝히고 학문에 널리 통달한 것을 흠모하여 천리를 멀다 않고 좇아와 그들의 신발이 집 밖으로 넘쳐났으며 세상에 문집이 유행하였습니다. 소라이 선생 사후에 20년이 지났지만 그 문인이 수백명입니다. (…) 난까꾸 선생의 문집이 세상에 유행하자 재주 없는 저 같은 사람도 소라이학에 뜻을 가져 천리를 멀다 않고 와서 여러 군자의 뒤를 따라 몸소 수신(修身)하고 있습니다. 제가 보기에 우리나라가 개벽한 이래 소라이와 난까꾸 두분 선생님 같은 분은 일찍이 없었습니다.[33]

앞서 언급한 대로 1655년에 일본에 다녀온 남용익은 "중국의 서적이 거의 다 유포되고 있지만 해석하는 자가 아주 적다. 그러나 향모하는 정은 윗사람이나 아랫사람이 다 같다"라고 했다.[34] 그로부터 100년도 안되어 일본에서는 중국 경전을 독자적으로 해석하는 인물이 나타났으며, 그 경전 해석자를 '흠모'하여 선구자로 삼아 학문의 길에 나서는 일본인들이 많이 있었던 것이다.

1763년에 사행원들이 일본에 다녀올 때도 여전히 소라이학이 유행하고 있었다. 남옥이 아이노시마에서 만난 카메이 난메이에게 "귀국에서 지난 100여년간 누구의 문집이 가장 훌륭합니까?"라고 묻자, 그는 "100년간 나온 문집을 일일이 다 들 수 없습니다. 제가 아는 한은 켄엔옹(蘐園翁, 오규우 소라이)뿐입니다"라고 답했다.[35] 시모노세끼의 문인 타끼 카꾸다이도 "우리나라의 학자들 가운데 소라이의 가르침을 준봉(遵奉)하지 않는 이가 드뭅니다"라고 했다.[36] 소라이학은 이제 일본 전역에서 유행하고 있었던 것이다.

이런 상황을 원중거는 다음과 같이 묘사했다.

66주의 사람들이 무리지어 일어나 급속하게 그를 닮아가며 모께이를 해동(海東)의 부자(夫子)라 일컫는 데까지 이르게 되었다. 그중에 약간의 사람이 조금이라도 자립하려고 하면 무리지어 비난하여 나라 안에서 용납되지 못하도록 하니, 멀고 가깝고 귀하고 천하고 늙고 어리고를 막론하고 다만 부쯔 소라이 선생 모께이가 있음만을 알 뿐이었다. 그리하여 사람으로 하여금 저도 모르게 웃게 만들었다.[37]

"해동의 부자"란 '일본의 공자'라는 뜻이다. 공자로 일컬어질 만큼 소라이는 일본에서 교조적 존재가 된 것이다. 원중거는 귀천과 노소에 상관없이 신처럼 '소라이 선생'을 숭배하는 일본인들의 모습을 냉소적으로 묘사했다. 그런데 역설적으로 이 대목은 일본의 학문을 견인하는 소라이학의 모습을 보여주기도 한다. 즉 사행원들은 '오규우 소라이 선생'이 얼마나 위대한지 강조하는 일본인들의 모습을 통해 일본에 유학이 융성하고 있음을 확인한 것이다.

물론 조선 사절들은 소라이가 주자학을 비판한 것에 대해서는 부정적이었다. 나오미 코오사이(直海衡齋)라는 본초학자(本草學者)는 1748년에 사행으로 온 박경행에게 "지난번에 선생께서 우리나라에는 경학을 논할 사람이 없다고 하셨다는 말을 듣고 저는 매우 괴이하게 여겼습니다. 우리나라에서는 20년 전에 '소라이 선생'이라는 호를 쓰는 부쯔 모께이란 분이 고문(古文)을 창도하여 세상에 반향을 일으켰습니다"라고[38] 고문사학을 표방한 소라이를 언급했다. 이에 대해 박경행은 "소라이란 이름은 저도 들었습니다. 사람은 호걸이지만 학문은 의리를 크게 위배했으니, 귀방(貴邦)에서 정주(程朱)를 배척하는 것은 모두 이 사람의 죄입니다"라며[39] 일본 전국에 반주자학적 풍조가 번진 것은 소라이 때문이라고 답했다.

원중거는 사행 이전부터 일본에 반주자학적 학풍이 성행함을 알고 있었고, 주자학에 반대하는 무리를 주자학으로 인도하는 것이야말로 자신의 사명이라고 생각했다. 그는 일본 출발 직전에 부산에서 두명의 벗을 향해 "일본인은 정주가 있다는 것을 모르므로 나는 늘 정주를 인용하여 그들을 접하려 하니 형들의 뜻은 어떠합니까?"라고 물었고[40] "좌중에 만약 정주를 비방하고 배척하는 무리가 있다면 얼굴빛을 엄히 바르게 하여 물리치고 더불어 창수를 하지 않는 것이 또한 무슨 해가 되겠습니까?"라고 하기도 했다.[41] 이처럼 원중거는 일본에 도착하기 전부터 주자학의 전파자로서 일본 문인과 맞서겠다는 강한 의지를 표명했다.

그는 『화국지』에서 소라이가 왕세정과 이반룡을 존경한다고 밝히면서 다음과 같이 서술했다.

그가 지은 『논어징』은 맹자로부터 그 이하로 한결같이 모두 결점을 들추고 경멸하였는데, 정자와 주자에 이르러서는 더욱 심했다. 그의 학설은 코레사다(維禎, 이토오 진사이)에 비해 더욱 극히 경망하고 어그러졌다. 그가 지은 시문은 100여권에 이르며, 온 나라 사람이 그에게 파도처럼 달려오고 여울물처럼 몰려들어 그를 일컬어 해동부자(海東夫子)라 하기에 이르렀다.[42]

이처럼 원중거도 소라이의 반주자학적 사상에 매우 비판적이었으며, 이는 사행원 모두의 공통된 견해였다.

그런데 역대 일본 문인 중에서 그 반주자학적 경향에도 불구하고 문

260

학가로서 가장 높은 평가를 받은 사람 또한 소라이다. 남옥은 "그 문장을 보니 국내의 우두머리가 되지 않을 수 없으니, 광염(光焰)이 찬란하게 빛나고 변설(辨說)이 크고 트였다"라고 했고,[43] 성대중도 "문장이 준수하고 아름다워 거의 일본 제일이라고 할 수 있으나 학문은 편벽하여 맹자 이후는 모두 업신여겼다"라며[44] 소라이의 사상을 비난하면서도 문인으로서는 일본에서 가장 뛰어나다고 했다. 원중거는 소라이의 글을 부정적으로 비평했으나,[45] 소라이가 뛰어난 문인이라는 점은 인정하였다. 그는 나와 로도오를 통해 소라이의 문집 『조래집(徂徠集)』을 입수했을 때의 일을 다음과 같이 서술했다.

소라이의 문집을 구해보고자 시소에게 부탁하니 시소가 놀라 말하기를, "선생님께서는 어찌 이러한 말을 하십니까?"라고 하였다. 이에 "그 치우치고 음하며 사악한 도가 유래한 근원을 궁구해보고자 합니다. 또한 그는 호걸의 선비인데 다만 잘못에 빠져 헛되이 늙어 죽어 후세 사람들에게 해로움을 유포했으니 가히 애석한 일입니다. 그가 만약 지금도 살아 있어 손님을 만나는 자리에 온다면 나는 마땅히 예로써 대우하고 다음으로 그가 잘못에 빠진 것을 책망할 것입니다"라고 하였다.

그후 그의 문집을 본 뒤에 시소가 다시 내게 "어떠합니까?"라고 물었다. 내가 "기이한 재주요 기이한 기개입니다. 애석하고 애석합니다"라고 이어 썼더니 시소가 "공의 공평한 혜아림에 경복(敬服)하고 경복합니다"라고 하였다.[46]

조선과 일본의 문학교류에서 일본 문인이 자신의 문집이나 일본을 대표하는 문인의 문집을 조선 사절들에게 선물하는 것은 흔한 일이었다. 그러나 조선 사절이 스스로 일본 문인의 문집을 구하는 사례는 거의 없었다. 그런 점에서 원중거가 스스로 『조래집』을 구했다는 것은 그만큼 조선 문인의 관심을 끄는 "호걸의 선비"가 일본에 탄생했음을 의미한다. 그런데 그 관심의 동기는 긍정적인 것이 아니라 부정적인 것이었다. "그 치우치고 음하며 사악한 도가 유래한 근원을 궁구해보고자" 원중거는 소라이의 문집을 구한 것이다. 원중거는 만약 소라이가 필담 자리에 왔더라면 "예로써 대우하고" 그의 잘못을 따질 것이라고 했는데, 소라이는 한번 만나서 의논하고 싶다고 여기게 만들 정도로 역설적인 의미에서 흥미로운 문인이었다.

원중거는 일본에서 수많은 소라이 신봉자들과 논쟁을 벌였음을 다음과 같이 전했다.

치꾸젠의 카메이 로(龜井魯, 카메이 난메이) 이후로는 조금 재주 있고 말 잘하는 사람은 모두 부쯔씨(物氏, 오규우 소라이)를 높이고 섬겼다. 나는 필담을 할 때나 시문을 지을 때 반드시 정주를 일컬었고 반드시 『소학(小學)』을 거론하였는데, 저들 가운데 유학하는 선비들이 처음에는 자못 항거하는 말을 굽히지 않더니만, 끝내는 혹은 입을 다물고 말을 하지 않았고 타끼 초오가이(瀧長愷, 타끼 카꾸다이) 같은 사람은 "잠시 버려두고 나중에 다시 논합시다"라고 말하기도 하였다.[47]

조일 양국의 문인들이 나눈 필담 자료를 보면 주자학의 정당성을 역설하는 조선 사절과 주자학을 비판하는 일본 문인 사이에서 이루어진 논쟁이 도처에 기록되어 있다. 사절들은 소라이학에 경도된 일본인들을 간사한 사상을 가지고 있다고 비판했고, 소라이 학도들은 조선 사절들을 주자학밖에 모르는 고루한 사대부로 보았다. 양자는 치열하게 충돌했는데,

소라이 문하에서 유능한 문학가가 많이 배출되었다. 그림 맨 왼쪽부터 시계 방향으로 다자이 슌다이, 야마가따 슈우난, 오규우 소라이, 안도오 토오야(安藤東野), 반안(萬庵), 히라노 킨까(平野金華), 핫또리 난까꾸, 우사미 신스이(宇佐美灊水). 타마가와대학 교육 박물관 소장.

한편으로 보면 조선 문인과 논의할 수 있을 만큼 일본 유학자의 교양수준이 높아졌던 것이다. 남옥도 "주자를 공격하는 자들 중에는 준결한 인재가 많고, 주자를 종조(宗祖)로 하는 자들 중에는 재주가 떨어지는 자가 많다"라고 했는데,[48] 이 또한 소라이학이 유행하는 일본에 대한 조선 문인의 위화감을 드러낸 발언이다. 사절들은 '이단(異端)'이 퍼짐으로써 오히려 수준 높은 학자가 등장한 역설적인 상황을 목격한 것이다.

앞서도 밝혔듯이 사절들은 한문직독법을 제창한 소라이 덕분에 일본인의 한문구사력이 높아졌음을 지적했는데, 성대중의 인식도 원중거와 같았다.

모께이 이후로 일본의 문학이 크게 진작되었다. 이전에 후지와라 세이까와 하야시 도오슌(林道春, 하야시 라잔林羅山)이 비록 신동이나 거벽(巨擘)으로 일컬어졌어도 그러나 우리나라 사람들과 창화해보면 말이 안되는 것이 많았다. 그런데 지금은 에도 인사들의 시문이 극성(極盛)하여 예전과 비교할 바가 아니니, 참으로 모께이가 왕(王, 왕세정)·이(李, 이반룡)의 학문으로써 창도한 것이다. 왕·이가 비록 부화(浮華)하여 알맹이가 없으나 우리나라의 문장이 참으로 그에 힘입은 것이 많았는데, 이제 또 동쪽으로 건너가서 그 효과를 바로 보게 되었으니 이른바 진(秦)나라가 하(夏)나라의 음악에 능하게 된 것과 같다. 이후에 사신으로 가는 이들은 반드시 곤경에 처하게 될 것임을 알 수 있다.[49]

성대중은 일본 전국에 문풍을 전파한 공로자로 소라이를 평가할 만하다고 했다. 이를 보아도 소라이는 조선과 일본 사이에 소통의 통로를 만든 문인으로서 세이까, 라잔보다 높은 평가를 받고 있었음을 알 수 있다. 성대중은 왕세정과 이반룡이 일본에서 숭상되는 것도 소라이에게서 비롯된 것이며, 그런 점에서도 소라이가 일본의 문화수준을 향상시키는 데 커다란 영향을 끼쳤다고 보았다.

성대중이 말한 대로 왕세정과 이반룡 등 고문사학을 주장한 명나라 문인들의 저작은 17세기 조선에서 널리 읽혔다. 그런데 '알맹이가 없다'는 말에서 알 수 있듯이 성대중은 고문사학을 부정적으로 인식하고 있었다.[50] 원중거도 "그(소라이)가 종조로 삼는 왕·이 또한 천하에서 함께 비웃음을 받는 사람이다. 지금 그 무리에서는 이미 점점 그를 거역하는 자들이 없지 않으니, 마치 저 풀벌레인 반딧불이의 빛과 같아서 스스로 응당 소멸할 것이다"라고 하였다.[51] 조선에서 고문사학이 일시적인 유행으로 끝난 것처럼 일본에서도 소라이학의 융성은 조만간 소멸할 것이라고 추측한 것이다. 조선 사절의 입장에서 100년도 더 전에 조선에서 널리 유행한 고문사학에 이제야 경도하는 일본 문인들의 모습은 시대에 한참 뒤떨어진 것이었다.

참고로, 원중거가 명나라의 고문사학파 문인들을 높이 평가하지 않았다는 사실은 이덕무도 증언하고 있다. 이덕무는 문학론을 두고 원중거와 논했을 때의 일을 일기에 남긴 바 있는데, 그에 의하면 원중거는 다음과 같이 말했다고 한다.

> 나는 얼마 전에 일본에 다녀왔는데, 그 나라 문사들이 바야흐로 백설루(白雪樓, 이반룡) 무리의 문집을 힘써 읽어 전국에서 유행이 되었기에 문장도 왕왕 본받곤 하였네. 대저 명나라에는 문장이 없고 이학(理學)도 없으니, 명나라 시대의 문장을 버려두고 시문을 지은들 무어 안될 게 있겠나?[52]

이렇듯 명나라 문학을 좋게 평가하지 않는 원중거에게 고문사학에 심취한 일본 문인들의 모습은 냉소의 대상이었다. 원중거는 고문사학의 유행이 끝난 일본, 즉 소라이 이후의 일본에 밝은 미래가 찾아올 것으로 전망했다.

> 그 나라의 총명하고 민첩하며 예리한 재주꾼들이 이미 고문을 화음(華音)으로 읽고, 말을 문장으로 서술하고, 일용행사(日用行事)로써

신심(身心)을 증험하고 있다. 그러므로 후에 말로 문을 엮고 문을 통해 도를 깨닫는 사람 가운데 오랑캐를 중화로 변화시키고 제나라를 노(魯)나라로 변화시키는 사람이 없으리라 어찌 알겠는가? 지금 나가사끼의 책들이 날마다 이르고 나라 안의 문풍이 점점 융성해지니 만약 재기가 모께이 같은 사람이 나라 안에 태어난다면 반드시 모께 이를 돌이켜 정도(正道)로 돌아가게 할 사람도 있을 것이다.⁵³

원중거는 이와 비슷한 말을 『승사록』과 『화국지』에서 수차례 반복했다. 그는 소라이가 일본인의 독서법을 전환시킨 것, 즉 중국어 발음으로 경서를 읽게 한 것을 오랑캐 일본을 중화로 변화시키는 발판을 마련한 것으로 본 것이다. "말로 문을 엮고 문을 통해 도를 깨닫는 사람"이 나타나 일본을 중화로 인도할 것이라는 원중거의 말에서 알 수 있듯이, 조선 문인 입장에서는 그 반주자학적 사상에도 불구하고 훈독법을 직독법으로 바꾼 소라이의 공적을 칭송하지 않을 수 없었다. 앞의 인용문에서 원중거는 다시 소라이 같은 뛰어난 재주를 가진 자가 일본에 나타나야 소라이가 퍼뜨린 잘못된 사상을 개선하여 '정도'로 선도할 것이라고 했는데, 소라이의 사상을 수정할 또 한명의 소라이가 나타나야 일본은 중화가 되리라고 본 이 주장에서 소라이에 대한 원중거의 이중적 인식을 엿볼 수 있다. 이어서 원중거는 다음과 같이 서술했다.

천지양명의 기운이 바야흐로 우리나라에 융성하고 있다. 어떤 사람은 이 도가 다시 동해를 건널 것을 꺼리기도 한다. 아, 이 도는 우리가 독점하여 사사로이 가지는 것이 아니다. 저들과 더불어 공유하더라도 무슨 해가 있겠는가?⁵⁴

원중거는 소라이 이후의 일본에 조선과 같은 '도', 즉 보편적 윤리를 공유할 수 있는 세계가 도래할 것이라고 전망했다. 소라이의 한문직독법을 알게 된 것이 원중거로 하여금 이와 같은 감정을 품게 한 것이다. 사상적으로는 인정할 수 없지만 성인의 도를 '화음'으로 습득하여 '오랑캐'의 학문방식에서 벗어나려 한 소라이의 의도에는 공감하는 바가 컸다. 한번 만나서 의논하고 싶다는 말이나 한문직독법에 대한 칭찬을 통해 알 수 있듯이, 원중거는 소라이를 오직 부정적으로만 보지 않았다. 반감을 품으면서도 소라이를 중요한 인물로 지목했고 소라이가 마련한 문화적 기반 위에 '도'를 공유한 세계가 이루어질 것이라고 본 것이다.

사절들은 소라이의 반주자학적 사상에 부정적이었고 '소라이 선생'을 받들면서 예전에 조선에서 유행하던 고문사학을 신봉하는 일본인들에게도 냉소적이었다. 양국 문인들은 한시의 우열을 놓고 문학적으로 서로 시의심을 가졌고, 주자학에 대한 평가를 놓고 사상적으로 대립했다. 다만 사절들은 소라이 개인의 문학적 재능을 인정했고 그가 일본 문단을 선도하여 한문직독법을 제창함으로써 일본인의 한문구사력과 학술적 수준을 높였다는 사실은 긍정적으로 평가했다. 입만 열면 '소라이 선생'을 칭송하는 일본인들에게 냉담한 태도를 보이면서도 소라이에 대한 숭배가 일본의 문풍을 뒷받침하고 있다는 사실은 인정할 수밖에 없었던 것이다. 이처럼 사절들은 소라이에게 반감과 공감이 뒤섞인 감정을 가지고 있었다.

3. 타끼 카꾸다이와의 만남

반발심과 기대감이 교차하는 오규우 소라이에 대한 감정은 타끼 카꾸다이[55]에 대한 사행원들의 인식에 고스란히 투사되어 있다. 타끼 카꾸다이는 계미년에 일본에 다녀온 사행원들과 만난 문인 중에서 가장 중요한 인물이다.[56] 사행록에 자주 등장할 뿐만 아니라 그의 이름은 조선에도 알려져 조선 문인들 사이에서 큰 반향을 일으켰다.

시모노세끼 출신의 타끼 카꾸다이는 처음에 고향에서 소라이의 문인 야마가따 슈우난에게 배운 다음 에도, 쿄오또, 나가사끼에서 유학하여 학문을 연마했다. 계미통신사가 일본에 왔을 때에는 막부의 명령을 받아 사절을 응접했다.[57] 타끼 카꾸다이는 사행원들과 우호적으로 교류하면서도 그들 앞에서 당당하게 주자학을 비판했으며, 치열한 논쟁을 벌였다. 그 논쟁의 내용은 『장문계갑문사(長門癸甲問槎)』를 통해 확인할 수 있다.[58]

『장문계갑문사』에 기록된 논쟁에서 흥미로운 것은 그들이 '성인의 도'를 둘러싸고 논쟁을 벌였다는 점이다. 타끼 카꾸다이의 주장은 다음과 같은 말에 집약되어 있다.

천지간에 성인의 도보다 높은 것은 없습니다만, 후세의 유자들은 도를 자신의 사유물로 여기고, 같음을 표방하면서 다른 것을 공격했으며, 중국을 귀하게 여기고 이적을 천하게 여기는 데 힘썼습니다. 이것은 식견이 비루하여 천지가 크다는 것을 알지 못하는 것입니다. (…)
나라에는 각기 나라의 도가 있어서 나라가 다스려지고 백성이 편안해집니다. 인도에는 브라만교가 있어 부처의 도와 함께 나란히 행해집니다. 서양에는 천주교가 있고, 그밖에 이슬람교라든지 라마교 같은 것을 여러 나라들이 혹 모두 갖고 있습니다. 작자칠인(作者七人)[59]은 모두 개국(開國)의 군자이고 하늘을 이어 근본을 세우셨으며

268

이용후생의 도를 세워 성덕(成德)의 도를 세우셨으니, 모두 하늘을 대신하여 백성을 편안하게 하기 위한 것입니다. 나라가 잘 다스려지고 백성이 편안하니 또 무엇을 더 구하겠습니까? 어찌 꼭 중국만이 유독 귀하고 이적의 가르침(夷敎)은 없어도 되는 것이겠습니까? 그러므로 군자의 도란 그릇을 이루고 재주를 통달하여 백성을 편안하게 하는 쓰임에 이바지하는 것입니다.[60]

이는 시모노세끼를 떠나 카미노세끼(上關)로 향한 사행원들에게 타끼 카꾸다이가 보낸 편지의 일부이다. 카꾸다이의 주장에 대해 원중거는 강하게 반박했다. 그가 카미노세끼에서 보낸 답장의 일부를 제시하면 다음과 같다.

세상의 유자들이 중국을 귀하게 여기고 이적을 천하게 여김을 식견이 작고 비루한 것으로 간주하면서 천지의 성인의 도와 다르다고 했는데, 이는 그대의 뜻만 크고 한껏 오만한 논의이니, 족히 고루한 선비나 놀라게 할 뿐입니다.[61]

사실상 타끼 카꾸다이의 주장에는 오규우 소라이의 사상이 고스란히 반영되어 있다. 소라이에 의하면 "공자의 도는 선왕(先王)의 도이고 선왕의 도는 천하를 평안히 하는 도"이며,[62] "선왕의 도는 선왕이 만든 것이지 천지자연의 도가 아니다."[63] 소라이는 성인의 도를 "천하를 평안히 하는 도", 즉 나라를 잘 다스리는 방법으로 보았다. 마루야마 마사오가 지적했듯이 이와 같이 도덕성보다도 정치성에 강조점을 두고 성인의 도를 해석한 소라이의 사고는 "개인도덕과 정치를 연속적으로 생각하는 사고방식에 대한 통렬한 부인"을 의미하며, "개인도덕을 정치에 종

속시키는" 경향을 낳는다.[64]

원래 주자학에서 "도란 일용사물에 있어 마땅히 행해야 하는 이치이니, 모든 성(性)의 덕으로서 마음에 갖추어져 있으며", "잠시라도 떠날 수 없는" 것으로 간주되었다.[65] 이에 대해 타끼 카꾸다이는 '군자의 도'를 "쓰임에 이바지하는 것", 말하자면 어떠한 목적을 달성하기 위해 유용하게 사용하는 것, 구체적으로는 '안민(安民)'을 실행하기 위한 방법으로 보았다.[66] 타끼 카꾸다이의 주장을 한마디로 요약하면 '개인도덕'이 중요한 것이 아니라 어떻게 백성을 다스리는지가 중요하다는 것이다. 다시 말해서 브라만교든 천주교든 이슬람교든 무슨 '개인도덕'을 신봉하든 간에 나라를 잘 다스려 백성들이 편안하면 그것으로 충분하다, 세계에는 수많은 나라가 각기 다른 방식으로 나라를 잘 다스리고 있다, 그런데도 오직 중국만을 숭상하는 것은 세계의 다양성을 모르는 협애한 생각이라는 주장이다. 원중거는 이 주장에 대해 '화이'의 구별을 강조하면서 강하게 반박했는데, 두 사람 간의 논쟁의 씨앗은 '도'에 대한 생각 자체가 다른 데에서 비롯된 것이다.

이처럼 치열한 논쟁을 벌인 만큼 타끼 카꾸다이 또는 타끼 야하찌(瀧彌八, 카꾸다이의 통칭)라는 이름은 사행록 도처에 나온다. 그런데 사행원들은 타끼 카꾸다이를 그리 나쁘게 묘사하지 않았다. 오히려 그의 풍부한 학식과 사람됨을 칭찬했다.[67]

사행원들은 아이노시마에 있었을 때 카메이 난메이에게 일본에서 이름 높은 문인이 누구인지 물었다. 이에 대해 카메이 난메이는 "나가또에 타끼 야하찌라는 사람이 있는데, 박학하고 뛰어난 재주를 가지고 있으며 특히 시문을 잘합니다"라고 답했다.[68] 이로써 사행원들은 시모노세끼에 도착하기 전부터 타끼 카꾸다이라는 뛰어난 문인이 있다는 것을 들어 알게 된 것이다. 사행원들이 시모노세끼에 도착하자 과연 타끼 카꾸다이라는 인물이 찾아왔다. 남옥은 카꾸다이를 포함한 6명의 일본 문인이 숙소에 찾아왔을 때의 일기에 "카메이가 이별할 때 말하기를 '타끼 야하찌가 제법 낫습니다'라고 했는데, 과연 5, 6명의 오랑캐 문사 중에서 조금 뛰어난 사람이었다"라고 기록했다.[69] 또한 "모습이 자못 괴연하고 문장 또한 제법 넉넉했다"라고 카꾸다이의 모습을 묘사했다.[70] 이처럼 타끼 카꾸다이는 일본 문인들 사이에서도 뛰어난 문인으로 간주되고 있었고, 남옥도 처음부터 타끼 카꾸다이를 주목했다. 그는 에도의 히가시혼간지에서 시부이 타이시쯔(澁井太室)라는 일본 문인과 필담을 나누었는데, 거기서 다음과 같이 타끼 카꾸다이를 평가했다.

> 타끼 카꾸다이는 우리와 사흘 동안 상대하였는데 기쁘고 흡족함이 매우 깊었습니다. 그의 풍류가 호탕하고 시격(詩格)이 빼어난 것이 사랑스러웠으니, 지금껏 우리 네 사람이 마주하면 이에 대해 언급하지 않은 적이 없습니다. 지금 그대에게는 시메이 및 카꾸다이와 비슷한 정조(情調)가 있으니 마치 두 사람을 보는 듯하여 진실로 매우 기쁩니다.[71]

시메이는 사행원들이 우시마도(牛窓)에서 만나 교류한 이노우에 시메이(井上四明)를 말한다. "우리와 사흘 동안 상대"했다는 말은 사행원들이 시모노세끼에서 타끼 카꾸다이와 교류한 계미년 12월 28, 29, 30일을 가리킨다. 남옥은 이 사흘간을 좋은 추억으로 간직하고 있었던 것이다. 더 나아가 남옥은 높은 교양을 가진 카꾸다이를 칭찬하고 에도에서 만난 일본 문인들이 카꾸다이와 비슷한 인품을 가지고 있다면서 기쁨을 표하기도 했다. 일찍이 논쟁을 벌인 소라이학파 문인을 이와 같이 칭찬한 것은 이례적이라 할 수 있다. 시모노세끼에서 만난 이 소라이 학도는 사행 중 계속 남옥의 마음을 끌었던 것이다.

원중거는 에도 방문을 마친 사행원들이 돌아가는 길에 다시 시모노세끼에 도착한 5월 21일의 일기에 "가서 갈 때에 접대하여 만났던 문사들을 찾으니 타끼 초오가이만이 홀로 왔고 나머지 사람들은 모두 오지 않았다"라고 기록했다.[72] 타끼 카꾸다이는 사행원들을 마중하려 카미노세끼에서 기다리기도 했다고 한다.[73] 그 또한 다시 사행원들과 대화를 나누기를 바라고 있었던 것이다.

다음 날인 5월 22일 성대중의 일기에는 다음과 같이 카꾸다이가 묘사되어 있다.

타끼 초오가이가 다시 와서 나루에서 필담을 나누었다. 옷을 헤치고 부채질을 하는데 초오가이가 앞에서 나의 배를 만지더니 기뻐하면서 구석자리에 승려의 머리를 한 자를 가리켜 말하기를, "저 사람은 국의(國醫)입니다. 가히 공을 진찰할 수 있을 것입니다"라고 했다.[74]

카꾸다이는 의사를 가리키며 성대중에게 진료를 받으라고 권했고, 그에 따라 성대중이 진단을 받자 카꾸다이는 그에게 "물을 적게 마시면 더욱 좋을 것입니다"라고 조언했다고 한다.[75] 성대중은 이렇듯 온화하고 겸손한 카꾸다이의 인품에 깊은 인상을 받았다.

같은 날의 일기에 원중거는 작별인사를 하러 찾아온 카꾸다이에 대해 다음과 같이 서술했다.

오후에 타끼 야하찌가 만나기를 구하므로 배에서 내려가 보았다. 대략 문목(問目)과 필담이 있었고 갈 때에 돌려주었던 벼룻돌을 선물하려고 계속하여 간절하게 말을 하므로 받고서 종이와 먹과 호두와

잣으로 사례하였다. 야하찌는 풍채가 넉넉하고 중후하여 해외의 사람 같지 않았다. 그의 문식(文識)도 풍부하고 넓었다. 나에게 이르기를, 나의 필법(筆法)이 속되지 않건만 소기(小技)를 스스로 기뻐하지 않는다고 했으며, 전날 남겨둔 글씨는 이미 족자로 만들어서 보배로 여긴다고 하였다. 참으로 재미있다.[76]

원중거는 예의 바르고 간절하게 응대하는 타끼 카꾸다이의 사람됨을 칭찬하고 그의 학문에 대해서도 높이 평가했다. 여기서 일찍이 논쟁을 벌인 카꾸다이에 대한 원중거의 시선은 매우 우호적이다. 카꾸다이 또한 사상적 경향이 다르다는 이유로 사행원들과의 교류를 끊지 않았다. 카꾸다이의 이러한 자세는 일찍이 조선 사절의 시를 폄하하여 만나지도 않았던 다른 소라이 학도들의 자세와 대조적이다.

남옥은 이별할 때에 끝까지 소라이학을 고수하는 카꾸다이를 다음과 같이 서술했다.

타끼 야하찌가 다시 와서는 언덕 위에서 이별시를 주기에 잠깐 물가에 있는 인가로 내려갔다. 이야기가 부쯔 모께이의 심술학(心術學)에 미치게 되어 그것의 잘못된 점을 질문했는데 끝내 인정하지 않았다. 내가 "그대는 이른바 전법사문(傳法沙門, 법을 전하는 승려. 여기서는 소라이학을 전파하는 학도라는 뜻)이니 내 비록 노파심이 있기는 하나 도무지 어떻게 할 수가 없구려"라고 말했다.[77]

이처럼 시모노세끼에서 시작한 타끼 카꾸다이와의 사상적 논쟁은 끝내 종식되지 않았다. 그러나 소라이의 '심술학'에 빠진 타끼 카꾸다이에 대한 남옥의 시선은 결코 적대적이지 않다. 오히려 끝까지 소라이학을 고집하는 카꾸다이와 친구처럼 이야기를 나누었다. 이어서 남옥은 다음과 같이 기록했다.

또 말하기를, "타끼군이 갈 때에 며칠 동안 함께 만나 여러편의 시를 수창한 것을 마음에 끝내 잊을 수가 없었는데, 이제 전에 없는 변고 때문에 옛 맹세를 계속할 수 없으니 이것 또한 운수가 그 사이에 있는가보오"라고 하니, 타끼가 오랫동안 한숨을 내쉬었다.[78]

예정대로 사행이 진행되었더라면 사절들은 시모노세끼에서 며칠 머물며 타끼 카꾸다이와 깊이 교유할 수 있었을 터이지만 "전에 없는 변고," 즉 사행의 일원인 최천종(崔天宗)이 살해당하는 사건이 일어나면서 오오사까 체류가 길어졌다. 이로 인해 사행원들이 곧 쓰시마로 떠나야 했기 때문에 가는 길에 했던 타끼 카꾸다이와의 수창을 계속할 수 없었다는 말이다. 일찍이 사행원들에게 도전적으로 논쟁을 제기하면서 '소라이의 심술학에 미친' 문인으로 지목된 타끼 카꾸다이는 사절들과의 이별을 오랫동안 아쉬워했다. 그는 사절들과 사상적으로 대립하면서도 적대적인 태도를 보이지 않았다. 오히려 시모노세끼에 돌아온 사절들을 찾아와서 끝까지 예의를 지켜 교유했다. 사행원들 또한 카꾸다이의 사상에 반감을 가지면서도 그 사람됨에 대해서는 호감을 가지고 있었다. 이렇게 반감과 호감이 섞인 카꾸다이에 대한 감정은 소라이에 대한 사행원들의 이중적인 감정과 상통한다. 조일 간에 있었던 논쟁과 충돌의 경험은 대화의 단절로 이어지는 대신 반대로 교류의 심화로 이어진 것이다.

제
9
장

교
류

일찍이 이륙(李陸, 1438~98)은 자(字)를 지어달라는 일본 승려 케이떼쯔(景轍)의 요청에 답하는 글에서 다음과 같이 말한 바 있다.

나는 당초 케이떼쯔를 보지 못한 것을 한스럽게 여겼고 또 어음(語音)이 다른 것을 한스럽게 여겼으나, 한스럽지 않았던 것은 천하의 문(文)이 같고 천하의 마음이 같다는 것이다. 문이 같으면 마음 또한 같으니 비록 언어가 같지 않다고 하여도 나의 마음을 문으로써 깨닫게 할 수 있다.[1]

여기서 '어음'이란 구어(口語)를, '문'이란 문자, 즉 한자·한문을 가리킨다. 문이 같으면 마음도 같다는 이륙의 말에서 알 수 있듯이, 옛 문인들은 동아시아 제국(諸國)에서 통용되는 한문을 사용하면 소통이 가능하며, 소통이 가능하면 마음도 통할 수 있다는 의식을 갖고 있었다.

이 책에서는 이러한 의식을 '동문의식(同文意識)'으로 지칭한다. 동문의식이란 같이 한문을 사용하는 데서 획득되는 문화적·문학적 유대감을 의미한다. '동문'이라는 말은 원래 『중용장구(中庸章句)』 제28장에 보이는 "지금 온 천하가 수레는 수레바퀴의 간격을 같게 하고, 글은 문자를 같게 하고, 행동은 윤리를 같게 한다(今天下, 車同軌, 書同文, 行同倫)"라는 구절에서 비롯된 것이다. 이는 천하가 통일되고 사람들이 모두 같은 제도를 따른다는 뜻이다. '서동문(書同文)'이라는 말은 조선이 중국과 문자를 공유하면서 '중화'의 문물을 수용했음을 강조할 때 자주 사용되었다. 신라시대의 문인 최치원(崔致遠)은 '서동문'을 강조하면서 중국을 중심으로 한 보편적 문화를 추구했다.[2] 조선시대의 문인들은 조선이 '동문의 교화(同文之化)'를 입음으로써 미개한 상태에서 벗어나 '중화문명'에 들어섰다고 생각했고,[3] 또 일부 조선 문인들은 조선 문화의 우수성을 과시하기 위해 조선의 뛰어난 한시를 중국에 알려야 한다고 주장했다.[4] 이처럼 '동문'이라는 말에는 중화중심주의적 함의가 있으며,[5] 그런 의미에서 '동문의식'이란 중국을 중심으로 한 위계적 세계관을 전제로 성립된 관념이다. 그와 동시에, 한자·한문을 수용하고 중국 중심의 위계화된 세계에 들어선다는 것은 중국 이외 나라들인 베트남, 유구, 일본의 문인들과 소통할 수 있는 수단을 획득함을 의미했다. 조선을 비롯해 중국 주변에 위치한 나라의 문인들은 중국을 중심으로 한 한자·한문문화권[6]에 동참함으로써 국경 너머에 있는 문인들과 서로 문화적 유대의식을 가질 수 있었다. 전근대 동아시아에서 한문을 통한 문학교류는 이러한 세계관을 토대로 이루어졌다.[7] 요컨대 '동문의식'에는 양면성이 있는 셈이다.

이 장에서는 이런 양면성에 유의하면서 조선의 일본에 대한 동문의식이 어떻게 형성되었는지를 살핀다. '문이 같으면 마음 또한 같다'는 관념은 일본인과 '도', 즉 보편적 윤리를 공유할 수 있다는 생각을 낳았으며, 이는 다시 일본과의 평화적 공존을 지향하는 사유로 이어졌다. 또 사행원들은 일본과 도를 공유하는 동문세계(同文世界)를 꿈꾸기도 했다. 조선 문인들이 일본에 대해 동문의식을 갖게 되는 과정을 탐색하는 작업은 한문이라는 공용문자를 통해 조선 문인의 문학세계의 폭이 동아시아로 확장되는 과정을 추적하는 일이기도 하다.[8] 붓과 종이를 통한 문자의 교류가 조선 문인들의 문학세계에 어떠한 변화를 일으켰는지 살펴본다.

1. 계미년의 문학교류

계미년에 일본에 다녀온 사행원들은 타끼 카꾸다이 외에도 수많은 일본 문인들과 깊이 교유했다. 사행원들은 일본에서 만난 문인의 이름을 하나씩 들면서 그가 어떤 인물인지, 어떤 대화를 나누었는지를 자세하게 묘사했다. 계미년의 사행이 종전의 사행과 다른 점은 이 사행을 통해 수많은 일본 문인들이 긍정적으로 인식되었다는 것이다. 여기서는 조선 국내 문인들에게 칭송받은 일본 문인이 계미통신사 사행록에 어떻게 기록되어 있는지를 검토한다. 사행록에 많이 언급된 네명의 문인 키무라 켄까도오(木村蒹葭堂, 1736~1802),[9] 카메이 난메이,[10] 나와 로도오,[11] 지꾸조오 다이뗀[12]이 그들이다.[13]

키무라 켄까도오는 그 당시 일본에서 이미 널리 알려진 인물이었다. 원중거는 그에 대해 "나가사끼로부터 책을 구입하는데 남경의 책을 많이 샀다. 강가에다 집을 짓고 켄까(蒹葭)라는 현판을 걸어두었는데 장서가 3만권에 이른다고 한다"라고 했고,[14] 남옥도 "모꾸 코오꾜오(木弘恭, 키무라 켄까도오)가 해마다 중국 책 수천권을 구입한 일은 우리나라에서 찾아보더라도 아마 미치기 어려울 것이다"라고 기록했다.[15] 성대중은 "평소에 그의 문도 9명과 함께 고아한 모임을 갖고는 그림을 그려 나에게 부쳐주었다. 세슈꾸(키무라 켄까도오)의 그림과 지꾸조오의 서문, 고오리(合離, 호소아이 한사이細合半齋)의 시가 으뜸이었다"라고 서술했다.[16] 사행원들은 이처럼 방대한 장서에 높은 교양을 지닌 켄까도오에게 깊은 인상을 받은 것이다. 사행원들은 오오사까를 방문했을 때 키무라 켄까도오와 만나 필담을 나누었다. 그들이 교유한 모습은 『평우록(萍遇錄)』이라는 필담집을 통해 알 수 있다. 이때 성대중은 켄까도오에게서 「겸가당아집도(蒹葭堂雅集圖)」를 선물로 받았다.[17] 후술하겠지만, 이 그림은 조선 국내에 유입되어 이덕무에게 큰 감명을 주었다.

카메이 난메이와 나와 로도오를 가장 칭찬한 사람도 성대중이다. 그는 "내가 일본에 이르러 기이한 인재 두명을 만났다"라고 하면서[18] 카메이 난메이와 나와 로도오를 소개했다. 카메이 난메이에 대해서는 "나이 20여세에 개연히 사방을 유학하며 학문을 닦고자 하는 뜻이 있다"라고 소개했고, "카메이 로는 이른바 동해의 대학자로 내가 일인자로 지목하는 자이니, 시문이 모두 빼어나고 식견과 깨달음은 더욱 기이하다"라고 칭찬하기도 했다.[19] 나와 로도오에 대해서는 "시소는 책에 있어서는 읽지 않은 것이 없는데 집이 가난하고 외모가 보잘것없어 세상으로부터 경멸을 받았다. 그러나 재주를 믿고 세상을 능멸하여 부쯔 모께이 이하로는 탐탁히 여기지 않았다"라며[20] 매우 기개 높은 문인이라고 소개했다. 원중거도 카메이 난메이에 대해서 "카메이 로라는 이는 나이가 21세인데 총명하고 슬기롭기가 남보다 월등했고 붓을 놀리기가 마치 나는 듯하였다. 다만 중머리를 한 것이 애석했다"라고[21] 약간의 아쉬움을 드러내면서도 그의 문재를 높이 평가했다. 또 "시소에게는 본래 문명(文名)이 있었는데 또한 우리 무리를 인도하여 대접하였기 때문에 그 명성을 더욱 드날렸다"라며[22] 나와 로도오가 조선 사절과의 교류를 통해 일본에서 유명해졌음을 전했다. 이와 같이 사행원들은 무사가 지배하는 일본사회에서 시문에 숙달하고 높은 기개를 지닌 두 문인을 긍정적으로 묘사했다.

지꾸조오 다이뗀에 대한 기록도 사행록 도처에 보인다. 성대중은 "그가 쓴 필담은 모두 외워서 전할 만한 것이었다"라며 지꾸조오 다이뗀과 나눈 필담에 큰 감명을 받았음을 서술했고, "우리나라에 왕생(往生)하고 싶다며 이별에 임하여 눈물을 흘리기까지 하였으니, 성심으로 마음을 다해 좋아하기가 이와 같았다. 사람이 침착하고 묵직하며 그릇이 그 재주에 걸맞으니 아마도 일본땅의 제일가는 인재라 할 것이다"라고 서술했다.[23] 원중거는 "지꾸조오는 마음가짐이 몹시 순수하고 바르니 본래 명리(名利)를 좇는 속승(俗僧)이 아니다. 고서를 많이 읽었으며 지난 일을 알았다. 아마도 순수좌(舜首座)의 무리일 뿐이다"라면서[24] 순수좌, 즉 후지와라 세이까에 비겨 매우 높이 평가했다.

조선 사절이 일본에 파견된 이래 가장 활발한 문학교류가 이루어진 것이 계미통신사 때이다. 일본 문인과의 문학교류의 경험은 조선 사절에게 일본인을 오랑캐라고 멸시했던 자신들을 반성하는 계기를 제공했다. 이전보다 훨씬 더 문교가 성행하고 수준 높은 한문구사력과 교양을 갖춘 문인이 등장하기 시작한 일본의 모습을 목격한 사행원들은 일본 문인들에 대한 태도를 바로잡아야 한다고 주장했다.

성대중은 글씨나 시문을 요청하러 몰려와 공손한 태도로 시를 구하는 일본인의 모습을 묘사하면서 다음과 같이 서술했다.

머리에 이고 품에 품고는 어린아이가 부처님에게 절하듯이 하니 어찌 다시 잘하고 못함을 분별하였겠는가? 그러나 저들의 문학이 예전과 같지 않으니 옆에서 혼자 몰래 비웃는 자가 없는지 어찌 알겠는가?[25]

조선의 사행원들은 일본인들이 한시를 제대로 감상할 줄 모른다고 생각하면서도, 이제 일본의 문교가 이전보다 훨씬 개화했기 때문에 어딘가에서 자신들이 쓴 시문이 혹평받고 비웃음을 살지 모른다는 일말의 불안감을 품게 된 것이다. 일찍이 홍세태가 필담집이 금세 간행되는 일본을 보면서 자신이 일본에 남긴 글이 누군가에게 비평받을 가능성을 생각하면 진땀이 난다고 토로한 바 있는데, 그와 비슷한 감정을 1763년의 사행원들도 느꼈던 것이다. 성대중은 끊임없이 몰려드는 일본인의 요청에 응하느라 서둘러 적당히 시문을 써준 후에 "무릇 알지 못하는 자에게 허풍을 쳤으니 부끄러운 일이다"라고 토로하기도 했다.[26] 이렇게 자괴감을 느끼는 모습은 이전 사행원들에게서는 볼 수 없던 태도다.

남옥은 "대개 오오사까에서부터 만나본 노인들은 모두 순후하고 고아한 뜻이 있었으니, 이로써 화이(華夷)에 다름이 있는 것이 아니다"라고 하여[27] 순진한 일본 문인의 모습을 보면서 화이로 사람을 구분하는 것에 대해 비판적인 견해를 제시했다. 또 그는 일본에 교양 높은 문인들이 많이 있음을 강조하면서 "끝내 거칠고 조잡한 시필(詩筆)과 적고 얕은 견식을 가지고 가벼이 필봉을 다투어서는 그들의 마음과 눈을 굴복시킬 수 없을 것이다"라고 서술했다.[28] 일본의 문교가 개화함에 따라 점차 아래로 여겼던 일본 문인들에게 멸시당하는 경우도 있음을 깨닫기 시작한 것이다. 물론 전반적인 한문 실력은 조선이 월등했다. 남옥은 귀국한 후 열린 국왕과의 대화에서 "그 나라의 문장이 전과 비교하여 어떠하며, 우리나라와 비교하면 우열이 또한 어떠한가?"라는 영조의 질문에 "이전 사행 때는 잘 알지 못하오나 문기(文氣)가 점점 열려서 전보다는 나은 것 같습니다. 그러나 우리나라와 비교하면 곧 중화와 오랑캐 같은 차이가 있으니 우열을 논하는 것은 마땅하지 않은 듯합니다"라고 대답한 바 있다.²⁹ 이것이 남옥의 본심이었을 것이다. 그러나 남옥이 보인 자기반성적인 자세는 시문교류를 담당하는 제술관으로서의 진지한 태도라 할 수 있다.

한문에 능통한 일본인의 출현은 사행원들에게 일본인에 대한 멸시적 자세를 바로잡고 예절에 따라 교류해야 한다는 의식을 낳았다. 그것은 원중거의 다음과 같은 말에서 확인된다.

사신 일행이 저들의 지경(地境)에 들어가 저들을 대할 때에는 신분의 귀천을 막론하고 참으로 그에 걸맞은 예로써 대우해야 할 것이요, 거만하고 소홀하며 함부로 하는 모습으로 대해서는 안될 것이다. 만약에 이와 같이 한다면 다만 우리의 위엄 있는 거동을 상하게 할 뿐만이 아닌 것이니, 만약에 저들이 혹 성을 내어 꾸짖는 일이 생긴다면 그 모욕이 어떠하겠는가? (…) 우리는 스스로 다짐하고 서로 약속하여 반드시 위의를 가다듬고 스스로 엄히 삼가며 겸손하고 공경하여 예로써 사양하고 웃으며 말함으로써 그들을 움직이고자 한다.³⁰

융성하는 일본의 '문기'에 걸맞게 우리도 종래의 거만한 태도를 바로잡고 "겸손하고 공경하여 예로써 사양"해야 한다는 것이다. 또한 원중거는 "이번 행차에서 가장 최우선으로 힘쓴 것은 '겸양'이라는 두 글자였고, 그다음은 편안하고 고요하게 저들을 응대하는 것이었다"라고도 서술했다.³¹ 조선에서와 같은 행동양식을 일본인에게 적용해야 한다, 즉 유교적 예에 의한 관계를 구축해야 한다는 것은 일본인을 별종으로 보지 말고 같은 윤리규범을 공유하는 존재로 보아야 한다는 뜻이다.

2. 교감과 유대의식

일본 문인들과 글을 주고받은 경험은 사행원들에게 종전의 태도를 자성하는 계기가 된 것과 동시에 일본 문인들에 대한 감정적 유대의식을 낳았다.[32] 계미년의 사행원들은 이별할 때 정성스럽게 절하며 인사하는 일본 문인들의 모습에 큰 감동을 받았다. 그들은 일본인과 나눈 인간적 교류를 상세하게 기록했는데, 이러한 사례는 전대의 사행록에서는 거의 발견되지 않는다. 계미통신사가 전대의 사행과 다른 점이 바로 여기에 있다. 그들은 일본 문인들과의 감정적 교류를 있는 그대로 사행록에 기록하고 그 경험을 조선 국내에 전함으로써 조선 문인들의 일본 인식에 큰 변화를 불러일으켰다.

사행원들은 쓰시마를 떠나 아이노시마에 도착했을 때 매일같이 찾아오는 카메이 난메이와 깊이 교류했다. 앞서 언급했듯이 그는 사행원들에게 큰 인상을 남긴 인물이다. 아이노시마에서 시모노세끼로 가려 배를 탔을 때의 일기에 남옥은 다음과 같이 기록했다.

카메이 로를 불러서 이별하는데, 쓰시마인의 눈을 두려워하여 곧 일어나 여러번 절하고 여러번 굽히고는 단지 '평안(平安)'이란 글자를 써서 그것을 두 손으로 붙들고 언덕에서 한참 동안 바라보며 서 있다가 돛이 안 보이게 된 후에야 그만두었다. 작은 오랑캐와 정에 매이니 이 또한 그리운 마음이 들게 하였다.[33]

'평안'이라고 쓴 종이를 손에 들고 배웅했다는 것은 앞으로의 사행이 탈 없이 이루어지기를 바란다는 뜻이다. 말로는 할 수 없으니 문자로 표현할 수밖에 없다. 그런데 말로 무사히 다녀오기를 바란다고 전하는 것보다 '평안'이라고 쓴 종이를 두 손으로 들고 한참 동안 서 있는 모습이 오히려 더 강한 호소력을 지닌다. 동문의 세계에서는 이러한 표현방식이 가능한 것이다. 배에서 그 모습을 바라보던 남옥은 '작은 오랑캐'〔小蠻子〕와 '정'에 매이니 "그리운 마음이 들게 하였다"라고 자신의 감정을 표현했는데, 단 두 글자로 표현한 카메이 난메이의 뜻은 분명히 남옥의 마음을 흔들었던 것이다.

앞서 본 대로 카메이 난메이는 소라이 학도로서 사행원들과 필담도 나누었다.[34] 그는 성대중과 편지를 주고받으며 '도'의 해석을 둘러싸고 논쟁을 벌였는데, 성대중의 편지를 논평하면서 "용연(龍淵, 성대중)의 편지 두통에서 조선 유자의 오활함을 족히 알 수 있다. 썩어문드러진 것이 극에 달하여 군자를 사물(死物)로 만들고 만족할 뿐이다"라고 서술하기도 했다.[35] 조선 사절에 대한 카메이 난메이의 자세는 일견 표리부동이라고 할 수도 있겠다. 그렇지만 그의 간절한 태도가 남옥을 감동시킨 것 또한 사실이다. 그들은 사상적으로 대립적인 입장에 서 있었지만 한편으로는 서로 마주 보고 인간적인 교류를 나누기도 했던 것이다.

사행원들은 에도에 머물 때 한천수(韓天壽, 1727~95)와 타이라 에이(平英)라는 문인과 수차례 필담을 나누었다. 그들과 이별할 때의 일기에 남옥은 다음과 같이 기록했다.

한천수와 타이라 에이가 새벽에 이별을 고하는데 한천수가 눈물을 줄줄 흘렸다. 이 사람을 만난 것은 몇번 되지 않아 여러 날 함께 다닌 정호(情好)가 없건만 우리가 그의 호고(好古)의 뜻을 어여삐 여긴 것에 특별히 감동해서 먼 곳으로부터 우중(雨中)에 와서 눈물을 줄줄 흘리며 이별하니, 그 마음속이 꾸밈이 없고 순후하여 이욕(利欲)에 손상

되지 않았음을 가히 알 수 있었다. 이 어찌 오랑캐라고 해서 웃어버릴 수 있겠는가?[36]

한천수는 에도시대의 이름 높은 전각가(篆刻家)이다. 마한(馬韓) 여장왕(余璋王)의 후손이라고 해서 성을 '한'으로 했다.[37] 성대중과 남옥이 한천수의 서첩에 써준 글이 지금도 남아 있다.[38] 새벽에 "먼 곳으로부터 우중에 와서 눈물을 줄줄 흘리며 이별"하는 한천수의 모습을 보면서 남옥은 그의 맑고 순수한 마음에 크게 흔들렸다. "어찌 오랑캐라고 해서 웃어버릴 수 있겠는가?"라는 말은 일본인에 대한 경멸적 인식에 변화가 생기기 시작했음을 말해주며, 이러한 경험은 일찍이 조선을 유린한 저 잔인한 '만이(蠻夷)'라는 이미지가 바뀌는 계기가 되었다.

남옥은 오오사까를 떠날 때의 일기에 키무라 켄까도오, 지꾸조오 다이뗀, 나와 로도오 등 친하게 교유한 일본 문인들이 배웅하러 왔다고 하면서 작별하고 배를 탈 때의 장면을 다음과 같이 기록했다.

두 사람, 그리고 아까 여섯 사람은 오랫동안 물가에서 눈동자를 돌리지 않고 서 있다가 배 그림자가 보이지 않게 된 이후에야 그만두었다. 말은 비록 통하지 않지만 수천리를 동행하면서 네다섯달 동안 이야기를 주고받았으니 정이 깊어지지 않을 수 없었다. 또한 그들의 마음이 때묻지 않은 것도 알 수 있었다.[39]

남옥은 자신들을 태운 배를 줄곧 바라보는 일본인들의 모습에서 애틋한 감정을 느낀 것이다. 4, 5개월 동안이나 더불어 지내며 먼 길을 여행하다보면 자연스럽게 상대에게 정을 느끼게 된다. 일본 사행이란 이처럼 외국인과 같이 지내면서 인간적 교류를 경험할 수 있는 자리이기도 했다.

이별의 장면을 가장 상세히 기록한 사람은 원중거이다. 그가 일기체로 쓴 『승사록』을 보면 도처에 이별 장면이 나온다. 사행원들은 육로로 금절하(金絶河)를 지나 하마마쯔에 도착하여 말과 마부들을 교체했다. 원중거는 요도성에서 하마마쯔까지 사행원 옆에서 따라오던 마부들과 이별할 때의 일기에 "내 말을 잡았던 마부는 몸을 굽히고 머리를 숙여 헤어짐을 고하였다. 각 처소마다 고별하는 사람들이 모두 슬퍼하였고 어떤 사람은 눈물을 흘리기도 했다고 한다"라고 서술했다.[40] 이러한 기록을 남긴 것은 원중거 또한 마부들의 순수함에 감동받았음을 의미한다.

또 그는 쿄오또를 떠나 오오사까로 가기 위해 배를 탔을 때의 일기에 이별을 고하는 마졸(馬卒)들의 모습을 다음과 같이 묘사했다.

뒤에 남은 마졸들이 우리에게 이별을 고하는데 금절하에서와 같은 형상이었다. 우리나라 사람들도 각각 악수를 하며 이별하였는데, 어떤 사람은 차고 있던 칼이나 부채를 그들에게 주기도 하였다. 또 미리 행중(行中)에 글을 구하는 사람도 있어 내어주었다. 살펴보니 저들은 정의 근본이 얕아 마치 부녀자와 같았다. 우리나라 사람들은 간혹 진실된 마음을 저들에게 보내어 진실로 100년이 지나도 잊지 못할 듯이 하였으니, 우리나라 사람들이 허심함을 참으로 깨닫게 되었다.[41]

마부들과 이별할 때 사절들 중에는 소지하고 있던 물건을 주거나 글을 써주는 사람도 있었다는데, 이 장면은 다른 사행원들의 일기에는 안 보이며 원중거의 『승사록』에만 상세하게 기록되어 있다. 양국 사람들이 서로 정을 나누는 광경이 그에게 큰 감명을 준 것이다.

일본 문인들과의 이별 장면은 『승사록』에 더욱 생생하게 기록되어 있다.

아침에 한천수가 이별하고자 할 때 울음을 삼키느라 말을 하지 못했다. 가마가 오는 것을 보고는 또 오열하며 몇번이나 소리를 내어 울려고 하였다. 정을 붙인 정도가 너무 심해서 가히 이상하였는데, 대개 그는 백제의 후예라고 하였다.[42]

한천수가 이별할 때 심하게 오열해서 이상하게 여겼더니 그는 백제의 후예였다는 이야기다.[43] 원중거는 남옥보다 더 상세하게 이별할 때 오열하는 한천수를 묘사했다.

원중거는 오오사까를 떠날 때의 일도 자세히 남겨, 숙소까지 찾아와 울면서 작별인사를 하는 일본 유관들의 이름을 한명씩 기록했다.[44] 사행원들이 숙소를 떠나 배를 타기 위해 항구로 가는 길에는 깊이 교류했던 키무라 켄까도오, 호소아이 한사이, 지꾸조오 다이뗀 등이 길가에 앉아 있었다. 그런데 구경하는 일본인들 앞에는 조선 사절들이 지날 길을 내느라 죽란(竹欄)이 설치되어 일본 문인들은 그것을 넘을 수 없었다. 원중거들은 말에서 내려 그들에게 다가가 죽란을 사이에 두고 서로 손잡고 작별인사를 했다.[45] 원중거는 그들의 모습을 다음과 같이 묘사했다.

세슈꾸는 당황하여 어찌할 바를 몰라 했다. 고오리는 하늘을 가리키고 땅을 가리키며 가슴을 어루만졌는데, 하늘과 땅 사이에서 그 마음이 변하지 않을 것이라고 말하는 것 같았다. 그러고는 오열하였는데 눈물이 얼굴을 뒤덮었다. 지꾸조오는 우두커니 소리 없이 눈물을 줄줄 흘려 눈물이 아래로 흘러 옷깃을 적시었으니, 모습과 행동이 볼 만하였다.[46]

키무라 켄까도오, 호소아이 한사이, 지꾸조오 다이뗀은 모두 오오사까에 있는 켄까도오의 모임에서 활동하던 일본 문인들이다. 조선 사절들이 말에서 내려 악수를 하러 다가오는 것에 당황하는 켄까도오, 오열하는 호소아이 한사이, 소리 없이 눈물을 줄줄 흘리는 지꾸조오 다이뗀의 모습이 생생하게 그려져 있다.

나와 로도오에게서 이별의 편지를 받아 배를 탄 원중거는 "이별을 고하는 편지를 열어 보니 이별의 말이 간절하고 슬퍼서 사람으로 하여금 눈물을 흘리고 싶게 하였다"라고 기록했고,[47] 작별인사를 하는 토미노 요시따네를 보면서 "추우따쯔(仲達, 토미노 요시따네)는 말없이 눈물만 흘려 사람으로 하여금 몹시도 정을 움직이게 하였다"라며[48] 작별을 슬퍼하는 모습이 크게 자신의 심금을 울렸음을 서술했다.

역대 사행록 중에서 이처럼 이별 장면을 자세하게 묘사한 사례는 없다. 일찍이 신유한은 눈물을 흘리며 이별의 인사를 하는 아메노모리 호오슈우를 다음과 같이 묘사한 바 있다.

음험하고 독하여 화목하지 못하며, 겉으로는 문장을 한다고 평계하면서도 마음속에는 창과 칼을 품고 있다. 만약 이 사람이 국정을 담당하여 권력을 잡으면 반드시 이웃나라와 말썽을 일으킬 것이다. 그런데 국법에 얽매여서 작은 섬의 일개 기실(記室)에 불과하여 그 땅에서 늙어 죽는 것을 부끄럽게 여기는 것이니, 이별할 때 눈물을 흘린 것은 자신을 슬퍼한 것이다.[49]

신유한은 아메노모리 호오슈우와 친하게 교류하여 그의 시문도 칭찬한 바 있다. 그런데 그가 작별할 때 보인 눈물에서는 전혀 진정성을 발견하지 못했다. 이와 달리 원중거는 배웅하러 온 켄까도오를 비롯한 일본 문인들의 눈물 뒤에 "창과 칼"이 숨어 있다고는 보지 않았다. 이별을 아쉬워하는 그들의 눈물은 진정으로 원중거의 마음을 흔들었던 것이다.

이별의 소회는 이것으로 끝나지 않았다. 원중거는 일본 문인들과 이별한 후에 자신의 내면에서 일어난 감정을 자세히 기록했다. 귀국길에 쓰시마에 도착한 원중거는 배 안에서 지꾸조오 다이뗀의 이별 편지를 보고 다음과 같이 서술했다.

지꾸조오의 편지는 뜻이 은근하고 말도 또한 부드러워서 사람으로 하여금 정이 슬프도록 하였다. 누가 왜국에는 좋은 사람이 없다고 하였는가? 바로 선실에 돌아와 등불을 켜고 답서를 썼으니, 전지(箋紙)를 취해 "초중선자(蕉中禪子, 지꾸조오 다이뗀)는 공문(空門, 불교)의 백낙천(白樂天)이고, 나와 코오꾜오(那波孝卿, 나와 로도오)는 국외(局外)의 자산(子産)이고, 타끼 야하찌는 해외의 화인(華人)이며, 오까다 기세이(岡田宜生)는 청국(蜻國, 일본)의 당시(唐詩)입니다. 내가 바다 건너에서 이 네 사람을 얻었을 뿐입니다"라고 썼다.[50]

또 원중거는 쓰시마를 떠난 후 배에서 바다를 바라보면서 다음과 같이 서술했다.

에도의 명류(名流)들이 시나가와(品川, 에도의 입구에 해당하는 지역)에서 눈물을 뿌리고 나니와(浪華, 오오사까)의 재사(才士)들이 찻집에서 울음을 삼키던 일 같은 것은 아직도 생각할수록 마음을 아프게 한다. 한조각 진실한 마음의 소유자인 나와 시소, 하는 말마다 이치에 맞던 지꾸조오, 신중하고 중후하며 겉으로 꾸밈이 없던 타끼 초오가이, 가

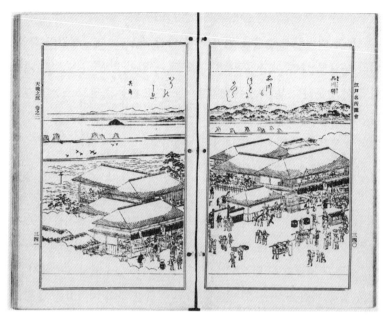

한천수를 비롯해 수많은 일본 문인들이 시나가와에 있는 사절들의 숙소를 찾아와 이별인사를 했다. 일찍이 일본의 시인 나까노 시게하루(中野重治)도 시나가와를 떠나는 조선인을 위해 시를 썼던바, 한일 양국 문헌에서 시나가와는 이별을 상징하는 무대로 종종 등장한다.

지런히 속마음을 다 보여주던 카메이 로. 비록 그 사람됨은 고인(古人)에 미치지 못하지만 그들의 사업으로 말한다면 거의 안영(晏嬰)이나 숙향(叔向)과 같은 유풍이 있었으니 어떻게 무정할 수 있겠는가?

아꾸따 모또즈미(芥元澄)는 나의 한마디 말에 자기를 굽히고 가르침을 청하였으며, 콘도오 아쯔시(近藤篤)는 나의 말없음에 마음을 기울여 감복하였다. 그 사람들의 바탕과 성품이 또 어찌 쉽게 얻을 수 있는 것이겠는가? 바다를 사이에 두고 생각하니 때때로 눈앞에 삼삼하다.[51]

그토록 치열하게 논쟁을 벌인 논적 타끼 카꾸다이를 "해외의 화인"이라 부르고 "신중하고 중후하며 겉으로 꾸밈이 없던" 사람으로 기록한 점이 주목된다. 양자는 논쟁을 벌여도 결코 마음을 닫고 소통의 길을 차단하지 않았다. 서로 마음을 열고 예의를 지키는 가운데 이루어진 인간적 소통은 사상의 차이를 넘어서는 것이다.

이 장 서두에서 언급했듯이 일찍이 이륙은 '문이 같으면 마음 또한 같다'고 했다. 원중거는 이륙의 말을 실제로 일본에서 경험했다. 조선으로 돌아오는 배 안에서 지꾸조오 다이뗀에게 정이 담긴 편지를 쓰는 원중거의 모습에서, 또 일본에서 교류한 문인들의 얼굴을 마음에 떠올리며 "어떻게 무정할 수 있겠는가?"라고 토로하는 원중거의 모습에서, 문학을 통해 마음을 나눌 수 있음을 직접 경험한 자의 애석함을 엿볼 수 있다.

일본인과의 정 깊은 교류는 원중거의 일본인식을 완전히 바꿨다. 그는 다음과 같이 서술했다.

저들 나라 내지(內地)의 사람들은 대부분 순하고 착하며 자애롭고 진실되어 부인과 여자의 어짊이 있으니, 우리가 만약 그들과 더불어 마음을 다하고 정성스럽고 화목하게 하고 교만하며 꾸미는 뜻을 절대로 보이지 않는다면, 저들은 모두 적심(赤心)을 보여줄 것이며 정성스럽고 참된 마음을 토로할 것이다.[52]

원중거는 일본 문사들과의 정 깊은 교류를 통해 그들에게 '적심', 즉 정성스럽고 참된 마음이 갖추어져 있음을 깨달았다. 일본인을 일찍이 조선을 침략한 '삶을 가볍게 여기는' 잔인한 오랑캐로 보는 대신, 서로 교감이 가능한 존재로 인식하게 된 것이다. 이러한 감정적 유대의식의 형성은 미래에 대한 희망으로 이어진다. 그는 다음과 같은 미래상을 제시했다.

저 나라가 바다 만리에 둘러싸여 만년이 된 나라인데, 처음에는 인의예악(仁義禮樂)이 어떤 것인지 알지 못하였다. 신라와 백제와 통함에 이르러서야 문자가 비로소 행해지게 되었고, 포은(圃隱, 정몽주) 이후로 여러 명유(名儒)들이 그 나라에 들어가니 그들이 의관과 문물의 아름다움을 더욱 알게 되었다. 그러나 마음으로는 사모함이 있어도 능히 배우지 못하였다. 이제 나가사끼에 서적이 날로 생기고 나라 안의 문화가 바야흐로 흥하는 형세가 있음을 보니, 만약 능히 그 형세로 인하여 예속(禮俗)의 아름다움으로 나아간다면 저들의 자세히 물을 줄 알고 명민하기도 한 바탕과 성품이 또한 한번 변화하여 제나라와 같은 수준에 이를 기회가 없을지 어찌 알겠는가? 저들이 만약 예의를 알고 염치를 알아 도리로 일을 처리한다면 또한 하나의 군자의 나라가 될 것이며 교제하는 의(義)도 따라서 절로 밝아질 것이다. 그렇게 되면 군사를 일으켜 대중을 움직이기를 기다리지 않아도 변방에 놀랄 일이 없어질 것이며, 바다의 파도도 드날리지 않을 것이다.[53]

이전에는 조선을 통해 한자와 유교문화를 수용했고 지금은 나가사끼를 통해 직접 중국 서적을 수입하면서 학문에 힘쓰는 일본의 모습은 원중거에게 유토피아적 미래상을 품게 했다. 그가 꿈꾼 세계는 일본인이 '예의'와 '염치'를 배운 세계, 즉 자신들과 동일한 가치를 공유한 세계이다. 원중거는 일본이 유교문화를 수용하면 동아시아에 평화가 찾아올 것이라고 보았다.[54] 직독법으로 한문을 읽는 일본인들, 화목하게 시를 수창하고 정성스러운 마음으로 조선 사절들을 대하는 일본인들, 눈물을 흘리며 이별을 슬퍼하는 일본인들, 이러한 모습을 통해 원중거는 동아시아에 동문세계가 형성되기를 꿈꾼 것이다.

3. '동문세계'에의 꿈

원중거는 일본에서의 경험을 조선에 적극 전했다. 조선에 귀국할 때 그는 일본인들과 수창한 시를 많이 가져왔고, 이 시들이 시선집에 수록되면서 조선 국내에 유통되었다. 일본인의 시가 수록된 책을 정리하면 [표3]과 같다.

[표3] 일본 문인의 시가 수록된 조선 시문집

편자 내지 저자	책
윤광심	『병세집』
유득공	『병세집』
이서구	『일동시선』
이덕무	『청비록』
원중거	『일동조아』

우선 윤광심(尹光心)의 『병세집(幷世集)』은 조선 문인과 창기(娼妓)의 시와 함께 「이국(異國)」편에 중국인과 일본인의 글을 수록해놓았다.[55] 유득공(柳得恭, 1748~1807)의 『병세집(竝世集)』에는 육비(陸飛), 엄성(嚴誠), 반정균(潘庭筠) 등 홍대용과 교류한 중국 문인들을 비롯해 수많은 중국인의 시가 수록되어 있고, 또 뒷부분에 일본, 안남, 유구 문인들의 시가 수록되어 있다.

이서구(李書九)가 엮은 『일동시선(日東詩選)』은 현존하지 않고 다만 유득공이 쓴 이 책의 서문이 남아 있다. 유득공은 서문에서 특히 뛰어난 일본 문인들의 이름을 들면서 그 시를 칭찬했다.

이덕무는 『청비록』의 「청령국시선(蜻蛉國詩選)」이라는 글에서 유득공이 쓴 『청령국시선』의 서문을 인용했는데, 그 서문에 의하면 원중거가 일본인들의 증별시(贈別詩)를 뽑아서 2책으로 엮었고, 이서구가 그 중에 다시 67수를 뽑았다고 한다.[56] 이덕무가 뽑은 일본 문인은 [표4]에서 찾아볼 수 있다.[57]

『일동조아(日東藻雅)』도 현존하지 않는 책이지만 홍대용이 쓴 발문이 남아 있다. 그 발문에서 홍대용은 원중거가 일본에 가게 된 경위에 대해 서술하고 있기 때문에 『일동조아』는 원중거가 엮은 책으로 보인다. 홍대용도 몇몇 일본 문인의 이름을 들면서 그들의 시문이 매우 훌륭하다고 칭송했다.

이상과 같이 윤광심의 『병세집』, 유득공의 『병세집』, 이덕무의 『청비록』에는 일본 문인들의 시가 수록되었고, 『일동시선』 서문과 『일동조아』 발문에는 특히 뛰어난 시를 쓴 일본 문인들의 이름이 언급되었다. 그것을 정리하면 [표4]와 같다.

이를 보면 상당히 많은 일본 문인의 시가 이들 시문선집에 수록되었음을 알 수 있다. 조선시대에 편찬된 시문선집에서는 드문 일이다. 여기서 거론된 일본 문인들은 모두 1763~64년에 일본을 다녀온 사행원들과 교류한 이들이다. 이런 점에서 계미통신사는 사행 역사에서 매우 중요한 위치를 차지한다.

원중거가 조선에 돌아온 후 일본인들의 시를 모아 엮은 2책의 시선집은 매우 큰 반향을 일으켰는데, 이 시선집이 조선 국내에 퍼지면서 일본 문인들의 시가 유통된 것으로 생각된다. 이는 물론 계미년에 이루어진

[표4] 주요 시문집에 작품이 수록된 일본 문인*

통칭	별호·별칭	병세집(幷世集)	병세집(竝世集)	일동시선 서	청비록**	일동조아 발
木村蒹葭堂	木弘恭	○	○			●
那波師曾	孝卿·魯堂		○	●	○	●
大典顯常	蕉中·竺常					●
富野義胤	仲達		○	●	○	
瀧鶴臺	彌八					●
草場大麓	艸安世		○		○	●
細合半齋	合離·斗南	○	○	●		●
源叔	韶春		○			
岡龜峯	明倫·子彝		○			
田吉記	墨山		○			
福原承明	福尙修	○				●
德田見龍					○	
守屋元泰					○	
今井松庵	井敏卿				○	
井上四明	井潛			●		●
岡田宜生	新川·挺之	○	○	●	○	●
岡田惟周	大堅·仲任		○	●	○	
維明周奎	羽山					●
朝比奈玄洲	文淵					●
南宮大湫	南宮喬					●
渋井太室						●
日比野秋江						●
芥川丹丘	芥煥	○				
星野貞之		○				
松平君山	源雲	○				
松平霍山	源忠·純臣				○	
西原彰		○				
德力良弼		○				
香川景記		○				
宮田金峯	明·子高				○	

* 시문이 실려 있는 경우 ○로, 이름이 언급된 경우 ●로 표시했다.
** 『청비록』에 수록된 「청령국시선」에서 언급된 일본 문인만을 뽑았다.

조선과 일본 문인의 문학교류의 소산이다.

성행하는 일본의 문교를 목격한 사행원들의 경험은 조선 국내 지식인들에게도 수용되었다. 계미년 통신사들의 일본 경험을 수용한 조선 문인은 유득공, 박제가, 이덕무, 홍대용이다.[58]

유득공은 고문사학을 창도하여 주자학을 헐뜯은 오규우 소라이라는 문인이 일본에 있다는 사실을 원중거에게서 들어 알고 있었다.

현천옹(玄川翁, 원중거)은 평소 돈독하게 뜻을 세워 학문을 하였다. 계미년 통신사가 파견될 때 부사의 서기로 일본에 갔는데, 저쪽에는 일찍이 물쌍백이라는 이가 있어 자는 모께이, 호는 소라이 또는 켄엔이라 하고, 무쯔주 사람이었다. 그는 왕원미(王元美)와 이우린(李于鱗)의 글을 나가사끼에 들어오는 상선 편에 구해서 읽어보고 좋아하여 진유(眞儒)라고 여겼다. 마침내 왕·이의 학문을 창도하고 정주를 헐뜯어서 못하는 짓이 없었다. 66주의 선비들이 쏠리듯 그를 따라서 심지어 해동의 부자라고 일컬었다고 하니, 정말로 가소로운 일이다. 현천옹이 저쪽 학자들에게 조리 있고 차분하게 정주의 학설을 강론하여 밝혀주니, 저쪽 학자들은 처음에는 의심하다가 차츰차츰 트여 깨쳤다.[59]

유득공의 이 발언은 소라이를 숭배할 줄만 아는 일본인을 비웃었던 원중거의 인식을 계승한 것이다. 유득공이 일본의 소라이 숭배자들을 향해 주자학의 정당성을 타이른 원중거를 당연시했듯이, 왕세정과 이반룡의 고문사학에 경도한 소라이를 '해동부자'로 숭배하는 일본인의 모습은 조선 사대부의 입장에서는 '가소롭게' 여겨진 것이다.

한편으로 유득공은 일본에 뛰어난 문인이 있다는 사실에도 큰 관심을 가졌다. 그는 『일동시선』 서문에서 일본인이 쓴 시에 대해 "그 시가 훌륭한 것은 삼당(三唐)에 비길 만하고, 훌륭하지 못한 것도 왕·이와 맞먹을 만하여 오랑캐들의 조잡한 소리를 일신하였으므로 칭찬할 만한 점이 있다"라고 평가했다.[60] 이 기술 또한 원중거에게서 들은 것에 근거한 것으로 보인다. 또 그는 학문에 힘쓰는 일본인을 다음과 같이 묘사했다.

> 만력 연간에는 침략을 일삼더니 결국 임진년의 전쟁을 일으켰다. 이 때문에 중국에서 내쫓기고 거절당해서 서로 통하지 못하게 되었으므로 문화가 캄캄하게 되었다. 그래서 중국에서 주변 나라들의 시를 편찬하는 사람들은 일본을 안남·점성(占城, 짬파)의 아래에 두게 되었고, 끝내 스스로 떨칠 수 없었다.
> 요즈음 들으니 나가사끼에서 배가 항주·절강으로 왕래하고 나라 사람들도 점점 서적을 간직할 줄 알며, 글씨와 그림을 배워 거의 볼만하게 되어간다고 한다.[61]

일찍이 침략을 일삼아 주변 국가들에서 빈척(擯斥)당했고 문화적으로도 발전하지 못했던 일본이 요즘은 나가사끼에서 활발하게 중국 서적을 수입하면서 점차 문교가 개화하고 있다는 인식은 대부분 원중거의 기록에 의거한 것이다. 원중거를 통해 일본이 점차 문명으로 나아가고 있다는 사실이 조선에 알려진 것이다.

일본의 문풍에 대한 지식은 조선 문인의 문학세계에 변화를 일으켰다. 만난 적도 없는 일본 문인의 모습을 자신의 상상으로 그려낸 사람이 박제가이다. 그가 지은 「장난삼아 왕어양의 「세모회인시」 60수를 본떠 짓다(戲倣王漁洋歲暮懷人六十首)」에는 이덕무, 박지원, 이서구, 홍대용, 원중거 등 그와 친하게 지낸 조선 문인들을 읊은 시만이 아니라 원중거와 교류한 일본 문사들을 읊은 시도 수록되어 있다. 박제가는 시 첫부분에 "나는 백가지 중에 하나도 능한 것이 없지만, 어진 사대부와 함께 노닐기를 즐긴다. 이들과 친해지면 또 하루 종일 마음을 쏟아 그만둘 수가 없다. 그래서 사람들이 한가할 날이 없다고 웃곤 한다"라고 했다.[62] 일본에 가본 적이 없는 그가 "어진 사대부" 중에 일본 문인들을 포함했다는 것은 주목할 만하다. 그는 원중거 등이 전한 일본 문인들에 대한 지식을 토대로 시를 지었는데, 가장 주목을 요하는 점은 원중거와 논쟁을 벌였던 타끼 카꾸다이에 대해 「타끼 야하찌(瀧彌八)」라는 시를 썼다는 사실이다.

2월이라 부상(榑桑)땅에 조선 배가 정박하니	榑桑二月泊韓船
열길 높이 고운 매화 해맑게 보이누나.	淸見梅花十丈妍
이또오의 『동자문』 강의를 마쳤거늘	講罷伊藤童子問
이학(理學)을 조선에 양보한 적이 없네.	何曾理學讓朝鮮.[63]

『동자문(童子問)』은 이또오 진사이가 엮은 유교의 가르침에 대해 논한 책으로 주자학을 비판한 부분이 도처에 보인다. 박제가는 이또오 진사이나 오규우 소라이가 주자학에 비판적인 유학자임을 원중거에게서 들어 알고 있었을 것이며, 타끼 카꾸다이가 조선 사절들과 논쟁을 벌인 인물이라는 사실도 알고 있었다. 타끼 카꾸다이는 이또오 진사이의 문하생이 아니기 때문에 오류가 있긴 하지만, 조선 문인에게 굽히지 않는 자부심 강한 유학자가 있다는 사실이 박제가의 상상력을 자극한 것이다. 이처럼 조선 후기 지식인이 일본 문인을 소재로 시를 읊었다는 사실은 그만큼 일본과 '문을 같이하고 있다'는 의식이 형성되었음을 말해준다.

일본의 문풍에 관심을 보인 또 한 사람의 문인이 이덕무다. 그는 일본

의 타까노 란떼이(高野蘭亭)라는 맹인 시인에 대해 논한 글에서 다음과
같이 서술했다.

그(타까노 란떼이)가 슈우난과 타끼 야하찌를 전송한 시가 있는데, 야
하찌의 이름은 초오가이로 역시 소라이의 고제자(高弟子)이다.
계미년에 원현천(元玄川)이 일본에 갔을 적에 야하찌와 필담을 하
고서 박학하고 근후하며 풍채와 위의도 볼만하다고 칭찬하였는데,
란떼이의 시와 묘지(墓誌)를 읽어보매 문풍이 크게 떨쳤음을 알 수 있
다. 실명(失明)하고서도 시에 능하였으니 해외의 당중언(唐仲言)이라
하겠다.[64]

타까노 란떼이는 오규우 소라이에게 배웠으며, 17세 때 실명했다. 이
후 『시경』 이하 당·명시대의 시를 암송하는 등 공부에 힘쓰고 시 창작
에 전념하여 핫또리 난까꾸와 이름을 나란히 했다.[65] 이덕무는 타까노
란떼이의 시집을 보다가 '타끼 야하찌'라는 이름을 찾았다고 하면서 그
가 일본에서 원중거와 필담을 나눈 인물임을 지적했다. 이덕무 또한 그
가 어떤 사람인지 원중거에게 직접 들어 알고 있었던 것이다. 이 글을
통해서도 원중거가 타끼 카꾸다이에 대해 주변 문인들에게 이야기했음
을 알 수 있다. 원중거는 조선에 돌아온 후 타끼 카꾸다이를 엉뚱한 학
설을 펼치는 문인으로서가 아니라 아주 훌륭한 문인으로 소개했던 듯
하다.
이덕무는 키무라 켄까도오가 만든 시사(詩社) 및 켄까도오가 성대중
에게 선물한 「겸가당아집도」에 큰 관심을 보였다. 그는 켄까도오가 오
오사까에서 술을 팔아 큰돈을 번 뒤 날마다 손님을 불러 술과 시를 즐기
며 1만여권에 이르는 책을 소장하고 있다고 소개하면서, 「겸가당아집

도」와 그에 부기(附記)된 여러 문인의 시를 칭찬했다.⁶⁶ 이어서 그는 지꾸조오 다이뗀이 「겸가당아집도」에 쓴 서문을 인용했는데, 그 첫부분은 다음과 같다.

> 켄까도오에 모이게 된 것은 문이 같기 때문이다. 그 사람들이 각각 뜻이 다르고 도가 혹 같지 않은데도 서로 즐기며 우유자적한 것이 어찌 문이 같기 때문만이겠는가! 다른 것은 서로 어그러지기 쉬우나 세슈꾸가 화(和)로써 조화시키고, 같은 것은 뇌동(雷同)하기 쉬우나 세슈꾸가 예로써 정제(整齊)하니, 이것이 켄까도오에서 아집(雅集)하게 된 까닭이다. 세슈꾸는 예가 있고 또 온화하여 문유(文儒)·운사(韻士)와 교제를 맺어 일향(一鄕) 일국(一國)으로부터 사해(四海)에 이르기까지 켄까도오 위에서 이 사람을 칭송하지 않는 이가 없으니, 세슈꾸의 교제는 과연 넓다고 이를 만하다. 지금 마침 조선의 제공(諸公)이 동(東)에 이르자 세슈꾸가 폐백(幣帛)을 가지고 숙소로 찾아가서 제공을 뵈니 제공도 세슈꾸를 마치 옛 친구처럼 따뜻하게 대해주었다.⁶⁷

뜻과 도가 다른 사람들을 모아 '화'와 '예'로 대하여 사해의 선비들에게 칭송받는 켄까도오라는 인물은 조선에서 온 손님들과도 친구처럼 교유했다. 일본에 이러한 문인이 있다는 사실은 이덕무의 호기심을 자극했을 것으로 생각된다.

지꾸조오 다이뗀은 이어서 켄까도오의 문인들이 "가지고 돌아가서 만리 밖에 있는 우리를 보듯 하여주시오"라며 「겸가당아집도」를 성대중에게 보냈다고 하고는 "아, 성공(成公, 성대중)의 마음과 켄까도오에 있는 우리의 마음이 어찌 다르겠는가! 그렇다면 세슈꾸의 교제가 일향 일국으로부터 사해에까지 이른 것이 사실이다"라고⁶⁸ 나라를 넘어 해외로 퍼져가는 그의 우의(友誼)를 칭송했다. 그러고서 "나의 문은 도가 아닌데도 성공이 세슈꾸와 똑같이 보아주었으니, 이역만리 밖의 사람과 교유하게 된 감동을 마음속에만 쌓아두고 밖으로 드러내지 않을 수 없어 이「겸가당아집도」뒤에 서문을 쓴다"라고 끝을 맺었다.[69]

이역의 사람들도 감상할 수 있는 그림과 한시는 국경에 제약되지 않는다. 지꾸조오 다이뗀은 '사해'에 열린 표현수단으로 '이역'의 사람들과 교유하려는 심성이「겸가당아집도」를 낳았음을 강조한 것이다. 이와 같이 지꾸조오 다이뗀의 서문을 인용한 다음 이덕무는 다음과 같이 서술했다.

아, 조선의 풍속은 협루(狹陋)하여 기휘(忌諱)하는 것이 많다. 문명의 교화는 오래되었으나 도리어 풍류문아(風流文雅)는 일본 사람들보다 못하다. 그런데도 가진 게 없으면서 스스로 잘난 체하여 다른 나라를 업신여기니, 나는 이를 매우 슬퍼한다. 원현천이 "일본에는 총명하고 영수(英秀)한 사람들이 많아 진정을 토로하고 심금을 비춰 보인다. 시문과 필담도 모두 귀히 여길 만하고 버릴 수 없다. 그런데 우리나라 사람들은 오랑캐라고 여겨 무시하고 언뜻 보고 나무라며 헐뜯기를 좋아한다"라고 한 말이 참으로 옳은 말이다. 나는 이 말에 느낀 바 있어 이국의 문자를 보게 되면 정성스러운 마음으로 사랑하기를 마치 마음 맞는 친구의 글을 보는 것처럼 하지 않은 적이 없었다.[70]

이렇게 "이역만리 밖의" 사람들과의 교감은 자신을 성찰하는 계기가 되었다. "스스로 잘난 체하여 다른 나라를 업신여기"는 우리나라 문인에 대한 비판적 인식은 '일본'이라는 타자 없이는 획득할 수 없는 것이다. 마찬가지로 "오랑캐라고 여겨 무시하고 언뜻 보고 나무라며 헐뜯기

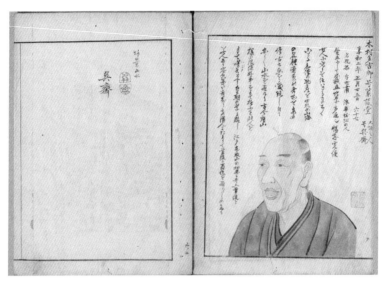

키무라 켄까도오는 당시 수많은 일본 명사들과 교류했다. 사절들은 방대한 양의 서적, 회화, 식물, 골동품 등을 소장한 켄까도오에게 큰 관심을 보였다.

를 좋아"하는 우리나라 사람이라는 비판적 인식도 일본 경험 없이는 도달하지 못했을 것이다. 또한 일본의 문교를 직접 견문하고 문교에 힘쓰는 일본인들을 순순히 인정한 원중거의 자세도 150여년 이상 이어져온 조선과 일본의 문화교류의 소산이다. 사행을 통해 얻어진 이러한 일본 경험의 축적이 마침내 "이국의 문자"를 "마치 마음 맞는 친구의 글을 보는 것처럼" "정성스러운 마음으로 사랑"하는 이덕무의 감수성을 낳은 것이다.

마지막으로 홍대용과 원중거의 교유를 살펴보고자 한다. 홍대용은 『일동조아』 발문에서 타끼 카꾸다이, 지꾸조오 다이뗀, 나와 로도오 등 일본 문인의 이름을 들어 다음과 같이 서술했다.

우리나라는 물론 제나라·노나라와 강좌(江左)의 사이에서 구한다 하더라도 또한 쉽게 얻을 수 없을 것이다. 더구나 이 제인(諸人)은 꼭 가장 뛰어난 사람은 아니니 그 나머지를 족히 상상할 수 있다. 어찌 좌해(左海)에 멀리 떨어진 지역이라 해서 깔볼 수 있겠는가?[71]

그 당시 조선 지식인에게는 한 나라에 시문을 잘 쓰는 문인이 얼마나 있는지가 그 나라의 문화수준을 판단하는 제일의 평가기준이었다. 홍대용의 이 말 또한 문풍으로 나아가는 일본을 인지한 것이 자국 문인들을 비판적으로 보는 인식을 낳았음을 보여준다. 또 홍대용은 오규우 소라이와 이또오 진사이에 대해서도 언급했다.[72]

그러나 저 이·물(이또오 진사이와 오규우 소라이)의 학술은 비록 자세히 알 수는 없으나 그 요체만은 몸을 닦고 백성을 구제하는 것이었으니 이들도 또한 성인의 무리인 것이다. 그 학술대로 다스린다 하더라도 가하지 않겠는가? (…) 현옹(玄翁, 원중거)의 학설인 '정학(正學)'을 밝히고 사설(邪說)을 없앤다'라는 것은 급선무라고는 할 수 없다.[73]

이또오 진사이와 오규우 소라이를 이단이라고 배척하는 원중거에 대해 홍대용은 반대로 그들 또한 "성인의 무리"라고 하면서 '정학'과 '사설'을 따지는 것은 중요한 일이 아니라고 주장한 것이다.

이러한 생각은 홍대용이 귀향하는 원중거에게 보낸 시에도 나타나 있다.

이또오는 이미 봉황처럼 떨치고   伊藤旣鳳擧
소라이 또한 큰 선비네.   徂徠亦鴻儒

사해는 모두 하늘이 낸 백성이니	四海皆天民
현준(賢俊)은 한 지역에만 있지 않다네.	賢俊非一途
(…)	
아침에 토난(斗南, 호소아이 한사이)에게 강론하고	斗南朝列侍
저녁에 카꾸다이를 가르쳤겠지.	鶴臺夕趨隅
언어와 용모는 풍속이 다르지만	言貌雖異俗
기의(氣義)는 우리와 같다네.	氣義皆吾徒.[74]

이처럼 홍대용은 이또오 진사이와 오규우 소라이를 뛰어난 유학자로 인정하고 있었다. 또한 이 시에는 하늘의 입장에서 보면 모든 종족이 평등하다는 『의산문답(醫山問答)』의 사상이 반영되어 있다.[75] 여기서 홍대용도 타끼 카꾸다이를 언급한 점이 눈에 띈다. "저녁에 카꾸다이를 가르쳤겠지"라는 구절에서 보듯이 홍대용도 원중거에게서 카꾸다이에 대한 이야기를 들었던 것이다.

원중거는 카꾸다이와 교유한 나날을 가슴 깊이 간직하고 있었다. 그는 홍대용의 연행록에 발문을 썼는데,[76] 중국 문인 반정균과 육비와 필담한 홍대용의 모습을 보고 자신을 깊이 반성했다.

내가 이 책(홍대용의 『간정필담乾淨筆譚』)을 읽으면 돛을 내리고 수레를 달려서 지꾸조오 다이뗀과 타끼 카꾸다이를 등 뒤에 두고 반정균과 육비를 대면하여 필상(筆床)과 다로(茶爐) 사이에서 빙그레 웃으며 붓을 휘두르는 듯한 황홀한 느낌이 든다. 반정균과 육비의 기의(氣義)와 연락(然諾), 지꾸조오 다이뗀과 타끼 카꾸다이의 침착함과 장중함은 각기 서로 다르지만 그 속마음을 토로하며 정성스럽고 친밀함은 거의 같다. 이별할 때 눈물을 흘리고 서글퍼 정에 끌리어 하늘의 남쪽과 북쪽에서 각기 그리워하는 마음을 맺은 것 또한 비슷하다. 다만 내가 지꾸조오 다이뗀과 타끼 카꾸다이를 대한 것은 담헌(湛軒, 홍대용)이 반정균과 육비를 대한 것만 못하니, 필담한 많은 종이를 지꾸조오 다이뗀과 타끼 카꾸다이가 각기 가져가버려서 지금에 이르니 아득하여 그 한두가지도 기억하지 못하거늘, 이것이 내가 이 책을 읽은 날 마음에 차지 않고 부끄럽고 슬펐던 이유다.[77]

중국 문인과 나눈 필담을 수록한 홍대용의 『간정필담』을 보고 원중거는 일찍이 일본 문인과 나눈 필담의 원고를 가져오지 않은 것을 뉘우쳤다. 그는 일본인과의 대화 기록이 매우 중요하다는 것을 귀국 후에 『간정필담』을 읽고서 깨달았던 것이다.[78] 귀국했을 때 원중거의 손에 남은 것은 이별할 때 일본인들이 보내준 증별시뿐이었다. 그는 그것만이라도 후세에 남기고 싶어 2책으로 엮었던 것으로 보인다.

원중거가 『간정필담』에 나오는 반정균과 육비를 일찍이 자신이 일본에서 교류한 지꾸조오 다이뗀 및 타끼 카꾸다이와 겹쳐서 본 점도 흥미롭다. 홍대용의 중국 경험과 원중거의 일본 경험이 원중거의 내면에서 결합됨으로써 문을 같이하고 마음을 통할 수 있는 사람들이 이역의 땅에 있음을 새삼 실감한 것이다. 여기서도 타끼 카꾸다이가 등장한다. 박제가는 타끼 카꾸다이를 상상하면서 그에 대한 시를 지었고, 이덕무는 타끼 카꾸다이를 칭찬했으며, 홍대용도 카꾸다이에 대해 알고 언급했다. 그들은 한번도 보지 않은 일본 문인을 자신의 상상 속에서 그려내 글을 썼다. 그들에게 타끼 카꾸다이라는 인물이 일본에 있다는 것을 알려준 사람이 원중거이다. 소라이와 그 제자들은 조선 사절에 대해 냉담하고 부정적이었으며, 타끼 카꾸다이도 시모노세끼에 상륙한 조선 사절들 앞에서 주자학의 정통성을 두고 시비를 걸었다. 그러나 그는 논쟁을 벌인 후에도 예의를 지켜 조선 사절들과 교류했고, 사절들이 시모노세끼를 떠나는 날에는 이별을 슬퍼했다. 귀국한 원중거는 타끼 카꾸다이라는 훌륭한 문인이 일본에 있다고 주변 친구들에게 말하고 다녔다. 양국에서 대립과 갈등의 상징이었던 소라이 학도가 조선에서 주목받게 된 것이다.

원중거는 소라이 이후의 일본에 문을 같이하고 마음을 같이하고 도를 공유하는 세계가 실현되기를 꿈꾸었다. "지꾸조오 다이뗀과 타끼 카꾸다이를 등 뒤에 두고 반정균과 육비를 대면"하여 "빙그레 웃으며 붓을 휘두르는" 원중거의 상상력이야말로 동아시아의 평화적 공존을 이룩하기 위한 첫걸음이 아닌가 생각된다.

제
10
장

문화와 풍속

예부터 일본에서는 신사참배나 귀신숭배가 장려되었다. 1232년에 편찬된 무가사회의 법전 『어성패식목(御成敗式目)』 제1조에는 "신사를 수리하여 제사에 힘쓸 것"이라는 구절이 보이며,[1] "신은 사람에게 공경받음으로써 위세를 더하며 사람은 신의 덕으로 운을 더한다"라고 풀이되어 있다.[2] '신(神)'은 일본어로 '카미'라고 한다. 일본에서는 무사부터 농민에 이르기까지 '카미'에게 기원하는 것이 일상적인 의무로 여겨졌다. 카마꾸라 시대의 무사 호오조오 시게또끼(北條重時)는 "불신(佛神)의 앞을 지나거나 사문(沙門)을 보았을 때는 말에서 내려야 한다"라고 가르쳤고,[3] 전국시대의 무사 타꼬 토끼따까(多胡辰敬)는 "불신에게 수호받은 자로서 신불(神佛)을 믿지 않으면 벌을 받을 것이다"라고 훈계했다.[4] 상인 집안에 전해진 가훈에도 "신구(神具)와 불단을 매일 아침 청소하고 정성으로 기도해야 한다. 오늘 밤 한끼, 옷 한벌을 얻을 수 있는 것도 천지, 신불, 국왕의 수호 없이는 이루지 못할 것이니, 높은 은혜를 밤낮으로 잊어서는 안된다"라는 구절이 보인다.[5] 농민 집안의 가훈에는 "신사나 불각(佛閣)을 만들 때 기부를 요청받으면 잘 생각해보고 걸맞게 기부해야 한다"라는 구절이 발견된다.[6]

사행원들은 신도·불교·신사참배·귀신숭배 같은 일본의 고유문화에 대해 큰 거부반응을 보였다. 유교를 신봉하는 조선 사대부의 입장에서 불교를 믿거나 신도식 의식을 치르는 일본의 풍습은 미개한 것으로 비쳤던 것이다. 이 장에서는 우선 신사를 참배하거나 관혼상제를 불교·신도식으로 치르는 일본 풍습에 대한 조선 사절의 인식을 살핀다. 다음으로 유교를 배우고 유교식 의례를 행하는 것, 즉 유풍(儒風)을 추구하는 일본인들을 사행원들이 어떻게 보고 있었는지를 탐구한다. 이어서 조선 국내에서 일본의 유교화에 대해 어떠한 논의가 이루어졌는지를 검토한다. 일본이 점차 유풍으로 나아가고 있다는 소식은 중화(조선)가 오랑캐(일본)를 교화해야 한다는 종래의 화이관념과 결합되면서 일본을 유교문화권에 포섭함으로써 동아시아에 평화로운 세계를 이룩할 수 있으리라는 사고로 이어졌다. 이러한 일본 유교화의 꿈은 어떠한 것인지를 검토한다.

1. 신불숭배

일본에는 유교적 의례가 하나도 없었다. 신도·불교·신사참배·귀신숭배 등 일본의 민속문화는 조선의 그것과 너무나 이질적이었다. 강항은 "그들 풍속이 귀신을 혹신(酷信)하여 부모 섬기듯이 신을 섬기며, 사는 동안 사람들에게 존경과 신뢰를 받은 자는 죽어서도 반드시 사람들의 제사를 받게 된다"라고 일본인의 종교문화를 묘사하고서 "부모가 죽은 날에 혹 재소(齋素, 재계하고 육식을 피하는 일)하지 않을 수는 있어도 신인(神人)의 기일에는 어육(魚肉)을 일절 금한다"라며[7] 부모보다 신의 제사가 중시됨을 전했다. 일본인들은 분명히 조선과는 다른 관습 속에 살고 있었던 것이다. 이어서 강항은 "장왜(將倭, 상류 무사) 및 그들의 처첩으로부터 서민 남녀에 이르기까지 명절이나 신인의 기일을 만나면 매양 목욕재계하고 새 옷을 갈아입고 문(門)에 와서 돈을 던지는 자가 길거리를 메운다"라며[8] 명절이나 기일에는 무사에서 서민까지 신사를 참배하는 것이 관습이 되어 있음을 묘사했다. 그리고 "신사는 크고 사치스러워서 금벽(金碧)이 휘황찬란하다. 텐쇼오꼬오따이신궁(天照皇大神宮)은 시조(始祖) 여신을 모신다"라면서 일본에 여러 명칭의 신들이 있음을 지적하고 "맹약(盟約)이나 금계(禁戒)에는 반드시 이들 신을 끌어다 서약을 한다"라고[9] 신을 숭배하는 그들의 모습을 서술했다. 명절에 신사참배를 하는 사람들이 길거리를 메우는 모습이나 호화스럽게 꾸며진 신사 등은 강항의 눈에 상당히 신기하게 비쳤을 터이다.

강항과 더불어 일본에서 포로생활을 했던 정희득은 다음과 같이 일본인의 말을 인용했다.

왜의 풍속에서는 스스로 유식하다고 여기는 자라야 어버이 상사(喪事)에 30일 복(服)을 입고 그 나머지는 4, 5일로 그치며, 살육을 농사처럼 여겨 전쟁의 공을 제일로 삼으며, 집집마다 불상을 모시어 숭배하고, 형벌은 무척 가혹하며, 시서(詩書)와 예악(禮樂)은 애당초 어떤 것인지 알려고도 않고, 구슬놀이와 바둑에만 열중하여 낮밤으로 즐겨 놀며, 죽으면 신체를 불태워 무덤도 없고 사당도 없다고 한다.[10]

장례를 간단하게 처리하고 불교식으로 화장(火葬)을 하며 유교의 예악문화는 전혀 없다는 사실을 일본인 자신이 정희득에게 말했다는 것이다.

토꾸가와 시대에 일본에 다녀온 사행원들도 일본에 유교의 풍속이 없다고 전했다. 1617년에 다녀온 이경직은 일본의 관혼상제에 대해 "혼인에 같은 성씨를 피하지 않아 사촌남매끼리도 서로 시집가고 장가드는데, 이따금 음탕하고 더러운 행실이 있어 추하여 차마 들을 수 없었다. 혼인할 때에도 중매하거나 납폐(納幣)하는 예식이 없다"라고 하여 결혼도 유교식으로 시행되지 않음을 전하면서 "나라에는 종사(宗社)를 세워 향사(享祀)하는 의식이 없고, 민간에는 산 사람을 봉양하고 죽은 이에게 제사하는 예가 없다"라고 기록했다.[11] 즉 관혼상제에 관한 모든 예식이 유교식으로 이루어지지 않는다는 것이다. 사행원들은 일본의 관혼상제 의식에 큰 관심을 보이며 일본에서 결혼이나 장례를 어떤 방식으로 치르는지 자세히 묘사했는데, 일관되게 "국중에 관혼상제의 예법이 없다"라고 서술했다.[12]

이에 대해 신유한은 일본 문인과 다음과 같은 필담을 나누었다.

"예와 악은 유가에서 나온 것인데 지금 귀국의 음악을 본즉 노래는 범음(梵音)과 같고 춤은 창을 쓰는 형상이나 권법(拳法)과 같으니, 이것으로써 귀국에서 불교를 숭상하고 군사를 연마하는 풍습이 우세하고 유풍이 흥성하지 못함을 알겠습니다"라고 하였더니 모든 선비들이 답하기를, "참으로 바른 말입니다. 우리나라의 유풍은 아주 없다고 하여도 옳습니다"라고 하였다.[13]

정희득에 이어 신유한도 일본인의 말을 인용하면서 일본에 '유교 풍속(儒風)'이 없다고 서술했다. 주희의 『가례(家禮)』는 일본 유학자 사이에서도 읽혔지만 일본사회에서는 삼년상을 실행하기 어렵다는 것이 일반적인 의견이었다.[14] 일본에 '유풍'이 없다는 점에 대해서는 조선과 일본 문인의 의견이 일치한다.

18세기 후반이 되면 사행원들은 일본을 '신불의 나라'로 규정하게 된다. 1748년에 일본에 다녀온 조명채는 "일국을 통틀어 가옥의 수효를 계산해보면 불우(佛宇)와 신사(神祠)가 반을 차지했다. 웅도(雄都)·거주(巨州)와 대소의 향촌에 좋은 곳이 있으면 다 사찰이 먼저 점거한다"라며 일본 전국 곳곳에 사찰과 신사가 있고 "태수나 관백의 집보다 훨씬 훌륭하다"라고[15] 그 건물이 매우 화려하고 장대함을 전했다. 이어서 "까까머리에 검은 옷을 입은 중들이 팔을 뽐내며 방자히 다니면서 스스로 여기기를 '나를 감히 업신여기지 못할 것이다'라고 하니, 일본의 온 땅은 신불의 나라라고 할 만하다"라며[16] 승려들이 큰 권세를 가지고 있다고 했다.

이러한 인식은 1763년의 사행록에도 공통적으로 보인다. 성대중은 "일본은 오로지 신불을 숭상하여 집집마다 신당(神堂)을 두고 마을마다 불우를 두어 마치 종묘사직과도 같이 섬긴다"라고[17] 신사와 사원이 많음을 전했다. 남옥은 "신사가 없는 곳이 없으니 신사의 번성함은 불우보다 곱절이나 된다"라고도 전했다.[18]

원중거는 관혼상제에서 민간신앙에 이르기까지 일본의 이질적인 풍속을 객관적으로 기술했다.[19] 그는 "사례(四禮)는 나라 가운데에 하나도 존재하지 않는다"라면서[20] 관례·혼례·상례·제례가 각각 일본 방식으로는 어떻게 행해지는지를 기록했다. 예를 들어 관례에서는 일본의 촌마게(丁髷)[21]가 어떤 형태인지, 머리를 어떻게 묶어서 촌마게를 만드는지, 혼례에서는 어떤 순서로 식이 거행되는지, 여성들은 어떻게 이를 검게 하는지, 상례에서는 어떻게 화장을 하는지, 제례에서는 언제 어떻게 기제(忌祭)를 지내는지 등등 일본 특유의 방식을 꼼꼼히 묘사했다.[22] 이러한 기술에서도 조선과 전혀 다른 문화를 가진 일본을 자신의 가치판단을 개입시키지 않고 객관적으로 서술하는 원중거의 학문적 자세를 엿볼 수 있다.

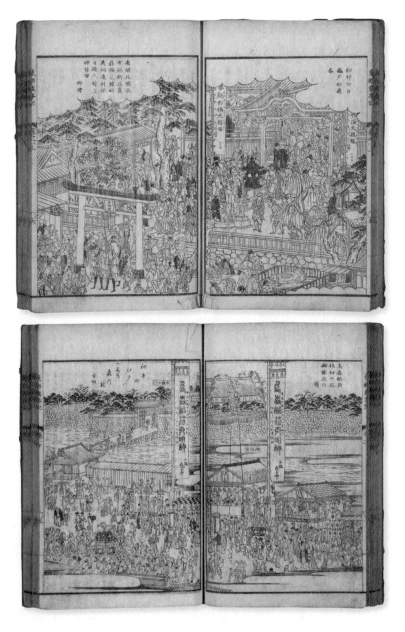

제례행사가 열릴 때마다 사찰과 신사는 수많은 사람들로 붐볐다.

원중거가 일본인의 종교생활을 묘사하는 데서 가장 중요시한 것은 신도이다. 그는 천황이라는 존재가 일본의 토착신앙과 연결되면서 얼마나 뿌리 깊게 정착해 있는지를 도처에서 묘사했다.

대개 그 나라에서는 자칭 신국(神國)이라 칭하며 생사와 화복을 한결같이 신에게 맡긴다. 그러므로 왜황의 명령과 다스림, 생살(生殺)과 폐치(廢置)는 하나같이 모두 신도에 의지하여 행한다. 불법이 들어오자 나라 사람들은 또한 명신(明神)으로 삼아서 높이 받들었다. 그러므로 왜황은 이에 의지하여 더욱 스스로를 굳건히 한다. 부처를 받드는 것은 그 법을 받드는 것이 아니며, 그들의 명신을 위하여 받드는 것이다.[23]

천황의 탄생은 신의 강림으로 인한 것이라 하여 나라 안에서는 스스로 신국이라 부르며 천황을 신주(神主)로 삼는다. 무릇 한가지 일이나 움직임에 있어서도 빈번히 '신우(神祐)' '신조(神助)' '신화(神禍)' '신벌(神罰)'이라고 한다.[24]

이처럼 원중거는 일본이라는 나라가 신국사상(神國思想)에 의해 성립되었다는 것, 천황의 존재가 신도에 의해 뒷받침되고 있다는 것, 일본의 불교 또한 신도에 흡수되는 방식으로 수용되었다는 것 등을 지적했다. 천황이라는 존재가 일본인의 종교적 신앙심 위에 군림한다는 사실을 포착한 것이다.

일본 천황의 역사를 기술한 키따바따께 치까후사(北畠親房)의 『신황정통기(神皇正統記)』 서론에는 "오오야마또(大日本)는 신국이다. 텐소(天祖)는 처음 나라의 근본을 세웠고 태양의 신[日神]이 오랫동안 자신의 계통을 후세에 전하였다. 이것은 우리나라에만 있는 일이다. 다른 나라에는 이와 같은 예가 없다. 그러므로 우리나라를 신국이라 하는 것이다"라는 말이 보인다. 예부터 일본은 자국을 신의 나라로 보고 신의 뜻을 받은 자로서 천황의 정통성이 강조되었으며, 이러한 신국 관념은 신도와 깊은 관련을 맺고 있었다.[25] 원중거는 일본의 건국신화가 신도에 의해 뒷받침되고 있음을 정확히 지적한 것이다. 또 '신우' '신조' '신화' '신벌' 등 신의 은혜와 징벌이라는 관점에서 자신의 운명을 인식하는 일본인의 종교의식을 기록했는데, 이에 대해 원중거는 매우 냉소적이었다. 이어지는 글에서 그는 "사람들이 독실하게 믿으며 어리석게 혹하므로 귀신들이 그 요망한 재앙을 펼 수 있는 것이다"라고 하여[26] 일본 특유의 카미신앙을 부정적으로 보았다. 또한 일본인의 종교의식에 불교보다 신도가 깊이 침투해 있음을 다음과 같이 지적했다.

그러므로 비록 세 집이 있는 마을이라도 그 하나는 반드시 신궁이며 또 하나는 반드시 절이다. 그들이 부처를 섬기는 것은 그 법을 좋아해서가 아니라 부처를 명신으로 삼아 신도(神道)로서 받들기 때문이다. 비록 물쌍백 같은 호걸스러운 인재라도 신도에 있어서는 그것을 받드는 것이 몹시 정성스럽다.[27]

오규우 소라이는 귀신을 숭배하는 것은 신국의 풍속이라고 긍정했으며, 근세 일본의 유자들은 일반적으로 신도와 유교를 일치하는 것으로 보거나 신도를 용인하였다.[28] 원중거는 일본의 신불습합(神佛習合)을 잘 파악하고 있었고, 오규우 소라이가 신도를 받든다는 사실도 잘 알고 있었다.

그런데 원중거는 이와 같은 일본의 민간신앙은 곧 사라질 것이라고 예측했다.

만약 나라 전체를 대체적으로 논한다면 바로 무풍(巫風)이다. 천황
이 수천년의 오랜 세월 동안 거짓 칭호에 의탁할 수 있었던 것은 신
도를 끼고 다스렸기 때문일 뿐이다. 지금은 문풍(文風)이 점점 열리어
귀신의 정상이 날로 드러나니, 오랑캐의 비루한 풍속이 마땅히 크게
변할 날이 있을 것이다.[29]

여기서도 원중거는 신도와 천황의 관계를 정확히 지적했는데, 이러한
일본의 민간신앙이 '문풍'으로 인해 사라질 것이라고 보았다. 이와 같
이 판단한 데에는 '문풍'에 대한 원중거의 신념이 강했던 점도 있지만,
1763년의 일본에 문풍이 그만큼 널리 퍼져 있었던 점도 작용했으리라
생각된다. 원중거는 신도가 일본인의 사고방식·풍습에 그토록 깊이 뿌
리내린 현실을 목격하고도 한편으로는 그 일본 고유의 풍속을 전환해
유교사회로 나아가려는 기풍이 일본에 퍼져 있음을 포착하고 있었다.

2. 유풍에 대한 평가

일본을 다니면서 일본인의 생활문화에 접한 사행원들은 모두 일본을
유교의 나라가 아니라 신불의 나라로 보았다. 일본사회 어디에서도 유
교적 의례를 찾아볼 수 없었으며 일본 민간사회는 조선과는 전혀 다른
특수한 문화·풍습을 가지고 있었다. 그런데 그런 특수한 문화를 가진
나라에서도 소수이지만 신기신앙(神祇信仰)이나 불교의 풍습에 물들지
않고 유교를 지향하는 사람들이 있었다. 일본 유학자들은 유교국가 조

선에서 온 사절들에게 목록을 작성하여 사례(四禮)의 방식 및 유학의 학설에 대해 질문을 던졌으며, 전통적인 풍속을 벗어나 유교적 윤리를 익히려는 자가 일본에 있음을 알리고자 했다. 일본에 유학을 배우는 자가 있다는 사실이 알려짐에 따라 사행원들은 이들 일본 유학자에게 일말의 기대를 걸었다. 그 기대란 일본 유학자가 '만이누속(蠻夷陋俗)'에서 벗어나 그들의 나라를 '문명국', 유교국가로 발전시켰으면 하는 소망이었다. 일본 유학자에 대한 사행원들의 인식에는 이러한 소망이 강하게 반영되어 있다.

그렇지만 당초 일본에 유교를 전문적으로 배우는 사람은 없었다. 앞서도 밝혔듯이 일본에서 유교는 먼저 쿄오토 오산승에 의해 수용되었는데, 그들에게 유교는 여러 학문 가운데 한 분야일 뿐이었다. 오산승의 학문경향에 대해서는 강항이 다음과 같이 기록했다.

승려 중에서 불경을 닦는 자는 혹은 나무아미타불(南無阿彌陀佛)을 주로 하고 혹은 묘법연화경(妙法蓮華經)을 주로 한다. 절을 갈라 맡아 다투는 것이 마치 원수와도 같고, 성경(聖經)을 다스리는 자는 혹은 공안국(孔安國)·정현(鄭玄)의 전주(箋注)를 주로 하고 혹은 주회암(朱晦庵)의 훈해(訓解)를 주로 하여, 문(門)을 갈라 왕복하여 각기 당여(黨與)를 세웠다. 그들 풍속에 다투기를 좋아함이 이와 같아 비록 승도(僧道)라도 능히 면하지 못하는 모양이다.[30]

오산승들은 불교를 배우기도 하고 유교를 배우기도 하며 불교와 유교도 각기 여러 학풍이 나뉘어 있는 상태라는 것이 강항의 견해였다. 강항이 목격한 시대의 일본에는 유학을 전문적으로 배우는 사람은 없었던 것이다.

이런 상황에서 강항이 주목한 사람이 후지와라 세이까이다.[31] 오산승 출신의 후지와라 세이까는 이때 아직 환속하지 않은 상태였다. 강항은 승복을 입은 학자를 만났던 것이다. 강항과 세이까의 만남은 일본에 주자학이 유입되는 큰 계기가 되었다. 후지와라 세이까는 억류 중의 강항과 만나 깊이 교류했으며, 이것을 계기로 불교를 버리고 유학을 수용했다. 그는 강항의 도움을 받아 신주(新注)에 의거한 유교 경전을 간행했고, 강항의 지도를 받으며 석전제(釋奠祭)를 시행했으며, 강항의 귀국후에는 이에야스 측근의 학승(學僧)과 유불논쟁을 펼쳤다. 이 논쟁을 계기로 세이까는 유학자로서의 입장을 공표했다.[32]

강항은 후지와라 세이까가 과거 보는 절차 및 춘추석전(春秋釋奠)·경연(經筵)·조저(朝著, 조정에서 조회에 참여한 관료들이 늘어서는 차례) 등의 절목(節目)을 묻기에 대략적인 내용을 알려주었다는 것, 그가 일본에서 태어난 것을 개탄하고 일찍이 중국으로 건너가려 했으나 병 때문에 포기했다는 이야기를 기술했다.[33] 이런 이야기를 조선에서 온 문인에게 한 것에서 알 수 있듯이, 세이까는 끊임없이 자신이 일본의 고유문화를 버리고 유교문화를 체득하고자 한다는 사실을 강조했다. 또한 세이까는 강항에게 일본 무사 중에도 유학을 배우는 인물이 있음을 알렸다. 강항은 세이까의 말을 다음과 같이 기록했다.

일본의 장관은 모두 다 도적인데 오직 히로미찌(廣通)만이 자못 사람의 마음을 지녔습니다. 일본이 본시 상례(喪禮)가 없었는데 히로미찌만이 홀로 삼년상을 거행하였고, 중국의 제도 및 조선의 예절을 독실히 좋아하여 의복·음식의 세세한 절차에 있어서도 반드시 중국이나 조선의 것을 본받고자 하니, 비록 일본에 살지만 일본 사람이 아닙니다.[34]

아까마쯔 히로미찌(赤松廣通)는 토요또미 시대의 무장으로 일찍이 후지와라 세이까에게 학문을 배웠다.[35] 일본의 무사들은 모두 도적이지만 개중에도 삼년상을 실행하고 조선과 중국의 예절·의복·음식을 본받으려는 무사가 있다, 이처럼 '비록 일본에 살지만 일본 사람이 아닌' 사람, 즉 토착 풍습에 물들지 않고 유교적 생활습관을 실천하는 일본인이 있다는 사실을 세이까는 강항에게 알리려 했던 것이다. 실제로 강항은 세이까가 칭송하는 아까마쯔 히로미찌에 대해서 "또한 일찍이 우리나라의 『오례의(五禮儀)』와 『군학석채의목(郡學釋菜儀目)』을 얻어 보고서 자기 사읍(私邑)인 타지마(但馬)에 명하여 공자묘를 세우고 또 우리나라 제복(祭服)과 제관(祭冠)을 만들고서 날을 걸러 아랫사람들을 거느리고 제의(祭儀)를 익혔다"라고[36] 기록했다.[37]

후지와라 세이까 다음으로 유학을 배운 인물로 주목받은 사람이 하야시 라잔(林羅山)이다. 하야시 라잔은 일본 문인 중에서 조선 사절들과 가장 많이 만났던 사람으로, 그의 이름이 사행록 도처에 보인다. 1636년에 다녀온 김세렴의 사행록에는 이기선후(理氣先後)와 사단칠정(四端七情)에 대해 여러차례 질문하는 하야시 라잔의 모습이 기록되어 있다.[38] 그가 라잔을 '국승(國僧)'으로 부른 데서 보듯[39] 이때 라잔의 신분은 승려였다. 승복을 입은 사람이 '성리(性理)'나 '사단칠정'을 열정적으로 김세렴 앞에서 논의했던 것이다. 김세렴은 하야시 라잔 같은 인물이 일본에 있다는 것에 큰 인상을 받았고, 조선에 돌아온 후 인조를 알현하면서 이야기한 내용이 다음과 같이 기록되어 있다.

또 묻기를, "저 나라 사람으로 글에 능한 자가 있던가?"라고 하니 상사(上使)가 답하기를, "문리를 이루지 못했고 시는 더욱 좋지 않았습니다"라고 하였다. 신(臣) 세렴이 답하기를, "쇼오 장로(召長老)와 린세이도오(璘西堂)의 글은 모두 좋았습니다. 그 나라 안에서 오직 도오슌(하야시 라잔)의 글이 제일이었으며, 연로에서나 에도에서 와서 묻는 자가 많았는데 다 이기(理氣)·성정(性情) 등의 말을 질문하였으니 야만인이라고 얕볼 수 없습니다"라고 하였다.[40]

쇼오 장로와 린세이도오는 각각 교꾸호오 코오린(玉峰光璘)과 도오인겐쇼오(棠蔭玄召)를 가리키며, 오산에서 쓰시마로 파견되어 조선 외교를 담당하던 승려들이다. 김세렴은 그들 오산승을 높이 평가하고 있었다.[41] 그외에 도오슌, 즉 하야시 라잔의 이름을 들면서 오산승보다 그가 쓴 글이 더 훌륭하다고 평가했고, '이기'로 대표되는 보편적 원리에 대해 같이 논할 수 있는 인물이 일본에 나타나기 시작했음을 포착했다. 사행원들은 후대로 갈수록 일본에 유교의 소양을 지닌 지식인이 점점 늘어가는 모습을 목격했는데, 조선 사절의 입장에서 보면 이런 현상은 일본인들이 자신들과 공유할 수 있는 가치관을 배우기 시작했음을 말해주는 것이었다.

1643년 사행에 참여한 조경의 사행록에도 라잔과 주고받은 편지가 수록되어 있다.[42] 조경은 "뜻밖에 족하 같은 이를 머나먼 해외에서 만났으니 얼마나 다행한 일이겠습니까"라고 했고,[43] "이정(二程)의 도를 우러러 깊이 연구하여 일역(日域)의 선비들로 하여금 존경받고 모범할 바가 있게 한다면 얼마나 좋은 일이겠습니까"라고 하기도 했다.[44] 라잔처럼 유학을 배우는 이가 일본에 있다는 것은 조경에게는 환영할 만한 일이었던 것이다. 이러한 감정은 후지와라 세이까를 만났을 때의 강항의 감정과 비슷했으리라 생각된다.

그런데 조경이 승복을 입은 라잔에게 보낸 편지에는 다음과 같은 대목이 보인다.

이제 족하는 우뚝 뜻을 세워 정주(程朱)를 독신(篤信)하여 한 나라의 선도자가 되어 있는데, 족하의 두 아들을 보니 오뚝한 머리에 머리칼이 하나도 없으니, 열아홉살 관례에 '신체발부(身體髮膚)는 부모에게 받은 것이라 감히 훼상(毁傷)치 못한다'는 교훈을 어디에 베풀 것입니까? 저는 족하의 학문에 의심이 없을 수 없습니다.[45]

주자학을 신봉하여 일본의 학문을 이끌어가는 입장에 있으면서 유교의 풍습을 지키지 않는 것에 대해 비판적인 의견을 제시한 것이다. 이어서 조경은 라잔에게 유자로서의 풍격이 전혀 없다고 전하고서 다음과 같은 제안을 했다.

족하가 진실로 유풍을 떨쳐 온 세상을 변하게 하려 한다면 먼저 자신부터 시작하고 먼저 집안부터 시작하는 것이 좋습니다. (…) 비록 오랑캐땅에 있을 때에도 또한 속류(俗流)에서 벗어나 하(夏)로써 오랑캐를 변하게 하였는데, 족하는 왜 계자(季子)[46]를 모범으로 삼아 관혼상제의 의례에 있어 수시로 익히는 공부에 힘쓰지 않습니까?[47]

조경은 승복을 입고 민머리의 아들을 두고서 사단칠정을 운운하는 라잔에게 느낀 위화감을 솔직하게 전했다. 조경이 말하는 바는 요컨대 유학을 익히려면 사상으로만 배워서는 안되고 자신의 차림새부터 바꿔야 한다는 것이다. 그렇게 자신이 유자로서의 풍격을 갖추고 더 나아가 일상생활에서도 관혼상제의 예를 실천해야 일본을 오랑캐의 풍속에서 탈피시킬 수 있다는 것이다. 이처럼 사행원들은 유교문화를 희구하는 일본 유자들에게 항상 일본적 특수성에서 벗어나기를 권유했다. 일본이 '중화'가 되기 위해서는 우선 '오랑캐'의 풍속을 바꿔야 한다는 것이다.

조경과 라잔의 대화가 있은 지 약 40년 후인 1682년에 다녀온 사행원들은 일본의 고유풍속을 탈피해 유교의례를 실천하는 일본인의 존재를 포착했다. 비젠(備前) 오까야마번(岡山藩, 지금의 오까야마현)의 번주 이께다 미쯔마사(池田光政)였다. 이께다 미쯔마사는 제2대 쇼오군 토꾸가와 히데따다의 딸과 결혼했다. 쿠마자와 반잔(熊澤蕃山)에게 유학을 배우고 인정의 이념에 바탕을 둔 정치를 펼쳐 관리들을 교화하고 백성들을 다스렸다. 정치·학문·교육에 힘써 각지에 학교를 세웠고 『대학』 『중용』 『논어』의 해설서도 저술한 바 있다.[48]

역관으로 사행에 참여한 홍우재는 이께다 미쯔마사에 대해 들은 바를 기록했다. 그는 "대개 글을 잘 짓고 재주가 많으며 효성과 우애가 지극하다고 한다. 그는 불교를 일절 금하였는데, 불상을 모두 부숴 강물에 던져버렸으며 자기 지역 내의 중들을 다른 지방으로 쫓아버렸다고 한다"라며 이께다 미쯔마사가 철저히 불교를 배척했음을 언급했다. 동시에 "유학을 숭상하여 도를 배우며, 시서를 암송하고, 부모의 삼년상을 상하 모든 사람에게 똑같이 치르게 했다고 한다"라고 스스로 유학을 배워 유교에 기초한 의례를 실천하고 있음을 전했으며, 또 이께다 미쯔마사가 "옳지 못한 일은 응징하므로 백성들이 다 사람이 지킬 도리를 생각하여 날마다 착한 방향으로 나아가니, 일본의 모든 고을에서 다 현사(賢士)라 칭한다"라고 기술했다.[49] 홍우재는 이와 같이 전하면서 맨 끝에 작은 글씨로 "이 사람뿐만 아니라 시서에 능한 자가 곳곳에 있어 장차 문운이 크게 일어날 것이다"라고[50] 변화하는 일본의 동향을 서술했다.

1643년에 조경이 만난 하야시 라잔이 비록 유학에 조예가 깊은 지식인이라고는 하나 막부에 고용된 일개 유관이었던 데 비해, 이께다 미쯔마사는 제2대 쇼오군 토꾸가와 히데따다의 사위이자 번주였다. 홍우재의 이 기록은 일본의 문치주의 정치를 상징하는 이께다 미쯔마사를 통해 일본에 문운이 일어나고 있음을 전했다는 점에서 큰 의의를 지닌다.

1711년 제술관으로 사행에 참여한 이현은 당시 막부의 대학두(大學頭)를 맡고 있던 하야시 호오꼬오(林鳳岡)와 다음과 같은 필담을 나누었다.

이현   귀국이 성인을 존경하고 문치를 숭상하면서 나라를 다스리는 것은 정말 거룩합니다. 다만 우리나라에서는 주·군의 크기에 상관없이 360여주에 성묘(聖廟)를 설치하고 석채(釋菜)의 예를 행합니다. 귀국 또한 각 주에 성묘를 설치하는 것이 좋을 것 같습니다.

호오꼬오   우리 선주(先主, 토꾸가와 쓰나요시)는 어릴 때부터 학문을 좋아하고 노년에 이르렀을 때도 멈추지 않고 스스로 경연에 나와 몇차례 사서(四書)를 강의하고 『주역본의(周易本義)』전편을 강의하셨습니다. 정무를 보는 사이에 유생들을 모아 경의(經義)를 논변하였으며 유생이 질문을 하면 막힘없이 대답해주셨습니다. 모두 두려워하여 엎드린 채로 아무 말도 하지 못했습니다. 저도 경연에서 20여년 시독(侍讀)해왔는데 그 두터운 은권(恩眷)은 지금도 잊을 수 없습니다. 선주는 20년 전에 쇼오헤이자까(昌平坂)에 성묘를 지으셨습니다. 제가 명민하지 못함에도 좨주(祭酒)의 역직을 맡았는데 중춘(仲春)과 중추(仲秋)에 행하는 석전제는 지금도 게을리하지 않습니다. 선주가 나라를 다스리실 때는 매년 혹은 격년으로 머리 숙여 절하여 성묘에서 제사를 지냈습니다. 지금 신주(新主, 토꾸가와 이에노부) 또한 그 뜻을 계승하여 석전을 행하고 있습니다.[51]

호오꼬오가 언급한 토꾸가와 쓰나요시는 제5대 쇼오군으로 유학을 장려하고 스스로도 신하들에게 경서를 강의할 만큼 학문에 힘쓴 인물이다. '오랑캐' 일본에 경서를 스스로 읽고 유교적 의례를 행하는 수장이 등장했다는 것은 조선 사절의 입장에서는 경탄할 만한 일이었을 것이다. 원래 일본에서 유학에 관심을 가진 이는 후지와라 세이까, 하야시 라잔 등 신분이 낮은 지식인에 한정되어 있었다. 그러다 17세기 후반에 유교적 의례를 실천하는 다이묘오가 나타났고, 18세기 초반에는 쇼오군까지 '유풍'에 힘쓰고 있었던 것이다. 이는 역사적으로 큰 변화라고 할 수 있다.

그렇지만 아무리 유학에 힘쓰는 다이묘오나 쇼오군이 나타났다 하더라도 오랫동안 이어진 일본 고래의 풍속은 쉽게 바뀌지 않았다. 문운이 일어나면서 유학을 배우는 자가 늘긴 했지만 풍속은 여전히 '만이누속'이었다. 1711년에 다녀온 임수간은 다음과 같이 서술했다.

이른바 유사들은 혹은 주회암 혹은 육상산(陸象山)을 배우는데, 이따금 제조관(製造官)에게 글을 보내어 학문을 강론하고 퇴계(退溪)의 학설을 들어 변증하기도 하니, 그 쌓은 덕과 높은 이름이 이처럼 먼 지방 사람들에게까지 경복을 받는다. 그러나 풍속이 귀신을 좋아하므로 사당이 온 나라에 가득하여 돌문을 세우고 신명의 이름을 써붙이니, 이를테면 하찌만(八幡)·스미요시(住吉)·카스가(春日)·이나바(稻葉) 따위의 이름인데, 모두 '대명신(大明神)'이라고 일컫고 사람들이 혹신하여 무슨 일이 있으면 문득 재계하고 기도한다고 한다.[52]

유학을 배우며 퇴계를 운운하고 학문을 강론하는 사람은 있는데, 풍속을 보면 유교의례는 없고 귀신을 숭배한다는 것이다. 막부가 성당(聖堂)을 만들고 유학교육에 힘써도 역시 사회 전체의 풍속을 바꾸기에는 무리가 있었으며, 사례를 비롯한 유교의례를 실천하는 데까지는 이르지 못했던 것이다.

1763년 사행에 다녀온 조엄은 후지와라 세이까, 마쯔나가 세끼고(松永尺伍), 키노시따 준안, 무로 큐우소오, 아라이 하꾸세끼, 아메노모리 호오슈우 같은 유학자의 이름을 들면서 일본 유학사를 간단히 소개한 다음,[53] 다음과 같이 서술했다.

> 테이깐(貞幹, 키노시따 준안)은 머리도 깎지 않고 화장도 하지 않는 중화의 제도를 좇으려다가 내쫓김을 당해 죽었다. 겐요(源璵, 아라이 하꾸세끼)는 스승의 설을 따라 또 풍속을 고치려다가 역시 폐사(廢死)되었다.[54]

조엄이 일본 유학의 역사를 일본의 풍속을 개조하려다 실패한 역사로 그려낸 점이 흥미롭다. 뛰어난 유학자가 배출되어도 풍속을 바꿀 수는 없었다고 본 것이다.

아무리 유학을 배우는 지식인이 나타나도 신도를 비롯한 특수한 생활양식을 개선하지 않으면 의미가 없다는 것은 사행원들의 공통된 견해였다. 원중거는 일본인들이 신도를 매우 정성스럽게 받든다고 하면서 다음과 같이 서술했다.

> 그러나 시를 주고받은 유사들 중 타끼 카꾸다이나 나와 시소 같은 무리의 사람들은 또한 그것을 가리켜 부끄럽다고 하며 비판하는 말을 많이 하였다. 내가 일찍이 그들에게 말하기를, "귀국은 정자와 주자를 존중할 줄 안 후에야 성인의 도가 밝아질 것이요, 성인의 도가 밝아진 후에야 신사가 없어질 것이다. 신사가 없어진 후에야 문교가

밝아질 것이요, 문교가 밝아진 후에야 교화가 행해질 것이다"라고 하
니, 나와 시소의 무리가 지당한 말이라고 하였다.[55]

원중거는 "성인의 도"에 이르기 위해서는 유학을 사상으로 수용하는
것만으로는 부족하며, 풍속 전체를 바꿔야 한다고 주장했다. 신도로 대
표되는 일본적 특수성을 없애야 문명으로 나아갈 수 있다는 것이다. 원
중거의 말에 수긍했다는 나와 로도오처럼, 원중거는 일본인 스스로가
토착적 풍속을 탈피하고자 하는 모습을 사행록 도처에서 기록했다.

일본의 풍속 가운데 조선 사절들이 가장 혐오한 것이 동성혼(同姓婚)
과 이성양자(異姓養子)이다. 조선에서 이 두 제도는 미개의 나라에서 시
행되는 야만스러운 풍습으로 간주되었다. 그런데 조선 및 중국과 달리
일본에서는 동성혼을 금기시하는 관습이 없었고, 이성양자도 빈번하게
행해졌으며, 혈연에 상관없이 입양을 하면 집안을 계승할 수 있었다.[56]

원중거는 나와 로도오와 일본의 입양제도에 대해 나눈 대화를 기록
한 바 있다. 그는 나와 로도오와 오꾸다 모또쯔구(奧田元繼)가 원래 같
은 부모에게서 태어난 형제이건만 '나와'와 '오꾸다'로 성이 다름을 지
적하고서, "나는 그 이유를 묻고 싶었지만 그가 싫어할까 염려되어 말
을 하지 않았다"라고 서술했다.[57] 조선 문인과 일본 문인의 대화에서 입
양제도를 화제로 하는 데 대해 꺼리는 바가 있었던 것으로 보인다. 그러
다 재가(再嫁)가 화제에 오른 김에 원중거가 나와 로도오에게 오꾸다 모
또쯔구와의 관계를 물었다.

나와 모또쯔구는 사실 저와 부모님이 같으나 오꾸다씨에게 출계(出
繼)하였습니다. 오랑캐 풍속이 부끄러워 귀국 사람에게 말하기 창피
합니다.

원중거 이는 이른바 시양(侍養)이군요. 의(義)를 보임이 비록 깊지만 하늘이 그 아비에게 부여하여 태어나게 하였으니 사사로운 정으로 그 성을 옮길 수는 없는 것입니다. 귀국이 금하지 않는 것은 법이 없어서입니다.

나와 국속이 잘못되었음을 근래에 자못 알지만 감히 갑자기 고치지 못하는 것은 실은 나라에 이 법이 없는 것에 연유합니다. 심지어 에도 (여기서는 토꾸가와씨를 말함)에 이르기까지 형제가 성이 다른 경우가 있습니다.[58]

친동생이 입양되었다는 사실을 부끄러워하는 나와 로도오의 모습을 통해 학문으로서의 유교와 풍속으로서의 유교 사이에서 갈등을 겪는 일본 지식인의 고뇌를 엿볼 수 있다. 유학을 배우며 유교도덕을 실천하려 해도 이미 깊게 뿌리내린 풍속까지 바꿀 수는 없었던 것이다.

이와 같은 대화를 기록한 다음 원중거는 "나라 안의 대관(大官)도 또한 시양을 하며 성을 모칭(冒稱)하는 사람이 많으며, 관백의 가문도 또한 그러하다"라며 일본에서는 고급관료의 집에서도 이성(異姓) 집안 사이에서 입양이 행해지고 있다고 전하고 다음과 같이 서술했다.[59]

가난한 사람과 천한 사람은 아들을 낳으면 분을 바르고 깁을 입혀 모습과 거동을 자랑스럽게 꾸미고 글을 가르치는데, 만약 말과 행동이 온화하고 시키는 대로 잘 따르면 잘사는 사람과 귀한 사람이 아들을 삼아 그 성을 모칭하게 한다. 나이와 장유(長幼)를 따지지 않고 진짜 아들과 가짜 아들도 따지지 않고서 그중 가장 총애하는 사람을 선택하여 그 가문을 전하고 관직도 또한 물려주며 작록도 준다.[60]

미천한 집안에서 태어났어도 언행이 좋은 아이가 있으면 명문가에 입양 보내고, 입양한 사람도 친자와 양자의 구별 없이 우수한 쪽에 가업을 상속시키고 관직도 녹봉도 준다는 것이다. 원중거는 가계와 신분에 상관없이 입양제도가 일상적으로 행해진다는 사실에 주목했다. 앞서 본 대로 원중거는 신분제도가 사회 하층부까지 정착되어 신분상승의 욕망을 갖지 않는 일본인의 모습을 긍정적으로 묘사했다. 그런 한편 그는 입양제도에 의해 신분이동이 가능하다는 사실 또한 포착했던 것이다. 이어서 그는 "그러므로 종자(種子)가 섞여 어지럽고 천성(天性)이 바뀐다. 그 혼인에서도 동성(同姓)을 가리지 않고 심지어는 종형제가 부부가 되기도 한다. 이것이 저들이 오랑캐가 되는 까닭이다"라며[61] 동성혼과 이성양자야말로 일본이 오랑캐임을 보여주는 이유라고 했다. 친족을 형성하는 데 출신을 중요시하는 조선 사대부의 입장에서 일본의 입양제도는 부정적으로 인식될 수밖에 없었다. 특히 동성혼에 대한 언급은 사행록 도처에 보인다. 1624년 사행에 참여한 강홍중은 "시집보내고 장가보낼 때 동성을 피하지 않고, 사촌남매끼리 부부가 되고, 아우의 아내를 형이 맞을 일은 없으나 형이 죽고 자손이 없는 경우는 아우가 형수를 데리고 살며 제사를 지낸다"라며[62] 일본에서는 동성혼은 물론 친척 간에 혼인하는 경우도 있다고 하고서, "이것이 그 나라의 풍속이다. 금수와 같은 행동이라 더러워서 차마 들을 수도 없는데, 습속이 이미 젖어 괴상하게 여기지 않았다"라고 서술했다.[63] 여성이 재가하는 것마저도 부정적으로 여겼던 조선 사대부의 눈으로 볼 때 일본의 혼인 관습은 그야말로 일본이 '오랑캐'임을 보여주는 전형적인 사례였던 것이다. 한편 원중거는 이러한 일본 고래의 풍습을 부정적으로 보는 일본인도 있다고 지적했다.

그러나 우리에게 말하기 부끄러워하며 심지어 얼굴을 붉히고 땀을 흘리는 것은 저들에게도 병이(秉彝)가 있기 때문이다. 알 수 없구나, 또 얼마나 세월이 흘러야 바야흐로 능히 중화로 변하게 될지. 하지만 염치(廉恥)와 수오(羞惡)는 또한 이미 개발되었다고 말할 수 있을 것이다.[64]

원중거는 일본의 '오랑캐' 풍속에 '염치'와 '수오'를 느껴 '오랑캐'에서 벗어나 '중화'로 나아가려 하는 일본인들이 있음을 사행록 도처에서 묘사했다. 원중거가 일본인들을 '이류(異類)'나 '금수'로 보지 않고 같은 인간으로 본 것은 그가 일본인의 내면에 유교적 문화를 지향하는 성향이 있음을 발견했기 때문이다. 물론 이러한 관점은 일본의 고유성을 완전히 무시한다는 점에서 중화중심적이다. 그러나 역사적인 관점에서 보면 조선 사절이 일본인의 내면에 공명했다는 사실은 큰 의미가 있다고 할 수 있다.

원중거는 유교 풍속을 사모하는 일본인들을 다음과 같이 묘사했다.

근세에 문풍이 점차로 일어나 유사의 무리가 점점 옛 예법을 숭상하여 장례에 관곽(棺槨)을 사용하고, 제사에 신주(神主)를 쓰며, 혼례에 폐백을 보내며, 술 따르고 절하는 자가 간혹 있다. 그러므로 지금의 사행이 지나가는 곳에 문목을 가지고 와 묻는 자가 많다.

사례에 이르러서는 우리의 관복(冠服)을 좋아하는 자들이 간혹 있어 남는 의복과 두건을 얻으려 한다. 그 제도와 모양을 본떠두려고 복건(幅巾)을 보기를 구하는 자들에게 이루 다 응답할 수 없었다. 혹은 말하기를, 이 나라에는 본래 금지하는 법령이 없으므로 유사들의 가문에서는 의복을 개조하는 의론이 제법 있다고 하니, 머지않아 장차

아래에서부터 위로 이를 것이다.[65]

앞서도 언급했듯이 "사례는 나라 가운데에 하나도 존재하지 않는다"라는 것이[66] 일본 풍속에 대한 원중거의 기본 인식이었다. 원중거에게 있어 불상을 모시는 것, 승려를 불러 장례를 지내는 것, 신사에 참배하고 귀신을 숭배하는 것, 동성끼리 결혼하는 것 등등 일본 고유의 풍속은 타기해야 할 것이었다. 그런 한편 조선의 풍속을 본떠 유교식 사례를 실천하려 조선식 관혼상제에 대해 질문하고 사절들의 의관이나 의복을 얻으려 하는 일본인의 모습에 대해, 그는 이를 경박한 중화취미로 보는 대신 '유풍'으로 나아갈 징조로 파악한 것이다.

3. 일본의 유교화와 동아시아의 평화

무사의 나라 일본과 평화적으로 공존하려면 무엇을 해야 할까? 일본과 '인(仁)'을 공유하는 것, 더 정확히 말하면 '인'에 의거해 일본을 포섭하는 것이 필요할 것이다. 조선 사대부들은 '인'을 일본으로 확대하여 그들을 교화함으로써 그들과 평화적으로 공존할 수 있다고 생각했다.

권근이 일본에 사신으로 가는 사람에게 보낸 송서(送序)에는 유교적 '인'에 의한 포섭의 이념이 여실히 드러나 있다.[67] 이 글은 임진왜란 이전에 기록된 것인데, 여기 보이는 일본 유교화의 이념은 조선 후기까지 계속 유지되었다.

일본은 천지의 극동에 있으니 곧 천지의 물(物)을 낳는 방위이다. 그 사람들이 생겨날 적에 천지의 마음을 받아서 우리 본성의 인을 지니게 된 것은 또한 사방 사람과 더불어 균일할 것이니, 어린아이가 기어서 우물 속으로 들어가는 것을 보면 그들 역시 측은한 마음이 생겨 그를 구하려 할 것인데, 하물며 차마 죄 없는 백성이 칼날 아래 넘어지고 구렁에 빠지는 것을 보겠는가?

아, 어진 사람의 마음은 천지만물을 일체(一體)로 여기고 사해 사람을 형제로 여기기 때문에 비록 바다와 산이 가로막히고 강토가 다르고 언어와 습속이 다를지라도 인류(人類)라는 것은 마찬가지니, 반드시 서로 사랑할 것이다. 그러므로 옛날 성인이 방교(邦交)에 대한 빙문(聘問)의 예를 제정하여 통역을 두어 그 의사를 통하고 폐백을 올려 그 정을 도탑게 하고 찬란한 문장으로 서로 접촉하며 반가운 은의로 서로 사랑하는 것이니, 이리하여 사람이 사람된 구실을 하여 천지에 부끄러움이 없는 것이다.[68]

우리는 언어와 습속을 달리하는 저 바다 건너편에 존재하는 사람들을 어떻게 대해야 할까? 이 문제는 옛날부터 모든 조선 문인에게 공통된 고민이었다. 좋든 싫든 간에 우리는 이 세계에서 일본과 공존해야 한다. 그런데 그들은 언어도 풍속도 우리와 전혀 다르다. 우리는 그들과 어떻게 공존해야 할까? 조선 문인들은 이 문제를 '천지의 마음', 즉 '인'이라는 보편적 진리를 일본으로 확장함으로써 해결하고자 했다. 한번 '인'을 체득한 사람, 즉 '인인(仁人)'이 되면 그 사람의 마음은 "천지만물을 일체로 여기고 사해 사람을 형제로 여기"게 된다. 그렇게 되면 언어·풍습이 다르더라도 같은 '인류'를 사랑할 것이라고 권근은 주장했다. 권근의 평화 이념에는 조선이 가진 '인'을 일본 또한 갖고 있을 것이라는 대전제가 있다. 조선 문인에게 천지의 마음인 '인'에 대한 신념이야말로 일본과의 공존이 가능하다고 여기게 만든 철학이었다.

그렇다면 만약 누군가 '어린아이가 기어서 우물 속으로 들어가더라도 그들의 마음에 측은지심이 생기지 않을 수 있다'는 의심을 제기하면 어찌할 것인가? 즉 일본인에게 '인'이 없다면 어떻게 할 것인가? 그런 경우에는 일본인을 교화해야 할 것이다. 권근은 앞의 인용문에 이어서 다음과 같이 서술했다.

　　지금 저쪽 사신이 와서 방교의 예를 닦고 옛 정의(情誼)를 강론하니 그 뜻이 진실로 착하다. 만약에 이와 같이 하지 않고 같은 인류를 해친다면 반드시 천지에 죄를 얻고 귀신의 성냄을 당하여 좋지 못한 앙화가 마침내 자신에게 미쳐 반드시 칼에 맞아 죽고 말 것이니, 어찌 슬프지 아니하랴. 선생은 가서 이 말을 그 사람들에게 해주면 반드시 감동하고 부끄러워서 스스로 고치는 바가 있을 것이다. 환담하고 술 마시는 사이에 갑옷과 투구가 변하여 의관이 되고, 활과 칼이 변하여 옥백(玉帛)이 되고, 완악한 흉도가 선량한 사람으로 돌아오고, 붙잡혀 간 포로를 고향으로 돌아오게 하여 길이 화친을 맺어 이웃의 정의를 굳건히 함으로써 양국 백성으로 하여금 편안히 오래도록 천수를 누리는 지경에 앉게 하는 것이 당연히 이 겨를에 있을 것이니, 얼마나 위대하랴.[69]

　　권근은 일본에 갈 사신에게 "같은 인류를 해친다면 반드시 천지에 죄를 얻을 것"이라고 일본인에게 전하라고 했다. 그러면 그들도 감동하여 스스로를 고칠 것이며, 그들의 '갑옷과 투구'를 '의관'으로, '활과 칼'을 '옥백'으로 변화시키고, '완악한 흉도'를 '선량한 사람'으로 변화시킬 수 있을 것인바, 그렇게 함으로써 일본과 화친을 맺을 수 있다고 했다. '인'을 확대함으로써 일본이 내세우는 '무'를 '문'으로 바꿔야 평화로운 관계를 구축할 수 있다고 본 것이다.

일본에 다녀온 조선 문인들은 모두 이렇듯 일본 교화를 자신의 책무로 여겼다. 그리고 이런 태도의 근저에는 일본이 언젠가 유교국가가 되기를 원하는 마음이 있었다. 이러한 마음은 조선 문인들이 원래 가지고 있던 화이의식과 결합되면서 더욱 강화되었다.[70]

김성일은 일본을 다니면서 "예의는 어찌 오랑캐와 중화가 따로 있으랴/그것을 가지면 중화가 되고 그것이 없으면 오랑캐가 되네(禮義何嘗有夷夏, 存能爲夏去爲夷)"라고 읊었고[71] "도리로써 먼 나라 사람을 회유하여/가이 없는 인성(仁聲)을 퍼뜨리려 하네/어찌 오랑캐라고 감화되기 어려우랴/역시 같은 기로 생명을 타고났도다(通周道兮綏遠人, 暢無外之仁聲. 豈殊類之難化兮, 亦含生於一氣)"라고 읊기도 했다.[72] 중화와 오랑캐의 차이는 예의에 있을 따름이며, 예의를 가지기만 하면 오랑캐도 중화가 될 수 있다는 유교윤리에 대한 순수한 신념이 '인성(仁聲)'으로 오랑캐를 감화시킬 수 있다는 또 하나의 신념을 낳았다.

김성일의 글 또한 임진왜란 이전에 기록된 것이다. 김성일이 조선에 돌아온 2년 후 일본은 조선을 침략했다. "같은 인류를 해친다면 반드시 천지에 죄를 얻을 것"이라는 권근의 말이 일본에는 통하지 않았던 것이다.

그러나 임진왜란 이후에도 조선 문인들은 '인'에 대한 신념을 버리지 않았다. 오히려 우리 조선이 일본에 '인'을 확대함으로써 '이류(異類)'를 '동류(同類)'로 바꿔야 한다는 관념은 더욱 강해졌다. 일본으로 사행을 간다는 것은 '무'를 숭상하는 일본을 '문' '인' '예의' '충신'으로 교화하러 감을 의미했다.

1617년 사행에 다녀온 오윤겸(吳允謙)은 "원컨대 성화(聖化)가 무한히 베풀어져/오랑캐땅도 문명으로 변했으면(願言聖化覃無外, 終使蠻區變

誦歌)"이라고 읊었고,[73] 이수광은 일본에 가는 강홍중에게 "이제부터 동쪽 바다 파도가 일어나지 않겠네/오랑캐를 가르쳐 중화의 의관을 갖추게 할 테니(從此東溟波不起, 定教鱗介化衣冠)"라고 했다.[74] 1719년 사행원들의 출발에 앞서 낭독된 축문에는 "일본은 만리 길인데 바다 밖의 오랑캐땅입니다. 저 날뛰고 교활한 것들을 회유하여 평화롭게 지내려고 지금까지 100년 동안 사신이 왕래했습니다"라는 말이 보인다.[75] 일본에 '성화'를 베풀어 '날뛰고 교활한' 일본을 회유하는 것이야말로 사행원들에게 기대된 임무였고 사행원들이 스스로에게 부과한 사명이었다.

일본이 유교화되어야 자국에 평화가 찾아온다는 것은 조선 문인들의 공통적 견해였다. 그런 점에서 일본의 유교화는 '비왜'의 측면에서도 꼭 실현되어야 할 과제였다. 그런데 이러한 일본의 유교화가 조선이 일방적으로 일본에 기대한 실현 불가능한 꿈이었다고만 단정할 수는 없다. 앞서 밝혔듯이 사행원들은 일본 곳곳을 다니면서 일본에 유교를 수용할 만한 소지가 있다고 보았다. 즉 일본 유교화의 꿈은 일본을 실제로 견문한 결과를 통해 획득한 현실인식을 바탕으로 한 것이었다.

일본이 유풍을 향해 나아가고 있다는 소식은 조선 국내에도 유입되었다. 여기서는 허목(許穆, 1595~1682), 이익, 유득공, 정약용의 인식을 살펴본다. 허목은 일본의 역사를 개략적으로 서술한 「흑치열전(黑齒列傳)」에서 다음과 같이 서술했다.

구주(九州, 중국)의 사방도 풍기(風氣)가 각기 다르고 성음(聲音), 풍속, 기호(嗜好)가 같지 않은데, 하물며 바다 밖 절역(絶域)의 나라로 성교(聲敎)가 미치지 못하는 오랑캐말을 하는 지역이겠는가. 그러나 희로애락의 감정과 선악을 구분하는 본성은 똑같은 것이다. 이제 왜가 유서(儒書)를 구하고 제사 지내는 것과 예를 갖추는 풍속을 물어왔

으니, 만이의 성대한 일이라 할 만하다.[76]

아무리 문화와 풍속이 다르더라도 "희로애락의 감정"과 "선악을 구분하는 본성"은 조선과 일본이 공통적으로 가지고 있으며, 더군다나 지금 일본은 유교 서적을 구하고 제사에 대해 여러가지 질문을 하는 등 변화의 조짐이 있다는 지적이다. 이질적인 문화 가운데서도 일본인의 내면에서 조선과 공통된 부분을 발견하려는 허목의 자세는 원중거의 그것과 일맥상통하는 점이 있다.

일본에 유교가 성행한다는 인식이 확대됨에 따라 일본 유교화에 대한 조선 문인들의 꿈은 점차 커져갔다. 일본 유교화를 위해서 우리 조선이 적극 나서야 한다고 주장한 사람이 이익이다. 그는 1629년에 겐포오(玄方)라는 승려가 중국에 조공을 바치기 위해 명나라로 가고 싶다고 조선에 왔을 때의 이야기를 언급했다. 겐포오가 말하기를, 옛날에 조선은 일본에 글과 악을 가르쳐주었다, 악은 고려악(高麗樂)이라고 하는데 지금은 많이 변했다, 조선은 중국과 부자의 관계이기 때문에 불법(佛法)도 전해졌을 테니 일본에 전수해주길 바란다고 했다. 조선에서는 그의 요청을 거절했다. 겐포오는 옛날 일본에 온 송운선사(松雲禪師)[77]가 뛰어난 승려였다고 칭찬했다. 이에 대해 조선에서 송운을 계승하는 자는 이제 조선에 없다고 답하자, 겐포오는 송별의 잔치도 받지 않고 돌아갔다.[78] 이익은 이 이야기를 전하면서 다음과 같이 서술했다.

생각건대, 불학(佛學)에 대한 요청은 이치로 보아 허락하지 않은 것이 마땅하다 하겠으나 예악의 가르침에 있어서는 그 귀의하는 바에 따라 권도(勸導)하는 것이 옳았는데, 어찌하여 응하지 않았단 말인가? 다만 이것마저 그들을 가르칠 만한 스승이 없어서 그랬던 것이 아닌가 생각된다. 너무도 부끄러운 일이다. (…) 그 백성이 절실히 모화(慕華)하여 서적을 많이 간행하고 약간의 시문도 전해오지만 그래도 촌수재(村秀才)들의 미숙한 기미를 면하지 못하였다. 우리가 만약 이 기회에 깨우쳐 일으켜준다면 그들은 머지않아 집집마다 글월을 숭상하게 될 것이다. 그리고 문예로써 선비를 뽑는 데까지 이른다면 바야흐로 우쭐대며 뽐내어 외부를 침략할 겨를이 없을 것이니, 어찌 두 나라의 이익이 아니겠는가?[79]

이처럼 말한 다음 이익은 통신사가 일본에 갈 때는 재주 높은 선비를 보내 그들과 시를 주고받게 하고 강론도 하게 해야 한다고 했다. 더 나아가 조선에서도 3년마다 일본 사신을 불러 왕래하면 서로 정의를 통할 수 있을 것이라 주장했다.[80]

이익 또한 일본인들의 '모화'의 마음에 큰 기대를 걸었기에 조선에서도 일본 사신을 초치(招致)해 서로 왕래하게 하면 일본의 '무'가 약해지고 조선에 쳐들어오지도 않을 것이라고 본 것이다. 조선 문인들은 '문'의 성행이 '무'를 약화시킬 수 있다는 신념을 가지고 있었던 것이다.

정약용 또한 이또오 진사이, 오규우 소라이, 다자이 슌다이의 경의(經義)를 읽어보니 지금 일본은 걱정이 없다고 하면서 다음과 같이 서술했다.[81]

비록 그들의 의론이 간혹 오활한 점이 있기는 하나 그 문화가 발전한 것이 자못 대단한 바 있다. 대체로 오랑캐를 방어하기가 어려운 것은 문화가 없기 때문이다. 문화가 없으면 예의염치로 사나운 마음이 분발함을 부끄러워하지 않고, 원대한 계책으로 무턱대고 뺏으려는 욕심을 중지시킬 수 없는 것이다. 그리하여 표범과 시랑(豺狼) 같은 사나운 짐승처럼 성나면 물어뜯고 탐나면 먹어치우니, 어떻게 옳고 그름을 헤아릴 수가 있겠는가? 이것이 방어하기 어려운 이유이다. (…) 문화가 발전하면 무사(武事)를 힘쓰지 않기 때문에 망령되이 이익을 노려 움직이지 않는 법이다. 위에 열거한 몇사람이 경의와 예의를 말한 것이 이러하니, 그 나라는 반드시 예의를 숭상하고 나라의 원대한 장래를 생각하는 사람이 있을 것이다. 이 때문에 지금은 일본에 대해서 걱정할 것이 없다고 한 것이다.[82]

일본이 유교화되면 무력을 숭상하는 풍속, "표범과 시랑 같은 사나운" 마음은 사라질 것이라는 말이다. 정약용의 이 말에도 임진왜란의 기억이 스며 있다. 임진왜란 같은 일이 다시 일어나지 않도록 하기 위해서는 일본에 문교를 전파하고 일본인에게 예의를 익히도록 하는 것이 제일 좋은 방법이라고 생각한 것이다. 말하자면 일본을 동아시아의 유교세계에 포섭하는 것은 최선의 비왜책(備倭策)이었다.

유득공 또한 이익, 정약용과 인식을 같이했다.

100여년 이래 만주의 자제들은 서화를 배우고 시와 문장을 서로 주고받으며, 몽골은 장막 속에 골동품을 놓아두고 향을 사르고 차를 마시며, 왜인들은 학문을 강론하여 심성·이기를 열심히 논한다. 이것이 만국이 태평한 이유일 것이다.[83]

유득공이 살았던 18세기 후반은 동아시아에 전쟁이 없던 시대이다. 평화로운 시대가 이처럼 오래 유지되는 것은 어째서인가? 유득공은 그것이 학문·문화의 힘이라고 답했다. 그는 유교윤리가 주변 국가로 확대됨으로써 동아시아에 평화가 유지되고 있다는 시대인식을 갖고 있었으며, 다른 조선 문인들과 마찬가지로 심성·이기를 익힌 일본인은 결코 다시 조선을 침략하지 않을 것이라고 보았다. 요컨대 일본은 이미 조선과 '도'를 공유하고 있다고 인식했던 것이다.

허목, 이익, 정약용, 유득공은 일본에 가본 경험이 없는 사람들이다. 하지만 그들이 직접 일본을 보지 못해서 이런 긍정적 견해를 가졌던 것은 아니다. 오히려 일본에 직접 다녀온 문인들은 조선 국내 지식인보다 더욱 일본 유교화에 긍정적인 견해를 보였다.

1711년 사행에 참여한 이현은 아메노모리 호오슈우에게 "귀국은 풍요롭고 화려하고 번화합니다. 제가 근래 사행 도중에 매일 세편의 시를 지었는데도 끝내 그 만분의 일도 형용하지 못하였으니 한탄할 만합니다"라고 일본의 번영을 긍정적으로 평가하고[84] 다음과 같이 말했다.

> 이는 천지간의 별국(別國)입니다. 다만 한스러운 것은 예의와 겸양의 풍속이 없다는 점입니다. 그러나 제가 귀국에 들어온 지 이미 4, 5개월이 지나 직접 목격한 것을 가지고 말하자면, 인심이 자못 순후한 기풍이 있습니다. 아이들까지도 모두 단정하고 씩씩하고 명민하여 무릎을 모으고 옷깃을 여미고 단정히 앉지 않는 이가 없었습니다. 만일 한번 그 풍속을 변화시켜 예의와 겸양으로 가르치고 문장으로 가르친다면…….[85]

자료가 손상되어 이어지는 글자를 판독할 수 없지만 아마도 일본을 교화할 수 있다는 말이 이어졌을 것으로 보인다. 이현은 5개월 정도 일본인의 '인심'을 관찰하면서 그들이 유교적 윤리를 받아들일 수 있는 덕성을 갖추고 있다고 본 것이다.

1763년에 정사로 사행에 참여한 조엄도 "만일 윤리로 가르치고 예의로 인도한다면 풍기를 변화시키고 세속을 바꾸며 야만을 변화시켜 문명으로 선도(善導)하여 그 천성의 타고난 것을 회복시킬 수 있을 것"이라며 화이에 상관없이 일본에 대한 교화가 가능하다고 말했다.[86]

원중거도 사행길에서 만난 일본 문인들에게 다음과 같이 말했다.

날마다 어진 선비를 만나 풍요(風謠)를 묵묵히 살펴보니 귀국의 문명의 운세는 장차 날로 열릴 것입니다. (…) 귀국의 문체가 변하지 않는 것은 또한 유학을 강론하지 않기 때문입니다. 만약 한 사람 호걸의 선비가 있어 거경궁리(居敬窮理)하고 정학을 밝혀 일으킨다면 귀국의 총명하고 명민하며 선(善)을 좋아하는 사람들이 어찌 한번 변하여 제나라에 이르고 한번 변하여 노나라에 이르는 아름다운 일이 없겠습니까? 바라건대 서로 노력하여 스스로 한계를 설정하거나 자포자기하는 데 빠지지 않아야 할 것입니다.[87]

"귀국의 문명의 운세는 장차 날로 열릴 것입니다"라는 말은 실제로 일본 문사와 접촉하여 일본사회를 '묵찰(黙察)'한 결과 도달한 인식이다. 원중거는 일본을 견문하면서 유학을 선도하는 지식인이 나타나기만 하면 일본이 개벽할 것이라는 확신을 얻었던 것이다.

또 그는 "저들이 만약 인의를 알고 염치를 알아 옛것을 기뻐하고 지금을 돌이킨다면 이는 단지 그 나라의 다행만이 아니라 우리나라와 중국이 침략당할 우환이 더욱 없어질 것이다"라며[88] 일본이 유교의 '도'를 공유함으로써 동아시아에 평화가 이루어질 것이라고 보았다.

이처럼 일본의 유교화를 꿈꾸는 사절들의 모습은 지나치게 낭만적이고 낙관적인 부분이 없지 않다. 오늘날의 관점에서 보면 일본의 고유문화를 오로지 타기할 것으로 보는 원중거의 유교적·중화중심적 문화의

식도 문제가 있다.[89] 원중거는 "왜인들이 높이 숭상하는 바는 첫째는 신이요, 둘째는 부처요, 셋째는 문장이다"라고 하여 일본의 풍속이 조선과 전혀 다르다는 사실을 숙지하고 있었음에도 불구하고[90] 한편으로 일본은 조만간 유교화될 것이라고 단언했다. '중화의 문화'를 닮아가려는 '모화'의 일본과 미개한 풍속을 유지하는 '이적'의 일본이라는 두 얼굴을 목격하고 전자에 큰 기대감을 가졌다.

이러한 원중거의 원망은 역사적 경험의 소산이기도 하다. 앞에서 밝혔듯이 일본 유교화의 꿈은 권근, 이익, 정약용 등 조선 국내 지식인들도 공유하고 있었다. 과거 국토를 유린당한데다 군사적으로 강대하고 무력을 숭상하는 무사들이 지배하는 나라와 이웃하고 있는 현실에서 그 나라와 평화적 관계를 구축하는 방안을 찾는 것은 조선 문인에게 큰 과제였다. 그리고 직접 일본인과 만나서 교류한 원중거는 "총명하고 명민하며 선을 좋아하는" 일본인의 심성에 유교의 '인'을 공유할 단서가 있음을 감지했던 것이다.

위화감과 대화하며 공존하다

전혀 이질적인 세계에 발을 들여놓았을 때 사람들의 내면에는 어떠한 감정이 교차할까? 일본을 다녀온 조선 사절들의 내면에 일어난 감정은 주로 세가지로 나눌 수 있다.

첫째는 거부감이다. 조선 사절들이 무엇보다 혐오한 것은 인간의 생명에 대한 감수성을 결여한 일본인의 모습이었다. 할복과 타메시기리의 관습은 그야말로 충격이었다. 그외에 동성혼과 이성양자 같은 풍습 또한 조선 사대부의 입장에서는 수용할 수 없는 이질성이었다.

둘째는 호감이다. 교묘하게 만들어진 수차, 통일된 가옥의 구조, 치밀하게 설계된 배에 대해서 사절들은 칭찬과 경탄을 숨기지 않았다. 또한 일본인의 소박한 식생활과 규칙적인 일상에 대해서도 호의적으로 평가했다. 손재주가 뛰어나고 무엇이든 규칙대로 수행하는 일본인에 대한 긍정적 묘사는 사행록 곳곳에 보인다.

셋째는 양가적 감정이다. 사절들이 일본에 대해 느낀 위화감을 자세히 분석해보면 절대적인 거부감이나 순수한 호감을 느낄 때보다 긍정과 부정이 뒤섞인 복잡한 감정을 품는 경우가 압도적으로 많았다.

조선에서 토요또미 히데요시는 골수에 사무치는 원수였다. 그런데 일본인들 또한 해외원정을 명령한 히데요시를 증오하고 있었다. 임진왜란 당시부터 히데요시에게 살의를 품은 일본인들이 많았고, 토꾸가와 시대에 들어서면 일본인들의 기억 속에 히데요시는 무모한 전쟁을 일으켜 큰 재앙을 가져온 장본인으로 각인되어 있었다. 히데요시를 원망하고 조선의 복수를 우려하는 일본인들을 직접 목격하면서 사절들은 일본인에게 잔인무도한 침략자라는 종래의 이미지와 다른 측면이 있다는 사실을 깨닫게 된다. 구세복수와 와신상담 사이에서 흔들리는 원중거의 복잡한 심경도 관념으로서의 일본과 현실의 일본 사이에서 겪은 갈등에서 나온 것이다.

일본의 정치제도에 대해서도 조선 문인들은 매우 다양한 반응을 보였다. 강항은 항시 전투요원을 확보하는 무사사회의 시스템을 일부 조선에 도입하기를 주장하면서도 한편으로 농민에게 큰 부담을 강요한다는 점에서 병농분리 사회는 심각한 폐해를 가지고 있다고 보았다. 토꾸가와 시대의 일본을 방문한 사절들 중에는 '양병'을 위한 제도를 부정적으로 보는 사람이 있었는가 하면 농민에게 군역을 부과하지 않는 막부의 통치방식을 긍정적으로 평가하는 사람도 있었다. 일본의 세습제에 대해서도 무조건 부정적으로 보고 막부의 정치인들을 혹평하는 경우가 있는가 하면 세습제가 오히려 안정적인 사회질서 유지에 크게 기여하고 있다고 평가하는 경우도 있었다. 더 나아가 막부의 요직에는 세습제를 적용하지 않는 체제를 매우 합리적인 제도로 보기도 했다. 원중거는 전쟁을 일삼은 일본을 평화로 이끌고 오랫동안 평온한 사회를 유지해온 토꾸가와막부를 나름대로 평가하면서도 한편으로 '심복(心服)'의 부재로 인해 조만간 일본에 반란이 일어날 것이라고 예측했다. 그는 번영과 평화를 구가하는 전성기의 토꾸가와 사회를 관찰하면서 붕괴의 소지도 있다고 생각한 것이다.

일본의 학문적 발전을 목격했을 때도 조선 사절들에게는 복잡한 심정이 교차했다. 사절들은 '오규우 소라이 선생'을 숭배하는 일본 문인들의 모습에는 냉소를 금할 수 없었지만 일본인의 한문구사력과 학문 수준을 비약적으로 향상시킨 소라이의 공적을 긍정적으로 평가했다. 이러한 '이단'의 학설에 경도하면서 학문적으로 성장하는 일본의 문풍에 대해 사절들은 반감과 기대감을 동시에 품고 있었다. 이러한 심경은 타끼 카꾸다이에 대한 사절들의 인식에 여실히 드러나 있다. 가장 치열하게 논쟁한 상대에게 가장 친근감을 가진 역설적인 현상은 양국 문학교류의 성격을 상징적으로 보여준다.

일본 문화에 대한 사절들의 인식에도 모순된 감정이 공존했다. 신사참배, 신불숭배 등 일본의 풍습은 조선 사절들에게는 미개문화의 상징으로 간주되었다. 그러나 한편으로 에도시대의 일본 지식인들은 유교를 배웠으며, 사절들에게 유교의례에 대해 질문하는 일본인들도 많다. 사절들 또한 직접 일본을 다녀보고서 그들에게 유교를 수용할 소지가 있다고 보았다. 유교에 접근하는 일본인의 모습은 일본을 '인(仁)'으로 포섭해야 한다는 사절들의 중화의식과 결합되면서 조선 지식인들에게 일본 유교화의 꿈을 안겨주었다. 일본은 전통적으로 유교문화가 부재했지만 장차 유교를 수용할 수도 있다는 것이 사절들의 견해였다. 이처럼 유교문화의 존재와 수용에 있어 일본은 조선 사절들에게 거리감과 기대감을 동시에 품게 하는 나라였다.

조선 문인들이 일본에 대해 문화적 우월감만 가졌던 것은 아니다. 또한 적개심만을 가졌던 것도 아니며, 일본을 부정적으로만 생각한 것도 아니다. 그들의 일본인식에는 긍정과 부정, 친근감과 거부감, 칭찬과 혹평, 호감과 혐오감이 공존했다. 조선 문인들에게 일본은 양가적 감정을 품게 하는 나라였던 것이다.

이처럼 복잡한 감정을 내면에 품고 조선 사절들은 일본이 어떠한 나라인지를 탐구했다. 여기서는 '물음' '내성(內省)' '소통'이라는 세가지 관점에서 일본과 접촉한 경험이 무엇을 낳았는지 정리하고 이 책을 마무리하고자 한다.

첫째로, '물음', 즉 '왜?'라는 물음을 던지는 것에서부터 일본을 지성적으로 파악하려는 노력이 시작되었다. 1592년 부산포에 상륙한 뒤 순식간에 수도까지 침공한 '삶을 가볍게 여기는' 전투집단이 조선에서 '왜인' 이미지의 원형이 되었다. 조선 지식인들에게 일본인은 '호생오사'의 본성을 공유하지 못한 별종이고, 일본은 이런 잔인하고 호전적인 사람들이 모여 사는 나라로 인식되었다. 그들은 어째서 생명을 아낄 줄 모르는가? 그들의 전투수행 능력은 어디서 비롯되었는가? 일본에 연행된 강항은 이 문제를 사회체제의 관점에서 생각했다. 병농분리 사회에서 살아가는 사람들은 병사가 될지 농민이 될지 선택해야 했다. 병사를 선택한 이들은 전문부대에 배속되어 평소부터 군사훈련을 받았다. 장관들과 주종관계를 맺은 그들은 주군을 위해 죽음을 무릅쓰고 싸우는 무사로서의 기개를 몸에 익혀야 했다. 농민을 선택한 이들은 모두 굶주림을 견디면서 무사들의 식료를 보급해야 했다. 병사로 살아가든 농민으로 살아가든 그들은 모두 톱니바퀴의 하나가 되어 전쟁을 수행하기 위한 한 요원으로서 자신의 생명을 국가에 바쳐야 했다. 일본의 국가운영 방식과 사람들의 생존방식을 세심하게 관찰한 강항은 나라의 시스템 자체가 '낙사오생'의 기풍을 갖도록 되어 있다고 지적했다.

그로부터 약 170년 후에 일본을 찾은 원중거는 강항과 반대되는 물음을 던졌다. 전쟁을 되풀이해온 일본인들이 왜 갑자기 조용해졌는가? 그들은 어떻게 오랫동안 평화를 유지하고 있는가? 원중거 또한 이 물음을 사회체제의 관점에서 탐구했다. 원중거가 목격한 무사사회의 평화유지 방식이란 막부가 다이묘오들을 철저히 감시함과 동시에 향락적 생활에 빠지게 함으로써 반란의 씨앗을 미연에 방지하는 것이었다. 그런데 한편으로 원중거는 에도시대의 평화는 결코 토꾸가와막부의 통치술로만 이루어진 것이 아니며 여러 요인이 겹친 결과 가능했다고 인식했다. 신분제가 사회에 견고하게 뿌리내린데다 일본인들 또한 분수를 넘어서려는 의지를 갖고 있지 않았다. 원중거는 임진왜란 때 일본 민중 사이에 퍼졌던 염전(厭戰)의 분위기를 감지하여 일본을 평화국가로 인도한 것이 토꾸가와 이에야스였다고 보았고, 일본인 스스로도 일찍이 전쟁 때문에 큰 고난을 맛보았음을 선명하게 기억하고 있다는 것을 직접 확인했다. 그는 사회적 안정을 오래 유지하기 위해 여러가지 인위적 조치가 작동하고 있음을 포착함과 동시에, 다시는 전쟁을 하지 않겠다는 일본인들의 내재적인 의지도 토꾸가와의 평화에 크게 작용하고 있음을 감지했다.

강항과 원중거가 던진 물음은 대조적이다. 전자는 전쟁을 일삼는 일본에 대해 탐구했고, 후자는 평화를 유지하는 일본에 대해 해명했다. 전자는 전국시대가 종식된 직후의 일본을 관찰했고, 후자는 평온한 사회가 계속되는 일본을 견문했다. 그들이 접촉한 일본은 정반대이지만 양자 모두 일본을 치밀한 국가통제술을 갖춘 나라로 보았으며, 사람들이 무사 우선의 체제에 순순히 따르고 있다고 인식했다. 사람들을 전쟁에 동원하기 위한 통제기구가 정연하게 구축된 토요또미 시대의 일본은 전쟁이 일어나지 않도록 정교하게 제도가 정비된 토꾸가와 시대의 일본과 겹쳐 보인다. 또 가혹한 군사국가에서 절대복종을 강요받아 숨죽이며 생존하던 토요또미 시대의 일본인과 신분제를 준수하며 할당된 사회적 역할에 자족하여 삶을 마치는 토꾸가와 시대의 일본인도 상통하는 부분이 있다. 시대와 상황은 달라도 강항이 본 일본과 원중거가 본 일본은 어딘가 유사했던 것이다.

둘째로, 일본에서 경험한 이질성과의 접촉은 조선 사절들에게 '내성'의 계기를 가져다주었다. 사절들은 일본의 문화와 풍습에 노골적으로 혐오감을 드러낼 때도 있었지만, 한편으로 그때까지 의식하지 못했던 문제를 깨닫게 되는 경우도 있었다. 대표적인 사례가 세습제이다. 조선 전기부터 '구임'이 제안되었듯이 관직을 고정하는 것이 사회를 안정시키는 데 유용하다는 사고방식은 일찍부터 존재했다. 일본의 세습제는 사회개혁을 주장한 조선 문인들이 관직제도를 둘러싼 문제를 논의할 때 참조가 되었다.

조선 사절들이 이구동성으로 칭찬한 것은 일본인의 검소한 생활양식이다. 현란한 신사, 수백명을 수용할 수 있는 광대한 사찰, 무사들의 화려한 저택, 수많은 사람들이 오가는 상가 등 사절들의 눈으로 볼 때 일본은 사치에 빠져 있었다. 그런데 민중의 생활은 아주 검소하고 조용했다. 허름한 옷을 입고 소식하는 일본 백성들에 대한 긍정적 평가는 생활철학에서 조선과 일본의 가치관이 일치하는 부분도 있었음을 보여준다.

또 무역항 나가사끼의 존재도 조선 사절들의 사고에 큰 변화를 가져왔다. 나가사끼 무역이 실은 조선의 국익과도 관련이 있음을 알게 된 후부터 사절들의 해외무역에 대한 인식이 달라지기 시작했다. 무역을 통해 이익을 얻을 수 있다는 생각보다 일본의 무역이 조선에 큰 손해를 가져온다는 관점에서 해외무역에 대해 진지하게 생각하게 된 측면이 있는 것이다.

일본의 기술을 견문한 경험 또한 큰 인식의 전환을 가져왔다. 기술자를 후대하는 사회적 풍토, 도량형의 통일, 조선술의 높은 수준을 일본에서 직접 확인한 사절들은 조선이 기술 분야에서 크게 뒤떨어졌음을 통감했다. 일본의 기술을 목격한 경험은 조선 후기 이용후생론에 일부 반영되었다. 이질적인 나라와의 접촉은 자기 나라의 부족한 부분을 발견하는 좋은 기회였던 것이다.

셋째로, 일본인과 소통한 경험은 그들에 대한 감정적 유대의식을 낳았다. 임진왜란 이후 사행록에 그려진 일본의 모습 중에서 가장 눈에 띄는 변화는 문화적·학문적 성장이다. 당초 조선 사절들과 필담을 할 만큼의 교양과 한문구사력을 가진 일본인은 승려밖에 없었다. 그런데 일본인들은 문자를 읽을 줄은 모르더라도 문자에 대한 동경심은 가지고 있었다. 사절들이 써준 글씨를 편액으로 만들어 장식하거나 보물처럼 간직하는 일본인들의 모습은 사행록에 긍정적으로 묘사되어 있다. 토꾸가와 시대의 일본은 시대가 내려갈수록 문화적으로 크게 발전했다. 문자를 숭배하기만 했던 그들이 직접 붓을 들고 문자를 배우기 시작했고, 책을 소장하기만 했던 그들이 직접 경서를 읽기 시작했다. 일본의 문풍을 상징적으로 보여주는 것은 창화집의 간행이다. 일본 문인들은 이 창화집에 자신의 이름이 오르는 것을 명예로 여겼다. 무명(武名)이 아니라 문명(文名)을 떨치는 것을 영광으로 여기는 풍토가 형성되었던 것이다.

필담은 문자의 교환만을 의미하지 않는다. 필담을 통해 사절들은 일본인들의 문학적 취향과 교양수준은 물론 글을 주고받을 때 보이는 그들의 표정, 태도, 동작을 관찰할 수 있었다. 일본인의 입장에서도 사절들에게는 회화가 통하지 않았기 때문에 자신의 의사를 전달할 때 표정과 동작에 크게 의존할 수밖에 없었다. 그런 의미에서 필담 자리는 문자뿐만 아니라 비언어적 메시지를 주고받는 공간이기도 했다. 예의 바르게 사절들을 대접하는 모습, 얼굴을 빛내면서 시문 교환에 임하는 모습, 시문을 받아 공손히 감사의 뜻을 표하는 모습을 통해 사절들은 일본 문인들의 내면을 직접 피부로 감득(感得)할 수 있었다. 서로 회포를 풀고 글을 주고받는 경험은 양국 문인들 사이에 친밀감을 낳았다. 이별할 때 눈물 흘리는 모습, 항구까지 나와 쓸쓸한 표정을 짓고 배웅하는 모습, 정 깊은 이별인사를 담아 편지를 보내오는 모습, 이러한 일본 문인들의 다정함은 사절들의 심금을 크게 울렸다. 문자가 소통을 가능케 했고, 소통이 감정적 유대의식을 낳았던 것이다.

　마지막으로, 일본 문인들과 마음을 열어 교류한 경험은 국경 너머에서 살아가는 사람들과의 평화적 공존을 지향하는 자세를 낳았다. "지꾸조오 다이뗀과 타끼 카꾸다이를 등 뒤에 두고 반정균과 육비를 대면"하면서 흐뭇하게 필담하는 자신의 모습을 마음속에 그리는 상상력이 세계를 '호생(好生)'의 방향으로 이끌어가는 원동력이 아닌가 생각한다.

주

서론

1 "日本之俗, 右强凌弱, 賤老貴少, 以戰死爲榮, 病斃爲恥"(朴宰『東槎日記』, 장55a, 서울대학교 규장각 소장본).

2 "日本は武勇を本とし文筆を末として, 百世不易の要害の國, 世界第一なり"(西川如見『町人囊』; 西川如見『町人囊·百姓囊·長崎夜話草』, 東京: 岩波文庫 1985, 141면).

3 중국에서 태어난 주자학이 일본사회에 수용되었을 때 어떠한 반응이 나타났는지에 대해서는 와타나베 히로시, 박홍규 옮김『주자학과 근세일본사회』, 예문서원 2007을 참조. 일본 문화에 대한 사절들의 이질감을 고찰함에 있어 이 책에서 큰 시사를 받았다.

4 사행록의 수집·정리에는 하우봉「새로 발견된 일본사행록들:《海行摠載》의 보충과 관련하여」,『역사학보』112, 역사학회 1986이 참조가 되었다. 또 정훈식「朝鮮後期 通信使行錄 所在 見聞錄의 展開 樣相」,『한국문학논총』50, 한국문학회 2008, 235면에도 문견총록이 수록된 사행록이 표로 정리되어 있다.

5 이 책에서는 사행록 외에도 문학작품과 포로실기(捕虜實記)를 다룬다.

6 문견총록이 수록되지 않은 사행록도 있다. 이 책에서는 일본에서 견문한 지식을 정리한 글에 대해서 '문견총록'이라는 명칭을 사용했으나, 사행록마다 '문견잡록(聞見雜錄)' '견문잡록(見聞雜錄)' '문견록(聞見錄)' '총기(總記)' 등 그 명칭이 다르다. 여기서는 '문견총록'으로 통칭한다.

7 '문견총록'이라는 제목은 없으나 문견총록의 성격을 지닌 글이 수록되어 있는 경우가 있다.

8 일본의 아까시쇼뗀(明石書店)에서 8권으로 된『大系朝鮮通信使』가 1990년대에 출판되었다(辛基秀·中尾宏 編『大系朝鮮通信使: 善隣と友好の記録』全8卷, 明石書店

1993~96). 여기서는『대계통신사(大系通信使)』로 표기했다. 이 책에 통신사가 남긴 사행록 원문이 몇가지 수록되어 있다.

9 김흡의『부상록』은 국립중앙도서관에 초서로 된 원본이 소장되어 있다. 信原修『雨森芳洲と玄德潤: 朝鮮通信使に息づく「誠臣の交わり」』, 明石書店 2008의 부록에 초서를 정자로 바꾼 글이 수록되어 있다. 자세한 사항은 같은 책에 수록된『부상록』의 해제를 참조.

10 한국에서 이루어진 통신사 연구의 연구사에 대해서는 장순순「通信使 硏究의 現況과 課題」,『한일역사공동연구보고서』 2권, 한일역사공동연구위원회 2005, 110~25면 참조. 또 일본에서 이루어진 통신사 연구의 연구사에 대해서는 日韓歷史共同硏究委員會 編『日韓歷史共同硏究報告書 第 2 分科篇』, 第1部 日本側報告 第1編 學說史, 日韓歷史共同硏究委員會 2010, 61~104면(吉田光男·田代和生·六反田豊·伊藤幸司·橋本雄·米谷均 집필) 참조.

11 한태문「朝鮮後期 通信使 使行文學 硏究」, 부산대학교 박사논문 1995; 이혜순『조선통신사의 문학』, 이화여자대학교출판부 1996.

12 정영문『조선시대 통신사문학 연구』, 지식과교양 2011.

13 정훈식「朝鮮後期 通信使行錄 所在 見聞錄의 展開 樣相」,『한국문학논총』 50, 한국문학회 2008.

14 정훈식「조선후기 일본지식의 생성과 통신사행록」,『東洋漢文學硏究』 29, 東洋漢文學會 2009.

15 정은영「조선후기 통신사행록의 글쓰기 방식과 일본담론 연구」, 부산대학교 박사논문 2014.

16 이처럼 지식이나 정보에 주목하는 연구는 2000년대에 들어서 점차 나타났다. 서적을 통한 지식·정보가 조선에서 어떻게 유통, 수용되었는지를 탐구한 연구로 진재교「동아시아에서의 서적의 유통과 지식의 생성: 壬辰倭亂 이후의 인적 교류와 서적의 유통 사례를 중심으로」,『한국한문학연구』 41, 한국한문학회 2008; 안대회「18·19세기 조선의 百科全書派와『和漢三才圖會』」,『대동문화연구』 69, 성균관대학교 대동문화연구원 2010을 들 수 있다.

17 하우봉『조선후기 실학자의 일본관 연구』, 일지사 1989.

18 임형택「계미통신사와 실학자들의 일본관」,『창작과비평』 85, 창작과비평사 1994.

19 박희병「조선의 일본학 성립: 원중거와 이덕무」,『한국문화』 61, 서울대학교 규장각한국학연구원 2013.

제1장

1 "好生而惡死, 人物同此心, 而日本之人, 獨樂死惡生何也"(姜沆『睡隱集』, 『看羊錄』,
「賊中聞見錄」, 한국문집총간 73, 119면;『국역 해행총재』II, 민족문화추진회 1986
중판, 182면).『해행총재』에 수록된『간양록』에는 "樂死惡生"이 "好死惡生"으로 되
어 있는데 이는 오기로 보인다. 조경남(趙慶男)의『난중잡록(亂中雜錄)』에 강항의
『간양록』의 일부가 인용되어 있는데, 이 부분이 "樂死惡生"으로 되어 있다(趙慶男
『亂中雜錄』四, 庚子). 또 국립중앙도서관에 소장된『수은간양록(睡隱看羊錄)』과 한
국문집총간『수은집(睡隱集)』에 수록된『간양록』에도 "樂死惡生"으로 되어 있다. 이
책에서는『간양록』을 인용할 때『해행총재』가 아니라『수은집』에 수록된 것을 사용
한다. 또 이 책에서『해행총재』에 수록된 사행록을 인용할 경우 민족문화추진회의
번역을 참조했다. 주에서 참조한 번역본의 권수와 면수를 적었으며, 필요에 따라 번
역문을 일부 수정했다. 이하 다른 책에서도 번역본을 참조한 경우 원문을 제시하고
뒤에 번역본의 서지사항과 면수를 밝혔으며, 필요에 따라 필자가 번역문을 수정했
다. 한번 번역본의 서지사항을 제시한 후에는 번역자의 이름과 면수만 적었다.

2 "自將倭至奴倭, 必佩長短二劍, 坐臥不釋手, 蓋一戰國也"(姜沆『看羊錄』, 「賊中封疏」,
한국문집총간 73, 99면;『국역 해행총재』II, 137면).

3 "男子恒佩大中小三劍, 大者殺他, 中者防他, 小者自殺"(慶暹『海槎錄』, 정미년 7월
17일조,『국역 해행총재』II, 337면).

4 "關東將軍賴朝爭戰以來, 遂成一戰國"(姜沆『看羊錄』, 「賊中聞見錄」, 한국문집총간
73, 119면;『국역 해행총재』II, 183면).

5 "國家得太平二百年, 民不知兵"(李舜臣『李忠武公全書』卷10, 장35뒤; 姜大杰·徐仁
漢 共編『壬辰倭亂史料叢書: 歷史』第4冊, 國立晉州博物館 2001, 144면).

6 "使二百年衣冠文物之鄕, 一朝盡汚於腥膻屠戮之慘"(吳希文『瑣尾錄』第一, 31면; 姜
大杰·徐仁漢 共編『壬辰倭亂史料叢書: 歷史』第5冊, 國立晉州博物館 2001, 33면).

7 "蓋好生惡死, 人心所同. 故人君不嗜殺人, 則天下悅而歸之"(『孟子集註』, 「梁惠王章
句」上).

8 "好生惡死, 趨利避害, 人與物都一般"(『朱子語類』卷4, 「性理」一).

9 "凡人惡死而樂生, 好德而歸利"(『六韜』文師第一; 劉寅 直解, 成百曉·李蘭洙 譯註
『武經七書直解2 譯註 六韜直解·三略直解』, 傳統文化硏究會 2013, 51면).

10 "民非樂死而惡生也. 號令明, 法制審, 故能使之前"(『尉繚子』制談第三; 劉寅 直解,
成百曉·李蘭洙 譯註『武經七書直解3 譯註 尉繚子直解·李衛公問對直解』, 傳統文化
硏究會 2013, 77면).

11 "易曰; '天地之大德曰生.' 夫生生者, 天地之大德; 而欲生者, 萬物之本性"(金時習『梅月堂集』卷20,「愛物義」, 한국문집총간 13, 390면).

12 김시습의 생명관에 대해서는 박희병『한국의 생태사상』, 돌베개 1999, 30~31면 참조.

13 "其輕生而敢死兮. 何北宮黝之足言也"(李穡『牧隱藁』卷1,「東方辭. 送大司成鄭達可奉使日本國」, 한국문집총간 3, 519면).

14 북궁유에 대해서는『孟子集註』,「公孫丑章句」上에 자세히 보인다.

15 "倭奴等忘生輕死"(『世宗實錄』, 26년 1월 20일; 孫承喆 編『韓日關係史料集成』卷5, 景仁文化社 2004, 236면).

16 "倭人性躁輕生"(『明宗實錄』, 9년 7월 13일; 孫承喆 編『韓日關係史料集成』卷13, 69면).

17 金誠一『海槎錄』一,「次上使一字至十字格」,『국역 해행총재』I, 200면.

18 "官軍も武士も諸共に義によって命を輕くし, 名を惜しんで死を爭ふ"(『太平記』卷8; 長谷川端 校註・譯『太平記』① 新編 日本古典文學全集 54, 小學館 1994, 412면).

19 "弓矢の道, 死を輕んじて名を重んずるを以て義とせり"(『太平記』卷10; 長谷川端 校註・譯, 484면).

20 "死は輕くしてやすし. 名は重くして厚し. たれか此道を望まざらん"(小笠原昨雲『軍法侍用集』卷1; 古川哲史 監修, 魚住孝至・羽賀久人 校注『戰國武士の心得 ―「軍法侍用集」の硏究』, ぺりかん社 2001, 63면).

21 "羽武者の志は, 第一身命を輕んずる事專一なるべし"(小笠原昨雲『軍法侍用集』卷3; 古川哲史 監修, 魚住孝至・羽賀久人 校注, 154면).

22 쓰다 소오끼찌(津田左右吉)는 이러한 '삶을 가볍게 여기는' 전국시대 무사의 경향에 대해 "전쟁에 익숙해 사람을 죽이는 일에 익숙해지면 자연스럽게 죽음을 일상다반사로 보게 된다. 사람의 생명을 가볍게 여기게 되는 것이다. 사람의 생명을 가볍게 여긴다는 것은 곧 인생을 가볍게 여긴다는 것이다. 인생을 가볍게 여기는 일이 인생과 모순되고 인간성의 근본을 파괴한다는 것은 말할 것도 없다"(津田左右吉『文學に現はれたる我が國民思想の硏究』四, 東京: 岩波文庫 1977, 231면)라고 지적한 바 있다.

23 "惣ジテ武士ハ每日死ヲ極メ居不申候得バ, 事ニヨリ越度有之候. 每日朝夕刀脇差自分ニ拭ヒ候テ頂戴致, 一日生死無事有事, 此二腰之儀ニテ候事ヲ, ウヤマヒ忘レ不申候' 肝要ニテ候"(「黒田長政遺言」; 石井紫郎『近世武家思想』, 日本思想大系 27, 東京: 岩波書店 1974, 12면).

24 "武士たらむものは, 正月元日の朝, 雜煮の餅を祝ふとて, 箸を取初るより, 其年の

大晦日の夕べに至るまで, 日々夜々, 死を常に心にあつるを以て, 本意の第一と仕候"(大道山友山『武道初心集』卷上; 井上哲次郎 監修, 佐伯有義·植木直一郎·井野辺茂雄 編集『武士道全書』第2冊, 299면).

25 "武士道といふは, 死ぬ事と見付けたり. 二つ二つの場にて, 早く死ぬかたに片付くばかりなり"(山本常朝, 和辻哲郎·古川哲史 校訂『葉隱』上, 東京: 岩波文庫 1940, 23면; 이강희 옮김『하가쿠레』, 사과나무 2013, 13면).

26 "每朝每夕, 改めては死に死に, 常住死身になりて居る時は, 武道に自由を得, 一生越度なく, 家職を仕果すべきなり"(같은 곳).

27 『무도초심집(武道初心集)』과 『하가꾸레』는 일본 무사의 사생관을 논할 때 자주 언급된다. 이 두 책에서 논의된 사생관의 차이에 대해서는 相良亨『武士道』, 東京: 講談社學術文庫 2010, 122~24면 참조.

28 "輕生任俠, 以病死爲辱, 戰死爲榮"(黃愼『日本往還日記』, 12월 9일조; 『국역 해행총재』 VIII, 179면).

29 "輕生强毒, 以戰死爲榮"(魯認『錦溪日記』, 선조 32년 5월 16일조; 『국역 해행총재』 IX, 94면).

30 "其人兇狡無信, 性貪譎, 輕生好殺"(諸葛元聲『兩朝平壤錄』; 松下見林『異稱日本傳』第1冊, 國書刊行會 1975, 414면).

31 "勇士の戰場に命を捨つる事, ただこれ子孫の後栄を思ふ故なり"(『太平記』卷14; 長谷川端 校註·譯『太平記』② 新編 日本古典文學全集 54, 小學館 1994, 177면).

32 趙憲『重峰集』卷8, 「請斬倭使疏」, 한국문집총간 54, 299면 참조.

33 조헌의 생애에 대해서는『불멸의 重峯 趙憲』I, 김포문화원 2004, 99~131면 참조.

34 "天生萬物, 莫不好生. 而爾國之賊, 偏嗜殺戮, 爾雖偏邦之産, 而尙有人形, 肖天倅地, 其可逆天地生物之心乎"(趙憲『重峰集』卷13, 「告諭日本從行士卒等文」, 한국문집총간 54, 436면; 『불멸의 重峯 趙憲』I, 496면).

35 "天地生物之心是仁, 人之稟賦, 接得此天地之心, 方能有生"(『朱子語類』卷95, 「程子之書」一).

36 "爾國上世, 則人不好殺, 故多有壽考康寧, 永享福祿, 自源·平互攻以後, 人多好殺, 而招禍愈促"(趙憲『重峰集』卷13, 「告諭日本從行士卒等文」, 한국문집총간 54, 436면; 『불멸의 重峯 趙憲』I, 496면).

37 "一朝之忿, 雖至輕生, 爾父母抱養之初, 豈欲爾不壽乎?"(같은 곳; 같은 곳).

38 "由其利欲之心, 害其良心, 故殺人無忌, 終致滅族"(같은 곳; 같은 곳).

39 "天生我民, 而爾盡殺之; 天養我民, 而爾悉焚之. 爾之所爲, 實悖天心"(趙憲『重峰

集』 卷13, 「告諭日本從行士卒等文」, 한국문집총간 54, 437면; 『불멸의 重峯 趙憲』 I, 496~97면).

40 "孟聖有言曰: '殺人之父, 人亦殺其父; 殺人之兄, 人亦殺其兄.' 爾於我國, 殺老幼無量, 而其父子兄弟, 切齒腐心, 咸欲爲其親報仇, 還途險塞, 鋒鋩森列"(趙憲 『重峰集』 卷13, 「告諭日本從行士卒等文」, 한국문집총간 54, 436면; 『불멸의 重峯 趙憲』 I, 497면).

41 "吾今而後, 知殺人親之重也"(『孟子』, 「盡心」 下).

42 "身也者, 父母之遺體"(『禮記』, 「祭義」).

43 "人子之受生, 性命血肉, 皆親所遺, 喘息呼吸, 氣脈相通, 此身非我私物, 乃父母之遺氣也"(李珥 『栗谷全書』 卷27 「擊蒙要訣」 事親章第五, 한국문집총간 45, 86면).

44 "劍下橫分, 盡顧我復我之遺體"(姜沆 『看羊錄』, 「告俘人檄」, 한국문집총간 73, 121면; 『국역 해행총재』 II, 189면). "顧我復我"라는 말은 『시경』 소아 「蓼莪」에 보이는 시구로 이 시에는 자신을 키워주신 부모에 대한 은혜가 묘사되어 있다.

45 자신의 생명을 부모에게서 물려받은 것으로 여기는 유교사회에서 자살이 부정적으로 인식되었다는 사실은 선행연구에서도 지적된 바 있다(윤영기 「선비정신과 무사도의 상관관계」, 『일본연구논총』 4, 경성대학교 인문과학연구소, 52면).

46 "不爲室家妻子之戀, 父子兄弟之間, 不甚相愛"(黃愼 『日本往還日記』, 12월 9일조; 『국역 해행총재』 VIII, 179면).

47 "彼纔免襁褓, 卽糊口於將官之家, 平生不見父母兄弟, 不入鄕黨隣里. 從征四方, 動淹旬月, 雖有妻子, 罕見其面. 故惟將倭及農民有妻子, 其餘則太半無妻子, 無一分顧戀鄕土父母妻子之情"(姜沆 『看羊錄』, 「賊中封疏」, 한국문집총간 73, 100면; 『국역 해행총재』 II, 140면).

48 "以及於忿爭鬪鬩者, 斫殺其仇敵, 又從以刎頸決腹, 則衆莫不嗟惜曰: '眞丈夫也.' 指其子孫曰: '玆乃敢死者之後裔也.' 輒得貴婚"(姜沆 『看羊錄』, 「賊中封疏」, 한국문집총간 73, 95면; 『국역 해행총재』 II, 137면).

49 "午後遠近丁壯貴賤咸集, 持鎗荷劍, 奔走恐後, 累千爲群. 結陣相對, 其進退坐作合散誘引之勢, 一依戰法. 各出精銳, 合刃交戰, 或進或退, 霜鋒如攢, 日光相射. 爭相搏殺, 見死强進, 以日暮爲限, 所殺多至四十餘人. 其餘斷臂割肱帶瘡而還者, 不可勝記. (…) 是日殺人者無罪, 故少有嫌隙, 必報於此日, 日本六十六州之人, 處處皆戰"(慶暹 『海槎錄』, 정미년 6월 5일조; 『국역 해행총재』 II, 298면).

50 "大槪日本國俗, 以能殺爲膽勇. 故殺人多者, 雖市井賤夫, 聲價卽倍; 畏縮回避者, 雖權貴子弟, 一國棄之, 不容於人類. 其輕生樂死之風如是"(慶暹 『海槎錄』, 정미년 6월

5일조; 『국역 해행총재』II, 298면).

51 "人尙俠氣, 輕生忘死, 少有不平, 則輒拔劍相殺, 略無忌憚, 暫有小嫌, 則自剖其腹, 死
而不悔"(慶暹『海槎錄』, 정미년 7월 17일조; 『국역 해행총재』II, 336면).

52 "與人相接, 互生猜疑; 夫妻居室, 寢不同席; 父子相對, 亦不解劍. 或至貪功爭利, 則父
子相謀, 兄弟相賊, 故子生十歲, 出養於他人, 不與之同居. 醉酒則乘其酣鬪, 或相拔劍,
故不敢縱飮, 至於接客之際, 必先用飯, 飯後行酒, 亦不過三盃, 雖佳辰令節, 無會飮宴
樂之事"(慶暹『海槎錄』, 정미년 7월 17일조; 『국역 해행총재』II, 336면).

53 "親子兄弟, 勝負を付ける事, 尤も戰場にては申すに及ばず, 常にも親子兄弟に勝れ
んとおもふ事, 武邊の習ひなり"(小笠原昨雲『軍法侍用集』; 古川哲史 監修, 魚住孝
至・羽賀久人 校注, 68면).

54 "睚眦必報, 語言生猜, 以殺人爲能事; 以不絀爲長技"(李景稷『扶桑錄』, 정사년 10월
18일조; 『국역 해행총재』III, 144면).

55 『史記』 「范雎蔡澤列傳」에 "一飯之德必償; 睚眦之怨必報"라는 말이 보인다.

56 李穡『牧隱藁』卷1, 「東方辭. 送大司成鄭達可奉使日本國」; 姜弘重『東槎錄』, 「聞見
總錄」등 참조.

57 "以溫恭慈愛惠人濟物爲心, 若其侵人害物之事, 則一毫不可留於心曲"(李珥『栗谷全
書』卷27, 「擊蒙要訣」接人章第九, 한국문집총간 45, 91면).

58 "我國人性, 謙恭遜順, 慈祥愷悌. 入則修事親敬兄之道; 出則盡忠君死長之義"(金誠
一『鶴峯集』卷6, 「風俗考異」, 한국문집총간 48, 132면).

59 "和睦宗族, 周恤隣里, 吉凶相助, 患難相救"(金誠一『鶴峯集』卷6, 「風俗考異」, 한국
문집총간 48, 132면).

60 "是日崔德楊以癘病死, 倭徒爭試劍, 形骸分處, 以哀辭遍諭諸擄人, 拾而埋之江上, 奠
而哭之"(鄭希得『海上錄』, 무술년 1월 1일조; 『국역 해행총재』VIII, 231면).

61 "夜夢見崔德楊, 覺後不勝悲感之懷矣"(鄭希得『海上錄』, 기해년 1월 25일조; 『국역
해행총재』VIII, 270~71면).

62 "被劍而死者, 身未落地, 衆刃交下, 分裂百片, 謂之試劍云"(慶暹『海槎錄』, 정미년
6월 5일조; 『국역 해행총재』II, 298면).

63 "有罪斬者, 則諸倭爭欲試劍, 亂斫如饅豆, 而小無惻隱之心, 又使小兒來見, 欲習玩而
不怕"(曺命采『奉使日本時聞見錄』, 「總論」; 『국역 해행총재』X, 265면).

64 "刀斬人有豪稱, 故求試其釖者多"(南玉『日觀記』, 「總記」, 刑訴; 김보경 옮김『붓끝
으로 부사산 바람을 가르다』, 소명출판 2006, 586면).

65 "無惻隱之心, 非人也"(『孟子』, 「公孫丑」上).

66 "被戮者亦不甚懼, 願爲自裁, 沐浴理髮, 瞑目念佛, 自刳其腹, 以手鉤出五臟而死, 則觀者稱爲好人, 其子孫亦顯名於世"(李景稷『扶桑錄』, 정사년 10월 18일조;『국역 해행총재』III, 144면).

67 姜弘重『東槎錄』, 「聞見總錄」; 南龍翼『聞見別錄』, 風俗, 「雜制」등 참조.

68 "左の小脇に刀を突き立て, 右のそば腹まで切り目長に搔き破って, 腸を手繰り出だして, 道準が前にぞ伏したりける"(『太平記』卷10; 長谷川端 校註·譯『太平記』① 新編 日本古典文學全集 54, 537면).

69 "村上義光は, 左の脇より, 右のそば腹迄, 一文字に搔切て腸をつかみ, 櫓の板になげつけ, 太刀を口にくはへて, うつ伏に成て臥とあり"(工藤行廣『自刄錄』; 井上哲次郎 監修, 佐伯有義·植木直一郎·井野辺茂雄 編集『武士道全書』第10卷, 309면).

70 李景稷『扶桑錄』, 정사년 10월 18일조;『국역 해행총재』III, 144면.

71 "兇悍慘毒之性, 眞一豺狼蛇虺之類也"(李景稷『扶桑錄』, 정사년 10월 18일조;『국역 해행총재』III, 144면).

72 "終古無大相殺, 民物蕃殖, 競趍利, 以生汗穢奸黠, 固其風矣. 然或守廉直奉公不欺, 或見義而舍生; 親上而死長, 是則亦不可少者"(鄭后僑『東槎錄』, 장40앞, 京都大學 소장본).

73 "生亦我所欲也; 義亦我所欲也, 二者不可得兼, 舍生而取義者也"(『孟子』, 「告子」上).

74 "군주가 인정(仁政)을 행하면 백성들이 윗사람을 친애하여 어른을 위해 목숨을 바칠 것이다(君行仁政, 斯民親其上, 死其長矣)"라는 말이『孟子』, 「梁惠王」下에 보인다.

75 "欲生惡死者, 雖衆人利害之常情; 而欲惡有甚於生死者, 乃秉彝義理之良心, 是以欲生而不爲苟得, 惡死而有所不避也"(『孟子集註』, 「告子章句」上).

76 그런데 유교에서 말하는 '사생취의'는 '호생오사'를 토대로 성립하는 것이며, 삶을 가볍게 여기는 마음에서 생겨난 것은 아니다. 대부분의 조선 문인들은 자신의 목숨을 걸고 주군에게 충성을 다하는 일본 무사의 행동양식을 '사생취의'의 관점에서 보지는 않았다. 이런 점에서 유교적 '사생취의' 이념과 주군을 위해 목숨을 바쳐야 한다는 무사의 봉공정신 사이에는 일치하지 않는 부분이 있다고 생각된다.

77 이때 사행을 다녀온 원중거의 일본인 인식에 대해서는 하우봉『조선시대 한국인의 일본인식』, 혜안 2006, 173~78면; 김정신「1763년 계미통신사 원중거의 일본 인식」, 『조선통신사연구』11, 조선통신사학회 2010, 89~94면; 박재금「원중거의 일본체험, 그 의의와 한계」,『한국한문학연구』47, 한국한문학회 2011, 177~81면 등에서 검토되었다. 이 책에서는 통시적인 시각에서 원중거가 종래의 일본인 인식을 어떻게 전환했는지를 검토한다.

78 "國人最長於劍術自兒時, 以木刀學習擊刺之法. 鑄劍之法亦至精至密"(元重擧『和國志』卷3,「兵器」, 406면; 박재금 옮김『와신상담의 마음으로 일본을 기록하다』, 소명출판 2006, 352면).

79 "男子八歲以上皆佩劍, 而堅藏劍刀, 法不得對人拔鞘, 除買賣外, 如有求見, 不得已者, 必於屛處鎖門而始與私見"(元重擧『乘槎錄』, 갑신년 10월 13일조; 김경숙 옮김『조선 후기 지식인, 일본과 만나다』, 소명출판 2006, 77면).

80 "大抵國中諱兵垂二百年, 各州不敢私自鍊兵, 至於鳥銃則自官試藝外, 私放者同對人拔劍之罪. 故我行入彼, 上下馬砲時, 觀光者擧皆掩耳, 猶不免辟易"(元重擧『和國志』卷3,「兵制」, 406면; 박재금 옮김, 351면).

81 "前此論倭人, 嘗以爲至毒至狼, 敢於殺人, 輕於自殺, 是因去壬辰不遠, 我人積有疑恸"(元重擧『乘槎錄』, 갑신년 3월 10일조; 김경숙 옮김, 370면).

82 "內國之人則禀氣柔弱, 習俗畏謹"(元重擧『乘槎錄』, 갑신년 3월 10일조; 김경숙 옮김, 371면).

83 "南方風氣柔弱, 故以含忍之力勝人爲强, 君子之道也; (…) 北方風氣剛勁, 故以果敢之力勝人爲强, 强者之事也"(『中庸章句』).

제2장

1 "行兇作惡, 無所紀極, 一國臣民, 痛入骨髓, 誓不與此賊共戴一天"(李舜臣『李忠武公全書』卷1, 雜著,「答譚都司宗仁禁討牌文」, 한국문집총간 55, 117면).

2 도진순 주해『백범일지』, 돌베개 2002, 개정판, 78면.

3 "龜井東遊詩, 有曰平宮, 曰平丞相者. 余謂: '秀吉吾邦萬世之讐, 在日本亦罪魁逆堅, 毋復作此等文字也.' 遂序而與之"(南玉『日觀記』, 갑신년 12월 11일조; 김보경 옮김, 290면).

4 "平秀吉動百萬之衆, 竭十州之力, 再擧大事, 一鏃不還, 國隨以亡. 百姓至今怨之, 其不宜踤轍審矣. 此日本之無可憂一也"(丁若鏞『與猶堂全書』第一集,『詩文集』第十二卷,「日本論二」, 한국문집총간 281, 251면; 정약용『다산시문집』V, 민족문화추진회 1997, 164면).

5 "秀吉其性桀驁, 日本之人, 方有曷喪之嘆. 倭人等皆曰: '凡人孰無父兄妻子, 累歲他國, 久未還土, 此皆秀吉之故也. 秀吉年今六十三, 死日尙迫, 若死則何獨朝鮮人喜幸而已, 我等亦無所患'云云"(李舜臣『李忠武公全書』卷3, 狀啓,「登聞被擄人所告倭情狀」, 한국문집총간 55, 164면).

6 "自丁酉秋至戊戌春夏, 與天兵交鋒, 殺傷甚多. 督令加點則涕泣而往, 間有棄家逃走者,

或囚其母妻以送之"(姜沆『看羊錄』,「賊中封疏」, 한국문집총간 73, 99면;『국역 해행 총재』II, 139면).

7 "そもそもよしなき軍を起して, 朝鮮八道は申にや及ぶ. 日本六十餘州に, 父を討せ, 兄弟を失ひ, 夫に離れ, 子に先立, 歎き悲しむ者滿々たり"(湯淺常山『常山紀談』卷 10;『武士道全書』第9卷, 86면). 아사노 나가마사의 이 발언은 야마지 아이잔, 김소영 옮김『도요토미 히데요시』, 21세기북스 2012, 758면에서도 언급된 바 있다. 야마지 아이잔(山路愛山)은 아라이 하꾸세끼(新井白石)의『번한보(藩翰譜)』에서 인용했다.

8 "關白橫失人心, 爲惡不悛, 不出三五年, 勢必難保. (…) 日本大小之人, 皆怨入骨髓, 決 無善終之理. 渠亦自知之, 常曰: '我以親姪爲子, 富之貴之, 而反欲害我, 我固知擧國大 小之人, 皆欲殺我, 我與其生而受禍, 寧肆志逞威而死也.'"(黃愼『日本往還日記』, 10월 10일조;『국역 해행총재』VIII, 162~63면).

9 조헌이 조정에 제출한 상소문 및 7편의 글은『重峰集』卷8, 한국문집총간 54, 299~316면에 수록되어 있다. 또 안방준(安邦俊)이 엮은『항의신편(抗義新編)』에도 같은 글이 수록되어 있다(安邦俊『隱峯全書』, 한국문집총간 81, 448~59면).

10 "臣竊聞道路之言, 對馬島中黃允吉所寓主倭有言曰: '日域大小人民, 皆以秀吉之好 殺不已爲懼, 人皆屛息重足, 朝夕難保'云. 若此不已, 則必將爲其下所殺"(趙憲『重峯 集』卷8 疏,「請斬倭使疏」, 한국문집총간 54, 308면).

11 "歷數秀吉戕殺弑逆, 射天猾夏之罪, 飛檄于琉球·占城等南洋列國, 俱使仗義聲罪"(趙 憲『重峯集』卷8 疏,「請斬倭使疏」, 한국문집총간 54, 305면).

12 "況聞秀吉爲人, 暴戾無比, 徒以殺伐之威. 不惟諸島酋豪一切殲滅. 而細民小過, 一一 斬艾, 其下畏而暫屈耳, 一無忠愛之意, 咸懷怨抑, 爭欲倒戈云. 若令諸將敵諸國草檄約矢, 先誘其衆, 則逆亮之禍, 自出於卉裳矣"(趙憲『重峯集』卷8 疏,「請斬倭使疏」, 한국문 집총간 54, 305면).

13 "丁酉之變, 我國有一士人被擄入日本. 丐食民間, 轉入深山中, 遇一老僧曰: '秀吉於 朝鮮, 爲一時之賊也; 於日本, 爲萬世之賊也. 當時若有一二義士傳檄擧義, 則秀吉之禍, 必不至若是'云云. 先生七紙所論, 正與此符合, 先生料敵之妙, 於此蓋驗"(安邦俊『隱 峰全書』II, 卷36,『抗義新編』,「嶺湖備倭之策」, 한국문집총간 81, 465면).

14 "壬辰之事, 身在關東, 無所預知. 況今盡反平賊之惡, 實非讐怨, 願與通和"(『通文館 志』卷下,「交隣」下 장2앞; 朝鮮史編修會編『朝鮮史料叢刊 通文館志』, 朝鮮總督府, 1944).

15 "數百年前, 域中分裂, 干戈日尋, 互相呑噬. 吾東及中國江浙之地, 亦苦其寇抄矣. 及 秀吉之得志也, 傾國入寇, 東土雖甚創殘, 其國亦虛耗僅存. 秀吉旣亡, 倭人以爲至戒,

其根毒之俗稍變, 至今罵秀吉爲豐賊. 偃其兵事, 漸尙文教, 其閭巷之間, 苦學之士甚多, 此亦氣數之使然耶"(任守幹『東槎日記』,「海外記聞」,『해행총재』 IX, 285면).

16 "壬辰事則日本至今悔之, 至呼秀吉爲平賊. 人心如此, 其國內上下相恊, 亦無變亂, 姑無可憂之事矣"(『肅宗實錄』, 46년 1월 24일; 孫承喆 編『韓日關係史料集成』卷29, 景仁文化社 2004, 83면).

17 "秀賊改姓稱豐臣, 及其斃也, 國人尙惜餘虐, 謂之豐國大明神. 凡諸文字, 亦稱豐臣氏. 倭人有言於我人曰: '豐臣壬辰之擧, 雖搆怨朝鮮, 亦有莫大之惠. 若非豐臣之統合諸島, 朝鮮何以堪沿海倭人侵掠之患'云. 蓋在秀賊之前, 則各島小小之倭, 無所統一, 自相締結, 出沒無時, 爲我國沿海之患矣. 自秀賊之統合小小諸島, 島倭皆有列州之歸屬, 而竊發之患沈息云. 倭人則無怪有是說矣"(曺命采『奉使日本時見聞錄』,「聞見總錄」江戶, 『해행총재』 X, 254~55면).

18 "公私俱富, 國內安謐, 民不識兵革. 故懲創於秀賊壬戌之擧, 而著之文字, 至今言之, 若仇讎然"(曺命采『奉使日本時見聞錄』,「聞見總錄」江戶,『해행총재』 X, 250면). '壬戌'은 '壬辰'의 오기로 보인다.

19 "余曰: '此賊我國百世之讎也. 源氏盡滅此賊之後, 斬犯陵之賊, 且戮其時出戰將士, 故我國果與之通和好, 和氣滿於兩國. 而若過秀賊其時盤居之處, 則不覺髮竪心寒. 其人或有遺孼耶?' 答曰: '源氏之世, 豈有秀賊之子孫, 窮兵黷武多殺無罪之故, 天道昭明, 今無其餘孼耳.'"(洪景海『隨使日錄』卷中, 장55뒤~56앞).

20 北島万次『豊臣政權の對外認識と朝鮮侵略』, 校倉書房 1990, 17~20면 참조.

21 "所謂好戰者也, 是天道之所惡, 其終亡者固其所也"(류성룡, 김시덕 역해『교감·해설 징비록』, 아카넷 2013, 85면). 번역은 83면의 번역문을 이용했다.

22 "慓輕猾賊の人にして, 禮樂慈愛は夢にもしらざりし程に, 晩節無名の師を起して, 朝鮮を征伐し, 久しく師旅を暴露し, 多く人民を魚肉せしかば, 天下の人心離叛きけり)"(室鳩巣『駿臺雜話』;『武士道全書』第4卷, 223면).

23 여기서 인용한 글은 코오자이 시게스께가 저술한『무전병술문고(武田兵術文稿)』에 수록된「豊臣閣下朝鮮國を擊つの論」이라는 글이다. 코오자이 시게스께 및『무전병술문고』에 대해서는 井上泰至「軍書の中の小早川隆景: 碧蹄館の戰いを中心に」, 染谷智幸·崔官 編『日本近世文學と朝鮮』, 東京: 勉誠出版 2013, 90면 참조.

24 "烏呼幸矣, 秀吉公未有治國安民之術, 徒發無益之師, 遠伐隣國, 而殺無罪之人, 轉輸千里, 凋弊我生靈. 故得罪扵神明, 其身以死不越三年, 倭邦大亂, 嗣子秀賴公竟沒于元和之役"(香西成資「武田兵術文稿」;『甲斐叢書』第9卷, 甲斐叢書刊行會 1934, 452면).

25 「격조선론」의 구체적인 사항에 대해서는 김시덕 「조선후기 문집에 보이는 일본문헌『격조선론(擊朝鮮論)』에 대하여」,『국문학연구』23, 2011을 참조.

26 구세복수설을 비판한 이 글에 대해서는 이미 선행연구에서 검토된 바 있다(하우봉『조선후기 실학자의 일본관 연구』, 일지사 1994, 87~88면).

27 "壬辰之亂, 兩陵遭變, 必報之仇也. 萬曆援師之恩, 亦萬世難忘之德也. 然仇已無痕, 恩未有可酬之路"(李瀷『星湖僿說』第12卷 人事門,「萬曆恩」;『星湖僿說』上, 경희출판사 영인, 428면;『국역 성호사설』V, 민족문화추진회 1978, 72면).

28 "戎首既殄, 餘孽革面, 歲月滋久, 觧兵息民亦可圖也"(李瀷『星湖僿說』第12卷 人事門,「萬曆恩」;『星湖僿說』上, 경희출판사 영인, 428면;『국역 성호사설』V, 73면).

29 "漢武引春秋九世復讐之說, 春秋何處如此說? 他自欲攘伐, 姑託此以自詭耳"(같은 곳. 이익의 이 주장도『朱熹語類』卷133「本朝7」에서 가져온 것이다.

30 "若不度強弱, 妄攖勍敵, 至于生靈塗炭, 國家滅亡, 豈理也哉? 馴至今人得以噍食者莫非和倭之力與有焉"(李瀷『星湖僿說』第12卷 人事門,「萬曆恩」;『星湖僿說』上, 경희출판사 영인, 428면;『국역 성호사설』V, 74면).

31 "湏復得親殺吾父祖之讐, 若復其子孫, 有甚意思?"(李瀷『星湖僿說』第12卷 人事門,「萬曆恩」;『星湖僿說』上, 경희출판사 영인, 428면;『국역 성호사설』IV, 74면). 이 말도『朱子語類』卷133「本朝7」에 보인다.

32 "彼國常疑我有九世必報之志"(元重擧『和國志』卷1,「風俗」, 44면; 박재금 옮김, 57면).

33 "物雙栢之文, 有『策國之論』, 曰: '朝鮮有九世必報之志, 人蔘繫海內生靈之命, 不可絶和. 馬州守介於兩國, 亦不可不善遇.' 此可見畏我而羈縻馬酋之意也"(南玉『日觀記』,「總記」; 김보경 옮김, 560면).

34 "萬一釁啓, 毋洒弗有齊襄九世之志乎"(荻生徂徠「贈對書記雨伯陽敍」『徂徠集』(『近世儒家文集集成』第3卷, 東京: ぺりかん社 1985, 103면). 소라이가 호오슈우에게 쓴 이 글의 자세한 내용에 대해서는 임형택『한국학의 동아시아적 지평』, 창비 2014, 169~71면 참조. 또 夫馬進『朝鮮燕行使と朝鮮通信使』, 名古屋: 名古屋出版會 2015, 291면에서도 남옥의 이 글이 아메노모리 호오슈우에게 보낸 소라이의 편지 중에 있다고 지적한 바 있다.

35 日野龍夫「近世文學に現われた異國像」,『日野龍夫 著作集 第三卷 近世文學史』, 東京: ぺりかん社 2005. 인용문은 164면.

36 "欲窃取兵柄, 寇掠我地, 適値東武勢大, 次第就戮"(元重擧『和國志』卷1,「秀賊本末」, 112면; 박재금 옮김, 113면).

37 "此雖天意, 然若無家康關白, 則顧何以假手報仇耶. 故家康之興, 非獨日本之幸, 亦朝鮮之幸也"(元重擧『和國志』卷1, 「秀賊本末」, 113면; 박재금 옮김, 113면).

38 "曾曰: '秀吉當國, 卽弊邦開闢後大亂, 流毒於本國, 甚於貴國, 豈止爲貴國之深讎耶? 但弊邦嘗疑貴國有九世必報之志. 馬人有時疑眩之. 故國中尙未能放心矣.' 余曰: '旣已假手於東武, 殄殄滅之, 無遺類, 伊來二百年通信, 賀唁相屬, 在東武則有恩無怨. 唯恐信義之不盡相孚耳, 豈有他意乎?' 曾手抓'假手'二字, 曰: '二字說着極明白, 馬人雖千般疑亂, 弊邦當永釋疑慮矣.'"(元重擧『乘槎錄』, 갑신년 3월 10일조; 김경숙 옮김, 362면).

39 "曰: '馬人嘗謂貴國有必報平酋之志, 此言何謂也.' 余笑曰: '過矣. 旣已假手於東武, 剗除秀賊, 其餘醜遺殄, 滅之已盡, 百餘年冠蓋交通, 賀唁相接, 在東武有恩而無惡.'"(元重擧『乘槎錄』, 갑신년 5월 7일조; 김경숙 옮김, 480면).

40 『화국지』에 보이는 '와신상담'의 의미에 대해서는 선행연구에서 검토된 바 있다(박재금 「원중거의 『화국지』에 나타난 일본인식」, 『한국고전연구』 12, 한국고전연구학회 2005, 216~19면).

41 "嗚呼, 秀賊之惡, 尙忍泚筆而記之耶. 天長地久東海茫茫, 而悠悠二百年間, 尙不能以一寸鐵往擣伏見. 忍令秀賊焦骨無恙成塵. 臥薪嘗膽之義姑從於忍痛含寃, 忍痛含寃之意又變爲薄物細故, 日往月來終不免爲忘羞之歸"(元重擧『和國志』卷1, 「秀賊本末」, 109면; 박재금 옮김, 109면).

42 "壬辰時事, 非無稗官外史, 該載而備著也. 然記事散出難於本末之兼該"(元重擧『和國志』卷1, 「秀賊本末」, 110면; 박재금 옮김, 110면).

43 "適得彼人數三本小記, 參以所聞於彼中者, 聯綴爲文"(같은 곳).

44 "欲使後之觀此者, 眞知薪膽之爲不可忘也已"(같은 곳).

45 "噫, 愚必欲記之者, 乃所以不欲忘之也. 此出於薪膽之餘意也, 覽者宜察之"(元重擧『和國志』卷1, 「壬辰入寇時賊情」, 153~54면; 박재금 옮김, 150면).

46 "觀其國俗, 淫於神, 荒於佛, 亂於兵, 亂極於秀吉, 而人皆有厭苦懲創之意. 家康順人情, 而寧壹之"(元重擧『和國志』卷1, 「中國通使征伐」, 172면; 박재금 옮김, 166면).

47 新井白石『讀史餘論』, 東京: 岩波文庫 1940, 299면; 아라이 하꾸세끼, 박경희 옮김 『독사여론』, 세창출판사 2015, 456면.

48 유학자들의 히데요시 비판에 대한 반감에 대해서는 김시덕 「『쿠로다 가보(黑田家譜)』와 『조선통교대기(朝鮮通交大紀)』」, 『문헌과 해석』 52, 2010, 56~58면 참조.

제3장

1 津田左右吉『文學に現はれたる我が國民思想の硏究』四, 東京: 岩波文庫 1977, 72면.

2 같은 책 97면.

3 같은 책 246면.

4 ルース・ベネディクト 著, 長谷川松治 譯『菊と刀』, 東京: 講談社學術文庫 2005, 79면.

5 Ruth Benedict, *The Chrysanthemum and the Sword* (London: Routledge & Kegan Paul LTD. 1972), 42면.

6 丸山眞男『丸山眞男講義錄 第七冊 日本政治思想史 一九六七』, 東京大學出版會 1998, 156면.

7 조정에 제출하기 위해 쓴 이 상소문은 당시 일본에 체류하고 있던 왕건공(王建功)이라는 중국 사절을 통해 조선에 전달되었다. 그 전달과정에 대해서는 강항이『간양록』에서 밝힌 바 있다(姜沆『看羊錄』,「賊中封疏」, 한국문집총간 73, 103면;『국역 해행총재』II, 148면 참조).

8 "倭分兵農爲二, 凡民稍有氣力者悉編爲兵; 其鈍劣無能者爲民. 兵粮盡取之於民, 民終年力耕, 而盡輸於官, 自食糠秕與草木之根而已. 爲將者, 分土以與之, 如中朝封邑之例. 有常掌之兵, 收其土之所入, 以爲軍食. 雖無事, 而一日不廢操鍊, 有事則朝令而夕發"(柳成龍『西厓集』別集 卷4,「姜沆」, 한국문집총간 52, 468면).

9 "周制, 兵農一也. (…) 無養兵之費, 徵兵之擾, 而緩急易以應變, 周制之善也"(鄭道傳『三峯集』卷7『朝鮮經國典』,「政典」, 한국문집총간 5, 433면).

10 "古者兵農不分"(李珥『聖學輯要』;『栗谷全書』第5集, 卷25, 장46뒤;『국역 율곡전서』V, 한국정신문화연구원 1985, 379면).

11 "我國先王, 選民爲卒, 寄兵於農, 贏糧就軍, 番休迭息, 國無餽糧之費, 士無獨勞之嘆, 其法甚美"(李珥『聖學輯要』;『栗谷全書』第5集, 卷25, 장47앞;『국역 율곡전서』V, 한국정신문화연구원 1985, 379면).

12 물론 모든 조선 지식인이 병농분리제를 부정적으로 본 것은 아니다. 임진왜란을 겪으면서 병농분리제의 실시를 주장하는 논자도 있었다. 이에 대해서는 김종주『조선후기 중앙군제연구』, 혜안 1993, 137~50면 참조.

13 "兵農之分, 莫大之害也. 養兵而少則不足爲有用; 多則民先病而國隨潰"(柳馨遠『磻溪隨錄』卷21, 兵制「訓鍊都監」, 明文堂 1982, 395면).

14 "戰有功者, 卽以土地行賞. 食邑或有亘八九州, 或亘數州, 其次專一州, 又其次專數城, 又其次專一城. 最小者分割鄕井. 或自褊裨, 驟得州郡. 無功則貶削土地, 不齒人類. 故戰不勝則不俟誅戮而自引決. 戰亡將士, 其子弟襲其職"(姜沆『看羊錄』,「賊中封疏」,

한국문집총간 73, 95면; 『국역 해행총재』 II, 127면).

15 "日本其臣有功, 則割地與之, 如封建之例"(柳馨遠 『磻溪隨錄』, 卷1, 田制 上 「分田定稅節目」, 明文堂 1982, 13면).

16 "食土者又分其土, 以許部曲之有功者, 部曲又以其土之毛, 收養精銳勇力者. 學劍者, 放砲者, 引弓者, 善水者, 通曉軍法者, 急走者, 稍有一藝一能者, 竝羅而致之. 大州之守則其數以累萬計, 小者以累千計. 一有攻戰, 則賊魁令諸帥, 諸帥令部曲, 部曲令家丁. 伍兩率旅. 精兵健卒, 取之左右而有餘"(姜沆 『看羊錄』, 「賊中封疏」, 한국문집총간 73, 95면; 『국역 해행총재』 II, 128면).

17 노인(魯認)의 「왜속록(倭俗錄)」에 "將倭部曲, 謂之家臣"이라는 말이 보인다(魯認 『錦溪集』 卷6, 「倭俗錄」, 한국문집총간 71, 239면).

18 가신단의 구조에 대해서는 笠谷和比古 『主君「押込」の構造』, 東京: 講談社學術文庫 2006, 208~25면 참조.

19 "其農民終歲緣南畝, 以給其糧道"(姜沆 『看羊錄』, 「賊中封疏」, 한국문집총간 73, 95면; 『국역 해행총재』 II, 128면).

20 "一將之部下, 爲一將之士卒, 而無倉卒徵發之勞, 一州之倉庫, 給一州之軍餉, 而無兵糧匱乏之患"(같은 곳).

21 "是雖夷狄部落之常態, 其部伍常定, 訓鍊有素, 故動輒有功"(같은 곳).

22 "壬辰以來, 驅驟農民, 以赴戰陣, 稍有材力有恒産者, 以賄賂得免, 貧民之無所聊賴者, 獨賢於征戍"(姜沆 『看羊錄』, 「賊中封疏」, 한국문집총간 73, 95~96면; 『국역 해행총재』 II, 128면).

23 "一邑之民, 半屬巡察使, 半屬節度使; 一卒之身, 朝隸巡察使, 暮隸都元帥"(같은 곳).

24 "好生而惡死, 人物同此心, 而日本之人, 獨樂死惡生何也?"(姜沆 『看羊錄』, 「賊中聞見錄」, 한국문집총간 73, 119면; 『국역 해행총재』 II, 182면).

25 "日本將官, 權民利柄, 一毛一髮, 不屬於民. 故不寄口於將官之家, 則衣食無從出; 已寄口於將官之家, 則此身非我身. 一名膽薄則到處不見容; 佩刀不精則人類不見齒. 刀搶之痕在面前則指爲勇夫而得重祿; 在耳後則指爲善走而見擯斥. 故與其無衣食而死, 不若赴敵而爭死, 力戰實爲身謀, 非爲主計也"(姜沆 『看羊錄』, 「賊中聞見錄」, 한국문집총간 73, 119면; 『국역 해행총재』 II, 182~83면).

26 포교활동 때문에 일본에 35년간 체재한 포르투갈 선교사 루이스 프로이스(Luís Fróis)도 "우리는 얼굴에 칼자국이 있는 것을 추하다고 여긴다. 일본인은 그것을 자랑하며 치료도 하지 않기 때문에 더욱 추해진다"라고 기록했다. 이 기술에 대해 "무사들은 전쟁터에서 적과 싸우다가 안면에 받은 칼자국은 무꼬오끼즈(向疵)라 하고

명예로 여겼다. 이에 반해 배후에서 베인 상처는 우시로끼즈(後疵)로 부르며 비겁, 치욕으로 여겼다"라는 오까다 아끼오의 해설이 붙어 있다(ルイス・フロイス, 岡田章雄 譯註『ヨーロッパ文化と日本文化』, 東京: 岩波文庫 1991, 19면).

27 "蓋其蛇虺之毒, 虎狼之貪, 阻兵安忍, 囂然好戰之心, 不惟得之天性, 慣於耳目, 而其法令又從以束縛之, 賞罰又從驅使之. 故其將太牛奴才, 而皆能得人死力; 其卒太牛脆弱, 而皆能向敵爭死, 滿萬不能敵者, 此奴之謂也"(姜沆『看羊錄』, 「賊中聞見錄」, 한국문집총간 73, 119면;『국역 해행총재』 II, 183면).

28 "飢困已甚, 十步九顚, 小女年六歲, 不能自行, 與妻及妻母更負. 負渡一川, 頓臥水中, 無力不能起, 岸上有一倭人, 垂涕扶出曰: '噫其甚矣, 大閤俘致此人等, 將欲何用? 豈無天道哉?' 急走其家, 取稷糠茶飮, 以饋吾一家, 耳目始有聞見"(姜沆『看羊錄』, 「涉亂事迹」, 한국문집총간 73, 130면;『국역 해행총재』 II, 212면).

29 "倭奴中有至性如此, 其好死喜殺, 特法令驅之耳"(같은 곳).

30 "一以聖訓從事, 則扶桑一域未必不爲東周"(姜沆「五經跋」『藤原惺窩集』 卷上, 東京: 思文閣出版 1941, 299면). 강항의 이 발언에 대해서는 松田甲『續日鮮史話』第1集, 朝鮮總督府 1931, 27면; 임형택『한국학의 동아시아적 지평』, 창비 2014, 156면 참조. 임형택은 앞에서 인용한 강항의 두 발언을 거론하면서 "저들도 본디 선량한 사람이지만 통치권력이 법령으로 내몰면 얼마든지 비뚤어질 수 있다는 그의 생각은 일종의 정치적 각성이라고 간주할 수 있다"라고 지적한 바 있다.

31 "及賊魁之代信長, 而箕斂極焉. 糞田取盈, 藁秸不屬於民, 故將倭富擬秀吉, 農民貧無儋石"(姜沆『看羊錄』, 「賊中封疏」, 한국문집총간 73, 92면;『국역 해행총재』 II, 138면).

32 "糞其田而不足, 稱貸而取盈焉. 又不足則納其子女以爲廝養, 又不足則囚繫於岸獄, 極其侵掠, 旣足而後乃許解縱. 故其民雖當樂歲, 只食糠粃, 登山採蕨根葛根, 以度朝夕, 又番遞入直, 採薪汲水以供之. 倭中之可矜者只小民耳"(姜沆『看羊錄』, 「賊中封疏」, 한국문집총간 73, 99면;『국역 해행총재』 II, 138면).

33 "蓋以待其民之道, 待他國之民, 則雖得之, 不能一日居之"(같은 곳).

34 "凡食邑境內, 專其與奪生殺之權. 有食邑者, 亦以其地, 分授偏裨諸將, 亦如食邑焉"(慶暹『海槎錄』, 정미년 7월 17일조;『국역 해행총재』 II, 333면).

35 "使其各將, 各帶所養之兵, 專委練習, 以待調用. 如有戰伐之擧, 雖百萬之兵, 朝令夕發, 少無差遲之弊"(慶暹『海槎錄』, 정미년 7월 17일조;『국역 해행총재』 II, 334면).

36 "面有兵痕者有賞; 背有劍傷者有罪"(같은 곳).

37 "農民等, 秋冬則收儲餘糠, 和草實而食之, 春夏則略給農糧, 農民之苦, 天下無比"(慶

暹『海槎錄』, 정미년 7월 17일조;『국역 해행총재』II, 333면).

38 "但不預於兵戈戰陣之間, 國有爭鬪, 雖至十年之久, 安業如舊"(같은 곳).

39 "其分祿之制, 實爲養兵之規"(李景稷『扶桑錄』, 정사년 10월 18일조;『국역 해행총재』III, 152면).

40 "是以分祿之制, 亦爲養兵之規"(姜弘重『東槎錄』,「聞見總錄」), "分祿之制, 實爲養兵之規"(金世濂, 海槎錄「聞見雜錄」), "其分祿之制, 實爲養兵之規"(黃㦿『東槎錄』,「聞見摠錄」), "分祿之制, 實爲養兵之規"(任守幹『東槎日記』,「聞見錄」).

41 "養兵以養民爲本, 不養民而能養兵者, 自古及今, 未之聞也"(李珥『栗谷全書』卷8,「六條啓」, 한국문집총간 44, 172면).

42 "國以民爲本, 君以民爲天. 天之立君, 所以養民, 非欲其厲民以自奉也"(李晬光『芝峯集』卷22,「條陳懋實箚子」, 한국문집총간 66, 217면).

43 "秀忠蕩滅秀賴之後, 諸將畏威不敢動, 而人心未付, 自生疑懼, 易置諸將, 以親易疏, 質其妻子, 移置江戶, 諸將之不自安者, 亦頗有之"(李景稷『扶桑錄』, 정사년 8월 26일조;『국역 해행총재』III, 79면).

44 "六月二十六日到倭京, 六十六州將倭皆提兵來會, 使臣之行, 適及於此時, 秀忠得爲誇大之一助, 以此深有喜色云云"(같은 곳).

45 이에 대해서는 로널드 토비, 허은주 옮김『일본 근세의 '쇄국'이라는 외교』, 창해 2013, 제1장 '도쿠가와 정권과 조선통신사'를 참조.

46 "人民繁盛, 軍兵居多, 帶劍大小, 輕生好死, 居常有如臨戰對敵之人"(李景稷『扶桑錄』, 정사년 10월 18일조;『국역 해행총재』III, 154~55면).

47 "所在城堡器械, 亦如朝暮對壘者然, 竭民儲粮, 軍食委積, 治船理楫, 滿泊海岸, 互相猜疑, 常有戰鬪之心"(같은 곳).

48 "家光雖手握權柄, 身居重任, 而日本之俗, 服其立功而創業者, 不服其繼序而承襲者. 故互相猜忌, 衆心不滿, 以此家光雖據有父祖之業, 而常懷疑懼之心. 各州將官替守京中, 質其妻子, 搜其州郡, 以爲羈縻之計, 下令國中, 禁其放砲"(姜弘重『東槎錄』,「聞見總錄」;『국역 해행총재』III, 292면).

49 "今關白以無功無德之人, 徒襲舊業"(黃㦿『東槎錄』,「聞見雜錄」;『국역 해행총재』IV, 437면).

50 "外施恩而內疑忌"(같은 곳).

51 "睚眦必報, 語言生猜, 以殺人爲能事; 以不紐爲長技"(李景稷『扶桑錄』, 정사년 10월 18일조;『국역 해행총재』III, 144면).

52 "關白之使諸臣典邑食廩, 亦出於治兵之制"(申維翰『海游錄』下,「聞見雜錄」;『국역

해행총재』 II, 50면).

53 "兵制最爲精强, 各州太守, 皆爲武職. 而所入田賦, 悉爲養兵之具"(申維翰『海游錄』
下,「聞見雜錄」;『국역 해행총재』 II, 54면).

54 "平民之膏血日盡, 不入於兵家, 則衣食無從而出. 故民皆竭力自售, 思託於將官部曲.
而旣許爲兵, 則其身不敢自有, 死生飢飽, 皆在於將官之手. 一名瞻薄, 而到處不見容,
劍佩差劣, 而人類不見齒. 刀鎗之痕, 在面前則指爲勇夫而得祿; 在耳後則指爲善走而
被斥. 蓋其法令之毆人如此. 而衣食之原, 無他路. 彼所以輕生致死者, 初非爲主慕義也,
又非天稟然也, 實爲自謀其身也"(申維翰『海遊錄』下,「聞見雜錄」;『국역 해행총재』
II, 55면).

55 "其民有兵農工商僧, 而唯僧及公族, 有解文字者, 其餘則雖將官輩, 亦不識一字"(黃
愼『日本往還日記』, 12월 9일조;『국역 해행총재』 VIII, 176면).

56 "其民有五, 兵農工商僧, 而惟僧讀書解字, 關白以下待之以士, 序於將官之右"(李景
稷『扶桑錄』, 정사년 10월 18일조;『국역 해행총재』 III, 154면).

57 "國有四民, 曰兵農工商, 而士不與焉"(申維翰『海游錄』下,「聞見雜錄」;『국역 해행
총재』 II, 56면).

58 에도시대의 '사농공상'에 대해서는 와타나베 히로시, 박홍규 옮김『주자학과 근세
일본사회』, 예문서원 2007, 63~69면 참조. 와따나베 히로시는 신유한의 이 발언을
언급하면서 신분제에서도 일본은 조선이나 중국과 차이가 있었음을 지적한 바 있다.

59 "蓋於四民之外, 別有儒學僧徒醫學. 然國俗, 醫則功在活人, 故醫爲上, 僧徒次之, 儒
爲末. 所謂儒者, 學爲詩文, 而無科擧仕進之路. 故苟得聲譽, 而爲各州記室, 則能食
累百石廩米, 以終其身, 不得則求入於兵家, 又托於醫. 余於驛路站館, 有投文而求見
者, 或曰某地醫官, 或曰某城武臣, 其文字往往可稱, 蓋以文士而爲醫爲兵, 以求祿食者
也"(申維翰『海游錄』下,「聞見雜錄」;『국역 해행총재』 II, 56면).

60 신유한이 일본의 세습제에 매우 비판적이었다는 사실은 선행연구에서도 지적된
바 있다(정응수「18세기 조선 지식인의 일본관: 申維翰의『海遊錄』을 중심으로」,『일
본문화학보』11, 2001, 456~59면; 김태훈「申維翰(1681~?)의『海遊錄』에 나타난 일
본 인식」,『한국학보』30(2) 2004, 133~34면). 그런데 후술하겠지만 일본의 모든 관
직이 세습직이라는 신유한의 지적은 틀린 것이다.

61 "日本無科第取人之法, 官無大小, 皆世襲. 所以奇材俊物, 不能自鳴於世, 使民抱
恨而塲者, 多此類矣"(申維翰『海游錄』中, 기해년 11월 5일조;『국역 해행총재』 I,
560~61면).

62 "進退怔忉, 未能措言辭. (…) 日本官爵, 以世襲故不擇人, 怪鬼輩安能當此任, 可

笑"(申維翰『海游錄』上, 기해년 9월 4일조;『국역 해행총재』I, 479면).

63 "宗直則年纔弱冠, 宗堯則年僅十四五, 皆乳臭兒也"(申維翰『海游錄』中, 기해년 10월 1일조;『국역 해행총재』I, 534면).

64 로오주우는 막부 쇼오군의 측근관료를 가리키며, 로오주우에 의한 통치제도는 제 3대 이에미쯔 시대에 확립되었다. 제4대 쇼오군 이에쯔나가 어린 나이로 즉위했을 때 실질적인 국가운영은 로오주우들이 시행했으며, 이들은 막부에서 큰 권력을 가졌 다. 이러한 로오주우 중심의 국가운영 방식은 막부 말기까지 유지되었다(藤野保『德 川政權論』, 東京: 吉川弘文館 1991, 83~100면 참조).

65 "各有城邑, 俸廩多者數十萬, 小不下六七萬. 其外世臣秉權者, 井伊掃部頭源直惟之 類, 皆云身佩安危, 坐享富貴, 而膚淺癡駭, 皆土偶人也"(같은 곳).

66 "無一人博蓄弘量而坐負重望者"(申維翰『海游錄』下, 「聞見雜錄」;『국역 해행총재』 II, 102면).

67 "宮中宴享之時, 左右廳壁, 有垂箔而觀者, 穴隙而窺者, 必是關白嬪嬙之屬, 聞關白亦 在其中云. 規模如此, 用人如此, 儀度又如此, 而能致富强長久之樂, 實末可知也"(申維 翰『海游錄』中, 기해년 10월 1일조;『국역 해행총재』I, 534면).

68 "以余揆之, 自非天人遘厄, 秀吉·清正之賊, 復生於其地, 則我國家邊疆之慮, 萬無一 矣"(申維翰『海游錄』下, 「聞見雜錄」;『국역 해행총재』II, 102면).

69 "今見貴國天皇, 不親政. 關白以下, 但用其爵命, 而曰君曰侯曰大夫. 有城邑百官庶 事, 悉歸於大夫之家臣, 而各州之攝政奉行諸人, 又與太守, 私作君臣之分, 各能辦一國 之事, 如此者可方於戰國之世"(申維翰『海游錄』下, 「聞見雜錄」;『국역 해행총재』II, 52~53면).

70 "貴國則僻在海中, 無隣國用兵之禍. 諸州大夫, 狃於傳襲, 而上下無異意. 此其國祚不 窮, 而法亦不變, 所以至今無弊"(申維翰『海游錄』下, 「聞見雜錄」;『국역 해행총재』II, 53면).

71 "州國之稅法甚刻, 秋毫不漏, 遠村農民, 則終歲畊作, 盡歸公府. 而豊年樂歲, 半菽難 繼, 至有自鬻其妻子. 貧富之不均, 皆出於國法之弊. 而但見其民, 一納其稅, 無他責應. 關白以下各州太守出入之時, 皆無調發夫馬及站路供億之費, 通信使行許多役人及支 供凡物, 日以千萬, 而皆自官賃沽, 一毫不煩於民, 所以保民者以此"(申維翰『海游錄』 下, 「聞見雜錄」;『국역 해행총재』II, 54면).

72 "其州縣靡有捔克之政, 又無征戍雜徭, 民樂其業, 閭里晏然, 是其不財饒而用儉, 國力舒 而民不困, 乃能固其國而至於久遠者歟?"(鄭后僑『東槎錄』, 장41앞, 京都大學 소장본).

73 "今之兵, 非徒朝士宰臣之子, 館儒士之不隸也. 典僕及下賤者, 皆謀落籍, 而兵官吏之

剗軍以用者, 髓已竭矣"(許筠『惺所覆瓿稿』卷11,「兵論」, 한국문집총간 74, 231면; 정길수 편역『나는 나의 법을 따르겠다: 허균 선집』, 돌베개 2012, 119면).

74 "國法凡軍役十六充額, 六十而老除. 然守宰不能充額, 則以乳哺兒增年賠數"(李瀷 『星湖僿說』卷17, 人事門,「新生兒充丁」; 김대중 편역『나는 모든 것을 알고 싶다: 성호사설 선집』, 돌베개 2010, 133면).

75 "控制四方, 以力服人, 各州亦多有不心服者, 而地勢險阻, 城池堅固, 兵强, 食富, 法嚴, 令苟莫敢誰何. 自關白家康立國之後一無兵革之警, 各州太守之六百餘人第宅皆在都中, 留置妻子遞年來留"(洪景海『隨槎日錄』卷中, 장32뒤~장33앞).

76 "以力服人者, 非心服也"(『孟子』「公孫丑」上).

77 "天下不心服而王者, 未之有也"(『孟子』「離婁」下).

제4장

1 일본 정치에 대한 원중거의 인식에 대해서는 이미 선행연구가 존재한다(하우봉『조선시대 한국인의 일본인식』, 혜안 2006, 181~86면; 김정신「1763년 계미통신사 원중거의 일본 인식」,『조선통신사연구』11, 조선통신사학회 2010, 94~102면). 원중거는 일본의 평화는 토꾸가와막부의 평화유지 정책만으로 이루어진 것이 아니라고 보았다. 여기서는 역사적 맥락을 고려하면서 일본 정치제도에 대한 원중거의 인식을 더욱 폭넓게 살펴보고자 한다.

2 "蓋自賴朝以後, 各州爭相, 治兵, 攻戰, 戰爭, 無寧日, 而天皇微弱, 不能行功罪. 故各州世世推兵力, 冠於國內者爲關白, 事之以春秋事覇主之禮. 各州又皆自處以春秋列國, 朝東暮西, 離合無常, 一國之人, 皆以勇力相尙, 使氣輕生, 眠鬪死爲勇, 戈戟砲劒之用, 俱極其精巧, 迄五百餘年, 如火益烈, 譬若戰國之末, 非秦則無以統合"(元重擧『和國志』卷1,「關白之始」, 93~94면; 박재금 옮김, 95~96면).

3 "而秀吉起於其時, 遂行秦始之事, 恃兵驕橫, 遂至滔天, 而家康制其弊, 家康能代虐以寬, 恭儉出治. 國中之人厭兵旣久, 安於家康之法術, 百年謹畏, 遂成柔順之俗"(元重擧 『和國志』卷1,「關白之始」, 94면; 박재금 옮김, 96면).

4 "質諸將妻子, 置之江戶, 則國家治平之上策也"(元重擧『和國志』卷1,「武州本末」, 119면; 박재금 옮김, 119면).

5 "開告訐之門, 凡邸府諸守沈湎荒淫, 以至玩好珍奇, 許令窮欲. 若有業文武, 矜持自好者, 謂有異志, 而被告訐. 被告不問虛實, 而皆抵極罪"(元重擧『和國志』卷1,「武州本末」, 119~20면; 박재금 옮김, 119면).

6 "康旣設計以愚諸將, 而躬行儉約, 御衆以簡"(元重擧『和國志』卷1,「武州本末」,

7 "雖劫束諸守, 而恩意不衰, 終日閒居, 上下無事"(元重擧 『和國志』 卷1, 「武州本末」, 120면; 박재금 옮김, 120면).

8 일본 신분제를 '위상공농(位商工農)'으로 보는 원중거의 독특한 이해방식에 대해서는 하우봉, 앞의 책 189면에 언급되어 있다. 이 책에서는 원중거가 전대의 사행원들과 비교해 어떤 새로운 인식을 보여주었는지에 주목하고자 한다.

9 "倭俗先敬有位者, 其次商, 其次工, 其最下則農也"(元重擧 『和國志』 卷1, 「武州本末」, 126면; 박재금 옮김, 125면).

10 "其在官則侯之子爲侯, (…) 卿之子爲卿, 嫡嫡相承, 無非分希覬之心"(元重擧 『和國志』 卷1, 「武州本末」, 125면; 박재금 옮김, 125면).

11 이 말은 '希覬非分'이라고도 쓴다.

12 "故雖有盖世之勇·振古之才, 亦屈首於商工農業"(元重擧 『和國志』 卷1, 「武州本末」, 126면; 박재금 옮김, 125면).

13 "其稱文士者, 又不過吟咏於草木虫魚之間, 而傍治商工以資生業. 故在下流者實多文人的士矣"(같은 곳).

14 "大抵江戶之所以爲國者, 一曰武, 二曰法, 三曰智, 四曰恩, 至於仁義禮樂文章政事, 一無存焉"(元重擧 『和國志』 卷1, 「風俗」, 69면; 박재금 옮김, 80면).

15 "然而近二百年, 八州晏然, 人物繁庶, 令行禁止, 上下相安. 翫海内於股掌之間, 雖有蚩尤之勇, 智伯之智, 蘇秦之辯, 亦枯死草間, 莫有犯分干紀之心. 假使秀吉復生於今日, 亦當生老死於厮役而已"(元重擧 『和國志』 卷1, 「風俗」, 69면; 박재금 옮김, 80~81면). 치우(蚩尤)는 중국의 신화에 나오는 신으로, 아주 용맹하여 전쟁을 잘했다. 지백(智伯)은 춘추시대 진(晉)나라의 정치가이며 소진(蘇秦)은 중국 전국시대의 변론가(辯論家)다.

16 "自非天人遘厄, 秀吉·淸正之賊, 復生於其地, 則我國家邊疆之慮, 萬無一矣"(申維翰 『海游錄』 下, 「聞見雜錄」; 『국역 해행총재』 II, 102면).

17 "古之時, 公卿大夫而下, 位各稱其德, 終身居之, 得其分也. (…) 農工商賈, 勤其事, 而所享有限, 故皆有定志, 而天下之心可一"(李珥 『聖學輯要』; 『栗谷全書』 第5集, 卷25, 장55앞; 『국역 율곡전서』 V, 한국정신문화연구원 1985, 389면).

18 "農商工賈, 亦守本業, 無犯分陵上之習"(金誠一 『鶴峯集』 卷6, 「風俗考異」, 한국문집총간 48, 133면). '陵'자는 '凌'자의 오기로 보인다. 이 말은 이수광도 언급한 바 있다(李睟光 『芝峯類說』 卷2, 諸國部, 風俗 참조).

19 "所以致此者, 曰簡也, 儉也, 恭也. 然此不但家康之能也. 國中之人性本柔弱, 承毒痛

之後, 亂極而思安耳"(元重擧『和國志』卷1,「風俗」, 69면; 박재금 옮김, 81면).

20 "薩摩州之島津氏·陸奧州之伊達氏·築前州之黑田氏·長門州之毛利氏·肥前州之鍋島氏·伊勢州之藤堂氏皆秀吉時强臣, 連州連城, 各自虎眂. 家康不敢奪其權, 咸以養女嫁之, 固結其心, 因與之使爲外屛, 其實畏之. 故諸守亦踟蹰畏忌, 眂他州百倍小心. 故世世相安, 後不復猜貳. 然國中有變, 則必將有分裂之勢矣"(元重擧『和國志』卷1,「風俗」, 66~67면; 박재금 옮김, 78~79면).

21 그들은 세끼가하라전투 이후에 토꾸가와씨를 섬긴 신하들로 '토자마 다이묘오(外樣大名)'라고 한다.

22 1763~64년 일본에 다녀온 사행원들은 일본의 '존황토막(尊皇討幕)'의 움직임을 포착하고 있었다. 이에 대해서는 夫馬進「朝鮮通信使が察知した尊皇討幕の言說」, 『朝鮮燕行使と朝鮮通信使』, 名古屋: 名古屋大學出版會 2015; 박상휘「조선후기 존황사상의 전파와 천황제 인식의 변화」,『서강인문논총』44, 2015 참조.

23 "雖然西京之人尙眂武州爲外藩, 憤其久專權柄, 猶怨罟不已. 各州太守亦疑懼踟蹰, 不敢一刻放心"(元重擧『和國志』卷1,「武州本末」, 127면; 박재금 옮김, 126면).

24 "故關白亦憂疑不自安"(元重擧『和國志』卷1,「武州本末」, 127면; 박재금 옮김, 127면).

25 "夜常易處爲寢所. 雖稱近侍者, 夜輒不知其寢所, 雖知之亦不敢言"(같은 곳).

26 "歷觀往牒, 立國於刑法者, 其終必有土崩之勢. 吾恐武州之末亦必有土崩之勢矣"(元重擧『和國志』卷1,「武州本末」, 127~28면; 박재금 옮김, 127면).

27 "今關白以無功無德之人, 徒襲舊業, 外施恩而內疑忌"(黃㦿『東槎錄』,「聞見雜錄」;『국역 해행총재』IV, 437면).

28 "大凡日本在上位者, 不得執權, 權柄下移, 倭皇閒位而關白主之, 太守世襲而奉行專之, 以此在下者, 輒皆壅蔽其上, 可謂冠履倒置之國也"(趙曮『海槎日記』, 갑신년 4월 8일조;『국역 해행총재』VII, 247면).

29 趙曮『海槎日記』, 酬唱錄,「江戶雜詠用徐文長韻」;『국역 해행총재』VII, 432면.

30 "日本官爵皆世襲"(申維翰『海游錄』中, 기해년 9월 28일조;『국역 해행총재』I, 529면).

31 세끼가하라전투 이전부터 토꾸가와 이에야스를 섬긴 가신들, 즉 토꾸가와막부에서 큰 신임을 받았던 신하들을 말한다.

32 "京尹本非世襲之職, 而極選於諸太守中, 位等執政, 故出入時, 馬守及兩長老, 皆於庭下迎送甚敬云"(曺命采『奉使日本時聞見錄』, 무진년 5월 2일조;『국역 해행총재』X, 119면).

376

33 "爲人皆俊秀, 雖非世襲, 足可享富貴"(洪景海『隨槎日錄』卷中, 장34앞).

34 "上曰: '所謂執政, 何如?', 啓禧曰: '各州太守, 皆是世襲, 故甚多不似者, 執政固以太守充差, 而以其擇差之故, 執政則稍勝矣.'"(『承政院日記』, 영조 24년 8월 5일).

35 "皆擇才能處之, 無承襲"(元重擧『和國志』卷2, 「武州內官職」, 314면; 박재금 옮김, 266면).

36 "官職中所不承襲者, 江戶之大官要職也. 皆以各州守擇能而授之"(元重擧『和國志』卷2, 「武州本末」, 126면; 박재금 옮김, 125면).

37 元重擧『和國志』卷2, 「武州本末」, 126~27면; 박재금 옮김, 126면 참조.

38 "容貌擧止別於群蠻, 頗似西京尹, 而較尤峭銳. 聞執政獨不世襲, 擇於諸州太守中, 而陞用之云. 關白癡不事事, 此輩主治敎千里方域, 累千萬人物, 宜其爲佼佼也"(南玉『日觀記』, 갑신년 2월 18일조; 김보경 옮김, 415면).

39 "觀其四執政, 皆可謂如人. 雖是蠻夷之國, 爲其宰相者, 與凡人有異矣"(趙曮『海槎日記』, 갑신년 2월 27일조; 『국역 해행총재』 VII, 211면).

40 "西京尹儼然有宰相風儀"(元重擧『乘槎錄』, 갑신년 1월 28일조; 김경숙 옮김, 259면).

41 "京尹戴一角巾曳長袴, 爲人俊邁, 動止軒然, 可謂有宰相風骨, 渡海後彼人中初見者也. 西京旣是倭皇所都, 且人心終有所不心服於關白. 故尹玆之任不拘世襲, 別擇而鎭之"(趙曮『海槎日記』, 갑신년 1월 28일조; 『국역 해행총재』 VII, 160면).

42 "古今天下, 未有虐民而不亡者. 獨倭奴督民耕穫, 悉取其穀, 農民終不得一粒米粟, 只喫芋菁糠藜, 自其中世已然, 蓋不知爲幾百. 暴虐無道古今所無, 自古至今, 其民終不敢叛. 蓋其一將所食, 殆近五十萬或百萬石, 盡取國中勇者爲兵, 廩料至厚, 强悍者盡爲兵, 殘弱者盡爲農, 農不敢與兵爲敵故也. 此其無天理極矣, 而相沿爲俗, 終不可破, 誠可異也"(李肯翊『燃藜室記述別集』卷18, 「邊圉典故」; 『국역 연려실기술』 XI, 민족문화추진회 1984, 436면). 이 글은 이긍익(李肯翊)이 『우서(迂書)』에서 인용한 글로 『燃藜室記述別集』卷18 「邊圉典故」에 수록된 것이다. 그런데 민족문화추진회에서 간행된 규장각 소장본 『우서』에는 이 글이 없다.

43 "沿邊之當賊衝處, 百里許每設一大鎭, 省內地傍縣以益之, 許其久任, 假以便宜. (…) 終其身勿許移鎭"(姜沆『看羊錄』, 「賊中封疏」, 한국문집총간 73, 96면; 『국역 해행총재』 II, 130~31면).

44 "伏願殿下, 明勅攸司, 海濱諸島之有漁鹽沃壤處, 及海濱良田之化爲草萊者, 竝折與邊將之顯有軍功者, 使爲食邑, 招集流民, 使之開墾, 收其中壯士, 以爲軍人, 土毛以爲軍餉, 旣終其身, 又傳子孫"(姜沆『看羊錄』, 「賊中封疏」, 한국문집총간 73, 97면; 『국

역 해행총재』 II, 132면).

45 "昔者三代之相伊尹·傳說·周公之徒, 皆終身而不易, 蕭何相漢以終身爲未足, 使擇其 自代者. 故海內以安, 是知宰相之任, 擇之不可不精, 任之不可不久也"(鄭道傳『三峯 集』卷5,『經濟文鑑』,「宰相」, 한국문집총간 5, 386면).

46 "所謂久任監司者, 監司爲一道之主, 久於其職, 與民相信. 然後王化宣焉, 號令行焉, 平日可以成政, 緩急可以應變"(李珥『栗谷全書』卷7,「陳時弊疏」, 한국문집총간 44, 150면).

47 "按古者唯量材授職, 官無任滿. (…) 位稱其材, 則任之終身"(柳馨遠『磻溪隨錄』, 卷 13, 任官之制「仕滿遷轉」, 明文堂 1982, 261면).

48 "姜沆『看羊錄』, 曰: '倭人有功者, 任之終身, 許其世襲. 故能綱紀有素, 部伍常定, 動 輒有克.'"(柳馨遠『磻溪隨錄』, 卷13, 任官之制「仕滿遷轉」, 明文堂 1982, 263면).

49 "聞子所論, 大抵爲久任責成之計也. 官員數遞, 果爲痼弊, 久任之議, 行之已久, 而終 無其效, 何以則可祛此弊乎?"(柳壽垣『迂書』卷3,「論久任職官事例」;『국역 우서』 I, 민족문화추진회 1982, 181면).

50 "官不久任, 而吏胥得以用姦, 臺諫數遞, 而銓官疲於開政"(具樉『竹樹弊言』; 李圭景 『五洲衍文長箋散稿』, 人事篇 治道類 官職,「散官拯捄辨證說」). 이 글은 이종묵「具樉 의『竹樹弊言』에 대하여」,『문헌과 해석』64, 2013에 자세히 소개되어 있다.

51 "栗谷論政弊, 謂當久任監司, 其意本是矣. 治理之不著, 實由於數遞也"(李瀷『星湖僿 說』第11卷, 人事門,「監司入朝」;『星湖僿說』上, 경희출판사 영인, 377면;『국역 성호 사설』IV, 312면).

52 "朝鮮固樂國, 然人多貪慾, 大鉢鐵匙搏飯以飽, 不貪胡得. 且日本之法, 島主傳之子孫, 財用自足, 不復侵漁. 朝鮮則外官三年一遞, 貧寒之室幸而得宰, 一意營産科外徵斂, 民 安得不殘. 此則法有不善者也"(李瀷『星湖僿說』第9卷, 人事門,「大鉢鐵匙」;『星湖僿 說』上, 경희출판사 영인, 307면;『국역 성호사설』IV, 78~79면).

53 "此說宜更諦思也. 外官傳世雖不可行, 若立久任之法, 豈有如今時之割剝哉?"(李瀷 『星湖僿說』第9卷, 人事門,「大鉢鐵匙」;『星湖僿說』上, 경희출판사 영인, 307면;『국 역 성호사설』IV, 79면).

54 박희병『범애와 평등』, 돌베개 2013, 18면 참조. 홍대용이 제안한 행정조직과 군 사조직의 구성에 대해서는 조광『조선후기 사상계의 전환기적 특성』, 경인문화사 2010, 402면에 정리되어 있다.

55 "道置伯一"(洪大容『湛軒書』內集卷四,「補遺」, 한국문집총간 248, 84면;『국역 담 헌서』 I, 내집 권4, 430면).

56 "位正二品, 兼管兵民. 三載考績, 稱職則終其身. 牧守以下皆倣此"(같은 곳).

57 『서경』「순전(舜典)」에 "3년마다 실적으로 살피고, 3번 살핀 다음 강등과 승진을 분명히 드러낸다(三載考績 三考黜陟幽明)"라는 말이 있다.

58 "西京尹擇於諸守中賢能者. 試之於西京尹五六年, 能績著見, 則入爲執政執事, 而大坂尹必處以文武全才, 故自古難其人. 旣得人任之, 則終身任之, 無大罪則不改. 尹亦終身富貴, 無不足, 故亦不求遷於內職. 此其治國之大略也"(元重擧『和國志』卷1,「武州本末」, 127면; 박재금 옮김, 126면).

59 "觀其脈絡分布, 條貫整密. 且世無失德, 恭儉自守, 故國內晏如, 垂二百年, 兵塵不起"(같은 곳).

제5장

1 "秀賴之敗, 闔家蕩然, 無一餘存, 皆是兵火之後新刱者云. 而其盛如此, 天之種育此類, 若是繁盛者, 抑何意歟?"(李景稷『扶桑錄』, 정사년 8월 18일조;『국역 해행총재』III, 62면).

2 "上曰: '聞彼中素多災異. 今亦有之耶?' 對曰: '到江戶, 有地震之變, 但災變影也, 人事形也. 日本奢侈已極, 自古災禍, 未有大於奢侈者, 此則變之大者.' 上喟然曰: '此言甚是矣, 國家之患, 必出於奢侈.'"(金世濂『海槎錄』, 정축년 3월 9일조;『국역 해행총재』IV, 152면).

3 통신사를 맞이하기 위한 사전준비에 대해서는 三宅理一『江戶の外交都市: 朝鮮通信使と町づくり』, 東京: 鹿島出版會 1990, 36~50면 참조.

4 "未見蘇·杭之前, 想此爲第一矣"(金指南『東槎日錄』, 7월 26일조;『국역 해행총재』VI, 288면).

5 "蘇堤·杭市之盛殆不及也. 盖第一繁華地也"(成大中『日本錄』, 장15뒤; 홍학희 옮김『부사산 비파호를 날 듯이 건너』, 소명출판 2006, 172면).

6 "都市樓臺, 珍寶之富, 兼江湖橋坊, 舟楫之觀, 可與杭·蘇敵, 未知其孰勝也"(南玉『日觀記』, 갑신년 1월 22일조; 김보경 옮김, 356면).

7 "村閭櫛比, 人物繁華, 山川環抱, 風景絶勝, 比諸江·浙等處, 未必多遜哉"(吳大齡『溟槎錄』, 계미년 12월 27일조).

8 "申時到倭京本國寺, 寺極宏麗敞豁, 不知其幾百間"(林絖『丙子日本日記』, 병자년 11월 16일조;『국역 해행총재』III, 338면).

9 "爲使行新創千餘間"(鄭后僑『東槎錄』, 장29뒤).

10 "屋宇壯麗, 無慮數千間, 非比所經宿館"(趙曮『海槎日記』, 갑신년 1월 20일조;『국역

해행총재』 Ⅶ, 149면).

11 "而屋宇之奢麗, 景致之可觀, 又非坂城本願寺之比 (…) 此日本專尚佛道, 宜其財力之
糜費於梵宮也"(趙曮『海槎日記』, 갑신년 1월 28일조;『국역 해행총재』 Ⅶ, 159면).

12 "穹崇甲第, 環以長廊, 而首尾殆至五里餘矣. 其門則或着朱漆, 或着黑漆, 而粼粼然光
輝照人, 粧以銅錫, 亦皆鍍金, 其廣可容駟車. 廊外半壁, 築以甓甀, 以成龜紋, 新塗石
灰, 備極侈麗"(曹命采『奉使日本時聞見錄』, 무진년 6월 1일조;『국역 해행총재』 Ⅹ,
169~70면).

13 "自我觀之奢侈過度, 而彼入視若尋常, 俗習然也"(吳大齡『溟槎錄』, 갑신년 3월 5일조).

14 "蓋以儉約自居, 而委奢侈於邸第. 邸第窮極侈淫, 無踰制之禁"(元重擧『和國志』卷1,
「風俗」, 64면; 박재금 옮김, 76면).

15 西山松之助 外『江戶學事典』, 東京: 弘文堂 1984, 145면 참조.

16 "各州市廛則太守收其稅, 如倭京·大坂·兵庫·界濱等地, 稱以藏入, 藏入如云湯沐邑
也. 田稅市征, 皆入於秀忠. 如薩摩之籠島, 肥前之長崎, 亦是駔儈之所. 故亦爲關白收
稅之地云"(李景稷『扶桑錄』, 정사년 10월 18일조;『국역 해행총재』 Ⅲ, 23면).

17 歷史學硏究會·日本史硏究會『講座 日本歷史 5 近世 1』, 東京: 東京大學出版會
1985, 233면 참조.

18 "割四方之大城名都, 市征廬稅, 悉歸公府, 金銀貨寶, 山積川委, 都鄙廩庾皆滿. 而奇
材劍客火砲鬪艦之具, 溢國中"(申維翰『海游錄』中, 기해년 9월 27일조;『국역 해행총
재』 Ⅰ, 524면).

19 "宗室大臣以下視事者, 無月廩米錢自公頒祿之法. 各有所典城邑, 曰太守曰公侯, 使
其家臣, 往治邑, 算田賦之入, 而自奉衣食. 所以百物豐美, 繁華爛然, 居宅擬公宮, 城中
往往築土墩, 如阜陵, 長數十尺"(같은 곳).

20 유명한 광산으로는 사도(佐渡, 니이가따현 옆에 있는 섬)의 금은산(金銀山), 이와
미 오오모리(石見大森, 시마네현)의 은산(銀山), 무쯔한다(陸奧半田, 후꾸시마현)의
은산, 이꾸노(生野, 효오고현)의 은산 등이다. 근세 일본의 주요 광산의 위치 및 광산
지배에 대해서는 小葉田淳『日本鑛山史の硏究』, 東京: 岩波書店 1968, 4~8면 참조.

21 "東山道八州 陸奧州, 產金"(申叔舟『海東諸國記』,「日本國紀」, 東山道八州;『국역
해행총재』 Ⅰ, 110~11면.

22 "海中有金山, 守將齋沐請其數, 然後乃乘船採來"(姜沆『看羊錄』,「賊中聞見錄」, 한
국문집총간 73, 107면;『국역 해행총재』 Ⅱ, 156면).

23 "物產則陸奧產金, 石見·佐渡·但馬產銀. 備中·播摩產銅鐵. 備前·豐前·豐後產
鐵"(李景稷『扶桑錄』, 정사년 10월 18일조;『국역 해행총재』 Ⅲ, 142면).

24 姜弘重『東槎錄』,「聞見總錄」; 任守幹『東槎日記』,「聞見錄」 등 참조.

25 "蓋千里沃野, 銀鐵銅錫山出基置"(元重擧『和國志』卷1,「風俗」, 61면; 박재금 옮김, 74면).

26 "關東之食邑旣多, 而又占佐渡之金穴. 金穴國中只一處, 獨關白主之. 雖倭皇初不敢預問. 故國中無賦稅而國用充溢"(元重擧『和國志』卷1,「武州本末」, 121면; 박재금 옮김, 120면).

27 "臣按, 儉德之恭也; 侈惡之大也. 蓋儉則心常不放, 而隨遇自適; 侈則心常外馳, 而日肆無厭."(李珥『聖學輯要』;『栗谷全書』第5集, 卷25, 장49뒤~장50앞;『국역 율곡전서』V, 한국정신문화연구원 1985, 257면).

28 "性好奢侈, 爭相務勝, 上下無章. 雖下賤之人, 力所贍及, 則服用居處, 華僭無度, 彫鏤粉飾, 窮極巧奇"(南龍翼『聞見別錄』, 風俗,「性習」;『국역 해행총재』VI, 78면).

29 "江戶關白所都也. 有百官公府倉廩宮掖院曹, 又有六十州太守館閣, 四時貢獻, 是以競趨附而規其所利, 不貴農桑, 因緣圖食者多. 故其俗羯羠不均, 慕豪强而凌貧弱矣"(鄭后僑『東槎錄』, 장29뒤~장30앞).

30 "俗以奢靡相尙, 層樓紛榭照耀江面. 名歧俠客遊冶橋上, 或有雅集文會, 如木世肅·福尙脩, 亦商賈中人也. 是故無材者不可一日居, 而民習好爭鬪果仇殺"(成大中『日本錄』, 장13뒤; 홍학희 옮김, 168~69면).

31 "多大賈, 周行八州, 盡收貨權"(元重擧『乘槎錄』, 갑신년 2월 4일조; 김경숙 옮김, 279면).

32 "其人泆樂, 其俗侈靡, 飮食·衣服·聲色·珍玩·技藝·舟楫·室閭·器用之屬, 無不窮極其巧. 而但粉飾糊塗, 纖瑣靡屑, 擧皆汨沒於荒淫之波, 機利交射, 榮華纆眼, 役其心"(元重擧『和國志』卷1,「風俗」, 48면; 박재금 옮김, 61~62면).

33 "其俗淸淨簡素, 不喜紛華熱鬧之習. 以板子蓋屋, 或以土塗之, 間有瓦屋而亦甚稀, 不用丹雘之飾, 唯務潔淨耳"(黃愼『日本往還日記』, 12월 9일조;『국역 해행총재』VIII, 177면).

34 "飮食之節, 亦務簡素, 飯不過數合米; 味不過數品. 無貴賤一日喫兩盹飯, 有役者方食三盹飯, 亦不多喫"(李景稷『扶桑錄』, 정사년 10월 18일조;『국역 해행총재』III, 145~46면).

35 "'第其國方域不爲狹小, 而人民之衆多, 倍於土地之廣袤矣.'上曰: '物衆地狹, 則民必多丐乞矣.'順之曰: '沿路所見, 無以米作飯者, 至於擔轝之倭, 終日所食, 只煮芋三四枚而已.'"(『仁祖實錄』, 21년 11월 21일; 孫承喆 編『韓日關係史料集成』卷28, 景仁文化社 2004, 116면).

36 “食とは食物也. 食は命をつなぐ爲の物也. あぢなき食にてもひだるくなく, 命さへ つなげば事たる也. うまき物をこのみて, 金銀をつひやし, のみくひを專にするは, たはけたる事なり. 又養生の爲にもならざる事也, 奢也”(「貞丈家訓」; 石井紫郎『近世 武家思想』, 日本思想大系 27, 東京: 岩波書店 1974, 94면).

37 “物力甚盛, 生齒亦蕃. 五千里水路, 閭閻連延, 究其蓄饒之道, 固無他術, 只以簡約爲 主. 衣服則雖服錦段, 至脫下袴, 所入甚略, 飮食則盛以小器, 所食亦些矣”(『肅宗實錄』, 46년 1월 24일; 孫承喆 編『韓日關係史料集成』卷29, 景仁文化社 2004, 82면).

38 “及其凡事, 務從順便, 而渠甚尙儉, 常服木綿, 故雖其國相, 關白所見處, 則不敢着華 服云”(같은 곳).

39 “飯熟則取諸紅漆等器, 隨量更添, 無有餘遺, 所食不過數三合. (…) 卒倭則例喫兩 時飯, 而有役, 方喫三時”(曹命采『奉使日本時聞見錄』,「總論」;『국역 해행총재』X, 266면).

40 “上曰:‘其都邑里閭之制, 何如?’啓禧曰:‘都邑城壕, 無不堅緻, 里閭之盛, 非但我國 之所不能及, 臣行幕裨, 多有往來燕中者, 皆謂中國之所不及云矣.’”(『承政院日記』, 영 조 24년 8월 5일).

41 “國俗固尙奇巧侈靡, 而一日所食無多, 以我國人一日之糧, 可度三日, 所衣亦不多, 又 無烟烗, 故不甚暴殄賦物, 自致富盛”(같은 곳).

42 “人物スベテ壯大ニシテ筋骨强ク食量モ日本二人ノ食ヲ彼國一人ニ充ツ. 然レド モ心機魯鈍ニシテ發才ニ乏シ. 此故ニ大閤ノ征伐ニハモロク負タリ”(『日觀要攷』單, 307면, 국립중앙도서관 소장본).

43 “飮食不必其朝夕食, 食用小器如盃者, 饌不多設, 魚腥而淡, 醬亦不鹹, 所噉不過數龠 之米, 衣食之費, 不甚糜財. (…) 我人不服水土, 不能食其烹飪, 而彼食吾奴輩所供菲薄 之饌, 以爲旨味, 則飮食之惡, 渠輩未嘗不知之矣. 然輿轎之卒一日百里衝泥過險, 而見 其所食, 不過數盃酒, 數合飯而已. 以此觀之, 飮食之無節, 未有如我國者也”(南玉『日 觀記』,「總記」, 飮食; 김보경 옮김, 593~94면).

44 “蓋其衣不取溫暖, 食不求滋味, 早起而晏寢, 服勞而食力. 吾恐天下無如日本者 矣”(元重擧『和國志』卷1,「人物」, 42면; 박재금 옮김, 55면).

45 “衣服不可華侈, 禦寒而已. 飮食不可甘美, 救飢而已. 居處不可安泰, 不病而已”(李珥 『栗谷全書』卷27,「擊蒙要訣」持身章第三, 한국문집총간 45, 84면).

46 “衣服は見ぐるしきはだか身をかくすべき爲の物也. わろき衣服にても, はだか 身をさへかくせば事たる也. さればその身の分限, その身の位相應の衣服を著すべ し”(「貞丈家訓」; 石井紫郎『近世武家思想』, 日本思想大系 27, 東京: 岩波書店 1974,

94면).

47 "家は雨風をふせぐ爲の物也. せばく見ぐるしき家にても, 雨風さへしのげば事たる也. されば其身の程程に付て, 相應に家を作るべし"(「貞丈家訓」; 石井紫郎『近世武家思想』, 日本思想大系 27, 東京: 岩波書店 1974, 95면).

48 "大抵國俗食甚尠, 多菜食藥用食, 氣行脈而已. 不但穀貴, 且俗則然耳"(元重擧『和國志』卷2,「飮食」, 361면; 박재금 옮김, 312면).

49 "其人喫飯甚少. 故易於饑乏, 所過爭買芋藷. 芋藷若不可療饑, 則買搏飯, 團如兒拳, 給錢五文"(元重擧『和國志』卷2,「飮食」, 358면; 박재금 옮김, 309면).

50 "物盛而衰, 固其變也. 吾恐其不能久享盈成之業也"(元重擧『和國志』卷1,「人物」, 42면; 박재금 옮김, 56면).

51 『史記』권30「平準書」에 "宗室有土公卿大夫以下, 爭于奢侈, 室廬輿服僭于上, 無限度. 物盛而衰, 固其變也"라는 말이 보인다.

52 『國史大辭典』第7卷, 244~45면의 '朱印船貿易' 항목 참조.

53 宮地正人·佐藤信·五味文彦·高埜利彦 編『國家史』, 新體系日本史 1, 東京: 山川出版史 2006, 300~04면(高埜利彦 집필) 참조.

54 "臣聞於賊中, 琉球·呂宋·南蠻諸國, 皆與此奴通和. 而使价來往則未嘗有之矣"(鄭希得『海上錄』卷1,「自賊倭中還泊釜山日封疏」;「국역 해행총재」VIII, 302면).

55 "倭奴之性, 好大喜功. 遠國舟楫之相通, 常以爲盛事, 商船賈舶之來者, 必指爲使臣"(姜沆『看羊錄』,「詣承政院啓辭」, 한국문집총간 73, 126면;『국역 해행총재』II, 202면).

56 "遠國人來者, 卒倭間或賊害, 則恐絶其來路, 必夷其三族"(같은 곳).

57 李景稷『扶桑錄』, 정사년 8월 27일조;『국역 해행총재』III, 81면.

58 "自倭京出來時, 唐人七八, 立於觀光人中, 問之則以賣買常常往來於長崎, 或數歲留連而不返云. 長崎卽商船輻湊處也"(姜弘重『東槎錄』, 을축년 1월 17일조;『국역 해행총재』III, 254~55면).

59 "自室津出來時, 港口有三四怪狀人, 揖於船頭, 問之則南蠻人也. 以賣買尋常往來於長崎·籠島等處, 渠之大船, 難容於內洋. 故移載物貨於倭船, 販賣於內地諸處而歸云"(姜弘重『東槎錄』, 을축년 1월 30일조;『국역 해행총재』III, 260~61면).

60 "關白, 貿販興利爲事, 如長崎等島, 別定代官, 交易漢人物貨, 存本取利, 以爲私蓄. 執政以下, 至於下賤, 爭相慕效, 故家貲累巨萬者甚多"(南龍翼『聞見別錄』, 風俗,「雜制」;『국역 해행총재』VI, 83면).

61 "日本海路, 四通無礙, 閩浙諸道, 琉球·南蠻等諸國商船, 莫不往來通貨"(任守幹『東

槎日記』,「先來狀啓時別單書啓」;『국역 해행총재』IX, 263~64면).

62 "長崎則中國商船所泊處, 其名勝與百物繁華, 最有名國中, 而路不由焉, 無從一經眼, 可憾"(申維翰『海遊錄』上, 기해년 8월 1일조;『국역 해행총재』I, 429면).

63 "長崎島屬肥前州, 非使行歷路, 雖不得目見, 實海外諸國都會之區. 南京商賈航海而來者, 或狎倭女, 生子往來. 故倭人以此得中國事情, 亦通漢語, 然所學語音, 乃蘇·杭·閩·浙·福建以下, 故與我人北京譯差異"(申維翰『海遊錄』下,「聞見雜錄」;『국역 해행총재』II, 94~95면).

64 "在前則倭譯多有致富者, 一自長崎島, 直通江南商賈之後, 錦緞買賣, 不由倭館"(趙曮『海槎日記』, 계미년 11월 10일조;『국역 해행총재』VII, 81면).

65 "故譯官輩子姪之稍解文字者, 盡趨科場, 繼其箕裘之業者甚少, 他日邊門之可以任事者, 因此難得, 是尤可悶處也"(같은 곳).

66 이상 청나라의 무역이 조일무역에 끼친 영향에 대해서는 최광식 외『한국무역의 역사』, 청아출판사 2010, 411면 및 434~35면 참조.

67 "我之所賜所市, 皆米綿, 衣食之本, 蔘貨起死之藥, 而彼之所答所賣, 皆無用巧薄之餙, 有無不關之物, 而尙以爲利, 不悟其國力以是而寢弱, 虜情以是而益狡, 可勝歎咤"(南玉『日觀記』,「總記」, 物産; 김보경 옮김, 574~75면).

68 "入彼之時, 操問目者强半是種蔘之問, (…) 李亦不勝其紛, 紈使護行醫人富野義胤, 操其譜使各謄去. 可知其國人之渴於聞此也"(元重擧『和國志』卷3,「醫藥」, 403면; 박재금 옮김, 349면).

69 "人蔘爲其國萬病通治之藥, 名之曰靈藥, 而恃之爲性命之關, 不獨日本爲然也. 海中諸國皆來買取於日本, 故日本之人又蓄此爲奇貨"(元重擧『和國志』卷3,「醫藥」, 401면; 박재금 옮김, 347면).

70 "我國家求蔘種, 詳其蒔種之譜, 以禮曹書契送于江戶執政"(元重擧『和國志』卷3, 「醫藥」, 402~03면; 박재금 옮김, 348면).

71 "信能移其種於彼國, 則其爲兩國所賴, 必將愈往而愈見效矣"(元重擧『和國志』卷3, 「醫藥」, 403면; 박재금 옮김, 348면).

72 "彼中國與萬國通貨, 國以富强, 民以殷盛. 倭奴小醜也, 而猶通數十諸國之貨, 人民之饒, 市廛之贍, 不愧於中國者. (…) 我國山川迫塞, 地出無多, 而不通域外之貨"(柳夢寅『默好稿』,「中江開市辨誣啓辭」;『默好先生文集』一, 경인문화사 1977, 249면).

73 유몽인의 이 발언에 대해서는 한명기「柳夢寅의 經世論 연구: 임진왜란 이후 사회경제 재건의 한 방향」,『한국학보』18(2), 1992, 148~49면 참조.

74 일본의 해외무역에 대한 안정복의 인식은 선행연구에서도 검토된 바 있다(하우봉

『조선후기 실학자의 일본관 연구』, 일지사 1994, 126~28면). 하우봉이 밝혔듯이 안정복은 나가사끼 무역 때문에 조선의 무역량이 줄어들었다는 사실을 지적했으나 대일무역에 대해서는 소극적이었다.

75 "倭人自古以通商爲業, 故海外諸國, 至于西洋, 莫不往來. 至今日益盛, 財寶充牣, 商舶輻湊, 又與中國通貨, 江南·西蜀物貨甬注, 故中産之來我者絶少矣"(安鼎福『順菴先生文集』卷10,「東史問答」, 上星湖先生書 己卯, 한국문집총간 229, 552면; 송수경·김동주 역『국역 순암집』II, 민족문화추진회 1997; 하우봉, 앞의 책).

76 "自古天竺及南蠻諸國市舶來于日本. 日本人亦無處不到往者, 謵厄利亞·以西巴尓亞, 及阿媽港·呂宋等南蠻人, 用耶蘇法, 流傳日本. 日本西國人泥其邪術, 故嚴禁之. 磔其魁首, 斬殺黨與, 若悔先非, 復佛法者, 赦之. 寬永十五年以來, 不許南蠻船來泊, 又禁日本人往來異國. 但阿難陀·暹羅·交趾·東京·大冤與中華每年來泊, 而占城·柬埔寨·太泥·六甲·咬吧·呱哇·番且·母羅伽·浡泥·莫卧爾·傍葛剌·波剌·斯琶牛·蘇門·答剌等, 凡三十五箇國, 阿蘭陀人入其地交易, 將來土産貨物, 來賣於日本"(李德懋『青莊館全書』卷65,『蜻蛉國志』異國, 한국문집총간 259, 192면; 민족문화추진회『국역 청장관전서』11, 솔 1981, 179~80면).

77 "則日本之國富兵强, 雄長海中者, 能通異國故也"(같은 곳).

78 "倭之未通中國也, 歇我而貿絲於燕, 我人得以媒其利. 倭知其不甚利也, 直通中國而後, 已異國之交市者至三十餘國. 其人往往善漢語, 能說天臺·雁蕩之奇天下珍怪之物, 中國之古董書畫輻湊於長崎島, 竟不復請於我矣. 癸未信使之入日本也, 書記偶索華墨, 俄持歡墨一擔, 又終日行盡鋪紅氍毹於道, 明日復如之, 其夸矜如此"(朴齊家『北學議』內篇,「通江南浙江商舶議」, 李佑成 編『楚亭全書』下, 아세아문화사 영인 1992, 399~400면; 안대회 옮김『북학의』, 돌베개 2003, 176~77면).

79 박제가가 해외무역을 주장한 배경에 일본의 존재가 있었다는 사실은 이미 선행연구에서 밝혀진 바 있다. 하우봉은 박제가가 일본의 해외무역에 대한 정보를 근거로 해외통상을 주장했음을 밝혔다(하우봉, 앞의 책 148면). 임형택은 "국제교역이 자국의 기술 발전과 생활의 향상을 가져오게 된다는 착상"은 일본에서 왔다는 것, 박제가가 "국제교역이 나라를 부강시키는 데 유익하다는 자기주장의 논거로서 바로 일본을 들고 있다"는 사실을 지적했다(임형택「계미통신사와 실학자들의 일본관」,『창작과비평』85, 창작과비평사 1994, 330~31면 참조).

80 "人莫不欲其國之富且强也, 而所以富强之術, 又何其讓於人也"(朴齊家, 앞의 책 400면; 안대회 옮김, 177면).

81 "倭奴黠而常欲窺覘隣國"(같은 곳).

제6장

1 "仁賢天皇六年, 高麗獻須流枳·奴流枳二人工匠, 今大和國額田邑造孰皮高麗是其後
也"(寺島良安『和漢三才圖會』卷7「人倫類」工匠). "造孰皮高麗"의 '造'는 '미야쯔
꼬'라고 읽고 대대로 조정에 출사한 혈연집단에 부여된 성(姓)을 가리킨다. '孰皮'는
보통 '熟皮'라고 쓰며 '가죽'을 뜻하다. '孰皮高麗'로 호칭되는 가죽을 제조하는 장
인집단이 대대로 나라현에 있음을 말한 것이다.

2 "按聖德太子誅守屋連後, 爲造天王寺處處伽藍, 召木工瓦工於百濟國矣. 今攝州大坂
瓦工其傳統也"(寺島良安『和漢三才圖會』卷7,「人倫類」瓦工).

3 "豊臣太閤聚樂にて朝鮮の陶師を召, 利休に其式度を命じて茶碗を燒せらる. 是を樂
燒といふは, 聚樂の土にて燒, 樂字を印となす. その陶師を朝次郎といふは朝鮮の一
字を取たる也. 其子孫今に榮ふ. 又, 毛利家にも長門の荻に高麗の窯匠を呼て作らし
むるを荻燒といふ. その窯匠を高麗左衛門といふ. 是も今に其末流ありと黑川氏いへ
り"(喜多村筠庭『嬉遊笑覽』卷二下; 長谷川强 外 校訂『嬉遊笑覽』二, 東京: 岩波文庫
2004, 150면).

4 이성무『조선초기 양반연구』, 일조각 1980, 36~38면 참조.

5 "倭俗每事百工, 必表一人爲天下一, 一經天下一之手, 則雖甚麤惡, 雖甚微物, 必以
金銀重償之, 不經天下一之手, 則雖甚天妙不數焉. 縛木塗壁蓋屋等薄技, 俱有天下
一"(姜沆『看羊錄』,「詣承政院啓辭」, 한국문집총간 73, 124면;『국역 해행총재』II,
198면).

6 橫井時冬『日本工業史』, 東京: 訂正再版 吉川半七 1898, 50~51면 참조.『日本工業
史』는 森仁史 監修『叢書·近代日本のデザイン』第3卷, 東京: ゆまに書房 2007으로
복간되었으며, 여기서도 복간본(復刊本)을 참조했다.

7 喜多村筠庭『嬉遊笑覽』卷之九; 長谷川强 外 校訂『嬉遊笑覽』四, 東京: 岩波文庫
2004, 190~91면.

8 "百工必推一人爲天下一, 欲以考其巧拙也"(『星湖僿說』第13卷, 人事門,「物勒工名」;
『星湖僿說』上, 경희출판사 영인, 447면;『국역 성호사설』V, 127면).

9 "日本之俗, 凡百工技藝一得天下一之號, 則雖明知其術之未必勝於己而, 必往師之, 視
其一言之襃貶以爲輕重, 此其所以勸技藝專民俗之道歟"(朴齊家『北學議』內篇「瓷」,
李佑成 編『楚亭全書』下, 아세아문화사 영인 1992, 459면; 안대회 옮김, 63면).

10 "俗尙技巧, 女工絹布之屬, 皆極精細, 而百物輕妙"(申維翰『海游錄』下,「聞見雜錄」;
『국역 해행총재』II, 62면).

11 "天然巧似, 若非細看, 則殆不能卞矣. 始知人巧偸得化工之妙也"(任守幹『東槎日記』,

386

신묘년 7월 26일조;『국역 해행총재』IX, 173면).

12 "一山一水一木一草不任自然, 皆用人巧以侈人目"(吳大齡『溟槎錄』,「追錄」).

13 이에 대해서는 문중양『조선후기 수리학과 수리담론』, 집문당 2000, 158면 참조.

14 위나라 마균(馬鈞)이 수차를 만들었다는 이야기가『후한서(後漢書)』「장양전(張讓傳)」에 나온다.

15 "中國水車之制, 魏馬均始創之, 最有益於灌田, 可以通行天下. 頃者楊萬世往日本, 得其制而來, 極是便利而我國人性拙, 不肯習用, 可惜"(李晬光『芝峯類說』卷19, 服用部, 「器用」;『芝峯類說』卷之二, 국립중앙도서관 소장본, 장25앞).

16 사행록에는 '요도우라(澱浦)'로 표기되어 있다.

17 "舍後江橋下, 設水車刳木作水道, 高可五六丈, 激水引之, 直注廚舍"(慶暹『海槎錄』, 정미년 4월 11일조;『국역 해행총재』II, 272면).

18 『國史大辭典』, 第14卷, 452면의 '澱の水車' 항목 참조.

19 "洲邊有二水車, 激水踰城, 制作甚妙, 與中國之制少異矣"(南龍翼『扶桑錄』, 을미년 9월 11일조;『국역 해행총재』V, 487면).

20 "形如車輪, 而其製甚大, 波觸激輪自回, 幹輪懸十數桶, 桶皆挹水輪轉, 而上則桶水自瀉於刳木之中, 從城穴, 注之東南"(金顯門『東槎錄』, 신묘년 9월 27일조; 백옥경 옮김『동사록』, 혜안 2007, 135면).

21 "澱浦之中途多有龍骨車, 使相停輿, 使兩人回轉挹水, 如決洪水, 可見功省而利博也, 三使大以爲奇妙"(金顯門『東槎錄』, 신묘년 12월 8일조; 백옥경 옮김『동사록』, 191면).

22 "盖水車一轉, 而十餘桶皆一次注水不過費了霎時"(洪景海『隨槎日錄』卷中, 장2뒤).

23 요도의 수차에 대한 계미통신사 사행원들의 인식은 선행연구에서도 검토된 바 있다(金東哲「通信使がみた近世日本の産業と技術」, 松原孝俊 編『グローバル時代の朝鮮通信使研究: 海峽あれど國境なし』, 福岡: 花書院 2010, 78~80면).

24 "引大筧筒, 外架水車, 植水中, 制與繰車無異"(元重擧『乘槎錄』, 갑신년 1월 27일조; 김경숙 옮김, 256~57면).

25 김인겸, 최강현 역주『일동장유가』, 보고사 2007, 284면.

26 "余聞日本大板城十萬餘戶以一筒車激水而上城, 家家覓而爲井"(李喜經『雪岫外史』; 李佑成 編『雪岫外史』, 아세아문화사 1986, 55면; 진재교 외 옮김『북학 또 하나의 보고서, 설수외사』, 성균관대학교출판부 2011, 94면).

27 조선 후기에 이루어진 수차 제조에 대해서는 문중양, 앞의 책 173~211면 참조.

28 김세희의 이 글에 대해서는 이종묵「정우용이 통신사로 가는 이면구에게 준 글」,

『문헌과 해석』 51, 2010에서 자세히 검토된 바 있다.

29 "街上之貨品, 有數焉, 中州之貨, 皆稱爲唐, 而唐之貨精而緻, 淡而華, 雅而無脆, 巧而有制, 故貴之爲上. 而倭貨之精細妙麗次之, 國之貨, 率多麤劣, 終未臻精, 且或倣唐而不眞, 故品居下焉"(金世禧『寬我堂遺稿』, 「鐘街記」; 이종묵, 같은 글 106~07면. 김세희 글의 번역은 이종묵 논문을 참조했고, 필요에 따라 약간 수정했다. 아래에서도 같다).

30 "豈唯其山澤之需, 有不如中州而然也. 顧其人工, 亦有所未盡者, 蓋國俗畫地以局人矣. 地高者, 知亦以高, 地卑者, 知亦以卑, 勢固然也, 而地高者, 雖窮寒無賴, 濱墳邱堅, 猶自介然閉知, 不肯與於工商之事, 是以國之一切工作, 擧出於下之不學無識之人, 人旣無識, 何能妙其用, 而精其工哉. 此貨之所以不美者也"(같은 곳).

31 이 편지의 내용에 대해서는 이종묵 「鄭東愈와 그 一門의 저술」, 『震檀學報』 110, 진단학회 2010; 안대회 「임란 이후 海行에 대한 당대의 시각: 통신사를 보내는 문집 소재 送序를 중심으로」, 『정신문화연구』 35(4), 한국학중앙연구원 2012에 상세히 소개되어 있다. 정우용 글의 번역은 이종묵 및 안대회의 논문을 참조했고, 필요에 따라 수정했다.

32 "彼工匠器用之便利, 最於天下, 攻金之工, 以銖分鍍車輿之大, 而炫耀奪眼; 髹漆之工, 以方寸匙塗甚丈之廣, 而光滑可鑑, 其費少而其功多, 有如此矣"(鄭友容『密巖遺稿』卷4, 「與通信副使李校理書」, 장12앞~장12뒤; 이종묵, 같은 글 322면; 안대회, 같은 글 236면).

33 "又治鑄之事莫巧, 而刀劍之利, 無不截金割玉, 經屢百年, 而如新潑鋼, 蓋以分齊之上下, 燒淬之淺深, 有不傳之妙故也. 夫刀劍之爲用, 小則衛身而遠害; 大則勝敵而定亂. 此有國之所須, 而周官之列築氏·冶氏等職也. 苟有授其秘者, 斯可不吝千金耳"(鄭友容『密巖遺稿』卷4, 「與通信副使李校理書」, 장12뒤; 안대회, 같은 곳).

34 "鑄劍之法亦至精至密, 其利刃則必歷屢世經百年而乃成. 國中儒士輩皆自鑄佩刀"(元重擧『和國志』卷3, 「兵器」, 406면; 박재금 옮김, 352면).

35 佐藤武敏, 「中國古代工業史の硏究」, 東京: 吉川弘文館 1962, 10~29면.

36 '궁실(宮室)'이란 원래 궁정이나 왕실의 건물을 뜻하지만 일본 사행록에서는 궁정, 저택, 민가, 사찰 등 건축물 일반을 가리키는 말로 쓰였다.

37 "宮室之制, 務爲朴素淨潔, 不施丹艧, 不以土完壁, 皆用板以粧. 亦不設窓戶以開閉, 只用如屛障之帖, 以爲遮蔽. (…) 寺利最爲宏大壯麗, 而內飾金銀, 外或板蓋, 其板蓋之狹小, 不過如夫瓦之剖半者, 而綜錯蓋覆, 極其精緻"(李景稷『扶桑錄』, 정사년 10월 18일조; 『국역 해행총재』 III, 145면).

38 "蓋其營造之制, 必先立前面列楹, 次結橫梟, 與左右傍舍, 無廣狹參差, 然後漸次結
構, 故其間架之度, 不差尺寸. 屏皆六帖, 而必稱於一間. 席皆一樣, 而一間所布, 亦有定
制, 故路傍列屋, 直如繩墨, 雖移屏席, 設於它屋, 無小泑合"(南龍翼『聞見別錄』, 風俗,
「宮室」;『국역 해행총재』VI, 88면).

39 실제로는 지역마다 다다미의 크기에 차이가 있었다(『和漢三才圖會』卷32,「家飾
具」'畳席' 항목 참조).

40 "一間之廣, 皆爲三步, 而一國皆同, 無毫髮差爽, 每間鋪茵席三張, 又無差爽. 是以障
子與茵席, 或缺其一, 則雖置於他方而補之, 皆如合符, 國中所用尺度之精, 可知也"(申
維翰『海遊錄』下,「聞見雜錄」;『국역 해행총재』II, 46~47면).

41 "一國之權衡斗斛尺度毫髮不差, 凡爲王宮民舍間架如一, 銀錢穀帛料量如一"(申維翰
『靑泉集』卷4,「奉送通信正使洪公啓禧往日本序」, 한국문집총간 200, 307면).

42 "長廣如一, 若一隻破傷則卽買於市間, 而易之亦無毫釐之差"(洪景海『隨槎日錄』卷
上, 장8앞~뒤).

43 "俗稱다담이堂, 制極精巧"(洪景海『隨槎日錄』卷上, 장8뒤).

44 "命采曰: '渠國之所鋪多淡云者, 卽我國登每之類, 而厚則過之, 屢月居處, 不至甚難,
其法儘好矣.' 啓禧曰: '彼中法制, 一定不易, 屋宇尺寸整齊, 如一室中所鋪之席, 厚於
登每, 稱以多淡, 其廣三尺, 長六尺, 屋制間架, 有鋪二席者, 有鋪三四席五六席者, 而席
則無變, 一席缺, 則求諸市中而補之, 亦略合而無過不及, 窓戶亦然矣.' 上曰: '然則律
度量衡甚均, 可謂夷狄之有君也.'"(『承政院日記』, 영조 24년 8월 5일).

45 "所鋪茶毯, 所設板檽, 取之於市, 無不中於尺寸柄鑿, 以其度矩之一也"(南玉『日觀
記』,「總記」, 宮室; 김보경 옮김, 577면).

46 박제가의 이 글은 하우봉『조선후기 실학자의 일본관 연구』, 일지사 1989, 147면에
서도 언급된 바 있다. 또 임형택은 박제가의『북학의』에서 일본의 사례가 거론됨을
지적하면서 기술발전을 제창한 연암학과 문인들에게 일본 기술에 대한 지식이 일정
하게 영향을 끼쳤음을 밝혔다(임형택「계미통신사와 실학자들의 일본관」,『창작과
비평』85, 창작과비평사 1994, 330면).

47 "日本宮室有銅瓦木瓦之等, 而其一間之闊狹·窓戶之尺數, 上自倭皇闕白下至小民無
異. 假如一戶有闕則人皆貿於市, 如移家屏障床卓之屬, 若合符節, 不意周官一部却在
海島中也"(朴齊家『北學議』內篇,「通江南浙江商舶議」, 李佑成 編『楚亭全書』下, 아
세아문화사 영인, 1992, 465~66면; 안대회 옮김, 2003, 70면).

48 "今我國俗度數皆譌, 尺度量衡, 家殊而市異. (…) 嗚呼, 此豈小事而不之檢察也哉. 日
本明於度數, 猶有周官遺意"(『靑莊館全書』卷7,『禮記臆』, 한국문집총간 257, 129면).

49 "至於水戰, 則最憚我國戰船, 不敢抵當云"(慶暹『海槎錄』, 정미년 7월 17일조;『국역 해행총재』 II, 334면).

50 "船之制, 曲盡奇巧, 裝以板壁, 被以黃金, 蓋以木板, 着以黑漆, 鋪陳器具, 窮極奢麗, 畫壁丹靑, 眩亂人目"(姜弘重『東槎錄』, 갑자년 11월 15일조;『국역 해행총재』 III, 204면).

51 "其所謂畫船者, 皆造層閣, 飾以黃金, 圍以繡幕, 奢侈無比"(黃㦿『東槎錄』, 병자년 11월 10일조;『국역 해행총재』 IV, 355면).

52 趙絅『東槎錄』, 「畫舫樓船說」;『국역 해행총재』 V, 9~11면.

53 "觀其船制, 輕快精巧, 左右設二十五櫓, 或設三十櫓, 而比我國戰船, 不及遠矣. (…) 若下陸則難制矣"(金世濂『海槎錄』, 병자년 11월 4일조;『국역 해행총재』 IV, 61면).

54 "亦極精麗, 而堅固則不及我國之船遠甚"(南龍翼『聞見別錄』, 風俗, 「器用」;『국역 해행총재』 VI, 96면).

55 "如我國戰艦而差小, 制極巧侈, 左右設紫幔, 上設五色斑爛幕, 舡頭設儀仗弓釼鳥銃之屬, 皆以錦韜之"(洪景海『隨槎日錄』 卷上, 장11뒤).

56 "阿蘭陀舡制極巧, 日本人嘗謂: '南京商舶精巧而不及於阿蘭陀, 日本則不及南京, 朝鮮舡制最踈闊'云"(洪景海『隨槎日錄』 卷上, 장28앞~28뒤).

57 "若兼有兵器則所向當無敵矣. 我國水操以統營爲首, 而視此則不翅兒戲云"(洪景海『隨槎日錄』 卷上, 장33뒤~34앞).

58 "大抵舡制極其奇巧, 板內外皆髹漆如鑑, 舡頭舡尾雕刻龍鳳形被以金"(洪景海『隨槎日錄』 卷上, 장50앞~50뒤).

59 일본의 조선술 및 포경술(捕鯨術)에 대한 계미통신사 사행원들의 인식에 대해서는 선행연구에서도 검토된 바 있다(金東哲「通信使がみた近世日本の産業と技術」, 松原孝俊 編『グローバル時代の朝鮮通信使研究: 海峽あれど國境なし』, 福岡: 花書院 2010, 83~92면).

60 "以水爲國使船如馬. 船制至輕而堅, 無絲毫之罅, 初不待襦衲而備漏, 見我船之朴陋皆笑之, 可與陸戰, 不可與水戰"(南玉『日觀記』, 「總記」, 舟楫; 김보경 옮김, 594~95면).

61 원중거가 일본의 조선술에 관심을 가진 배경에 일본의 침략에 대비하려는 의도가 있었다는 점은 선행연구에서도 지적된 바 있다(박재금「원중거의『화국지』에 나타난 일본인식」,『한국고전연구』 12, 한국고전연구학회 2005, 223면;「원중거의 일본체험, 그 의의와 한계:『화국지』를 중심으로」,『한국한문학연구』 47, 한국한문학회 2009, 184면). 또 박채영「현천 원중거의 통신사행록 연구」, 이화여자대학교 석사논

문 2009, 28~29면에서도 배에 대한 원중거의 관심이 언급된 바 있다.

62 "民戶日繁而生理若是艱甚, 若其制船之能十倍我人, 前頭之憂亦恐不細矣"(元重擧 『乘槎錄』, 계미년 10월 17일조; 김경숙 옮김, 82면).

63 "舟楫之精巧, 吾恐天下無如日本者. 彼其侵犯中國, 凌侮吾邦者, 恃其舟楫與鳥銃 也"(元重擧 『和國志』 卷2, 「舟楫」, 392면; 박재금 옮김, 343면).

64 "今之論南邊事者莫不以舟楫爲先. 故余於舟楫條加詳, 又附己見說難焉, 覽者宜詳 之"(元重擧 『和國志』 卷2, 「舟楫」, 393면; 박재금 옮김, 343면).

65 元重擧 『乘槎錄』, 갑신년 4월 16일조; 김경숙 옮김, 435~36면.

66 "蓋船材船匠皆聚大坂, 而船案又密, 非大坂奉行烙印者不許擅行四海, 犯者斬"(元重 擧 『和國志』 卷1, 「風俗」, 53~54면; 박재금 옮김, 66면).

67 "其手法至精至密, 亦必潛心細察, 屢經刀削, 而其着釘之際, 必相與呀呀稱好, 然後下 手, 夫其用功如此疲精如此"(元重擧 『和國志』 卷2, 「舟楫」, 384면; 박재금 옮김, 336면).

68 "國中無戰船之別造者, 有急則海舟商船皆戰器也. 平時隷於籍, 聞警作綜而出, 故國 中船籍最明"(元重擧 『和國志』 卷2, 「舟楫」, 387면; 박재금 옮김, 339면).

69 元重擧 『和國志』 卷2, 「舟楫」, 389~90면; 박재금 옮김, 340~41면.

70 "大抵我國戰船, 案附雖錄尺數, 任事者每以體大相尙, 其實比案附類, 皆長大, 又其取 材多在於春夏, 木理不堅, 其造船器械則只用耳斧龘斬, 縫縫則例用稿索埴塞. 戰船卽 人命所寄, 邦國安危所仗, 而鹵率若此. 念之每覺寒心"(元重擧 『和國志』 卷2, 「舟楫」, 391면; 박재금 옮김, 342면).

71 "夫舟船者所以救溺. 今削木不精, 隙水常滿, 舟中之脛如涉川然, 旣而棄之, 日費一 人之力"(朴齊家 『北學議』 內篇, 「船」, 李佑成 編 『楚亭全書』 下, 아세아문화사 영인 1992, 439면; 안대회 옮김, 39~40면).

72 "甲申通信使回還時, 使工學其法而來. 丙戌渡海, 譯官始用此製, 水入兩間, 舟覆, 百 餘人皆死. 盖裝治不如倭人之精緻故也"(『靑莊舘全書』 卷53, 『耳目口心書』 6, 한국문 집총간 258, 470면; 『국역 청장관전서』 제8권, 278면).

73 "所宜察唯器物精巧及諸調鍊之法, 而此編略於是爲可歎. 然我人漂至彼者, 彼皆造新 船送回, 其船制絶妙, 而到此我皆槌碎之, 不欲移其法"(丁若鏞 『與猶堂全書』 第一集, 『詩文集』 第十四卷, 「跋海槎聞見錄」, 한국문집총간 281, 307면; 정약용 『다산시문집』 VI, 민족문화추진회 1981, 182면).

제7장

1 사절들이 역관들의 일본어 실력을 문제시했다는 점은 이미 선행연구에서도 지적된

바 있다(李元植『朝鮮通信使の研究』, 思文閣出版 1997, 467~73면; 池內敏『絶海の
碩學: 近世日朝外交史研究』, 名古屋: 名古屋大學出版會 2017, 312~17면).

2 "交隣惟在譯舌, 而近來倭譯, 全不通話. 以今番使行言之, 苟簡特甚"(『承政院日記』, 영
조 24년 8월 5일).

3 "譯官名雖倭譯, 實不解倭語. 且大事則有文字, 小事則有草梁通事, 言語相通不必爲譯
官憂也"(元重擧『乘槎錄』, 6월 14일 쓰시마에서 기록한 글; 김경숙 옮김, 535~36면).
『승사록』 갑신년 6월 14일의 일기 뒤에 쓰시마에 도착한 원중거가 일본에서 견문한
일을 정리하여 쓴 기록이 있다(김경숙 옮김, 520~55면 참조). 이 책에서는 이 글을
편의상 '6월 14일 쓰시마에서 기록한 글'이라 표기했다.

4 "語音繁碎噍急, 私語剌剌, 如鳥雀之啾噪, 不惟我國譯學通事之不能曉, 大坂以西·西
京·江戶等處語, 馬州之倭, 多未通解, 不如筆語之詳, 以譯探情, 其亦踈矣"(南玉『日觀
記』, 「總記」, 語音; 김보경 옮김, 601면; 池內敏, 앞의 책 316면).

5 "自古九州之內, 風土雖異, 未有因方言而別爲文字者, 唯蒙古·西夏·女眞·日本·西蕃
之類, 各有其字, 是皆夷狄事耳, 無足道者"(『世宗實錄』, 24년 2월 20일).

6 "無男女皆習其國字"(申叔舟『海東諸國記』, 「國俗」; 『국역 해행총재』 I, 98~99면).

7 "國字號加多干那凡四十七字"(같은 곳).

8 山口明穗·坂梨隆三·鈴木英夫·月本雅幸『日本語の歷史』, 東京: 東京大學出版會
1997(山口明穗 집필), 40~42면.

9 "其諺之雜用文字者酷似我國吏讀, 不雜文字者, 酷似我國諺文"(姜沆『看羊錄』, 「賊中
封疏」, 한국문집총간 73, 93면; 『국역 해행총재』 II, 122면).

10 "倭人之號爲能文者, 只用諺譯, 文字則了不能知"(같은 곳).

11 "惟僧徒讀經書知漢字"(申叔舟『海東諸國記』, 「國俗」; 『국역 해행총재』 I, 98~99면).

12 "惟倭僧多解文字者, 性情與凡倭頗異, 姍笑將倭之所爲"(姜沆『看羊錄』, 「賊中封疏」,
한국문집총간 73, 93면; 『국역 해행총재』 II, 122면).

13 "其所所將者, 無一人解文字. (…) 武經七書, 人皆印藏, 而亦未有通讀半行者"(姜沆
『看羊錄』, 「詣承政院啓辭」, 한국문집총간 73, 125면; 『국역 해행총재』 II, 199면).

14 "其俗有別用文字"(南龍翼『聞見別錄』, 風俗, 「文字」; 『국역 해행총재』 VI, 86면).

15 통신사절들의 일본어, 특히 일본 고유 한자어에 대한 정보가 축적된 과정에 대해
서는 송민 「朝鮮通信使의 日本語 接觸」, 『어문학논총』 5, 국민대학교 어문학연구소
1986에서 자세하게 검토된 바 있다. 일본에 고유 한자어가 있다는 사실은 이전의 사
행원들도 단편적으로나마 지적한 바 있다. 이에 대해서는 같은 글 39~40면 참조.

16 "目出度三字爲尉賀之謂. (…) 雞曰庭鳥"(南龍翼『聞見別錄』, 風俗, 「文字」; 『국역 해

행총재』VI, 86면).

17 元重擧『和國志』卷2, 「倭字」, 333~34면; 박재금 옮김, 282~85면.

18 "余在客館, 見有所贖者, 多書以御筆御扇御用紙御菓子之類. 初甚驚骇, 欲却之. 譯官曰: '倭俗如此, 本非僭濫, 却令改書, 則不可勝改.' 因笑而置之"(申維翰『海遊錄』下, 「聞見雜錄」;『국역 해행총재』II, 66면).

19 "所館之門貼以小紙, 書以某使御宿四字. 盖其國俗, 凡於尊敬處, 則必下御字云. 卽使下輩去其貼紙, 招舌官, 使之言于護行倭, 此後則勿書御字"(曺命采『奉使日本時聞見錄』, 무진년 2월 17일조;『국역 해행총재』X, 23면).

20 "背北而有佛寺, 初欲入. 見紙牓書: '護行長老樣御所'. 盖樣是前字之意, 御是尊字之意. 旣知其爲酊僧所次, 則入見有不便, 故還出投繞山"(元重擧『乘槎錄』, 계미년 11월 16일조; 김경숙 옮김, 133면).

21 "其國以御字殿字, 用於我人下官之次舍, 至於溷厠, 則字義未必知當用不當用"(南玉『日觀記』, 갑신년 2월 17일조; 김보경 옮김, 414면).

22 "盖八道六十六州, 雖歸於武州一統, 其諸城諸府又各自稱國稱君"(元重擧『和國志』卷2, 「各州氏族食邑總錄」, 293면; 박재금 옮김, 250면).

23 "渠所謂國, 所謂君, 所謂世子, 所謂侍讀授經, 非倭皇關白, 乃各指其州之太守, 置官立名而言, 夜郎自尊. 非獨君長, 六十州小酋, 皆自王其州, 臣其民, 尤可笑也"(南玉『日觀記』, 계미년 12월 12일조; 김보경 옮김, 292면).

24 오산문화의 성립, 외교승(外交僧)으로서의 역할, 오산승이 일본 문화에 끼친 영향 등에 대해서는 島尾新 編, 小島毅 監修『東アジアのなかの五山文化』, 東京: 東京大學出版會 2014 참조.

25 "聞倭僧頗識字, 琉球使亦嘗往來云. 爾等若與之相値, 有唱酬等事, 則書法亦不宜示拙也. 爾等其留念乎"(金誠一『海槎錄』二, 「贈寫字官李海龍幷序」;『국역 해행총재』I, 238면).

26 "比入倭都, 求者雲集, 館門如市. 一行亦苦之, 或閉關以拒之, 則攀樹登墻, 猶恐或後. 如是者積數月不止, 海龍今行, 所書者未知凡幾紙也"(같은 곳).

27 金誠一『海槎錄』二, 「贈寫字官李海龍幷序」;『국역 해행총재』I, 240면.

28 猪口篤志『日本漢文學史』, 東京: 角川書店 1984, 231~32면 참조.

29 "國俗以勇銳爲高致; 以劍槍爲能事. 專務戰陣, 不事文敎"(慶暹『海槎錄』, 정미년 7월 17일조;『국역 해행총재』II, 337면).

30 "近年有以文聚徒者, 一年之內, 幾至千百. 國人笑罵曰: '日本兵强, 聞於天下, 倘事文敎, 則兵政解弛, 反爲弱國', 排而擯之"(慶暹『海槎錄』, 정미년 7월 17일조;『국역 해행

총재』II, 337~38면).

31 실제로 일본의 무사들은 학문에 관심이 없었다. 이에 대해서는 와타나베 히로시, 박
   홍규 옮김『주자학과 근세일본사회』, 예문서원 2007, 24~41면 참조.

32 "其國之俗, 本不爲文, 上自天皇, 下至衆庶, 無一人識字者. 凡百文書, 唯僧主之. 國中
   通用之文則只有所謂諺書而已. 其俗猶知文字可貴, 屛壁之上, 喜付草書, 以此持紙求
   書者, 盈滿道路, 而最喜者眞草也. 至於閭巷間小兒輩, 亦知其可貴, 如見片紙隻字之墜
   地者, 爭相拾取佩紐, 恐或失之"(姜弘重『東槎錄』,「聞見總錄」;『國譯 海行總載』III,
   285면).

33 "國中印行冊板, 多取我國書籍反刊者, 太半得於壬辰西搶, 市肆書籍, 充牣亦多. 唐本
   冊價甚高"(金世濂『海槎錄』,「聞見雜錄」,『해행총재』IV, 171면).

34 中根勝『日本印刷技術史』, 東京: 八木書店 1999, 121~23면 참조.

35 "徒跣方爲禮, 輕生始道豪. 維東有文士, 往往愛風騷"(申濡『海槎錄』,「江戶雜詩」;
   『國譯 해행총재』V, 193~94면).

36 "僧徒外稱爲文士者, 必刺髮, 或稱法印, 而實非僧人也"(南龍翼,「聞見別錄」, 風俗
   「文字」;『國譯 해행총재』VI, 87면).

37 "中國書籍幾盡流布, 解之者絶少, 而向慕之情, 則上下同然. 如得我國人隻字片言, 則
   寶藏而傳玩之"(같은 곳).

38 "貞簡號順菴. (…) 野節號鶴山. (…) 柳順剛號雪溪"(洪禹載『東槎錄』, 임술년 9월
   11일조;『國譯 해행총재』VI, 207면).

39 近藤春雄『日本漢文學大事典』, 東京: 明治書院 1985, 170면, '木下順菴' 항목 참조.

40 『正德和韓唱酬錄』(金澤市立圖書館所藏); 片倉穣『日本人のアジア観: 前近代を中
   心に』, 東京: 明石書店 1998, 299면.

41 "我人之於日本, 鱗介畜之, 卽無論事大小, 略不加意, 此甚可懼. 夫以日本數千里之地,
   而豈無一人. 余故嘗飭同行唱酬之際, 不可爲誕率語, 以取笑於遠人. 彼接我也, 外若敬
   謹, 內則深察. 及使歸, 文之佳惡, 人之長短, 無不評論, 爲書傳布其國中, 以余不敏, 誠
   恐其不免, 至今思之, 未嘗不汗出也"(洪世泰『柳下集』卷9,「送李重叔往日本序」, 한국
   문집총간 167, 472면).

42 "其時使臣及製述官書記諸篇具在, 隻字片談, 纖悉無遺, 諸倭倡和之辭, 亦皆附
   錄"(申維翰『海遊錄』中, 기해년 11월 5일조;『國譯해행총재』I, 560면).

43 "然計於一朔之內, 剞劂已具, 倭人喜事好名之習, 殆與中華無異"(申維翰『海遊錄』
   中, 기해년 11월 5일조;『國譯 해행총재』I, 561면).

44 "今看文敎方興, 深有望於一變之義也"(任守幹『東槎日記』,「江關筆談」;『國譯 해행

총재』IX, 238면).

45 "不佞常以爲貴邦一尙武之國, 今來見之, 則文敎甚盛, 誠可奉賀"(任守幹 『東槎日記』,「江關筆談」;『국역 해행총재』IX, 240면).

46 "儒生輩或有涉獵經史, 博通古今者. 而作詩未工, 語多不成, 行文稍勝, 而亦昧蹊逕"(任守幹 『東槎日記』,「聞見錄」,『해행총재』IX, 280면).

47 "倭人文字之癖, 輓近益盛, 艶慕成群, 呼以學士大人, 乞詩求文, 塡街塞門. 所以接應彼人言語, 宣耀我國文華者, 必責於製述官, 是其事繁而責大"(申維翰 『海遊錄』서문;『국역 해행총재』I, 365~66면).

48 제술관의 성립에 대해서는 장순순「朝鮮後期 通信使行의 製述官에 대한 一考察」,『全北史學』13, 전북사학회, 1990 참조.

49 신유한의 이 기록은 선행연구에서도 검토된 바 있다(김태준「유교적 문명성과 문학적 교양: 신유한의 일본일기『해유록』을 중심으로」,『동방문학비교연구총서』1, 한국동방문학비교연구회 1985, 778~79면). 여기서는 일본인의 문자생활에 대한 인식사(認識史)라는 관점에서 신유한의 기록이 역사적으로 어떤 의미를 가지는지를 검토한다.

50 "俗喜書畫, 貴家閭民雖不識字者, 必求中華人書畫作屛幛, 以爲珍貨. (…) 日本人求得我國詩文者, 勿論貴賤賢愚, 莫不仰之如神仙, 貨之如珠玉. 卽廝人廝卒目不知書者, 得朝鮮楷草數字, 皆以手攢頂而謝. 所謂文士, 或不遠千里, 而來待於站館, 一宿之間, 或費紙數百幅, 求詩而不得, 則雖半行筆談, 珍感無已. 蓋其人生長於精華之地, 素知文字之可貴, 而與中華絶遠, 生不見衣冠盛儀. 居常仰慕朝鮮, 故其大官貴游, 則得我人筆語, 爲夸耀之資, 書生則爲聲名之路, 下賤則爲觀瞻之地. 書贈之後, 必押圖章以爲眞蹟, 每過名州巨府, 應接不暇"(申維翰 『海遊錄』下,「聞見雜錄」;『국역 해행총재』II, 63~64면).

51 "屋主之侄子忠五郞, 年今十三, 穎悟可愛. 問其所業, 方讀論語第三卷云"(曺命采『奉使日本時聞見錄』, 무진년 7월 2일조;『국역 해행총재』X, 213면).

52 "求詩者日日沓至, 酬應難支, 而渠輩執贄之詩, 奇奇怪怪, 不得不以應卒爲事. 前置印朱圖章, 使得詩者印去, 紛紜爭先, 換着甚多. 蓋使行過去之後, 則江戶之人, 搜聚沿路唱酬之詩, 皆卽刊行, 而此輩以得參其中爲極榮, 無圖章之詩, 則拔而不錄, 故如此云"(같은 곳).

53 "蠻士不惟覓詩, 詩必求自書, 又必求圖章, 酬詩之餘, 一一繕寫, 一一印章. 尤致紛亂無暇, 以素昧雕題之人求無與無味之作, 而又其韻字率多有怪怪不可押者若是, 應酬其可有半分合意, 而傳之蠻夷之邦, 至於刊印而壽之, 尤可駭恥. 弊風相襲, 不知矯

正, 深爲之慨歎. 是日唱酬又達鷄"(南玉『日觀記』, 갑신년 1월 23일조; 김보경 옮김, 358면).

54 "問貴國人必求朝鮮筆, 何用? 對以國俗貴大邦文翰, 男女未婚者, 多貯朝鮮書, 則易爲婚, 嫁女之産難者, 亦或以此已之云. 良可笑也"(南玉『日觀記』, 계미년 11월 6일조; 김보경 옮김, 252면).

55 "日本人得我人書付璧, 則災消福來云"(吳大齡『溟槎錄』, 갑신년 1월 12일조).

56 "終日接客多筆談, 其問目數十紙, 盖八十餘人"(元重擧『乘槎錄』, 갑신년 1월 22일조; 김경숙 옮김, 238면).

57 "吾四人坐次, 別設於正樓北廣廈, 屋卽新建, 高不及正樓, 其廣過之, 膀日筆談之間"(元重擧『乘槎錄』, 갑신년 1월 22일조; 김경숙 옮김, 239면).

58 "其文士則一入我席, 眞有登龍之喜, 或得一言相及, 則便喜動顔色, 在傍者爲之歆艷. 雖操詩而至, 本無意於誇能競才也, 以爲非此則不能籍手相而見也. 其來我人詩筆不論工拙, 有得則喜, 一預唱酬, 則便爲知名之士, 或得一言之褒, 則聲價歷數世而彌增. (…) 勿論我旗卒使令, 名以我人, 則求書苦懇, 或以諺書文給, 則亦喜而盖求"(元重擧『乘槎錄』, 갑신년 3월 10일조; 김경숙 옮김, 371~72면).

59 기온 난카이에 대해서는 杉下元明『江戶漢詩』, 東京: ぺりかん社 2004, 35~54면 참조.

60 "大抵國中之人聰明早成, 四五歲能操毫, 十餘歲以長, 則咸能作詩, 女子之能詩能書者甚衆, 殆若唐人之詩, 外無餘事, 雖謂之海中文明之鄕, 不爲過矣"(元重擧『和國志』권2, 「詩文之人」, 330면; 박재금 옮김, 281면).

61 "今觀其俗, 不以文用人, 亦不以文爲公事, 關白以下各州太守百職之官, 無一解文者. 但以諺文四十八字, 略用眞書數十字雜之, 爲狀聞敎令, 爲簿牒書簡, 以通上下之情, 國君之導率如此"(申維翰『海遊錄』下, 「聞見雜錄」; 『국역 해행총재』 II, 67~68면).

62 "聽其音譯, 則山川地名六甲五行人之姓名職號, 皆以方言釋而呼之. 其爲字音, 又無淸濁高低, 欲學詩者, 先以三韻, 積年用工, 能辨某字高某字低, 然後苟合成章"(申維翰『海遊錄』下, 「聞見雜錄」; 『국역 해행총재』 II, 68면).

63 "其爲讀書, 不解倒結先後之法, 逐字辛苦, 下上其指, 然後僅通其義. 如馬上逢寒食, 則讀逢字於寒食之下, 忽見陌頭楊柳色, 則讀見字於楊柳色之後, 文字之難於學習, 又如此"(같은 곳).

64 "雖有高才達識之人, 用力之勤苦, 視我國當爲百倍, 所以文人韻士, 閱世無聞, 而其間一二操觚之輩, 亦無由揚其聲於國中矣"(같은 곳).

65 "所謂行文頗勝, 而猶昧蹊徑. 詩則尤甚無形, 多有强造語"(南龍翼, 「聞見雜錄」, 風俗,

「文字」; 『국역 해행총재』 VI, 87면).

66 "皆拙朴可笑"(申維翰 『海遊錄』上, 기해년 8월 3일조; 『국역 해행총재』 I, 432면).

67 "而使之爲歌行律語, 則平仄多乖, 趣味全喪, 爲我國三尺童子所聞而笑者. 使之爲序記雜文, 則又盲蛇走蘆田, 法度與詞氣, 無一可觀, 是豈人才有定限而然哉. 其土風與政敎, 有以拘之也"(申維翰 『海遊錄』下, 「聞見雜錄」; 『국역 해행총재』 II, 69면).

68 "貴國讀書音譯甚卑, 似難曉識. 是以諸文士倡和筆談, 文理脈絡多有不可解者, 蓋坐於聲律之未閑. 此與中國遠, 故其風音自別, 馬州雨森東及松浦儀二君子, 其諸文固是絶才, 今世之不易得也, 見其人, 皆說漢音. 未見足下, 先得「仙人篇」, 絶驚有古調, 疑其曉漢音, 而及見之, 聽言語, 乃信然, 又知非當代之人也"(『客館璀璨集』, 後篇 13a, 大阪府立中之島圖書館 소장본. 번역은 박희병 외 『통신사의 필담』(서울대학교출판부 간행예정)을 사용했고 필요에 따라 필자가 일부 수정했다. 이하 필담 인용시에도 마찬가지 방식을 취한다).

69 키노시따 란꼬오에 대해서는 石崎又造 『近世に於ける支那俗語文學史』, 東京: 弘文堂書房 1940, 136~37면 참조.

70 "木生の詩, 我邦人の口氣に似ざるは, 能く音韻を解する故なり"(東条耕子藏 『先哲叢談續篇 二』卷七, 「木蘭皐」, 國史研究會 1917, 46면).

71 "東都有物茂鄕號徂徠者, 余師事之有年矣. 雖然經術文章未曾窺楷梯也. 華音亦略記一二耳. 惶愧惶愧"(『蓬島遺珠』, 前篇 9b~10b, 大阪府立中之島圖書館 소장본).

72 "玄洲: '貴國讀書音與俗問語, 異同如何?' 耕牧子: '吾邦俗語各因習俗而不同, 六經則以吾邦諺文釋其義, 以敎小兒. 然吾國俗讀書之法, 有音釋及吐, 音則正經, 釋則從俗語, 吐亦俗音耳.'"(같은 곳).

73 한문 학습에 대한 아메노모리 호오슈우의 견해는 이종묵 「한시의 보편적 가치와 조선후기 중국 문인과의 시문 교류」, 『한국시가연구』 30, 한국시가학회 2011에 언급되어 있다.

74 "書莫善於音讀, 否則字義之精粗, 詞路之逆順, 何由乎得知. 譬如一助語字, 我國人目記耳, 韓人則兼之以口誦音讀故也, 較之我國人大差"(雨森芳洲 『芳洲先生文抄』卷之二, 「音讀要訣抄」, 泉澄一・中村幸彦・水田紀久 編 『芳洲文集: 雨森芳洲全書 二』, 關西大學東西學術研究所資料集刊 11-2, 京都: 關西大學出版 1980, 113면).

75 "韓人敎人讀書, 先以音讀, 此一層也. 待稍熟以反言敎之, 如我國人訓讀上下成讀, 使知文意, 此二層也. 已熟又敎以音讀, 至於背誦而後已, 此三層也. 故初學者, 卒業之書, 未嘗不背誦, 非我國人大學一篇, 或不能誦, 相去遠矣"(같은 글 115면). 이 글은 이종묵 「조선시대 여성과 아동의 한시 향유와 이중언어체계(Diaglosia)」, 『震檀學報』

104, 2007, 193면, 각주 36번에서 언급된 바 있다.

76 "韓人直以國音, 我國人國音不可音讀, 故假音於唐, 難記難熟比之韓又甚矣"(같은 글 116면).

77 호오슈우는 중국 발음으로만 한문을 배우는 것과 훈독으로만 한문을 배우는 것 양자 모두에 비판적인 태도를 보였다. 이에 대해서는 다음의 글을 참조.

"人皆欲知唐音, 唯長崎人以訓讀爲便, 各陷於一偏之見, 不能據理透徹, 學唐音者須知其故. 今井小四郞從幼親炙朱之瑜, 後爲水戶府文學, 深通唐音, 做文敏捷. 余少年時, 問其弟子, 曰: '四郞讀書, 專用唐音耶?' 答曰: '固用唐音, 訓讀亦不廢. 意者此乃學唐人中之傑然者也. 韓人亦是如此, 惟恨我等學唐之人, 不能如韓人之用其國音而直讀之也. 究竟韓人亦不能變唐人, 何況我人乎?'"(雨森芳洲『橘窓茶話』下, 장21뒤~장22앞, 서울대학교 도서관 소장본).

78 "物雙栢以爲, '倭讀書有釋無音, 倒讀爲音, 文不逮華. 職此之故敎以華音讀書.' 蓋國不貢聘, 不置華譯, 而商船常至能解華語. 故讀書者率多以華音, 有知識者不能華語者鮮矣"(南玉『日觀記』,「總記」, 稱號; 김보경 옮김, 606면).

79 『역문전제』의 서문은 『荻生徂徠全集』第二卷, 言語篇, 東京: みすず書房 1974, 3~15면에 있다.

80 今中寬司『徂徠學の史的研究』, 思文閣出版 1992, 32~37면 참조.

81 "大抵旁印渠音可惡"(南玉『日觀記』,「總記」, 書畫; 김보경 옮김, 583면).

82 "近世物雙栢眩惑一世, 立幟號衆, 其文學之開荒, 敎法之醜正, 功罪俱魁如秀吉之於其國"(南玉『日觀記』,「總記」, 文章; 김보경 옮김, 582면).

83 "龍淵見余文附譯曰: '貴邦書冊, 行傍皆有譯音, 此只可行於一國, 非萬國通行之法也. 惟物茂卿文集無譯音, 卽此一事, 可知茂卿之爲豪傑士也.' 余曰: '此適爲示初學已. 丁尾卵毛, 誠可羞也.'"(다이텐, 진재교·김문경 외 옮김 『18세기 일본지식인 조선을 엿보다: 평우록』, 성균관대학교출판부 2013, 355면). 번역은 154면에서 가져왔다. 성대중과 다이멘이 나눈 훈독에 대한 대화는 45~47면 김문경의 해제 참조.

84 "蓋吾邦讀書解文, 一以和語傍譯, 迴旋其讀, 間有注釋, 所費一呼得之者矣, 蓋捷徑也. 唯其捷徑, 故亦迷途不少, 故用力學文, 非倍蓰中華不能也. 方其下詞, 動有失步, 想貴國讀書, 一如中國, 唯其音訛耳. 觀諸公筆語易易, 習與性成, 大與吾人異矣"(같은 책 337면; 진재교·김문경 외 옮김, 115면).

85 지꾸조오 다이멘이 쓴 글은 南玉『日觀記』, 갑신년 5월 5일의 일기에 실려 있다.

86 "文法古雅逼漢"(成大中『槎上記』, 장36앞~36뒤, 갑신년 5월 6일조; 홍학희 옮김, 105면).

87 元重擧『和國志』卷2,「異端之說」, 324~26면; 박재금 옮김, 274~76면.

88 "其國讀書之法, 本有釋而無音, 必逐字指抓爲釋. 如讀馬上逢寒食, 則先指馬字讀以方言, 又指上字讀以方言, 次指寒食讀以方言, 然後方指着逢字而讀以相遇之方言. 而方言極多音拆, 或釋一字至五六七八轉音, 而不能遽解者. 故若讀一百行古文, 則啾啾切切讀至數食頃, 至於字音高下, 則別考韻書知之. 故執筆爲文, 字句倒錯, 意脈不能流通. (…) 茂卿得中華韻書, 以其國諺文註爲華音. 門徒之初來者卽授韻書, 使盡能讀作華音, 然後以華音授以古書. 故受業物氏者皆以華音讀古詩文. 自茂卿以後刊書者, 不復以片假名傍注於刊冊字句"(元重擧『乘槎錄』, 갑신년 3월 10일조; 김경숙 옮김, 350~51면).

89 "非生於中國者, 能文尤難, 以其方言枳之也. 如中州人一言一語, 無非文字, 自孩兒時, 耳所聞, 口所說, 皆有音義. 但不學文之前, 目不辨某字耳. (…) 雖野氓里婦, 聞人讀傳奇, 皆鼓掌喧笑, 但使讀之則不知耳"(李德懋『靑莊館全書』, 卷之52,「耳目口心書」5, 한국문집총간 258, 439면;『국역 청장관전서』8, 민족문화추진회, 솔 1997, 중판, 203면).

90 "故古人男女, 纔四五歲, 先讀『論語』·『孝經』·『烈女傳』等書, 以其口耳皆通, 而目識其字, 只隔些兒耳. 故事半功倍, 如東小兒, 安能初讀『論語』等書也. 如百言之文, 使中國人讀之, 無加無減, 只百言. 東國人則以方言釋之, 百言幾至三四百言, 又有吐幾五六十言, 比中國四五倍. 終年矻矻, 讀得幾書, 故東國人文章識見, 終不及中國"(李德懋『靑莊館全書』, 卷之52,「耳目口心書」5, 439면;『국역 청장관전서』8, 203~04면).

제8장

1 고려 말기부터 조선 전기까지 이루어진 조선 문인과 일본 승려들의 문학교류에 대해서는 李鍾默「朝鮮前期韓日文士の文學交流の樣相について」,『朝鮮學報』182, 朝鮮學會 2002 참조.

2 "文以其無擧業也, 故高者或近古, 卑者多不成理. 詩則大體輕淺. 盖自明人文字流入之後, 詞致多穿鑿, 雙栢又敎以傑驚橫放之體, 以源瑱等文爲學究, 儒名者亦漸盛, 比前則可謂混沌鑿矣"(南玉『日觀記』,「總記」, 文章; 김보경 옮김, 582면).

3 소라이의 생애에 대해서는 尾藤正英『日本の名著 16 荻生徂徠』, 東京: 中央公論社 1974, 16~32면 참조.

4 소라이학과 조선통신사의 관계에 대한 연구들로 다음을 들 수 있다. 박창기「조선시대 通信使와 일본 荻生徂徠門의 문학교류」,『일본학보』27, 한국일본학회 1991; 구지현「徂徠學派와의 만남: 일본 시론의 등장과 대립」,『계미통신사 사행문학 연구』, 보

고사 2006, 280~302면; 「필담을 통한 한일 문사 교류의 전개 양상」, 『동방학지』 138, 연세대학교 국학연구원 2007; 후마 스스무 『연행사와 통신사』, 신서원 2008; 『朝鮮燕行使と朝鮮通信使』, 名古屋: 名古屋大學出版會 2015; 藍弘岳 「朝鮮と徂徠學派」, 『漢文圈における荻生徂徠』, 東京大學出版會 2017; 허경진·박순 「『장문계갑문사(長門癸甲問槎)』를 통해 본 한일 문사의 사상적 차이」, 『일어일문학』 44, 대한일어일문학회 2008; 임채명 「『장문계갑문사(長門癸甲問槎)』의 필담을 통해 본 조일 문사의 교류」, 『日本學硏究』 27, 단국대학교 일본연구소 2009; 이경근 「계미통신사 필담집에 나타난 '완고한 조선'과 '유연한 일본'」, 고일홍 외 『문명의 교류와 충돌: 문명사의 열여섯 장면』, 한길사 2013; 이효원 「1719년 필담창화집 『航海唱酬』에 나타난 일본 지식인의 조선관: 水足屛山과 荻生徂徠의 대비적 시선을 중심으로」, 『고전문학연구』 41, 한국고전문학회 2012; 「荻生徂徠의 「贈朝鮮使序」 연구」, 『韓國漢文學硏究』 51, 한국한문학회 2013; 「荻生徂徠와 통신사: 徂徠 조선관의 형성과 계승에 주목하여」, 『고전문학연구』 43, 한국고전문학회 2013; 임형택 「동아시아 국가간의 '이성적 대화'에 관한 성찰」, 『한국학의 동아시아적 지평』, 창비 2014, 제3장 등 참조. 또 이또오 진사이를 비롯한 고학파(古學派)에 대해서는 하우봉 「정약용의 일본유학 연구」, 『조선후기 실학자의 일본관 연구』, 일지사 1989, 210~67면; 「조선후기 통신사행원의 일본 고학 이해」, 『일본사상』 8, 한국일본사상사학회 2008; 김성준 「18세기 통신사행을 통한 조선 지식인의 일본 古學 인식」, 『동양한문학연구』 32, 동양한문학회 2011; 정혜린 「金正喜의 일본 古學 수용 연구」, 『한국실학연구』 26, 한국실학회 2013; 정은영 「조선후기 통신사행록의 글쓰기 방식과 일본담론 연구」, 부산대학교 박사논문 2014, 147~63면 등 참조. 여기서는 오규우 소라이에 대한 사절들의 인식과 오규우 소라이에게 심취한 일본인에 대한 사절들의 인식을 분리하고 이 두 인식을 대조, 검토함으로써 반감과 기대감이 섞인 사절들의 소라이 인식을 조명하고자 한다.

5 『문사기상』에 대해서는 많은 선행연구가 있다. 박창기 「조선시대 通信使와 일본 荻生徂徠門의 文學交流」, 『일본학보』 27, 한국일본학회 1991; 杉田昌彦 「『問槎畸賞』의 序跋について」, 『季刊日本思想史』 49, 東京: ぺりかん社 1996; 임채명 「『問槎畸賞』의 性格에 대하여」, 『洌上古典硏究』 29, 열상고전연구회 2009; 박상휘 「자료 소개: 『문사기상』」, 『국문학연구』 26, 국문학회 2012 참조. 또 한국어로 번역한 책으로 기태완 역주 『問槎二種 畸賞』, 보고사 2014가 있다.

6 "支離疏之頤隱於齊, 會撮指天, 哀駘它之以惡駭天下. 豈不皆問槎之畸賞乎?"(『問槎二種 畸賞』 上, 序 3b, 국립중앙도서관 소장본).

7 『문사기상』 서문과 『장자』의 비유에 대해서는 杉田昌彦, 앞의 글 74~78면에서 자세

히 검토된 바 있다.

8 "雷霆之奮發也, 則能驚物, 而聾者恬焉, 於文亦然"(『問槎二種 畸賞』跋 1a).

9 핫또리 난까꾸가 쓴 발문 및 그가 사용한 '우레'와 '귀머거리' 비유의 의미에 대해서는 杉田昌彦, 앞의 글 78~81면에서 상세히 검토된 바 있다.

10 "這甚俚語"(『問槎二種 畸賞』上卷 9b).

11 "其詩債可笑也"(『問槎二種 畸賞』下卷 14a).

12 『문사기상』에 실린 소라이의 평어에 대해서는 임채명, 앞의 글 참조.

13 "夫三韓獷狉見稱于隋史, 而不能與吾猿面王爭勝也"(『問槎二種 畸賞』中卷, 35a).

14 "後來廼欲以文勝之, 則輒拔八道之萃, 從聘使東來. 猶且不能勝足下而上之矣"(같은 곳; 杉田昌彦, 앞의 글 82면).

15 임형택 『한국학의 동아시아적 지평』, 163~66면 참조.

16 소라이가 조선 사절에게 부정적 자세를 가진 배경에는 당시 일본 문단에서 자신의 학파들이 배제된 데 대한 불만이 있었다. 이에 대해서는 日野龍夫 『服部南郭傳攷』, 東京: ぺりかん社 1999, 448~52면; 杉田昌彦, 앞의 글 84면 참조.

17 "曩者次公居予塾中, 三年乃歸, 歸五年, 値朝鮮聘使之來也. 舟泊赤關, 其人素稱嫻文學, 於是海內學士, 砥其藝以求一相當. 次公亦且往試之, 則彼淩巡不敢當其鋒, 由此次公名隆隆以起, 諸海內學士莫有不識其名者"(『徂徠集』卷9, 「縣先生八十序」; 『近世儒家文集集成』第三卷, 東京: ぺりかん社 1985, 94면).

18 "朝鮮人ハ一種ノ風習アリテ詩モサンザンナリ. 就中去年来聘ノ韓人イヨイヨワルシ. 君修相手ニモ足ラスト云ヘリ. 南郭モ予カ社中ハ云合テ一人モ出合ズト云レケル"(『文會雜記』第1卷 『日本隨筆全集』第二卷, 東京: 國民圖書株式會社 1927, 560면; 大庭卓也 「朝鮮通信使の文學史的意義」, 『江戶文學と異國情報』, 東京: ぺりかん社 2005, 63면 참조).

19 인용문에서 "한명도 보러 가지 않았다"라고 했는데, 이는 잘못이다. 소라이학파 중에서도 핫또리 난까꾸와 비견될 정도로 이름이 높았던 다자이 슌다이(太宰春臺)는 1719년의 사행원들과 매우 우호적인 태도로 필담을 나누었다. 또 1711년의 사행원들과 시를 수창한 야마가따 슈우난도 매우 우호적이었다. 따라서 소라이학파의 모든 문인이 통신사를 부정적으로 본 것은 아니다.

20 "韓人下里巴曲, 共以敏捷爲才; 我士陽春白雪, 各以精工爲至. 其優劣不論而自分焉. 凡詩章苟不精工, 則雖一日千首, 奚以爲? 不爲難耳"(『鷄壇嚶鳴』, 「鷄壇嚶鳴序」 1b~2a, 大阪府立中之島圖書館 소장본).

21 近藤春雄 『日本漢文學大事典』, 東京: 明治書院 1985, 623면, '松下烏石' 항목 참조.

22 "諸作皆草率無可觀, 可嘆"(洪景海 『隨槎日錄』 卷中, 36b~37a).

23 김인겸, 최강현 역주 『일동장유가』, 보고사 2007, 345면.

24 "戊辰之行, 長門有問槎三小卷. 今行亦欲入梓否. 僕輩所酬例皆膚淺, 若刻之則是刻畫無鹽也"(『長門癸甲問槎』卷之二 19b~20a. 東京都立日比谷圖書館 소장본).

25 "古來聘行, 未有如是紛然竝進者. 少加裁擇, 以惜神氣. 答曰: '此事本非士君子所當爲, 初不爲之可矣. 旣爲之, 安可擇其人而進退之. 使來者缺望.'"(南玉 『日觀記』, 갑신년 2월 6일조; 김보경 옮김, 389면).

26 "或頃刻十篇, 或日過百紙, 雖子建·子安之捷, 其何能一一成章乎. 露醜於殊俗, 傳笑於久遠, 欲以華國者, 適所以辱國; 欲以夸才者, 適所以誣才. 此則不待上奏朝廷, 先通其國, 而直自使行足可斷, 而罷之矣"(南玉 『日觀記』, 「總記」; 김보경 옮김, 611면). 자건(子建)은 삼국시대 위나라의 시인 조식(曹植)을 말한다. 자안(子安)은 당나라 시대의 시인 왕발(王勃)을 말한다.

27 "那波師曾來話, 問儒士不來之故. 答: '此是久淹之地, 必當日日繼至.' 物茂卿以唱酬, 謂非詩道, 聞其風者, 或不來歟"(南玉 『日觀記』, 갑신년 2월 17일조; 김보경 옮김, 413면).

28 "如物雙栢者, 以韓人之詩, 草率不足法, 笑之而不來求. 盖見其酬應潦率之語, 而驅之於一科. 以此知應副蠻人, 宜認而不宜銳也"(南玉 『日觀記』, 「總記」, 書畫; 김보경 옮김, 584면). '認'은 '訒'이라는 뜻이다.

29 "少好讀書, 就時師受業, 壯而師事徂徠物先生名茂卿者, 學古文辭"(『群書一覽』六, 「信陽山人韓館倡和稿」 2b, 國立公文書館 內閣文庫 소장본).

30 "東都有徂徠先生者, 夙務古文辭之學, 非姬公·宣父之書, 不涉於目. (…) 余遊其門, 受其書, 讀之甚驩, 今者執簡之士, 莫不趨風而宗之矣"(『客館璀璨集』 10a~11a, 大阪府立中之島圖書館 소장본).

31 "仁齋沒後, 有徂徠物茂卿, 實海內一人, 僕先師春臺, 乃其高足"(『來庭集』 3b~4b, 國立公文書館 內閣文庫 소장본).

32 "他日若賜頷收電纜, 則公亦恐許徂徠千載一豪傑"(『來庭集』 12a, 國立公文書館 內閣文庫 소장본).

33 "海內靡然嚮慕其明經博文, 不遠千里, 履滿戶外, 有集行于世. 旣卒且二十年矣, 其門人以百數. (…) 有文集盛行于世, 如不佞維翰, 幼有志于物氏之學, 不遠數千里而來, 從諸君子之後, 竊淑艾. 以吾觀之, 吾邦開闢以降, 未嘗有如二先生者也"(『鴻臚傾蓋集』 8b~9a, 東京都立中央圖書館 中山文庫 소장본).

34 "中國書籍幾盡流布, 解之者絶少, 而向慕之情, 則上下同然"(南龍翼, 「聞見雜錄」, 風

俗,「文字」;『국역 해행총재』 VI, 87면).

35 "秋月曰: '貴國百餘年來, 文集以誰爲宗?' 道哉曰: '文集出者, 百年來不可枚擧. 予所見知者, 且藝園翁乎.'"(『泱泱餘響』『龜井南冥·昭陽全集』第一卷, 葦書房 1978, 513면).

36 "此方學者, 不尊奉徂徠之敎者鮮矣"(『長門癸甲問槎』卷之二 13a).

37 "六十六州之人群起, 而速肯之, 至稱茂卿爲海東夫子, 其有若干人稍欲自立, 則群聚而咻之, 使不得自容國中, 勿論遠近貴賤老幼, 只知有物徂徠先生茂卿而已. 令人不覺發咲矣"(元重擧『乘槎錄』, 갑신년 3월 10일조; 김경숙 옮김, 349면).

38 "曩聞先生謂吾國無論經學者, 余甚怪焉. 吾國二十年前有物茂卿號徂徠先生者, 以倡古文鳴"(『班荊閒譚』卷之下 5b, 國立公文書館 內閣文庫 소장본).

39 "徂徠之名, 吾聞之矣. 人則豪傑云, 學則大違義理, 貴邦排斥程朱者, 皆此人之罪也"(같은 책 6a).

40 "日本之人不知有程朱, 吾欲動引程朱以接之, 兄意如何?"(元重擧『乘槎錄』, 갑신년 3월 10일조; 김경숙 옮김, 351면).

41 "座中若有非斥程朱之類, 則正色斥之勿與唱酬, 亦何傷耶?"(같은 곳; 김경숙 옮김, 352면).

42 "自著『論語徵』. 自孟子以下, 一皆詆侮, 至程朱尤甚, 其說比維禎尤極狂戾. 所著詩文多至百餘卷, 一國之人波奔湍赴, 至稱爲海東夫子"(元重擧『和國志』卷2,「異端之說」, 325면; 박재금 옮김, 274~75면).

43 "觀其文, 非不爲自中之雄, 光燄燁然, 辨說宏放"(南玉『日觀記』, 갑신년 3월 2일조; 김보경 옮김, 436면).

44 "文章俊麗, 殆日東第一, 而學術詖僻, 自孟子以下皆加侵侮"(成大中『日本錄』, 장 12앞; 홍학희 옮김, 166면).

45 元重擧『乘槎錄』, 갑신년 3월 10일조; 김경숙 옮김, 350면.

46 "求見徂徠集於師曾, 師曾驚曰: '先生何爲有此言耶?' 曰: '欲窮覰其詖淫邪道所由來之源矣. 且彼是豪傑之士, 直誤入而虛老死, 又流害於後人, 可哀已. 彼若至今尙在, 入來賓筵, 吾當禮待之, 而次攻其所陷而已.' 及見其集後, 曾復問余曰: '何如?' 余聯書奇才奇氣可惜可哀. 曾書曰: '公平之量敬服敬服云矣.'"(元重擧『乘槎錄』, 갑신년 3월 10일조; 김경숙 옮김, 354면).

47 "自築前龜井魯以後, 稍有才辯, 皆尊事物氏. 余則於筆談於詩文, 必稱程朱必擧小學. 彼中儒士初頗抗言不屈, 末或嗫口不言. 若瀧長愷則言姑舍此後當更論云矣"(元重擧『乘槎錄』, 갑신년 3월 10일조; 김경숙 옮김, 353면).

48 "攻朱者多才俊, 主朱者多庸下"(南玉『日觀記』,「總記」, 文章; 김보경 옮김, 582면).

49 "自茂卿以後, 日本文學大振. 始藤原·道春雖稱神童巨擘, 然與我人唱和, 多不成說, 而今江戶人士極盛詩文, 非昔日比, 實茂卿以王·李學倡之也. 王·李雖浮華無實, 我國文章實多賴之, 而今又東渡其效立見, 秦聲能夏. 後之往者, 吾知其必困矣"(成大中『日本錄』, 장12뒤; 홍학희 옮김, 167면).

50 물론 사절들 중에 고문사학에 긍정적인 문인도 있었다. 역관으로 사행에 참여한 이언진(李彦瑱)은 고문사학파의 영향을 받은 인물이다. 이언진은 소라이학파의 미야세 류우몬과 필담을 나누기도 했다. 이에 대해서는 박희병『나는 골목길 부처다』, 돌베개 2010, 53~73면 참조.

51 "今其徒已不無稍稍叛之者, 如彼草蟲燐火之光, 自應消滅"(元重擧『和國志』卷2,「異端之說」, 325~26면; 박재금 옮김, 276면).

52 "余新遊日本來, 其文士方力觀白雪樓諸子文集, 靡然成風, 文章往往肖之. 大凡明無文章, 又無理學, 拋擲明代文章, 倣文做詩, 有何不可哉?"(李德懋『青莊館全書』卷6, 『嬰處雜稿』二,「觀讀日記」10月 癸未).

53 "以其國聰明敏銳之才, 旣知讀古文以華音, 叙言語以文章, 證身心以事爲, 則後之因言綴文, 因文悟道者, 安知无用夷變夏, 變齊爲魯之人也耶. 目今長碕之書日至, 而國中之文風漸盛, 如有才氣復如茂卿者生於國中, 則必有能轉茂卿, 而入正道者矣"(元重擧『乘槎錄』, 갑신년 3월 10일조; 김경숙 옮김, 351면).

54 "天地陽明之氣, 方盛於我國矣. 或恐斯道之更渡東海也. 噫斯道也, 非吾所獨私也, 與彼共之, 庸何傷也耶?"(같은 곳).

55 타끼 카꾸다이는 하기번(萩藩, 지금의 야마구찌현) 출신의 문인으로 처음에 주자학자인 오구라 쇼오사이(小倉尙齋)에게 배운 다음 야마가따 슈우난을 사사하여 소라이학을 배웠다. 1730년에 에도에 가서 소라이의 제자인 핫또리 난까꾸에게 배웠다. 山岸德平『近世漢文學史』, 東京: 汲古書院 1987, 220~28면 참조.

56 타끼 카꾸다이와 계미통신사 사행원들의 교류에 대해서는 구지현『계미통신사 사행 문학 연구』, 보고사 2006, 143~44면 및 198~202면에서 언급된 바 있다.

57 原念齋, 源了圓·前田勉 譯註『先哲叢談』, 東洋文庫 574, 平凡社 1994, 卷8「瀧鶴臺」, 425면.

58 『장문계갑문사』에 대해서는 이미 많은 선행연구가 있다. 허경진·박순「『장문계갑문사(長門癸甲問槎)』를 통해 본 한일 문사의 사상적 차이」,『일어일문학』44, 대한일어일문학회 2008; 임채명「『장문계갑문사(長門癸甲問槎)』의 필담을 통해 본 조일 문사의 교류」,『日本學硏究』27, 단국대학교 일본연구소 2009; 이경근「계미통신사 필

담집에 나타난 '완고한 조선'과 '유연한 일본'」, 고일홍 외『문명의 교류와 충돌: 문명사의 열여섯 장면』, 한길사 2013 등 참조.

59 복희(伏羲), 신농(神農), 황제(黃帝), 요(堯), 순(舜), 우(禹), 탕(湯)을 말함.

60 "凡天地之間, 聖人之道, 莫尙焉. 雖然, 後世之儒者, 以道爲己之私有, 以標同伐異, 貴中國賤夷狄爲務. 是其識見之陋, 不知天地之大者也. (…) 而其國各有其國之道, 而國治民安也. 乾毒有婆羅門法, 與釋氏之道幷行. 西洋有天主敎, 其他如回回敎囉嘛法者, 諸國或皆有之, 作者七人皆開國之君也, 繼天立極者也. 立利用厚生之道, 立成德之道, 皆所以代天安民也. 國治民安, 又復何求? 何必中國之獨貴, 而夷敎之可廢乎? 故君子之道, 成器達材, 以供安民之用"(『長門癸甲問槎』卷之一 24a~25a).

61 "以世儒之貴中國, 而賤夷狄爲小見陋識, 異於天地聖人之道, 此足下志大眼空之論也, 足令曲士咕口"(『長門癸甲問槎』卷之一 27b~28a).

62 "孔子之道, 先王之道也. 先王之道, 安天下之道也"(荻生徂徠『辨道』;『日本思想大系36 荻生徂徠』, 東京: 岩波書店 1973, 200면).

63 "先王之道, 先王所造也, 非天地自然之道也"(荻生徂徠『辨道』;『日本思想大系36 荻生徂徠』, 東京: 岩波書店 1973, 201면).

64 丸山眞男『日本政治思想史硏究』, 東京: 東京大學出版會 1952, 82면 및 91면; 김석근 옮김『日本政治思想史硏究』, 통나무 1995, 195면 및 208면.

65 "道者, 日用事物當行之理, 皆性之德而具於心. (…) 所以不可須臾離也"(『中庸章句』).

66 허경진·박순도 타끼 카구다이와 사행원들의 논쟁을 '정치'를 중요시하는 소라이학의 입장과 '개인윤리'를 중요시하는 주자학의 입장이 대립된 것이라는 관점에서 분석한 바 있다(허경진·박순, 앞의 글 354~57면).

67 후술하겠지만 사상적으로 대립하면서도 그 사람됨을 칭찬하는 자세는 카메이 난메이에게서도 드러난다. 사행원들이 사상적으로 충돌한 일본 문인들에 대해서도 긍정적으로 평가했다는 점은 선행연구에서도 지적된 바 있다(구지현, 앞의 글 280면; 이홍식「1763년 계미통신사의 일본 문화 인식: 현천 원중거를 중심으로」『온지논총』 41, 온지학회 2014, 182면).

68 "長門有瀧弥八者, 博學豪才, 甚善詞藻"(『泱泱餘響』,『龜井南冥·昭陽全集』第一卷, 葦書房 1978, 509면; 구지현, 앞의 글 144면 참조).

69 "龜井別時言, 瀧彌八稍勝, 果於五六蠻士中, 差出一頭"(南玉『日觀記』, 계미년 12월 28일조; 김보경 옮김, 310면).

70 "貌頗魁然, 文亦稍贍"(같은 곳).

71 "瀧鶴臺, 與僕輩三日相對, 歡洽殊深. 愛其風流踈宕, 韻格超爽, 至今四人相對, 未嘗

不言及. 今足下與四明·鶴臺有同調之情, 如見兩人, 實深欣躍"(『歌芝照乘』2a, 國立公文書館 內閣文庫 소장본).

72 "尋去時接引文士, 則瀧長凱獨來, 餘人俱不至"(元重擧『乘槎錄』, 갑신년 5월 21일조; 김경숙 옮김, 501면).

73 "今番亦前期往上關, 以吾輩不下館所, 故無由自通, 只得隨船後以來云"(같은 곳).

74 "瀧長愷復來, 船步筆話移時. 披衣而扇, 長愷遽前摩余腹, 欣然指座隅僧頭者, 曰: '彼國醫也. 可使診公.'"(成大中『槎上記』, 장41앞, 갑신년 5월 22일조; 홍학희 옮김, 115면).

75 "少飮水則益佳"(같은 곳).

76 "午後瀧彌八求見, 故下舟而見之. 略有問目筆談, 欲瞗去時所還硯石, 縷縷懇言, 故受之以紙墨胡桃栢子謝之. 彌八風儀安閑重厚, 不似海外人. 其文識又瞻博. 謂余筆法不俗而不欲以小技自喜, 前日所留之蹟, 已得粧縝玩玩云, 可笑可笑"(元重擧『乘槎錄』, 갑신년 5월 22일조; 김경숙 옮김, 502면).

77 "瀧彌八復來岸上贈別詩, 暫下臨水人家, 語及物茂卿心術學問之誤, 終不以爲然. 余曰: '君所謂傳法沙門, 吾雖老婆心, 切無如之何.'"(南玉『日觀記』, 갑신년 5월 22일조; 김보경 옮김, 507면).

78 "且言: '瀧君去時, 相見幾日, 相酬幾篇, 於心終不能忘. 今以無前事故, 未續舊盟, 是亦有數存於其間.' 瀧獻欷久之"(같은 곳).

제9장

1 "余初以不得見爲恨, 又以語音殊爲恨, 所不恨者, 天下之文同也, 天下之心同也. 文同而心亦同, 言雖不同, 而吾之心可以文曉也"(李陸『靑坡集』卷2,「日本國賴忠使, 送師川首座, 請僧景轍字圓行字說」, 한국문집총간 13, 444면).

2 최영성은 "문화적 차원에서의 중국 중심의 보편문화를 추구하는" 최치원의 문명의식을 '동문의식'으로 정의하여 그의 문학세계를 검토한 바 있다(최영성「崔致遠 사상에서의 보편성과 특수성의 문제: 東人意識과 同文意識을 중심으로」,「동양문화연구」4, 영산대학교 동양문화연구원 2009. 인용한 부분은 104면).

3 이를테면 조익(趙翼)은「송김자시부경서(送金子始赴京序)」라는 글에서 조선이 중국의 예악(禮樂)과 문물을 수용하면서 '동문의 교화'를 입은 결과 중국 문인에게 비견할 만한 선비가 조선에서 배출되었다는 사실을 강조한 바 있다(趙翼『浦渚先生集』29卷, 한국문집총간 85, 523면).

4 이에 대해서는 이종묵「한시의 보편적 가치와 조선후기 중국 문인과의 시문 교류」,

『한국시가연구』 30, 한국시가학회 2011 참조. 이종묵은 이 논문에서 동아시아에서 한시가 동문의식을 바탕으로 한 보편적 가치를 가졌기 때문에 한시 창작능력이 문명의 중요한 기준이 되었다는 사실에 주목하면서 조선과 중국의 문학교류가 어떻게 이루어졌는지를 검토한 바 있다.

5 선행연구에서도 '동문'이라는 말이 갖는 중국중심적인 측면이 지적되었다. 김영환은 언어학적 관점에서 '동문' 및 '동문의식'이라는 개념을 분석했다(김영환 「유학적 모화에 따른 동문·방언 의식에 관하여」, 『한글』 284, 2009). 그는 동문이라는 말은 "중국과 같은 제도와 문물을 채용하여 중화에 동화된다는 뜻"(194면)이라고 하여 동문의식의 근저에 '모화사상'이 깔려 있으며, "동문으로서의 한문은 중화제국 또는 동아시아 제국의 통일성을 표상하는 것"(196면)이라고 지적한 바 있다.

6 김문경은 주로 일본의 훈독에 초점을 맞추어서 일찍이 동아시아 각국에 존재한 한문으로 된 글의 읽기와 쓰기 방식을 검토했다. 그는 한문으로 된 글의 문체에 다양한 표현방식이 있다는 사실에 주목하여 '한문문화권(漢文文化圈)'이라는 개념을 토대로 동아시아 각 지역에서 한자·한문이 이룩한 역사적 역할을 공통점과 차이점을 고려하면서 해명할 것을 제창했다(金文京 『漢文と東アジア — 訓讀の文化圈』, 東京: 岩波新書 2010). 이 책에서도 종래 사용되어온 한자문화권이라는 표현 대신 한자·한문문화권이라는 말을 쓰기로 한다.

7 동아시아라는 큰 틀에서 조선 후기 문인들의 문학활동 내지 문학교류를 고찰하고자 하는 시도는 이미 몇가지 이루어져 있다. 타까하시 히로미는 조선 사절과 일본 문인 사이에서 이루어진 국경을 넘은 교류를 '문예공화국'으로 부르면서 1763년 계미통신사와 일본 문인들의 문학교류를 탐구한 바 있다(高橋博已 『東アジアの文藝共和國』, 東京: 新典社 2009). 그는 16세기 유럽에서 라틴어를 매개로 국경을 넘은 지식인들의 네트워크인 '문예공화국'과 견주어보면서 계미년에 이루어진 조일 간의 문학교류 및 홍대용과 중국 문인들의 교류의 양상을 살폈다. 또한 정민은 같은 시대를 더불어 살아가고 있다는 병세의식(幷世意識)을 바탕으로 한·중·일 문사들의 교류 및 조선 후기에 편집된 시문집에 중국·일본 문인의 작품이 수록된 현상을 살핀 바 있다(정민 「18, 19세기 조선 지식인의 병세의식」, 『한국문화』 54, 서울대학교 규장각 한국학연구원 2011). 이어서 그는 '동아시아 문예공화국'의 관점에서 한·중·일 문학교류의 양상을 더 구체적으로 살폈다(정민 『18세기 한중 지식인의 문예공화국: 하버드 옌칭도서관에서 만난 후지쓰카 컬렉션』, 문학동네 2014). 이 책에서는 계미통신사를 중심으로 조일 양국 문인 사이에 문화적 유대의식이 형성되어가는 과정을 추적하고자 한다.

8 필자는 이 문제를 생각하는 데에 있어 임형택『한국학의 동아시아적 지평』(창비 2014)에서 크게 시사받았다. 임형택은 이 책의 「책머리에」에서 종래의 한국학 연구 에서는 "동일한 역사적·문화적 권역으로서의 동아시아"(6면)에 대한 시야가 부족 했는데, "학적 사고의 논리"(7면)에서 동아시아라는 관점을 취할 필요성을 주장하 였다. 필자는 본서에서 한자·한문에 주목하면서 '동일한 역사적·문화적 권역으로서 의 동아시아'를 고찰하고자 한다. 또 이 작업은 일제강점기 때 주장된 동문동종론(同 文同種論)을 상대화하기 위해서도 필요하다고 여겨진다. '동문동종'은 '문자도 인종 도 똑같다'는 뜻으로 일제강점기 동아시아의 문화적 동일성을 강조하기 위해서 사용 되었다. 사이또오 마레시(齋藤希史)는 '동문'이라는 말이 "일본에 의한 동아시아 통 합이라는 정치적 욕망과 깊이 관련이 있다"라고 하면서 한자·한문을 사용한 지역을 "하나의 문화"로 보려면 신중한 논의가 필요하다고 지적했다(齋藤希史『漢字世界の 地平』, 東京: 新潮選書 2015, 11면).

9 이름은 쿄오꼬오(孔恭), 자(字)는 세슈꾸(世肅), 켄까도오는 호(號)이다. 오오사까 출신으로 대대로 술을 만드는 주조가(酒造家)의 집에서 태어났다. 당초 본초학(本草 學)을 배웠다가 회화·한학·난학(蘭學) 등을 배웠다. 수많은 문인들과 교류하며 서 화, 전적(典籍), 금석 등을 구입하는 데에 돈을 아끼지 않았다(近藤春雄『日本漢文學 大事典』, 東京: 明治書院 1985, 173면, '木村蒹葭堂' 항목 참조).

10 후꾸오까(福岡)에서 의사의 아들로 태어났다. 오오사까에서 의학을 배운 후 야마가 따 슈우난에게 소라이학을 배웠다. 후꾸오까번의 의원(醫員) 겸 유원(儒員)이 되어 학문소(學問所)에서 소라이학을 강의했다(같은 책 128면 '龜井南冥' 항목 참조).

11 이름은 시소(師曾)다. 효오고현에서 태어나 쿄오또에서 수학했다. 당초 소라이학을 배웠다가 후에 주자학에 경도했다(같은 책 497면 '那波魯堂' 항목 참조).

12 일본에서는 '타이뗀 켄조오(大典顯常)' 내지 '타이뗀 젠지(大典禪師)'라고 부른다. 시가현(滋賀縣)에서 유의(儒醫)의 아들로 태어났다. 여덟살 때 부친과 더불어 쿄오 또에 가서 열한살 때 쇼오꼬꾸지(相國寺)에서 불도에 들어갔다. 수행하면서 고문사 파의 학문을 배웠다. 쿄오또, 오오사까의 문인들과 폭넓은 교우를 맺었다. 1781년에 이정암(以酊庵) 윤주(輪住) 때문에 2년간 쓰시마에서 생활했다. 1785년에 에도에 초빙되어 조선통신사의 방문 연기를 요청하는 국서의 기초(起草)에 관여했다. 불교· 유교·한시문에 관한 수많은 저작이 있다(末木文美士·堀川貴司 注『江戶漢詩選5 僧 門』, 東京: 岩波書店 1996, 325~33면 참조).

13 통신사와 일본 문인의 문학교류에 대해서는 이미 선행연구에서 다루어졌다. 켄까 도오와 통신사의 교류에 대해서는 高橋博巳「통신사·북학과·蒹葭堂」,『조선통신사

연구』 4, 조선통신사학회 2007 참조. 카메이 난메이에 대해서는 김호 「1763년 계미 통신사와 일본 고학과 儒醫 龜井南冥의 만남: 조선인의 눈에 비친 江戶時代 思想界」, 『조선시대사학보』 47, 조선시대사학회 2008; 구지현 『1763년 계미통신사 사행문학 연구』, 보고사 2008, 280~86면 참조. 나와 로도오에 대해서는 김성진 「계미사행시 의 남옥과 那波師曾」, 조규익·정영문 엮음 『조선통신사 사행록 연구총서』 4, 학고방 2008 참조. 지꾸조오 다이뗀에 대해서는 김성진 「계미사행단의 大坂滯留記錄과 大 典禪師 竺常」, 『동아시아문화연구』 49, 한양대학교 동아시아문화연구소 2011 참조. 또 이언진과 일본 문인들의 교류에 대해서는 박희병 『나는 골목길 부처다: 이언진 평 전』, 돌베개 2010, 31~99면 참조.

14 "直購書自長碕, 得南京書甚多. 爲堂於江上, 扁以蒹葭, 藏書至三萬卷"(元重擧 『乘槎 錄』, 갑신년 1월 25일조; 김경숙 옮김, 241면).

15 "木弘恭之歲購華書數千卷, 求之我邦恐亦難及"(南玉 『日觀記』, 「總記」, 書畫; 김보 경 옮김, 584면).

16 "常與其徒九人, 雅集畫以奇余. 世蕭畫, 竺常序, 合離詩爲最"(成大中 『槎上記』, 장 36뒤, 갑신년 5월 6일조; 홍학희 옮김, 105면).

17 『평우록』은 한국어 번역이 있다(진재교·김문경 외 옮김 『18세기 일본지식인 조선 을 엿보다: 평우록』, 성균관대학교출판부 2013). 「겸가당아집도」도 이 책에 수록되 어 있고 김문경이 쓴 해제에서 자세히 설명되어 있다. 『평우록』과 「겸가당아집도」에 대해서는 高橋博己, 앞의 책 및 김성진, 앞의 글에서도 검토된 바 있다. 또 「겸가당아 집도」에 대해서는 정민, 앞의 책 684~702면에서도 다루어졌다.

18 "余生日本見奇才二人"(成大中 「書日本二才子事」, 『槎上記』, 장55앞; 홍학희 옮김, 139면).

19 "年二十餘, 慨然有游學四方之志. (…) 魯所謂東海之大, 余目以一人者也. 魯詩文皆 超悟識解尤奇"(같은 곳).

20 "師曾於書, 無所不讀, 家貧貌寢陋, 見輕於世, 然恃才凌物, 自物茂卿以下不數也"(같 은 곳).

21 "龜井魯者季二十一, 聰慧絶倫笔翰如飛, 但惜其禿頭"(元重擧 『乘槎錄』, 계미년 12월 8일조; 김경숙 옮김, 168면).

22 "師曾本有文名, 而又以償接吾輩, 故聲名益彰"(元重擧 『乘槎錄』, 갑신년 3월 10일 조; 김경숙 옮김, 343면).

23 "其所筆談皆可誦而傳之. (…) 往生吾國, 臨別至出涕, 其誠心投好如此. 人自深沉, 器 稱其才, 殆日東之冠冕也"(成大中 『槎上記』, 장36앞~36뒤, 갑신년 5월 6일조; 홍학희

옮김, 105면).

24 "築常持心極純正, 本非名利俗僧, 多讀古書, 知往事, 殆亦舜首座之流耳"(元重擧『乘槎錄』, 갑신년 4월 29일조; 김경숙 옮김, 453면).

25 "加頂納懷, 如嬰兒之拜佛像, 豈復下長短哉? 然彼中文學非昔日之比, 安知無從傍竊笑者耶?"(成大中「書東槎軸後」, 『槎上記』, 장57뒤; 홍학희 옮김, 142면).

26 "夫夸构不知者以爲能, 恥也"(成大中「書東槎軸後」, 『槎上記』, 장57뒤; 홍학희 옮김, 143면).

27 "盖自大坂, 凡見耆老之人皆有淳古意, 此則不以華夷而有異也"(南玉『日觀記』, 갑신년 2월 23일조; 김보경 옮김, 421면).

28 "終不可以鹵莽詩筆, 誒淺見識, 輕與爭鋒, 而折服其心眼也"(南玉『日觀記』, 「總記」, 書畫; 김보경 옮김, 584~85면).

29 "問: '彼邦詞翰比前何如? 比我國優劣亦如何?' 對: '以前行時未詳, 而文氣漸闢, 似勝於前矣. 然若比我國, 則有華夷之別, 恐不當以優劣論.'"(南玉『日觀記』, 갑신년 7월 8일조; 김보경 옮김, 536면).

30 "使行入彼境對彼人, 勿論貴賤, 固當隨宜禮待之, 不當加以慢忽褻狎之容. 如是不但喪我威儀, 如或逢彼之怒罵則其所貽辱, 當如何. (…) 吾輩自約相約, 必欲攝愼威儀, 莊敬自持, 謙恭禮讓, 笑語以動盪之"(元重擧『乘槎錄』, 갑신년 6월 22일조; 김경숙 옮김, 579~80면).

31 "今行得力最在謙讓二字, 其次安靜而應彼"(元重擧『乘槎錄』, 갑신년 3월 10일조; 김경숙 옮김, 358면).

32 '감정적 유대의식'을 고찰하는 데에 있어 夫馬進「1765年洪大容の燕行と1764年朝鮮通信使: 兩者が體驗した中國·日本の「情」を中心に」, 『朝鮮燕行使と朝鮮通信使』, 名古屋: 名古屋出版會 2015, 所收에서 큰 시사를 받았다. 후마 스스무는 이 논문에서 홍대용의 『간정동필담(乾淨衕筆談)』과 원중거의 『승사록』에 묘사된 이별 장면에 주목하면서 조선인, 중국인, 일본인의 '정'을 표출하는 방식의 차이를 논했다. 그는 중국과 일본의 지식인이 '정'에 비교적 관대했던 것에 비해 조선 지식인이 '정'에 조심스러운 태도를 보인 원인은 주자학에 있었다고 지적했다. '정'을 나눈 경험에 주목하여 홍대용의 연행록과 원중거의 사행록을 대조하는 시도는 상당히 참신하고 흥미롭지만, '정'에 대한 인식 차이를 주자학에 환원시켜 고찰하는 것은 무리가 있다고 생각된다. 필자의 견해로는 조선 사절들은 '정'을 표출하는 일본 문인들에게 정서적 거리감보다 오히려 친근감을 가지고 있었다. 이 책에서는 계미년의 사행록에서 이별 장면이 어떻게 묘사되어 있는지를 더욱 자세히 검토함으로써 감정적 유대의식을 형

성해가는 조선과 일본 지식인들의 모습을 조명하고자 한다.

33 "龜井魯作別怕馬人, 卽起屢拜屢偃, 只寫平安字爲之摻其手, 在崖瞻望佇立, 直至帆匿而後已. 小蠻子繫情, 其亦使人作戀"(南玉『日觀記』, 계미년 12월 26일조; 김보경 옮김, 303면).

34 사행원과 카메이 난메이의 필담은『앙앙여향(泱泱餘響)』이라는 필담집에 수록되어 있다. 그는 특히 이언진과 흥미로운 필담을 나누었다. 이에 대해서는 박희병, 앞의 책 34~46면 참조. 카메이 난메이의 생애와 학문 및『앙앙여향』의 전반적 내용에 대해서는 김호, 앞의 글 참조.

35 "龍淵二編之書, 足以觀朝鮮儒流之汗矣. 腐朽之極, 以君子爲死物而足焉爾"(『泱泱餘響』,『龜井南冥·昭陽全集』第一卷, 葦書房 1978, 548면). 카메이 난메이의 이 논평에 대해서는 이효원「荻生徂徠와 통신사: 徂徠 조선관의 형성과 계승에 주목하여」,『고전문학연구』43, 한국고전문학회 2013, 470면에서 검토된 바 있다.

36 "韓天壽·平英晨告別, 韓涕汪然下, 此子不過數面, 非有累日追隨之好, 而特感吾輩眷愛其好古之意, 至於百舍泥雨, 灑泣爲別, 可見其心中虛順, 不傷於利欲也. 安可以蠻夷而笑之也"(南玉『日觀記』, 갑신년 3월 13일조; 김보경 옮김, 446면).

37『國史大辭典』第3卷, 883면의 '韓天壽' 항목 참조.

38 조선 사절과 한천수의 교류에 대해서는 李元植『朝鮮通信使の硏究』, 京都: 思文閣出版 1997, 376~88면 참조.

39 "二人與向六人延竚沙頭, 目不轉睛, 直至帆影不見而後已. 雖不能通語言, 數千里同行, 四五朔酬話, 情不得不深, 而亦見其心無所染也"(南玉『日觀記』, 갑신년 5월 6일조; 김보경 옮김, 496면).

40 "把余馬夫, 曲躬點頭而告別. 各所之告別者, 皆怊悵, 或至淚下云"(元重擧『乘槎錄』, 갑신년 2월 6일조; 김경숙 옮김, 284면).

41 "落後馬卒之告別於我人, 又與金絶河一般. 我人又各握手與別, 或至解所佩刀扇與之, 又預求書於行中, 出而與之. 觀彼人則情根本淺如婦人女子, 我人則間有實心輸彼, 眞若百年不忘者, 我人儘覺虛懷矣"(元重擧『乘槎錄』, 갑신년 4월 4일조; 김경숙 옮김, 418면).

42 "朝韓天壽欲別, 飮泣不成聲, 見乘轎又嗚咽, 幾欲放聲. 可怪着情之已甚矣, 盖是百濟後人云"(元重擧『乘槎錄』, 갑신년 3월 13일조; 김경숙 옮김, 385면).

43 후마 스스무는 이 말을 인용하면서 원중거가 오열하는 일본인을 보고 이상하게 여겼던 것은 그가 '정'을 절제해야 한다고 생각했기 때문이라고 했다(夫馬進,『朝鮮燕行使と朝鮮通信使』, 名古屋: 名古屋出版會 2015, 所收, 349면). 그런데 후마 스스무

는 "그는 백제의 후예였다고 한다"라는 말을 놓쳤다. 한천수는 자신이 백제의 후예였기 때문에 원중거가 이상하게 여길 만큼 오열한 것이다. 참고로 한천수가 오열한 대목은 김인겸『일동장유가』, 갑신년 3월 12일의 기록에도 보인다. 또 남옥이 한천수의 서첩(書帖)에 써준 발문에도 눈물을 흘려 이별을 고하는 한천수의 모습이 기록되어 있다(李元植, 앞의 책 382~83면 참조).

44 『乘槎錄』갑신년 5월 6일조; 김경숙 옮김, 465면.

45 "未及到船所, 木世肅·合離·竺常净王之徒, 同坐路傍, 同諸友下馬立路上, 而諸人俱不敢出挾路竹欄之外, 遂齊前立欄外執手以別"(元重擧『乘槎錄』, 갑신년 5월 6일조; 김경숙 옮김, 466면).

46 "世肅惺駭莫知所爲, 合離指天指地而拊心, 似道此天地之間此心不可化也, 咽鳴咽淚被面. 竺常脈脈無聲, 汯然涕下沾襟, 容止盖可觀"(같은 곳; 夫馬進, 앞의 책 344면).

47 "開見告別書, 別語悉惻, 令人欲淚"(元重擧『乘槎錄』, 갑신년 5월 6일조; 김경숙 옮김, 467면).

48 "達之無言淚下, 極令人情動"(元重擧『乘槎錄』, 갑신년 5월 6일조; 김경숙 옮김, 469면).

49 "險狼不平, 外托文辭, 內蓄戈劍. 若使當國而持權, 則必至生事於隣疆, 而爲其國法所限, 名不過一小島記室, 居恒以老死其地爲愧. 別席之淚, 乃自悼耳"(申維翰『海遊錄』下, 기해년 12월 28일조;『국역 해행총재』II, 19면).

50 "意旣慇懃語亦宛轉, 令人情悵, 誰謂倭國無好人也. 卽面坐船房, 索燈修答書, 且取一箋書之曰: '焦中禪子空門之樂天也, 那波孝卿局外之子産也, 瀧彌八海外之華人也, 岡田宜生蜻國之唐詩也. 余於海中得四人焉已矣.'"(元重擧『乘槎錄』, 갑신년 6월 18일조; 김경숙 옮김, 558면; 夫馬進, 앞의 책 342면).

51 "江戸名流徒之揮淚於品川, 浪華才士輩之吞聲於茶肆, 尙令人念之悄悵. 若夫師曾之片片赤心, 竺常之言言理致, 瀧長凱之謹厚無外餙, 龜井魯之整竭輸中情, 雖其作人不及古人, 以言其事則殆晏嬰·叔向之遺風. 吾安得無情乎哉? 芥元澄以我一言, 而折節求敎, 近藤篤以我無言, 而輸心傾倒, 其人姿性又豈可易得者耶. 隔海相思時或森然於眼中矣"(元重擧『乘槎錄』, 갑신년 6월 22일조; 김경숙 옮김, 581~82면; 夫馬進, 앞의 책 343면). 안영(晏嬰)은 춘추시대 제나라의 이름 높은 재상으로 질소검약(質素儉約)에 힘써 인망이 높았다. 숙향(叔向)은 춘추시대 진나라의 정치가로 해박한 지식을 가졌던 것으로 유명하다.

52 "彼國內地之人, 大抵多柔善慈諒, 有婦人女子之仁, 我若與之誠心款洽, 絶不示矯餙之意, 則彼皆輸盡赤心, 吐出誠愨"(元重擧『乘槎錄』, 6월 14일 쓰시마에서 기록한 글;

412

김경숙 옮김, 536면; 夫馬進, 앞의 책 344면).

53 "其環海萬里萬年之國, 初不知仁義禮樂之爲何物, 及夫羅·濟通而文字始行, 圃隱以後諸名入, 而盖知有衣冠文物之美, 然心雖有慕而未能學焉. 見今長碕之書日至, 國中文化有方興之勢, 若能因其勢, 而進之於禮俗之美, 則以彼人請詳明敏之姿性, 亦安知無一變至齊之機耶? 彼若知禮義, 識廉恥, 處事以道理, 則亦一君子之國, 而交際之義隨而自明, 不待興師動衆, 而邊障無警, 海波不揚矣"(元重擧『乘槎錄』, 6월 14일 쓰시마에서 기록한 글; 김경숙 옮김, 530면).

54 원중거가 일본의 문풍을 통해 동아시아의 평화를 전망했다는 점은 선행연구에서도 지적된 바 있다(박재금 「원중거의 일본체험, 그 의의와 한계:『화국지』를 중심으로」, 『한국한문학연구』 47, 한국한문학회 2009, 186~87면; 이홍식 「1763 계미통신사행과 한일 관계의 변화 탐색: 충돌과 갈등 양상을 중심으로」,『동아시아 문화연구』 49, 한양대학교 동아시아문화연구소 2011, 106면).

55 윤광심『병세집』의 자세한 내용에 대해서는 이화진 「尹光心의『幷世集』研究」, 영남대학교 석사논문 2013 참조.

56 "抄其日本文士贈別詩, 編爲二冊, 李薑山從而選之, 爲六十七首"(李德懋『靑莊館全書』卷35,『淸脾錄』,『蜻蛉國詩選』).

57 이덕무의『청비록』에 실린 일본 문인의 시와 그 편찬과정에 대해서는 허경진·박혜민 「이덕무의 일본 한시 수집 경로와 서술방식:『청비록』을 중심으로」,『동북아문화연구』 24, 동북아시아문화학회 2010, 107~10면 참조. 이 논문에도『청비록』과 유득공의『병세집』에 실린 일본 문인의 이름과 시의 수가 정리되어 있다.

58 유득공을 비롯해 그 당시 개명한 사상을 가진 조선 문인들이 계미통신사를 통해 얻은 지식을 토대로 일본 문인에 대해 언급했다는 사실은 선행연구에서도 검토된 바 있다(신로사 「원중거의『화국지』에 관한 연구」, 성균관대학교 석사논문 2004, 91~97면; 高橋博已 「洪大容과 李德懋의 프리즘을 통해 본 일본의 文雅: 동아시아 학예공화국으로의 助走」,『金城學院大學論集 人文科學編』 7(2), 2011; 이홍식, 앞의 글 185~88면).

59 "玄川翁, 素篤志績學, 癸未通信, 以副使書記入日本. 彼中曾有物雙栢者, 字茂卿, 號徂徠, 又稱蘐園, 陸奧州人. 得王元美·李于鱗之文於長碕商舶, 讀而悅之, 以爲眞儒, 遂唱王李之學, 詆毁程朱, 無所不至, 六十六州之士, 靡然從之, 至稱爲海東夫子, 眞可笑也. 玄川翁, 對彼儒, 諄諄然講明程朱之說, 彼儒始疑, 而稍稍開悟"(柳得恭『古芸堂筆記』, 「倭語倭字」; 李佑成 編『栖碧外史海外蒐佚本叢書10 雪岫外史 外二種』, 아세아문화사 1986, 377면; 김윤조 옮김『누가 알아주랴, 유득공 산문집』, 태학사 2005,

241~42면).

60 "其詩高者摸擬三唐, 下者翶翔王李, 一洗侏離之音, 有足多者"(柳得恭『泠齋集』卷之七,「日東詩選序」, 한국문집총간 260, 111면; 김윤조 옮김, 235면).

61 "萬曆間侵寇爲業, 遂有壬辰之役. 以此之故, 輒爲中國所擯絶不與通, 文物因之晚晚. 編次屬國詩者, 置之安南·占城之下, 訖不能自奮. 比聞長碕海舶往來杭·淅, 國人稍解藏書, 學爲書畫, 庶幾彬彬焉"(柳得恭『泠齋集』卷之七,「日東詩選序」, 한국문집총간 260, 111~12면; 김윤조 옮김, 235~36면).

62 "余百無一能, 樂與賢士大夫遊, 旣與之交好, 又終日矗矗不能已也. 人頗笑其無閒日焉"(柳得恭『貞蕤閣集』,「戱倣王漁洋歲暮懷人六十首」, 한국문집총간 261, 469면; 정민·이승수·박수밀 외 옮김『정유각집』상, 돌베개, 2010, 238면).

63 柳得恭『貞蕤閣集』,「戱倣王漁洋歲暮懷人六十首」, 한국문집총간 261, 473면; 정민·이승수·박수밀 외 옮김, 앞의 책 259면.

64 "有送周南瀧彌八詩, 彌八名長凱, 徂徠之高弟也. 癸未歲, 元玄川之入日本也, 與彌八筆談, 嘗稱博學謹厚, 風儀可觀云. 讀蘭亭詩及墓誌, 可知文風之大振, 失明而能詩, 海外之唐仲言也"(李德懋『靑莊館全書』卷32,『淸脾錄』,「日本蘭亭集」, 한국문집총간 258, 7면;『국역 청장관전서』7권, 21~22면).

65 近藤春雄『日本漢文學大事典』, 東京: 明治書院 1985, 386면, '高野蘭亭' 항목 참조.

66 "木弘恭字世肅, 日本大坂賈人也. 家住浪華江上, 賣酒致富, 日招佳客, 賦詩酌酒, 購書三萬卷, 一歲賓客之費數千金. 自築縣, 至江戶數千餘里, 士無賢不肖, 皆稱世肅. 又附商舶, 得中國士子詩數篇, 以揭其壁, 築蒹葭堂於浪華江. 荻花荻葉, 蒼然而靡, 瑟然而鳴, 檣篷烟雨, 極望無際, 與笠常·淨王·合離·福尙脩·葛張·罡元鳳·片猷之徒, 作雅集於堂上. 歲甲申, 成龍淵大中之入日本也. 請世肅, 作雅集圖, 世肅手寫橫絹, 爲一軸. 諸君皆記詩于軸尾, 書與畫, 皆蕭閒逸品"(李德懋『靑莊館全書』卷32,『淸脾錄』,「蒹葭堂」, 한국문집총간 258, 9~10면;『국역 청장관전서』7권, 27~28면).

67 "蒹葭之集, 以文同也. 而其人各異志, 其道或不同, 其能使洽然樂, 怡然適者, 豈徒以文而已哉. 蓋異者易畔也. 世肅能諧之以和, 同者易流也. 世肅能齊之以禮, 此蒹葭之所以集也. 世肅旣禮且和, 以故締綴文儒韻士, 一鄕一國, 以至於四海, 無不揄揚伊人於蒹葭之上焉, 世肅之交, 不亦富乎. 乃今會朝鮮諸公之東至也, 如世肅者, 皆執謁館中諸公, 則悅世肅如舊相識"(李德懋『靑莊館全書』卷32,『淸脾錄』,「蒹葭堂」, 한국문집총간 258, 10면;『국역 청장관전서』7권, 28면).

68 "竆歸以爲萬里顔面云爾. 嗚呼, 成公之心與夫置身蒹葭之堂者, 豈有異哉, 則世肅之交, 一鄕一國, 以至四海, 固矣夫!"(李德懋『靑莊館全書』卷32,『淸脾錄』,「蒹葭堂」, 한

국문집총간 258, 9면; 『국역 청장관전서』 7권, 28면).

69 "余也文非其道, 然亦辱成公之貺, 猶世肅也. 其感於異域萬里之交, 不能無斁乎內而著乎外也. 作蒹葭雅集圖後序"(같은 곳).

70 "嗟呼, 朝鮮之俗狹陋而多忌諱, 文明之化, 可謂久矣. 而風流文雅, 反遜於日本. 無挾自驕, 凌侮異國, 余甚悲之, 善乎. 元玄川之言曰: ‘日本之人, 故多聰明英秀, 傾倒心肝, 炳照襟懷, 詩文筆語, 皆可貴而不可棄也. 我國之人, 夷而忽之, 每驟看而好訛毁.’ 余嘗有感於斯言, 而得異國之文字, 未嘗不拳拳愛之, 不啻如朋友之會心者焉"(李德懋 『靑莊館全書』 卷32, 『淸脾錄』, 「蒹葭堂」, 한국문집총간 258, 10면; 『국역 청장관전서』 제7권, 28면).

71 "卽無論我邦, 求之齊·魯·江左間, 亦未易得也. 況諸人者未必爲極選, 則其餘足可想也, 寧可以左海絶域而少之乎"(洪大容 『湛軒書』 內集卷三, 「日東藻雅跋」, 한국문집총간 248, 74면; 『국역 담헌서』 I, 내집 권3, 378면).

72 홍대용의 이 발언에 대해서는 박희병 『범애와 평등』, 돌베개 2013, 94~95면 참조.

73 "然彼伊·物之學雖未詳其說, 要以修身而濟民, 則是亦聖人之徒也. 因其學而治之, 不亦可乎? (…) 玄翁之明正學息邪說, 不可謂急先務也"(洪大容 『湛軒書』 內集卷三, 「日東藻雅跋」, 한국문집총간 248, 74면; 『국역 담헌서』 I, 내집 권3, 378면).

74 洪大容 『湛軒書』 內集卷三, 「贈元玄川歸田舍」, 한국문집총간 248, 77면; 『국역 담헌서』 I, 내집 권3, 396면.

75 홍대용의 이 시에 대해서는 이미 선행연구에서 자세히 분석되었다(박희병, 앞의 책 101~02면).

76 원중거의 『화국지』 『승사록』 및 홍대용의 『간정필담』 사이에 서로 깊은 관련성이 있다는 사실은 이미 선행연구에서도 지적된 바 있다(정훈식 「元重擧와 洪大容의 使行錄을 통해 본 18세기 사행록의 행방」, 『조선통신사연구』 7, 2008; 박희병, 앞의 책 102~04면; 夫馬進 「1765年洪大容の燕行と1764年朝鮮通信使: 兩者が體驗した中國·日本の「情」を中心に」, 『朝鮮燕行使と朝鮮通信使』, 名古屋: 名古屋大學出版會 2015).

77 "以余閱此書, 恍若落雲飄而馳星軺, 背竺·瀧而對潘·陸, 莞爾揮毫於筆床茶爐之間矣. 盖潘·陸之氣義然諾, 竺·瀧之沈實莊重, 各一其規, 而若其吐露肝膽, 誠愛藹然, 則大抵略同. 其分手揮涕, 黯然牽情, 各自結戀於天南天北者, 又與之彷彿矣. 獨吾所以處竺·瀧者, 未若湛軒之接潘·陸, 其筆談屢紙又被竺·瀧輩各自收去. 到今漠然不記一二, 此吾所以慷愧惆帳於覽此書之日者也"(林基正 編 『燕行錄全集』 43卷, 244면; 夫馬進, 앞의 책 340면).

78 원중거가 홍대용의 『간정필담』을 보고 필담의 중요성을 깨달았다는 사실은 선행연
구에서도 지적된 바 있다(정훈식 「元重擧와 洪大容의 使行錄을 통해 본 18세기 사행
록의 행방」, 『조선통신사연구』 7, 2008, 22~24면; 박희병, 앞의 책 103면 참조).

제10장

1 "神祀を修理し, 祭祀を專らにすべき事"(『御成敗式目』; 石井進, 石母田正, 笠松宏至,
勝俣鎭夫, 佐藤進一 校注 『中世政治社會思想』 上, 日本思想大系 21, 東京: 岩波書店
1972, 8면).

2 "神は人の敬ひによって威を增し, 人は神の德によって運に添ふ"(같은 곳).

3 "佛神の御前をとおり, 又は沙門にゆきあひ申候はん時は, 馬よりおり給ふべし"(「極
樂寺殿御消息」, 山本眞功 編註 『家訓集』, 東洋文庫 687, 東京: 平凡社 2001, 74면).

4 "佛神ノ御守ニテ有ル身ガ, 神佛ヲシンジ申サズババチアタルベシ"(「多胡辰敬家
訓」, 山本眞功 編註, 125~26면).

5 "神明棚·持佛壇每朝拂ひきよめ, 精誠祈念仕べし. 今日一飯一衣を得も, 天地·神佛·
國王之御守護無之して, 其業成べからず. 高恩日夜忘るべからざる事"(「子孫制詞條
目」, 山本眞功 編註, 254면).

6 "神社佛閣其手寄より奉加申來候節は, 得と相糺, 相應に奉加可致候"(「井口家家訓」,
山本眞功 編註, 345면).

7 "其風俗酷信鬼神, 事神如事父母, 生爲人所尊信者, 死必爲人所享祀, 父母死日, 或
不齋素, 而神人之忌, 切禁魚肉"(姜沆 『看羊錄』, 「詣承政院啓辭」, 한국문집총간 73,
125면; 『국역 해행총재』 II, 201면).

8 "自將倭及將倭之妻妾, 以至庶人男女, 每遇名節, 及神人忌日, 齊明盛服, 蹋門擲錢者,
塡咽街路"(姜沆 『看羊錄』, 「詣承政院啓辭」, 한국문집총간 73, 125면; 『국역 해행총
재』 II, 201~02면).

9 "神社宏侈, 金碧照輝, 有天照皇大神宮者, 其始祖女神也. (…) 其盟約禁戒, 必引此等
神, 以爲誓"(姜沆 『看羊錄』, 「詣承政院啓辭」, 한국문집총간 73, 125~26면; 『국역 해
行총재』 II, 201~02면).

10 "倭俗自謂有識者, 服親喪三十日, 其餘皆四五日, 以殺戮爲耕作, 戰功爲第一, 家家懸
佛像尊尙之, 刑罰甚酷, 詩書禮樂, 謾不知何事, 耽對玉碁, 日夜歡樂, 死後燒身, 無塚無
祠云"(鄭希得 『海上錄』, 무술년 3월 3일조, 『국역 해행총재』 VIII, 238면).

11 "婚姻不避同姓, 四寸男妹, 亦相嫁娶, 往往有淫穢之行, 醜不忍聞, 婚媾之時, 無媒
妁聘幣之禮. (…) 國無宗社享祀之儀, 民無養生死祭之禮"(李景稷 『扶桑錄』, 정사년

10월 18일조;『국역 해행총재』Ⅲ, 143~44면).

12 "國無冠婚喪祭之禮"(申維翰『海遊錄』下,「聞見雜錄」;『국역 해행총재』Ⅱ, 58면).

13 "禮樂出於儒家, 而今觀貴國音樂, 歌如梵音, 舞如槍勢拳法, 此可知貴國崇佛鍊兵之
教勝, 而儒風則不競矣.' 諸生答曰: '誠是格言, 弊邦儒風, 雖謂之絶無, 可也.'"(申維翰
『海遊錄』下,「聞見雜錄」;『국역 해행총재』Ⅱ, 63면).

14 와타나베 히로시, 박홍규 옮김『주자학과 근세일본사회』, 예문서원 2007, 192~207면
참조.

15 "通其一國之內, 而計其家屋之數, 則佛宇神祠可以居半. 而雄都巨州, 大小鄕村, 苟有
別區勝地, 則皆爲寺刹之先占. (…) 逈出於太守·關白之居"(曹命采『奉使日本時聞見
錄』,「總論」;『국역 해행총재』X, 269면).

16 "禿頭緇衣, 揚臂肆行, 自視若無敢侮余. 日本一域, 可謂神佛之國矣"(같은 곳).

17 "日本專尙神佛, 家置神堂, 村設佛宇, 事之若宗廟社稷然"(成大中『日本錄』, 장11앞;
홍학희 옮김, 164면).

18 "神祠之盛累倍於佛宇"(南玉『日觀記』,「總記」, 神佛; 김보경 옮김, 578면).

19 일본의 토착문화에 대한 원중거의 인식은 선행연구에서도 검토된 바 있다(박재
금「원중거의『화국지』에 나타난 일본인식」,『한국고전연구』12, 한국고전연구학회
2005, 207~12면).

20 "四禮國中無一存焉"(元重擧『和國志』卷2,「四禮」, 345면; 박재금 옮김, 298면).

21 촌마게란 일종의 상투로, 머리 앞부분부터 정수리까지 밀고 옆머리와 뒷머리를 모
아 틀어올리는 머리 모양이다. 주로 무사계급 남자들이 했으나 다른 계급의 사람들
도 했다.

22 元重擧『和國志』卷2,「四禮」, 345면; 박재금 옮김, 298면.

23 "蓋其國中自稱曰神國, 死生禍福一委於神. 故倭皇之命令政討生殺廢置, 一皆籍神道
而行之. 佛法旣入, 國人又以爲明神而尊奉之. 故倭皇籍此而益自固, 其崇佛者, 非崇其
法也, 爲其明神而崇之也"(元重擧『和國志』卷1,「倭皇本末」, 81~82면; 박재금 옮김,
89~90면).

24 "天皇之生旣因神降, 而國中自稱爲神國, 以天皇爲神主, 凡有一事一動, 輒謂之神祐·
神助·神禍·神罰"(元重擧『和國志』卷2,「神祠」, 337면; 박재금 옮김, 287면).

25 기타바타케 지카후사, 남기학 옮김『신황정통기』, 소명출판 2008, 11~12면; 사토
히로오 외『일본사상사』, 논형 2005, 204면 참조.

26 "人旣篤信愚惑, 而鬼得以肆其妖孽"(元重擧『和國志』卷2,「神祠」, 337면; 박재금 옮
김, 287면).

27 "故雖三家之村, 其一必神宮, 其一必僧舍也. 其事佛者, 非悅其法也, 以爲明神, 而以神道奉之也. 雖以物雙栢之豪傑之才, 於神道, 則右之甚誠"(元重擧『和國志』卷2,「神祠」, 337면; 박재금 옮김, 289면).

28 衣笠安喜『思想史と文化史の間』, 東京: ぺりかん社 2004, 122면.

29 "若擧一國槩論則直是巫風. 而天皇之寄僞號於數千年之久者, 不過挾神道而已. 見今文風漸開, 而鬼神之情狀日見, 蠻夷陋俗行當有一變之日矣"(元重擧『和國志』卷2,「神祠」, 338~39면; 박재금 옮김, 290면).

30 "其僧之治佛經者, 或主南無阿彌陁佛, 或主妙法蓮華經, 分寺爭難, 有同仇敵. 治聖經者或主孔安國·鄭玄箋註, 或主朱晦菴訓解, 分門往復, 各立黨與. 其風俗好爭如此, 雖僧道亦不能免也"(姜沆『看羊錄』,「詣承政院啓辭」, 한국문집총간 73, 125면;『국역 해행총재』II, 201면).

31 이름은 이슈꾸(以肅), 또는 슈꾸(肅)라고도 한다. 자는 렌부(斂夫), 세이까는 호이다. 시립자(柴立子), 북육산인(北肉山人)이라는 호도 있다. 어려서 승려가 되어 쇼오꼬꾸지에 들어갔다. 오산 제일의 수재로 일컬어지며 쇼오꼬꾸지의 수좌(首座)가 되었다. 일찍이 중국에 건너가려고 했으나 병 때문에 좌절되었다. 후지와라 세이까의 출신 및 생애에 대해서는『藤原惺窩集』卷上, 東京: 思文閣出版 1941에 수록된「藤原惺窩略傳」(太田兵三朗 집필)을 참조.

32 阿部吉雄『日本朱子學と朝鮮』, 東京: 東京大學出版會 1965, 62~63면.

33 "問臣以我國科擧節次及春秋釋奠·經筵·朝著等節目. 臣答以草茅之人, 未及豫聞, 但告以科擧釋奠等大槩. 僧必憮然長嘆曰: '惜乎吾不能生大唐, 又不得生朝鮮, 而生日本此時也. 吾辛卯年三月下薩摩, 隨海舶欲, 渡大唐, 而患瘴疾還京, 待病小愈, 欲渡朝鮮, 而繼有師旅, 恐不相容, 故遂不敢越海, 其不得觀光上國亦命也.'"(姜沆『看羊錄』,「賊中聞見錄」, 한국문집총간 73, 120면;『국역 해행총재』II, 185면).

34 "日本將官盡是盜賊, 而惟廣通頗有人心. 日本素無喪禮, 而廣通獨行三年喪, 篤好唐制及朝鮮禮, 於衣服飮食末節, 必欲效唐與朝鮮. 雖居日本, 非日本人也"(같은 곳).

35 太田兵三朗「藤原惺窩略傳」『藤原惺窩集』卷上, 東京: 思文閣出版 1941, 10면 참조.

36 "又嘗得我國『五禮儀』『郡學釋菜儀目』, 於其但馬私邑, 督立孔子廟, 又制我國祭服祭冠, 間日率其下習祭儀"(姜沆『看羊錄』,「賊中聞見錄」, 한국문집총간 73, 120면;『국역 해행총재』II, 185면).

37 강항, 세이까, 아까마쯔 히로미찌의 교류에 대해서는 吾妻重二「江戸初期における學塾の發展と中國·朝鮮: 藤原惺窩, 姜沆, 松永尺五, 堀杏庵, 林鵞峰らをめぐって」, 文化交渉學教育研究據點『東アジア文化交渉研究』第2號, 2009. 52~55면 참조. 아

쯔마 주우지는 세이까와 아까마쯔 히로미찌가 강항에게 과거시험이나 석전(釋奠)에 대해 질문한 것은 세이까가 주자학을 토대로 한 인재육성을 구상했던 것과 관련이 있다고 지적한 바 있다.

38 金世濂『海槎錄』, 병자년 12월 13일자 일기 참조.

39 "羅浮, 卽國僧道春"(金世濂『海槎錄』, 병자년 11월 22일조;『국역 해행총재』IV, 80면).

40 "又問:'彼國之人, 有能文者乎?'上使對曰:'不成文理, 詩則尤不好.'臣世濂對曰:'召長老·璘西堂行文儘好, 國中惟道春之文爲最, 沿路及江戶, 多有來問者, 皆以理氣性情等語爲問, 不可以蠻人而忽之.'"(金世濂『海槎錄』, 정축년 3월 9일조;『국역 해행총재』IV, 151면).

41 "兩人俱善飮, 長於詩文, 喜用語孟文字"(金世濂『海槎錄』, 병자년 11월 14일조;『국역 해행총재』IV, 72면).

42 이 편지의 내용에 대해서는 선행연구에서도 언급된 바 있다(신로사「1643년 통신사행과 趙絅의 일본 인식에 관한 小考」,『민족문화』41, 한국고전번역원 2013, 89~91면).

43 "不意遇足下於窮海之外也, 何幸何幸"(趙絅『東槎錄』,「答林道春書」;『국역 해행총재』V, 12면).

44 "鑽仰兩程, 使日域蛾子, 有所矜式, 幸甚"(趙絅『東槎錄』,「答林道春書」;『국역 해행총재』V, 13면).

45 "今足下卓然自樹立, 篤信程朱, 爲一國倡. 而觀足下二郎, 則兀然頭角, 不留一髮. 冠禮十九, 於何所施'身體髮膚, 受之父母, 不敢毁傷'之訓? 不佞不能無疑於足下之學也"(趙絅『東槎錄』,「重答林道春書」;『국역 해행총재』V, 17면).

46 계자(季子)는 오나라 출신 문인으로 춘추시대 노나라의 사신으로 각지를 다니면서 주대(周代) 각국의 예악을 익힌 인물이다. 여기서는 오랑캐 출신 인물이 중화의 예악을 익혔다는 것을 두고 한 말이다.

47 "足下如欲振儒風以變一世, 則莫若先自身而始, 先自一家而始也. (…) 雖處蠻夷之時, 亦能自拔於俗流, 而用夏變夷也. 足下何不以季子爲法? 於冠婚喪祭之禮, 用力時習之功乎?"(趙絅『東槎錄』,「重答林道春書」;『국역 해행총재』V, 18면).

48 國史大辭典編輯委員會『國史大辭典』, 東京: 吉川弘文館 1989, 제1권 475면의 '池田光政'항목 참조.

49 "蓋善文多才, 孝友至矣, 切禁佛法, 凡諸像撤破投江, 境內僧尼, 驅逐他鄕. 崇儒學道, 誦法詩書, 三年之喪, 上下共之. (…) 卽伐不義, 民皆思道, 日將遷善, 海東諸郡, 咸稱賢

士"(洪禹載『東槎錄』, 임술년 7월 21일조;『국역 해행총재』VI, 173면).

50 "非獨此人, 能通詩書者處處有, 文翰將與云矣"(같은 곳).

51 "李礥: '貴國尊聖右文之治猗歟, 亦盛矣. 但我國毋論州郡之大小, 三百六十餘州, 皆設聖廟, 春秋釋菜如禮. 貴國亦於各州, 置聖廟則尤好矣.' 鳳岡: '我先主自幼好學, 及老齡弗輟弗措, 親臨徑筵, 全講四書數回, 且又悉講『易本義』全編. 政務之暇, 卽召聚儒生, 論辨經義. 儒生若有設問, 則若辨如流, 衆皆恐惑平伏無言. 我亦在徑筵侍讀者二十餘年也, 恩眷之厚, 今猶不忘之. 先主二十年前, 建聖廟于昌平坂. 我雖不敏, 辱膺祭酒之任, 春秋二仲之奠. 今猶不解, 先主治世之間, 或每歲或隔歲, 屈躬悖禮, 恭詣聖廟也. 今新主亦能繼其志, 述其事也.'"(『韓客贈答別集』, 60b~61a. 國立公文書館 內閣文庫 소장본).

52 "所謂儒士, 或主晦菴, 或學象山, 而往往貽書於製造官, 論學問, 輒擧退溪, 其宿德高名, 爲遠人所敬服如此. 其俗最好鬼神, 叢祠遍滿一國, 立石爲門, 輒書神明如八幡·住吉·春日·稻葉之號, 而皆稱以大明神, 人皆酷信, 有事輒齊或祈禱云"(任守幹『東槎日記』,「聞見錄」;『국역 해행총재』IX, 280면).

53 "舜首座俗名藤斂夫號惺窩, 其弟子宋昌山, 昌山弟子有木貞幹號順菴者, 多有敎訓, 其弟子鳩巢者, 以理學名, 源璵號白石, 雨森東號芳洲者, 皆能文"(趙曮『海槎日記』, 갑신년 6월 18일조;『국역 해행총재』VII, 313~14면).

54 "貞幹不剃髮不火葬, 欲從華制, 見放而死, 源璵遵其師說, 又欲變國俗, 亦廢死"(趙曮『海槎日記』, 갑신년 6월 18일조;『국역 해행총재』VII, 313면).

55 "然酬唱儒士中, 如瀧長凱·那波師曾輩諸人則又指爲羞媿, 而多發疾怛之言. 余嘗語之曰: '貴國知尊程朱, 然後聖道明, 聖道明, 然後神祠廢, 神祠廢, 然後文敎明, 文敎明, 然後敎化行', 會輩以爲至言"(元重擧『和國志』卷2,「佛法」, 337~38면; 박재금 옮김, 289면).

56 에도시대 일본의 동성혼 및 이성양자에 대한 인식에 관해서는 渡辺浩『近世日本社會と宋學』, 東京: 東京大學出版會 1985, 123~40면; 박흥규 옮김, 앞의 책 148~65면 참조.

57 "余欲質問, 慮其厭聽, 而不言矣"(元重擧『乘槎錄』, 6월 14일 쓰시마에서 기록한 글; 김경숙 옮김, 539면).

58 "曰: '元繼實與曾同父母, 而元繼出繼於奧田氏, 冒奧田爲氏, 自媿夷俗羞向貴國人道也.' 余曰: '是所謂侍養也, 見義雖深, 天予父生, 不可以私愛移其姓也. 貴國之不設禁, 是闕文也.' 曰: '國俗近頗知非, 而不敢遽改者, 實緣國無此法也. 及至江戶又有兄弟異姓者.'"(元重擧『乘槎錄』, 6월 14일 쓰시마에서 기록한 글; 김경숙 옮김, 540면).

59 "國中之大官亦多侍養之冒姓者, 關白家亦然"(같은 곳).

60 "貧者賤者生子, 傅粉着紈, 矜飾容儀, 敎之文墨, 言行和順, 則富者貴者養以爲子, 冒以其姓, 不論年齒長幼與眞子假子, 擇最鍾愛, 而傳其家, 官亦因所立, 而予之爵祿"(같은 곳).

61 "故種子雜亂, 天性變易, 其婚姻則不擇同姓, 至有從兄弟爲夫婦者, 是其爲蠻夷也"(元重擧 『乘槎錄』, 6월 14일 쓰시마에서 기록한 글; 김경숙 옮김, 541면).

62 "至於嫁娶, 不避同姓, 四寸姉妹, 爲夫爲妻, 其弟之妻則其兄不取, 而兄沒無後, 則弟取兄妻, 以奉其祀"(姜弘重 『東槎錄』, 「聞見總錄」; 『국역 해행총재』 III, 283~84면).

63 "此乃國俗也. 禽性獸行, 醜不忍聞, 而習俗已成, 恬不爲怪"(같은 곳).

64 "然羞向我人說道, 至有面赤流汗者, 是有秉彝也. 不知又經幾簡年代, 方能變夏, 而廉恥羞惡, 則亦可謂已開發矣"(元重擧 『乘槎錄』, 6월 14일 쓰시마에서 기록한 글; 김경숙 옮김, 541면).

65 "近世文風浸起, 儒士輩漸向古禮, 葬用棺槨, 祭用神主, 婚用禮幣, 醮拜者間或有之. 故今行所過, 操問目者多. 及四禮, 或有悅我冠服者, 求得餘衣餘巾, 模置其制樣, 求見幅巾者, 則不勝其應答. 或有言國中本無禁令, 儒士家頗有改服之議, 非久將自下而達上云矣"(元重擧 『和國志』 卷2, 「四禮」, 352면; 박재금 옮김, 304면).

66 "四禮國中無一存焉"(元重擧 『和國志』 卷2, 「四禮」, 345면; 박재금 옮김, 298면).

67 권근의 이 글은 선행연구에서도 검토된 바 있다(임채명 「朝鮮의 對日 敎化 樣相과 그 基底: 朝鮮前期의 詩文을 중심으로」, 『동양학』 42, 단국대학교 동양학연구원 2007, 78~80면). 임채명은 이 글에서 권근이 '인'으로 일본인을 교화하고자 한 배경에는 왜구 문제를 해결하고자 하는 의도가 있었음을 지적했다.

68 "夫日本在天地之極東, 卽天地生物之方也. 其人之生得天地之心, 以爲吾性之仁者, 亦與四方之人均矣. 其見赤子匍匐而入井, 亦必有惻隱之發以思其救, 況可忍視無辜之民死於鋒鏑, 轉於溝壑也哉. 吁, 仁人之心, 以天地萬物爲一體, 四海爲兄弟, 故雖隔海岳異彊域, 音殊俗別, 而其爲人同類, 則其相愛必矣. 故古之聖人, 制爲邦交聘問之禮, 象譯以通其意, 幣帛以厚其情, 粲然有文以相接, 懽然有恩以相愛, 此人所以爲人, 而無愧於天地者也"(權近 『陽村先生文集』 卷之十七, 「送密陽朴先生敦之奉使日本序」, 한국문집총간 7, 179면; 『국역 양촌집』 III, 65면).

69 "今彼國使來, 修聘以講舊好, 其意固善矣. 苟不知此而戕賊其同類, 則必獲罪於天地, 見怒於鬼神, 不仁之禍, 終亦自及, 必死於兵而後已, 豈不哀哉. 先生之往, 苟以是語於其人, 必有所感發, 愧枊而自新者矣. 揖讓談笑之際, 從容尊俎之間, 變介冑爲衣冠, 化弓刀爲玉帛, 革頑兇於善良, 復俘掠於鄕井, 求結和親, 以堅隣好, 能使兩國之氓, 躋於

仁壽之域, 當在此行矣, 不其偉歟"(權近『陽村先生文集』卷之十七,「送密陽朴先生敎之奉使日本序」, 한국문집총간 7, 179면;『국역 양촌집』Ⅲ, 65~66면).

70 일본을 교화해야 한다는 담론에 대해서는 정은영「조선후기 통신사와 조선중화주의: 사행기록에 나타난 대일인식 전환을 중심으로」,『국제어문』46, 국제어문학회 2009), 356~59면에서 검토된 바 있다. 정은영은 일본교화의 담론을 성리학적 화이론의 관점에서 탐구했는데, 이 책에서는 '비왜론'의 관점에서 일본을 교화해야 한다는 주장이 어떻게 전개되었는지를 검토하고자 한다.

71 金誠一『海槎錄』1,「遇書」;『국역 해행총재』Ⅰ, 208면.

72 金誠一『海槎錄』2,「次五山懷歸賦」;『국역 해행총재』Ⅰ, 272면.

73 吳允謙『東槎上日錄』, 詩,「次福使韻」;『국역 해행총재』Ⅱ, 392면.

74 姜弘重『東槎錄』,「別章」;『국역 해행총재』Ⅲ, 306면.

75 "扶桑萬里, 海外蠻荒, 綏彼猖狡, 好以笙簧, 百年于今"(申維翰『海遊錄』上, 기해년 6월 6일조;『국역 해행총재』Ⅰ, 379면).

76 "九州四方風氣各異, 聲音·謠俗·嗜欲不同, 況海外絕國, 聲敎所不及, 狗嘷狋舌之域乎. 然其喜怒哀樂善善惡惡, 其性均也. 今日本之倭, 求儒書, 問俎豆禮俗, 可謂蠻夷盛事"(許穆『記言』卷36,『東事外』五,「黑齒列傳」, 한국문집총간 98, 211면; 민족문화추진회『국역 미수기언』1, 솔 1997, 297면).

77 송운선사(松雲禪師)는 일찍이 강화를 논의하기 위해 일본을 방문한 승려 사명당(四溟堂) 유정(惟政)을 말한다.

78 "舊時送人日本, 敎以文, 敎以樂. 樂則稱以高麗樂, 至今用之於天皇宮, 音律變訛, 朝鮮與上國爲父子之國, 佛法亦必盛傳, 欲得傳授. 禮官開諭, 不從日, 今朝專尙儒術, 棄廢禪道. 玄方又云, 向見松雲禪師眞大師也. 禮官答, 松雲已死, 無繼者. 玄方發怒, 不受饌宴而歸"(李瀷『星湖僿說』第19卷, 人事門,「倭僧玄方」;『星湖僿說』上, 경희출판사 영인 295면).

79 "愚按, 佛學之請, 理宜不許, 如禮樂之敎, 因其歸向, 勸導之可矣, 奈何不從? 但恐此亦無可敎之師而然耳, 旣甚愧惡. (…) 其民功功慕華, 多刊書籍稍傳詩文, 尙不免村秀才酸醋氣味. 我若乘此會, 風動之有術, 其將不日革變, 家戶詞華, 以至於文藝取士, 則方且楚楚自華, 而無暇於外窺, 豈非兩國之利耶?"(李瀷『星湖僿說』第19卷, 人事門,「倭僧玄方」;『星湖僿說』上, 경희출판사 영인 295~96면;『국역 성호사설』Ⅳ, 42면).

80 "其機在信使往來, 選一時才學之士, 多與之唱酬講說, 俾增榮顯而已矣. 夫交際信命先王之懿典, 今彼使止於境上, 我又待其請, 然後發使, 大欠誠信, 宜更與約條三年一使, 我王彼來, 各達都中, 刪其繁費, 禁其慢謔, 則精相通也, 義相比也, 悠遠之圖莫過於

此"(李瀷 『星湖僿說』 第19卷, 人事門, 「倭僧玄方」; 『星湖僿說』 上, 경희출판사 영인 296면). 이익의 이 제안에 대해서는 선행연구에서도 검토된 바 있다(하우봉 『조선후기 실학자의 일본관 연구』, 일지사 1994, 88~89면; 임형택 「계미통신사와 실학자들의 일본관」, 『창작과비평』 85호, 창작과비평사 1994, 332면).

81 정약용의 '문승(文勝)'의 시대적 의미에 대해서는 이혜순 『전통과 수용』, 돌베개 2010, 255~56면 참조. 여기서는 정약용의 이 말이 일본 유교화의 담론 속에서 어떤 역사적 의미를 가지는지 검토하고자 한다.

82 "雖其議論間有迂曲, 其文勝則已甚矣. 夫夷狄之所以難禦者, 以無文也. 無文則無禮義廉恥以愧其奮發鷙悍之心者也. 無長慮遠計以格其貪婪攫取之慾也也, 如虎豹豺狼, 怒則齧之, 饞則啗之, 復安有商度可否於其間哉? 斯其所以爲難禦也. (…) 文勝者, 武事不競, 不妄動以規利. 彼數子者, 其談經說禮如此, 其國必有崇禮義而慮久遠者. 故曰日本今無憂也"(丁若鏞 『與猶堂全書』 第一集, 『詩文集』 第十二卷, 「日本論一」, 한국문집총간 281, 251면; 정약용 『다산시문집』 V, 민족문화추진회 1997, 163면).

83 "百餘秊來滿洲子弟學書畫, 唱酬詩章. 蒙古帳中位置古董, 焚香啜茶. 倭子講學, 說甚心性理氣. 此所以萬國太平也歟"(柳得恭 『古芸堂筆記』 卷4, 「滿蒙倭」; 李佑成 編 『栖碧外史海外蒐佚本叢書10 雪岫外史 外二種』, 아세아문화사 1986, 345면; 김윤조 옮김, 248면).

84 "貴國富麗繁華, 僕近在道上, 日賦三篇, 終不能形容其萬一, 可嘆可嘆"(『縞紵風雅集』 제6책, 「芳洲唱酬」 卷之十四 25a, 高月觀音의 里歷史民俗資料館 芳洲文庫).

85 "此是天地間別國, 而弟恨無禮讓之俗. 然余之入貴國, 已周四五月, 以目所及者言之, 則人心頗有醇厚之風, 至於兒小背, 亦皆端莊明敏, 無不斂膝挿袵而端坐, 若一變其俗, 而教以禮讓, 教以文章(…)"(같은 곳).

86 "苟能教之以倫綱, 導之以禮義, 則亦可以移風易俗, 變夷導華, 以復天性之固有者"(趙曮 『海槎日記』, 계미년 10월 10일조; 『국역 해행총재』 VII, 57면).

87 "日接賢士, 默察風謠, 貴國文明之運將日闢矣. (…) 貴國文體之不變, 亦坐斯學之不講, 如得一箇豪傑之士, 窮理居敬, 明正學而倡之, 則以貴國聰敏樂善之人, 夫豈無一變至齊, 一變至魯之休耶. 幸相與努力, 無陷於自畫自棄之科"(元重擧 『乘槎錄』, 6월 14일 쓰시마에서 기록한 글; 김경숙 옮김, 548~49면).

88 "被若知仁義, 識廉恥, 悅古而反今, 則不但其國之幸, 我國與中國益不見寇掠之患"(元重擧 『和國志』 卷1, 「中國通使征伐」, 172면; 박재금 옮김, 166면). '被'자는 '彼'자의 오기로 보인다.

89 일본이 중화로 나아갈 것이라는 원중거의 희망적 관측이 갖는 문제점에 대해서는

선행연구에서도 지적된 바 있다. 박재금은 일본의 문화발전에 대한 원중거의 기대는 "국제정세의 흐름에 대한 감각이나 정보가 결여된 상황에서 나온 것으로서 그의 시야가 중국과 조선, 일본 3국의 범위 내에 국한되어 있는 한계를 드러내고 있다"라고 그 한계점을 지적하는 동시에, 원중거가 일본의 변화상과 발전상을 포착했다는 점은 종래의 멸시적 관점과 다른 부분이라고 지적했다(박재금 「원중거의 『화국지』에 나타난 일본인식」, 『한국고전연구』 12, 한국고전연구학회 2005, 212면). 이홍식은 원중거의 "희망 섞인 낙관적 전망"에 대해 "통신사들이 오랫동안 견지해왔던 일본 문화에 대한 뿌리 깊은 선입견과 문화적 우월감에 대한 재고를 가져왔다는 점에서 의미가 크다"라고 평가하는 동시에 "나가사끼를 통해 수입된 세계 각국의 문화는 다양성과 상대성을 긍정하고 중심논리를 허물어 원중거의 기대에서 더욱 멀어지는 결과를 낳게 된다"라고 지적했고, 일본이 인의와 염치를 가진 중화의 나라로 변화할 것이라는 원중거의 견해에 대해서도 "비논리적이고 막연하며 지나치게 환상적이다"라고 지적한 바 있다(이홍식 「1763년 계미통신사의 일본 문화 인식: 현천 원중거를 중심으로」, 『온지논총』 41, 온지학회 2014, 184, 194면).

90 "倭人所尊尙一曰神, 二曰佛, 三曰文章"(元重擧 『和國志』 卷1, 「風俗」, 58면; 박재금 옮김, 70면).

참고문헌

1차자료

1) 국내자료

姜沆『看羊錄』;『국역 해행총재』 II.

姜弘重『東槎錄』;『국역 해행총재』 III.

具梡『竹樹弊言』; 李圭景『五洲衍文長箋散稿』.

權近『陽村先生文集』, 한국문집총간 7.

____『국역 양촌집』, 민족문화추진회 1978.

김구, 도진순 주해『백범일지』, 돌베개 2002.

金誠一『鶴峯集』, 한국문집총간 48.

____『海槎錄』;『국역 해행총재』 I.

金世濂『槎上錄』;『국역 해행총재』 IV.

金時習『梅月堂集』, 한국문집총간 13.

金仁謙『日東壯遊歌』; 최강현 역『일동장유가』, 보고사 2007.

金指南『東槎日錄』『국역 해행총재』 VI.

____『通文館志』; 朝鮮史編修會 編『朝鮮史料叢刊 通文館志』, 朝鮮總督府 1944.

金顯門『東槎錄』, 京都大學 소장; 辛基秀·中尾宏 編『大系朝鮮通信使: 善隣と友好の記録』第4卷, 東京: 明石書店 1993.

____, 백옥경 옮김『동사록』, 혜안 2007.

金翁『扶桑錄』;『雨森芳洲と玄德潤: 朝鮮通信使に息づく「誠臣の交わり」』, 東京: 明石書店 2008.

南玉『日觀記』, 국사편찬위원회 소장.

＿＿, 김보경 옮김『日觀記: 붓끝으로 부사산 바람을 가르다』, 소명출판 2006.

南龍翼『扶桑錄』;『국역 해행총재』 V·VI.

魯認『錦溪日記』;『국역 해행총재』 IX.

＿＿『錦溪集』, 「倭俗錄」, 한국문집총간 71.

朴宰『東槎日記』, 서울대학교 규장각 소장;『大系朝鮮通信使』 제1권.

朴齊家『北學議』; 李佑成 編『楚亭全書』 下, 아세아문화사 영인 1992.

＿＿, 안대회 옮김『북학의』, 돌베개 2003.

成大中『槎上記』, 고려대학교 소장;『大系朝鮮通信使』 제7권.

＿＿『日本錄』, 고려대학교 소장;『大系朝鮮通信使』 제7권.

＿＿, 홍학희 옮김『日本錄: 부사산 비파호를 날 듯이 건너』, 소명출판 2006.

＿＿, 김종태 외 옮김『국역 청성잡기』, 민족문화추진회 2006.

申濡『海槎錄』;『국역 해행총재』 V.

申維翰『青泉集』, 한국문집총간 200.

＿＿『海遊錄』;『국역 해행총재』 I·II.

安邦俊『隱峯全書』, 한국문집총간 81.

安鼎福『順菴先生文集』, 한국문집총간 229.

＿＿, 송수경·김동주 역『국역 순암집』, 민족문화추진회 1997.

吳大齡『溟槎錄』, 국립중앙도서관 소장.

吳允謙『東槎上日錄』;『국역 해행총재』 II.

吳希文『瑣尾錄』; 姜大杰·徐仁漢 共編『壬辰倭亂史料叢書: 歷史』 제5책, 국립진주박물
　　관 2001.

元重擧『乘槎錄』, 고려대학교 도서관 소장.

＿＿『和國志』; 李佑成 編『和國志』, 아세아문화사 1990.

＿＿, 김경숙 옮김『乘槎錄: 조선후기 지식인, 일본과 만나다』, 소명출판 2006.

＿＿, 박재금 옮김『和國志: 와신상담의 마음으로 일본을 기록하다』, 소명출판 2006.

柳得恭『泠齋集』, 한국문집총간 260.

＿＿『貞蕤閣集』, 한국문집총간 261.

＿＿, 정민·이승수·박수밀 외 옮김『정유각집』상·중·하, 돌베개 2010.

＿＿『古芸堂筆記』; 李佑成 編『栖碧外史海外蒐佚本叢書10 雪岫外史 外二種』, 아세아
　　문화사 1986.

＿＿, 김윤조 옮김『누가 알아주랴: 유득공 산문집』, 태학사 2005.

柳夢寅『默好先生文集』, 경인문화사 1977.

柳成龍『西厓集』, 한국문집총간 52.

____『懲毖錄』.

____, 김시덕 역해『징비록: 교감·해설』, 아카넷 2013.

柳馨遠『磻溪隨錄』, 明文堂 1982; 중판 1994.

柳壽垣『迂書』;『국역 우서』, 민족문화추진회 1982.

劉寅 直解, 成百曉·李蘭洙 譯註『武經七書直解2 譯註 六韜直解·三略直解』, 傳統文化
    硏究會 2013.

____『武經七書直解3 譯註 尉繚子直解·李衛公問對直解』, 傳統文化硏究會 2013.

李景稷『扶桑錄』;『국역 해행총재』III.

李圭景『五洲衍文長箋散稿』, 명문당 영인 1982.

李肯翊『燃藜室記述別集』, 景文社 1966.

____『국역 연려실기술』XI, 민족문화추진회 1984.

李德懋『青莊館全書』, 한국문집총간, 257~59.

____, 민족문화추진회『국역 청장관전서』, 솔 1981; 중판1쇄 1996.

李穡『牧隱藁』, 한국문집총간 3.

李睟光『芝峯類說』, 국립중앙도서관 소장본.

李舜臣『李忠武公全書』; 姜大杰·徐仁漢 共編『壬辰倭亂史料叢書:歷史』제4책, 국립진
    주박물관 2001.

李陸『青坡集』, 한국문집총간 13.

李珥『栗谷全書』, 한국문집총간 45.

____『국역 율곡전서』V, 한국정신문화연구원 1985

李瀷『星湖僿說』, 경희출판사 영인 1967.

____『국역 성호사설』, 민족문화추진회 1978.

李喜經『雪岫外史』; 李佑成 編『栖碧外史海外蒐佚本叢書10 雪岫外史 外二種』, 아세아
    문화사 1986.

____, 진재교 외 옮김『북학 또 하나의 보고서, 설수외사』, 성균관대학교출판부 2011.

林絖『丙子日本日記』;『국역 해행총재』III.

任守幹『東槎日記』;『국역 해행총재』IX.

鄭道傳『三峯集』, 한국문집총간 5.

丁若鏞『與猶堂全書』, 한국문집총간 281.

____『국역 다산시문집』, 민족문화추진회 1997.

鄭友容『密巖遺稿』, 중앙국립도서관 소장.

鄭后僑『東槎錄』, 京都大學 소장.

鄭希得『海上錄』;『국역 해행총재』VIII.

趙絅『東槎錄』;『국역 해행총재』V.

曹命采『奉使日本時聞見錄』;『국역 해행총재』X.

趙翼『浦渚先生集』, 한국문집총간 85.

趙憲『重峰集』, 한국문집총간 54.

____『불멸의 重峯 趙憲』, 김포문화원 2004.

趙珩『扶桑日記』;『大系朝鮮通信使』제3권.

許筠『惺所覆瓿稿』, 한국문집총간 74.

____, 정길수 편역『나는 나의 법을 따르겠다: 허균 선집』, 돌베개 2012.

許穆『記言』, 한국문집총간 98.

____, 민족문화추진회『국역 미수기언』1, 솔 1997.

洪景海『隨槎日錄』, 규장각 소장.

洪大容『湛軒燕記』, 林基中 編『燕行錄全集』43, 동국대학교출판부 2001.

____『湛軒書』, 한국문집총간 248.

____『국역 담헌서』, 민족문화추진회 1982.

洪世泰『柳下集』, 한국문집총간 167.

洪禹載『東槎錄』; 국역 해행총재』VI.

洪致中『東槎錄』, 京都大學 소장;『大系朝鮮通信使』제5권.

黃愼『日本往還記』;『국역 해행총재』VIII.

黃㦿『東槎錄』;『국역 해행총재』IV.

『孟子』

『孟子集註』

『史記』

『世宗實錄』

『肅宗實錄』

『承政院日記』

『詩經』

『禮記』

『仁祖實錄』

『莊子』

『朱子語類』

『後漢書』

孫承喆 編『韓日關係史料集成』, 경인문화사 2004.

2) 국외자료

工藤行廣『自刃錄』; 井上哲次郎 監修, 佐伯有義·植木直一郎·井野辺茂雄 編集『武士道
  全書』第10卷, 東京: 國書刊行會 1999.

大道山友山『武道初心集』; 井上哲次郎 監修, 佐伯有義·植木直一郎·井野辺茂雄 編集
  『武士道全書』第2卷, 東京: 國書刊行會 1999.

東条耕子蔵『先哲叢談續篇』, 國史研究會, 1917, 국립국회도서관 소장본.

藤原惺窩『藤原惺窩集』, 東京: 思文閣出版 1941; 復刊 1978.

寺島良安『和漢三才圖會』, 大阪: 中近堂 1888.

山本常朝, 和辻哲郎·古川哲史 校訂『葉隱』上, 東京: 岩波文庫 1940(이강희 옮김『하가
  쿠레』, 사과나무 2013).

山本眞功 編註『家訓集』, 東洋文庫 687, 東京: 平凡社 2001.

相良亨『武士道』, 東京: 講談社學術文庫 2010.

西川如見『町人嚢·百姓嚢·長崎夜話草』, 東京: 岩波文庫 1985.

石井紫郎 編『近世武家思想』, 日本思想大系 27, 東京: 岩波書店 1974.

石井進, 石母田正·笠松宏至·勝俣鎭夫·佐藤進一 校注『中世政治社會思想』上, 日本思
  想大系 21, 東京: 岩波書店 1972.

小笠原昨雲, 古川哲史 監修, 魚住孝至·羽賀久人 校注『戰國武士の心得 ―「軍法侍用
  集」の研究』, 東京: ぺりかん社 2001.

新井白石『讀史餘論』, 東京: 岩波書店 1940(박경희 역『독사여론』, 세창출판사 2015).

室鳩巣『駿臺雜話』;『武士道全書』第4卷, 國書刊行會 1999.

雨森芳洲『橘窓茶話』下, 서울대학교 도서관 소장본.

____『芳洲先生文抄』; 泉澄一·中村幸彦·水田紀久 編『芳洲文集: 雨森芳洲全書二』, 關
  西大學東西學術研究所資料集刊 11-2, 京都: 關西大學出版 1980.

原念齋, 源了圓·前田勉 譯註『先哲叢談』, 東洋文庫 574, 東京: 平凡社 1994.

長谷川端 校註·譯『太平記』新編, 日本古典文學全集 54, 東京: 小學館 1994.

荻生徂徠『日本思想大系36 荻生徂徠』, 東京: 岩波書店 1973.

____『荻生徂徠全集』第二卷 言語篇, 東京: みすず書房 1974.

____『徂徠集』;『近世儒家文集集成』, 東京: ぺりかん社 1985.

諸葛元聲『兩朝平壤錄』; 松下見林『異稱日本傳』第1冊, 國書刊行會 1975.

湯淺常山『常山紀談』; 『武士道全書』第9卷, 國書刊行會 1999.

湯淺元禎『文會雜記』; 『日本隨筆全集』, 東京: 國民圖書株式會社 1927.

香西成資「武田兵術文稿」; 『甲斐叢書』第9卷, 甲斐叢書刊行會 1934.

喜多村筠庭, 長谷川强 外 校訂『嬉遊笑覽』, 東京: 岩波文庫 2004.

『歌芝照乘』, 國立公文書館 內閣文庫.

『客館璀璨集』, 大阪府立中之島圖書館.

『鷄壇嚶鳴』, 大阪府立中之島圖書館.

『群書一覽』六, 「信陽山人韓館倡和稿」, 國立公文書館 內閣文庫.

『來庭集』, 國立公文書館 內閣文庫.

『班荊閒譚』, 國立公文書館 內閣文庫.

『蓬島遺珠』, 大阪府立中之島圖書館.

『泱泱餘響』; 『龜井南冥·昭陽全集』第一卷, 葦書房 1978.

『日觀要攷』單, 국립중앙도서관 소장본.

『長門癸甲問槎』, 東京都立日比谷圖書館.

『正德和韓唱酬錄』, 金澤市立圖書館.

『萍遇錄』, 國立國會圖書館.

『韓客贈答別集』, 國立公文書館 內閣文庫.

『縞紵風雅集』, 高月觀音の里歷史民俗資料館 芳洲文庫.

기타바타케 지카후사, 남기학 옮김『신황정통기』, 소명출판 2008.

다이텐, 진재교·김문경 외 옮김『18세기 일본지식인 조선을 엿보다: 평우록』, 성균관
　　대학교출판부 2013.

야마지 아이잔, 김소영 옮김『도요토미 히데요시』, 21세기북스 2012.

2. 연구서

1) 국내서

김종주『조선후기 중앙군제연구』, 혜안 1993.

구지현『계미통신사 사행문학 연구』, 보고사 2006.

로널드 토비, 허은주 옮김『일본 근세의 '쇄국'이라는 외교』, 창해 2013.

문중양『조선후기 수리학과 수리담론』, 집문당 2000.

박희병『한국의 생태사상』, 돌베개 1999.

____『나는 골목길 부처다』, 돌베개 2010.

____『범애와 평등』, 돌베개 2013.

박희병 외『통신사의 필담』, 서울대학교출판부 간행 예정.

이성무『조선초기 양반연구』, 일조각 1980.

이혜순『조선통신사의 문학』, 이화여자대학교출판부 1996.

____『전통과 수용』, 돌베개 2010.

임형택『한국학의 동아시아적 지평』, 창비 2014.

정민『18세기 한중 지식인의 문예공화국: 하버드 옌칭도서관에서 만난 후지쓰카 컬렉션』, 문학동네 2014.

조광『조선후기 사상계의 전환기적 특성』, 경인문화사 2010.

조규익·정영문『조선통신사 사행록 연구총서』, 학고방 2008.

최광식 외『한국무역의 역사』, 청아출판사 2010.

하우봉『조선후기 실학자의 일본관 연구』, 일지사 1989.

____『조선시대 한국인의 일본인식』, 혜안 2006.

2) 국외서

高橋博已『東アジアの文藝共和國』, 東京: 新典社 2009.

國史大辭典編輯委員會『國史大辭典』, 東京: 吉川弘文館 1989.

堀新『天下統一から鎖國へ』, 日本中世の歷史 7, 東京: 吉川弘文館 2009.

宮地正人·佐藤信·五味文彦·高埜利彦『國家史』, 東京: 山川出版史 2006.

近藤春雄『日本漢文學大事典』, 東京: 明治書院 1985.

今中寬司『徂徠學の史的研究』, 東京: 思文閣出版 1992.

金文京『漢文と東アジア-訓讀の文化圈』, 東京: 岩波新書 2010.

島尾新 編, 小島毅 監修『東アジアのなかの五山文化』, 東京: 東京大學出版會 2014.

渡辺浩『近世日本社會と宋學』, 東京: 東京大學出版會 1985(박홍규 옮김『주자학과 근세일본사회』, 예문서원 2007).

藤木久志『刀狩り: 武器を封印した民衆』, 東京: 岩波新書 2005.

藤野保『德川政權論』, 東京: 吉川弘文館 1991.

藍弘岳『漢文圈における荻生徂徠』, 東京: 東京大學出版會 2017.

ルイス·フロイス, 岡田章雄 譯註『ヨーロッパ文化と日本文化』, 東京: 岩波文庫 1991.

笠谷和比古『主君「押込」の構造』, 東京: 講談社學術文庫 2006.

末木文美士·堀川貴司 注『江戶漢詩選5 僧門』, 東京: 岩波書店 1996.

尾藤正英『日本の名著16 荻生徂徠』, 東京: 中央公論社 1974.

夫馬進『朝鮮燕行使と朝鮮通信使』, 名古屋: 名古屋大學出版會 2015.

北島万次『豊臣政權の對外認識と朝鮮侵略』, 東京: 校倉書房 1990.

山口明穗·坂梨隆三·鈴木英夫·月本雅幸『日本語の歴史』, 東京: 東京大學出版會 1997.

山岸德平『近世漢文學史』, 東京: 汲古書院 1987.

三宅理一『江戶の外交都市: 朝鮮通信使と町づくり』, 東京: 鹿島出版會 1990.

杉下元明『江戶漢詩』, 東京: ぺりかん社 2004.

西山松之助 外 編『江戶學事典』, 東京: 弘文堂 1984.

石崎又造『近世に於ける支那俗語文學史』, 東京: 弘文堂書房 1940.

小葉田淳『日本鑛山史の研究』, 東京: 岩波書店 1968.

松田甲『續日鮮史話』, 京城: 朝鮮總督府 1931.

辛基秀·中尾宏 編『大系朝鮮通信使: 善隣と友好の記録』全8卷, 東京: 明石書店 1993~96.

信原修『雨森芳洲と玄德潤: 朝鮮通信使に息づく「誠臣の交わり」』, 東京: 明石書店 2008.

阿部吉雄『日本朱子學と朝鮮』, 東京: 東京大學出版會 1965.

兒玉幸多『日本歴史18 大名』, 東京: 小學館 1975.

歴史學研究會·日本史研究會『講座 日本歴史5 近世1』, 東京: 東京大學出版會 1985.

染谷智幸·崔官 編『日本近世文學と朝鮮』, 東京: 勉誠出版 2013.

衣笠安喜『思想史と文化史の間』, 東京: ぺりかん社 2004.

李元植『朝鮮通信使の研究』, 東京: 思文閣出版 1997.

日野龍夫『服部南郭傳攷』, 東京: ぺりかん社 1999.

____『日野龍夫 著作集 第三卷 近世文學史』, 東京: ぺりかん社 2005.

日韓歴史共同研究委員會 編『日韓歴史共同研究報告書』第2分科篇, 東京: 日韓歴史共同研究委員會 2010.

猪口篤志『日本漢文學史』, 東京: 角川書店 1984.

齋藤希史『漢字世界の地平』, 東京: 新潮選書 2015.

中根勝『日本印刷技術史』, 東京: 八木書店 1999.

佐藤武敏『中國古代工業史の研究』, 東京: 吉川弘文館 1962.

池内敏『絶海の碩學: 近世日朝外交史研究』, 名古屋: 名古屋大學出版會 2017.

津田左右吉『文學に現はれたる我が國民思想の研究』, 東京: 岩波文庫 1977.

片倉穰『日本人のアジア観: 前近代を中心に』, 東京: 明石書店 1998.

丸山眞男『日本政治思想史研究』, 東京: 東京大學出版會 1952(김석근 옮김『日本政治思想史研究』, 통나무 1995).

_____『丸山眞男講義錄 第七冊 日本政治思想史 一九六七』, 東京: 東京大學出版會 1998.

橫井時冬『日本工業史』, 東京: 訂正再版 吉川半七 1898.

_____, 森仁史 監修『叢書·近代日本のデザイン』第3卷, 東京: ゆまに書房 2007.

사토 히로오 외『일본사상사』, 논형 2005.

후마 스스무『연행사와 통신사』, 신서원 2008.

Ruth Benedict, *The Chrysanthemum and the Sword*, London: Routledge & Kegan Paul LTD. 1972(長谷川松治 譯『菊と刀』, 東京: 講談社學術文庫 2005).

3. 연구논문

1) 국내 논문

구지현「필담을 통한 한일 문사 교류의 전개 양상」,『동방학지』138, 연세대학교 국학연구원 2007.

김성준「18세기 통신사행을 통한 조선 지식인의 일본 古學 인식」,『동양한문학연구』32, 동양한문학회 2011.

김성진「계미사행시의 남옥과 那波師曾」, 조규익·정영문 엮음『조선통신사 사행록 연구총서』4, 학고방 2008.

_____「계미사행단의 大坂滯留記錄과 大典禪師 竺常」,『동아시아문화연구』49, 한양대학교 동아시아문화연구소 2011.

김시덕「『구로다 가보(黑田家譜)』와『조선통교대기(朝鮮通交大紀)』」,『문헌과 해석』52, 문헌과해석사 2010.

_____「조선후기 문집에 보이는 일본문헌『격조선론(擊朝鮮論)』에 대하여」,『국문학연구』23, 국문학회 2011.

김영환「유학적 모화에 따른 동문·방언 의식에 관하여」,『한글』284, 한글학회 2009.

김정신「1763년 계미통신사 원중거의 일본 인식」,『조선통신사연구』11, 조선통신사학회 2010.

허경진『통신사 필담창화집 문화연구』, 보고사 2011.

김태준「유교적 문명성과 문학적 교양: 신유한의 일본일기『해유록』을 중심으로」,『동방문학비교연구총서』1, 한국동방문학비교연구회 1985.

김태훈「申維翰(1681~?)의『海遊錄』에 나타난 일본 인식」,『한국학보』30(2), 일지사 2004.

김호「1763년 계미통신사와 일본 고학과 儒醫 龜井南冥의 만남: 조선인의 눈에 비친 江戶時代 思想界」,『조선시대사학보』47, 조선시대사학회 2008.

박상휘「자료 소개:『문사기상』」,『국문학연구』26, 국문학회 2012.

____「조선후기 존황사상의 전파와 천황제 인식의 변화」,『서강인문논총』44, 서강대학교 인문과학연구소 2015.

박재금「원중거의『화국지』에 나타난 일본인식」,『한국고전연구』12, 한국고전연구학회 2005.

____「원중거의 일본체험, 그 의의와 한계:『화국지』를 중심으로」,『한국한문학연구』47, 한국한문학회 2009.

박창기「조선시대 通信使와 일본 荻生徂徠門의 문학교류」,『일본학보』27, 한국일본학회 1991.

박채영「현천 원중거의 통신사행록 연구」, 이화여자대학교 석사논문 2009.

박희병「조선의 일본학 성립: 원중거와 이덕무」,『한국문화』61, 서울대학교 규장각 한국학연구원 2013.

송민「朝鮮通信使의 日本語 接觸」,『어문학논총』5, 국민대학교 어문학연구소 1986.

신로사「원중거의『화국지』에 관한 연구」, 성균관대학교 석사논문 2004.

____「1643년 통신사행과 趙絅의 일본 인식에 관한 小考」,『민족문화』41, 한국고전번역원 2013.

안대회「18·19세기 조선의 百科全書派와『和漢三才圖會』」,『대동문화연구』69, 성균관대학교 대동문화연구원 2010.

____「임란 이후 海行에 대한 당대의 시각: 통신사를 보내는 문집 소재 送序를 중심으로」,『정신문화연구제』35(4), 한국학중앙연구원 2012.

윤영기「선비정신과 무사도의 상관관계」,『일본연구논총』4, 경성대학교 인문과학연구소 1990.

이경근 「계미통신사 필담집에 나타난 '완고한 조선'과 '유연한 일본'」, 고일홍 외 지음 『문명의 교류와 충돌: 문명사의 열여섯 장면』, 한길사 2013.

이종묵 「朝鮮前期韓日文士の文學交流の樣相について」, 『朝鮮學報』 182, 朝鮮學會 2002.

___ 「조선시대 여성과 아동의 한시 향유와 이중언어체계(Diaglosia)」, 『震檀學報』 104, 진단학회 2007.

___ 「정우용이 통신사로 가는 이면구에게 준 글」, 『문헌과 해석』 51, 문헌과해석사 2010.

___ 「鄭東愈와 그 一門의 저술」, 『震檀學報』 110, 진단학회 2010.

___ 「한시의 보편적 가치와 조선후기 중국 문인과의 시문 교류」, 『한국시가연구』 30, 한국시가학회 2011.

___ 「具梡의 『竹樹弊言』에 대하여」, 『문헌과 해석』 64, 문헌과해석사 2013.

이홍식 「1763 계미통신사행과 한일관계의 변화 탐색: 충돌과 갈등 양상을 중심으로」, 『동아시아 문화연구』 49, 한양대학교 동아시아문화연구소 2011.

___ 「1763년 계미통신사의 일본 문화 인식: 현천 원중거를 중심으로」, 『온지논총』 41, 온지학회 2014.

이화진 「尹光心의 『幷世集』 硏究」, 영남대학교 석사논문 2013.

이효원 「1719년 필담창화집 『航海唱酬』에 나타난 일본 지식인의 조선관: 水足屛山과 荻生徂徠의 대비적 시선에 착안하여」, 『고전문학연구』 41, 한국고전문학회 2012.

___ 「荻生徂徠와 통신사: 徂徠 조선관의 형성과 계승에 주목하여」, 『고전문학연구』 43, 한국고전문학회 2013.

___ 「荻生徂徠의 「贈朝鮮使序」 연구」, 『韓國漢文學硏究』 51, 한국한문학회 2013.

임채명 「朝鮮의 對日 敎化 樣相과 그 基底: 朝鮮前期의 詩文을 중심으로」, 『동양학』 42, 단국대학교 동양학연구원 2007.

___ 「『問槎畸賞』의 性格에 대하여」, 『洌上古典硏究』 29, 열상고전연구회 2009.

___ 「『장문계갑문사(長門癸甲問槎)』의 필담을 통해 본 조일 문사의 교류」, 『日本學硏究』 27, 단국대학교 일본연구소 2009.

임형택 「계미통신사와 실학자들의 일본관」, 『창작과비평』 85, 창비 1994.

장순순 「朝鮮後期 通信使行의 製述官에 대한 一考察」, 『全北史學』 13, 전북사학회 1990.

___ 「通信使 硏究의 現況과 課題」, 『한일역사공동연구보고서』 2, 한일역사공동연구위원회 2005.

정민 「18, 19세기 조선 지식인의 병세의식」, 『한국문화』 54, 서울대학교 규장각 한국학연구원 2011.

정영문『조선시대 통신사문학 연구』, 지식과교양 2011.

정은영「조선후기 통신사와 조선중화주의: 사행기록에 나타난 대일인식 전환을 중심으로」,『국제어문』46, 국제어문학회 2009.

____「조선후기 통신사행록의 글쓰기 방식과 일본담론 연구」, 부산대학교 박사논문 2014.

정응수「18세기 조선 지식인의 일본관: 申維翰의『海遊錄』을 중심으로」,『일본문화학보』11, 한국일본문화학회 2001.

정장식「1711년 通信使와 朝鮮의 대응-」,『일어일문학연구』40, 한국일어일문학회 2002.

정혜린「金正喜의 일본 古學 수용 연구」,『한국실학연구』26, 한국실학학회 2013.

정훈식「元重擧와 洪大容의 使行錄을 통해 본 18세기 사행록의 행방」,『조선통신사연구』7, 조선통신사학회 2008.

____「朝鮮後期 通信使行錄 所在 見聞錄의 展開 樣相」,『한국문학논총』50, 한국문학회 2008.

____「조선후기 일본지식의 생성과 통신사행록」,『東洋漢文學硏究』29, 東洋漢文學會 2009.

진재교「동아시아에서의 서적의 유통과 지식의 생성: 壬辰倭亂 이후의 인적 교류와 서적의 유통 사례를 중심으로」,『한국한문학연구』41, 한국한문학회 2008.

최영성「崔致遠 사상에서의 보편성과 특수성의 문제: 東人意識과 同文意識을 중심으로」,『동양문화연구』4, 영산대학교 동양문화연구원 2009.

하우봉「새로 발견된 일본사행록들:《海行摠載》의 보충과 관련하여」,『역사학보』112, 역사학회 1986.

____「조선후기 통신사행원의 일본 고학 이해」,『일본사상』8, 한국일본사상사학회 2008.

한명기「柳夢寅의 經世論연구: 임진왜란 이후 사회경제 재건의 한 방향」,『한국학보』18(2), 일지사 1992.

한태문「朝鮮後期 通信使 使行文學 硏究」, 부산대학교 박사논문 1995.

허경진·박순「『장문계갑문사(長門癸甲問槎)』를 통해 본 한일 문사의 사상적 차이」,『일어일문학』44, 대한일어일문학회 2008.

허경진·박혜민「이덕무의 일본 한시 수집 경로와 서술방식」:『청비록』을 중심으로」,『동북아문화연구』24, 동북아시아문화학회 2010.

2) 국외 논문

高橋博已 「통신사·북학파·蒹葭堂」, 『조선통신사연구』 4, 조선통신사학회 2007.

_____ 「洪大容과 李德懋의 프리즘을 통해 본 일본의 文雅: 동아시아 학예공화국으로의 助走」, 『金城學院大學論集 人文科學編』 7(2), 2011.

金東哲 「通信使がみた近世日本の産業と技術」, 松原孝俊 編 『グローバル時代の朝鮮通信使研究: 海峽あれど國境なし』, 福岡: 花書院 2010.

大庭卓也 「朝鮮通信使の文學史的意義」, 『江戶文學と異國情報』, 東京: ぺりかん社 2005.

吾妻重二 「江戶初期における學塾の發展と中國·朝鮮: 藤原惺窩, 姜沆, 松永尺五, 堀杏庵, 林鵞峰らをめぐって」, 文化交涉學教育研究據點 『東アジア文化交涉研究』 2, 2009.

찾아보기

도판 출처

국립국회도서관(일본) 디지털라이브러리

33면 『豊公餘韻』

46면 아래 『德川幕府刑事圖譜』

68면 『京都名所案內圖會』

98면 「日本古城繪圖」 東山道之部 奧州棚倉城圖

150~51면 『泥繪と大名屋敷』

168면 『長崎版畫集』

179면 『職人盡繪』

189면 『彩畫職人部類』

194면 『長崎版畫集』

209면 『和漢三才圖會』

251면 野村文紹 『肯像』

291면 『江戶名所都會』

303면 野村文紹 『肯像』

316면 『東都歲事記』

국립중앙도서관(한국)

225면 『和韓唱和錄』

유마니쇼보오(ゆまに書房) CD-ROM판

46면 위 『風俗畫報』

199면 『風俗畫報』

228면 『風俗畫報』

타마가와(玉川)대학 교육박물관

263면 「豉園諸彦會讌圖」

* 수록된 도판은 대부분 저작권자의 사용 허가를 받았으나,
  저작권자를 찾지 못한 경우는 확인되는 대로 허가 절차를 밟겠습니다.